财 政 职 业 教 育 教 学 指 导 委 员

经济法

JINGJI FA

◎ **主 编** 揭 莹 肖梅崚
◎ **副主编** 刘 溪 陶林岭
张亚薇 马 慧

重庆大学出版社

内容提要

本书根据我国最新修订的法律法规编写,针对高职高专财经专业学生的特点,比较系统、深入浅出地阐述了经济法的基本原理、基础知识。内容包括经济法总论、会计法律制度、支付结算法律制度、劳动合同与社会保险法律制度、合同法律制度、公司法律制度、其他商事主体法律制度和其他相关法律制度。为了方便老师和同学的理解和使用,教材编写中使用了丰富多样的案例,每章附有学习指导、标准化试题作业和答案。

图书在版编目(CIP)数据

经济法 / 揭莹,肖梅峣主编.--重庆 :重庆大学
出版社,2020.9
财政职业教育教学指导委员会规划教材
ISBN 978-7- 5689- 1753- 7

Ⅰ.①经… Ⅱ.①揭… ②肖… Ⅲ.①经济法—中国
—职业教育—教材 Ⅳ.①D922.29

中国版本图书馆 CIP 数据核字(2019)第 189652 号

经济法

主 编 揭 莹 肖梅峣
副主编 刘 溪 陶林岭 张亚薇 马 慧
策划编辑:顾丽萍

责任编辑:陈 力 方 正 版式设计:顾丽萍
责任校对:王 倩 责任印制:张 策

*

重庆大学出版社出版发行
出版人:饶帮华
社址:重庆市沙坪坝区大学城西路 21 号
邮编:401331
电话:(023) 88617190 88617185(中小学)
传真:(023) 88617186 88617166
网址:http://www.cqup.com.cn
邮箱:fxk@ cqup.com.cn(营销中心)
全国新华书店经销
中雅(重庆)彩色印刷有限公司印刷

*

开本:787mm×1092mm 1/16 印张:20.25 字数:470千
2020 年 9 月第 1 版 2020 年 9 月第 1 次印刷
印数:1—3 000
ISBN 978-7- 5689- 1753- 7 定价:49.00 元

本书如有印刷、装订等质量问题,本社负责调换
版权所有,请勿擅自翻印和用本书
制作各类出版物及配套用书,违者必究

前言

党的十九大最重大的理论成就，就是把习近平新时代中国特色社会主义思想写在党的旗帜上，确立为党必须长期坚持的指导思想，实现了党的指导思想又一次与时俱进。习近平新时代法治思想，是习近平新时代中国特色社会主义思想的重要组成部分，体现了习近平同志对新时代中国特色社会主义法治建设的新认识、新概括，是指导新时代中国特色社会主义法治建设的新思想、新理论。

本书旨在使学生全面和较深入地了解法律基础知识，理解和掌握会计规范、会计职业道德规范、支付结算法规、劳动法和社会保障制度，以及与财务会计专业密切相关的票据法、公司法、合同法、反不正当竞争法和商标法等法律法规的基本规定和要求，为顺利走上会计工作岗位，并严格执行会计法律规范和技术规范，辨别工作中面临的法律风险奠定良好的基础。同时本书适当充实了相关学科基本理论和原理方面的内容，旨在培养学生的专业思维和分析、解决问题的能力。

本书由昆明冶金高等专科学校揭莹和肖梅峻担任主编；由昆明冶金高等专科学校刘溪、陶林岭、马慧和云南交通职业技术学院张亚薇担任副主编；由云南能源职业技术学院张然、钱欣，昆明冶金高等专科学校温棋婷、程玛、王馨苑、李飓，云南中立会计师事务所有限公司谭秀琴，云南凌云律师事务所李正坤担任参编。具体编写分工如下：揭莹和程玛编写第二章和第八章；肖梅峻和李飓编写第三章；刘溪、王馨苑、张然和马慧编写第一章和第五章；陶林岭和温棋婷编写第六章和第七章；张亚薇和钱欣编写第四章；本书的案例由谭秀琴和李正坤整理加工。

由于作者水平有限，书中难免有不足之处，敬请专家和读者批评指正。

编　者
2020 年 2 月

目录

第一章 总　论 ……………………………………………………………… 1

第一节 法律基础 …………………………………………………………… 1

第二节 法律责任 …………………………………………………………… 12

第三节 经济纠纷的解决途径 ……………………………………………… 16

第二章 会计法律制度 …………………………………………………… 36

第一节 会计法律制度概述 ………………………………………………… 36

第二节 会计核算与监督 …………………………………………………… 38

第三节 会计机构和会计人员 ……………………………………………… 58

第四节 会计职业道德 ……………………………………………………… 63

第五节 违反会计制度的法律责任 ………………………………………… 66

第三章 支付结算法律制度 …………………………………………… 76

第一节 支付结算概述 ……………………………………………………… 76

第二节 银行结算账户 ……………………………………………………… 80

第三节 票据 ………………………………………………………………… 95

第四节 银行卡 ……………………………………………………………… 117

第五节 网上支付 …………………………………………………………… 124

第六节 结算方式和其他支付工具 ………………………………………… 130

第七节 结算规定与法律责任 ……………………………………………… 139

第四章　劳动合同与社会保险法律制度 ·············· 146
第一节　劳动合同法律制度 ·············· 146
第二节　社会保险法律制度 ·············· 175

第五章　合同法律制度 ·············· 193
第一节　合同法律制度概述 ·············· 193
第二节　合同的订立 ·············· 196
第三节　合同的效力 ·············· 204
第四节　合同的履行 ·············· 207
第五节　合同的保全 ·············· 210
第六节　合同的变更和转让 ·············· 212
第七节　合同的权利义务终止 ·············· 215
第八节　违约责任 ·············· 219
第九节　具体合同 ·············· 222

第六章　公司法律制度 ·············· 238
第一节　公司法律制度概述 ·············· 238
第二节　有限责任公司 ·············· 242
第三节　股份有限公司 ·············· 249
第四节　公司董事、监事、高级管理人员的资格和义务 ·············· 258
第五节　公司股票和公司债券 ·············· 259
第六节　公司财务会计 ·············· 263
第七节　公司合并、分立、增资、减资 ·············· 266
第八节　违反《公司法》的法律责任 ·············· 270

第七章　其他商事主体法律制度 ·············· 276
第一节　个人独资企业法律制度 ·············· 276
第二节　合伙企业法律制度 ·············· 280

第八章　其他相关法律制度 ·············· 293
第一节　反垄断和反不正当竞争法律制度 ·············· 293
第二节　知识产权法律制度 ·············· 302

参考文献 ·············· 315

第一章
总　论

第一节　法律基础

【思考与案例】

法是由国家制定或认可的,是统治阶级的国家意志的体现,那么是不是统治阶级的任何一个人的意志都是法的体现?

一、法的概述

(一)法的概念

法的概念就是回答"法是什么"的问题。汉字"法"的古体是"灋"。根据东汉许慎的《说文解字》:"灋,刑也,平之如水,从水;廌,所以触不直者去之,从去。"可见,在中国古代,法与刑是通用的,包括两层含义:其一,偏旁为"水",表示公平如水;其二,"廌"是上古传说中的独角神兽,能辨是非曲直,古代用它进行神明裁判、惩恶扬善,表示公正。西方国家的法的标志是司法女神,她右手拿天平,象征公平;左手持长剑,象征正义,双眼紧闭或被蒙着布条表示用心去观察。

根据马克思主义唯物史观,法是由国家制定或认可的,由国家强制力保证实施的,反映由特定社会物质生活条件决定的国家意志,以权利和义务为内容,具有普遍约束力的行为规范总和。法有广义和狭义之分。广义的法是指由国家制定或认可的,并由国家强制力保证实施的全部规范性法律文件。例如宪法、法律、行政法规、地方性法规等。狭义的法是指拥有立法权的国家机关依照立法程序制定和颁布的规范性文件。在我国,狭义的法仅指全国人民代表大会及全国人民代表大会常务委员会制定的规范性法律文件。在我国的法律实践中,通常不将"法"与"法律"进行严格区分。

(二)法的本质

法的本质是阶级性与物质制约性之间的对立统一。其一,法具有阶级性。法的阶级性是指法是国家意志的体现。法属于社会结构中的上层建筑,反映阶级对立时期的阶级关系。法所体现的国家意志是统治阶级的意志,代表统治阶级的整体意志和根本利益。其二,法具有物质制约性。法的物质制约性是指法由一定物质生活条件决定,这是法的本质的最终体现。

(三)法的特征

1.法具有规范性

法是调整人与人之间行为关系的社会规范。所谓规范,就是指标准、准则、规则、原则。法又是一种特殊的社会规范,相对于习惯、道德、宗教等其他社会规范而言,法只约束人们的行为,不约束观念或思想;法只调整人与人之间的关系行为,不调整纯粹的个体行动。

2.法是以权利和义务为内容的社会规范

法通过规定特定社会关系参加者的权利和义务,告诉人们可以和不可以做什么,以及应该和不应该做什么,以此将人们的行为纳入秩序之中,实现调整社会关系的目的。法强调权利与义务的平衡,而其他社会规范如道德、宗教等,通常只强调义务。

3.法具有国家意志性

法是由国家制定或认可的具有特定形式的社会规范,这是法的最主要特征,也是法区别于其他社会规范的主要特点。国家创制法律有两种方式:制定和认可。制定是国家的立法机关按照立法权限和立法程序,创制规范性法律文件的活动。认可是国家通过一定方式承认习惯、道德、宗教等其他社会规范具有法律约束力的活动。无论是通过制定还是认可创制法律,都体现了国家意志性,任何人都应当服从,依法行使法律权利、履行法律义务。

4.法具有普遍性

在国家权力所及的范围内,法具有普遍约束力。第一,法适用于不特定的人或事,而不是针对特殊人创制的。第二,法对于处于相同情况下的人给予相同的对待并产生相同的法律效果。第三,法律规范一旦发生效力,对其效力范围内的人或事就产生约束力,在其生效期间可以反复适用。

5.法具有国家强制性

法以国家强制力为最后保障手段。不同于其他社会规范,法的国家强制是以警察、军队、监狱等国家机关为后盾,对违法者进行法律制裁,保障法律实施。国家强制力必须合法行使,既要符合实体法要求,又要遵守法律程序。

(四)法的分类

法的分类有助于确定不同种类法的性质与功能。依据不同标准,法可作以下分类。

1.国际法和国内法

根据制定和实施法的主体不同,可以把法划分为国际法和国内法。国际法是指在国际交往中形成的,由若干国家参与制定或者国际公认的法律规则,主要调整国家与国家之间的关系。国内法是指由一个主权国家制定的并在本国实施的法律,调整一国内部的自然人、法人、其他组织以及政府之间的关系。

2.成文法和不成文法

根据法的创制方式和表现形式不同,可以把法划分为成文法和不成文法。成文法又称制定法,是指由国家立法机关制定或认可的,以规范化的成文形式出现的规范性法律文件。我国是成文法国家。不成文法是指由国家机关认可的不具有规范化成文形式的习惯和判例等。不成文法以英国和美国为代表。成文法和不成文法相互交融已成为当今世界各国法律发展的趋势。

3.根本法和普通法

根据法的内容、效力和制定程序不同,可以把法划分为根本法和普通法。在采用成文宪法的国家,根本法就是宪法,它具有最高的法律效力,制定和修改程序极其严格。普通法是指宪法以外的其他法,一般只调整社会关系某一个领域的问题,其法律效力低于宪法,内容不得与宪法相抵触。

4.实体法和程序法

根据法规定的内容和实施方式不同,可以把法划分为实体法与程序法。实体法是规定了权利和义务或者职权和责任的法律。例如宪法、民法、刑法、行政法等。程序法是规定了保障权利和义务或者职权和责任的实施程序的法律。例如民事诉讼法、行政诉讼法、刑事诉讼法等。实体法规定的权利和义务或者职权和责任只有通过程序法的保障才能实现。

5.一般法和特别法

根据法的效力范围(即法的空间效力、时间效力和对人的效力)不同,可以把法划分为一般法和特别法。一般法适用于一般的法律关系主体和事项,或者适用于不特定的地区和时间。特别法适用于特定的主体和事项,或者适用于特定的地区和时间。例如相对于《中华人民共和国民法典》(以下简称《民法典》)而言,《中华人民共和国高等教育法》是特别法。从法律的适用角度,特别法优于一般法。

6.上位法和下位法

根据法律效力高低,可以把法划分为上位法和下位法。例如相对于《中华人民共和国宪法》(以下简称《宪法》)而言,《民法典》是下位法。从法律的适用角度,下位法不能与上位法相抵触。

7.公法和私法

公法和私法最早是由古罗马法学家乌尔比安提出的。一般认为,公法是调整国家与公民、政府与社会之间关系的法律,以维护国家利益为主要目的。例如宪法、诉讼法、刑法等。私法是调整公民、法人、其他组织之间关系的法律,以保护私人利益为主要目的。例如民法、公司法等。

二、法的渊源

(一)法的渊源的概念

法的渊源是指法的效力来源,法的创制方式和法律规范的外在表现形式,即哪些国家机关可以在什么权限内以何种方式创制法律规范,法律规范表现为何种形式,不同形式的规范之间的效力关系如何。

(二)法的渊源的种类

在不同的历史时期和不同的国家,法的渊源往往不尽相同,可以概括为以下几类。

1.制定法

制定法又称成文法,是由国家机关依照一定程序制定和颁布的,通常以条文形式表现的规范性法律文件。

2.判例法

判例是基于法院对诉讼案件所作判决而形成的具有法律效力的判定,这种判定对法院以后审理类似案件具有法律规范效力,能够成为法院审判的法律依据。判例是英美法系国家的一种重要的法的渊源。在我国,虽然判例不是法的渊源,但在司法和执法中有重要的参考作用。

3.习惯法

习惯法是指经有权的国家机关以一定方式认可,具有法律规范效力的习惯和惯例。在当代,尽管习惯法已经不是主要渊源,但仍是一国法律体系中不可或缺的部分。

4.学说和法理

学说是法学家对法律问题的见解或观点,法理通常指法的一般原理或法的精神。目前,把学说或法理作为法的渊源的国家已经很少了。

(三)当代中国法的正式渊源

1.宪法

宪法是我国的根本大法,是我国社会主义法的基本渊源。我国宪法规定了当代中国根本的社会、经济和政治制度,各种基本原则、方针、政策,公民的基本权利和义务,各主要国家机关的组成和职权、职责等,涉及社会生活各个领域的最根本、最重要的方面。

宪法在我国法的体系中具有最高的法的效力,一切法律、行政法规和地方性法规都不得同宪法相抵触。宪法的制定和修改的程序极其严格,宪法由我国最高权力机关——全国人民代表大会制定和修改;宪法的修改,由全国人大常委会或者 1/5 以上的全国人大代表提议,并由全国人大以全体代表的 2/3 以上多数通过。

2.法律

法律有广义和狭义的理解。广义的法律泛指一切有权创制法律规范的国家机关制定和认可的法律规范的总称。狭义的法律仅指全国人大及其常委会制定的规范性文件。在我国,法律作为法的渊源之一是在狭义上使用的。法律的地位和效力仅次于宪法。

根据制定机关不同,法律可分为基本法律和基本法律以外的其他法律。基本法律由全国人大制定和修改,如《刑法》《中华人民共和国民事诉讼法》(以下简称《民事诉讼法》)等涉及国家及社会生活某一方面的基本社会关系。在全国人大闭会期间,全国人大常委会有权对基本法律进行部分修改,但不能同该法律的基本原则相抵触。

基本法律以外的法律由全国人大常委会制定和修改,如《中华人民共和国会计法》(以下简称《会计法》)《中华人民共和国著作权法》等调整基本法律调整的问题以外的比较具体的社会关系。《中华人民共和国立法法》(以下简称《立法法》)规定,下列事项只能制定法律:国家主权的事项;各级人民代表大会、人民政府、人民法院和人民检察院的产生、组织和职权;民族区域自治制度、特别行政区制度、基层群众自治制度;犯罪和刑罚;对公民政治权利的剥夺、限制人身自由的强制措施和处罚;税种的设立、税率的确定和税收征收管理等税收基本制度;对非国有财产的征收、征用;民事基本制度;基本经济制度以及财政、海关、金融和外贸的基本制度;诉讼和仲裁制度;必须由全国人民代表大会及其常务委员会制定法律的其他事项。

3.行政法规

行政法规是由国家最高行政机关——国务院在法定职权范围内制定的有关国家行政管理的规范性文件。行政法规效力仅次于宪法和法律,不得与宪法和法律相抵触。我国行政法规的名称为"条例""规定""办法"。

4.地方性法规、自治条例和单行条例

地方性法规是我国地方国家权力机关及其常设机关在宪法和法律规定的立法权限内,根据本行政区域的具体情况和实际需要,依法制定的适用于本行政区域的具有法的效力的规范性文件。省、自治区、直辖市的人民代表大会及其常务委员会根据本行政区域的具体情况和实际需要,在不同宪法、法律、行政法规相抵触的前提下,可以制定地方性法规。设区的市的人民代表大会及其常务委员会根据本市的具体情况和实际需要,在不同宪法、法律、行政法规和本省、自治区的地方性法规相抵触的前提下,可以对城乡建设与管理、环境保护、历史文化保护等方面的事项制定地方性法规,法律对设区的市制定地方性法规的事项另有规定的,从其规定。设区的市的地方性法规须报省、自治区的人民代表大会常务委员会批准后施行。

民族区域自治是我国的一项基本政治制度。民族自治地方的人民代表大会有权依照当地民族的政治、经济和文化的特点,制定自治条例和单行条例。自治区的自治条例和单行条例,报全国人民代表大会常务委员会批准后生效。自治州、自治县的自治条例和单行条例,报省、自治区、直辖市的人民代表大会常务委员会批准后生效。自治条例和单行条例可以依照当地民族的特点,对法律和行政法规的规定作出变通规定,但不得违背法律或者行政法规的基本原则,不得对宪法和民族区域自治法的规定以及其他有关法律、行政法规专门就民族自治地方所作的规定作出变通规定。自治条例是综合性法规,单行条例是有关某一方面事务的规范性文件。民族自治法规只在本自治区域内有效。

经济特区是我国在改革开放中为发展对外经济贸易,特别是利用外资、引进先进技术而实行某些特殊政策的地区。经济特区所在地的省、市的人民代表大会及其常务委员会根据全国人民代表大会的授权决定,制定法规,在经济特区范围内实施。

5.特别行政区法

特别行政区法是特别行政区的国家机关在宪法和法律赋予的权限内制定或认可的,在该特别行政区域内具有普遍约束的行为规范的总和。《宪法》规定,国家在必要时得设立特别行政区。在特别行政区内实行的制度按照具体情况由全国人民代表大会以法律规定。这是"一国两制"的原则构想在我国宪法上的体现。

6.规章

规章是为了执行法律、法规,国务院所属部门及直属机构,省、自治区、直辖市和设区的市、自治州的人民政府,在它们的职权范围内,制定、实施有关本部门行政管理活动的规范性文件。规章可以分为行政规章和地方政府规章。

国务院各部、委员会、中国人民银行、审计署和具有行政管理职能的直属机构,可以根据法律和国务院的行政法规、决定、命令,在本部门的权限范围内,制定规章。部门规章规定的事项应当属于执行法律或者国务院的行政法规、决定、命令的事项。没有法律或者国务院的行政法规、决定、命令的依据,部门规章不得设定减损公民、法人和其他组织权利或者增加其义务的规范,不得增加本部门的权力或者减少本部门的法定职责。

省、自治区、直辖市和设区的市、自治州的人民政府,可以根据法律、行政法规和本省、自治区、直辖市的地方性法规,制定规章。没有法律、行政法规、地方性法规的依据,地方政府规章不得设定减损公民、法人和其他组织权利或者增加其义务的规范。

7.国际条约

国际条约是我国作为国际法主体同外国缔结的双边、多边协议和其他具有条约、协定性质的文件。国际条约生效后,对我国的国家机关、团体和公民具有法律上的约束力,因此国际条约也是我国法的渊源之一。

三、法律部门与法律体系

(一)法律部门

法律部门是依据一定的原则和标准划分的调整同一类社会关系的法律规范的总称。划分法律部门的主要标准是调整对象,即法律所调整的不同社会关系;其次是法律调整的方法。

(二)法律体系

法律体系也称部门法体系,是指由一国现行的全部法律规范按照一定的标准和原则,划分为若干法律部门,由这些法律部门组成的一个呈体系化的有机联系、相互协调的统一整体。法律体系是由一国的国内法组成的,不包括国际公法;法律体系是由一国现行法构成的,不包括已经废止的、尚待制定的和尚未生效的法律。

(三)我国法律体系

中国特色社会主义法律体系是以宪法为统帅,以法律为主干,以行政法规、地方性法规为重要组成部分,由宪法相关法、民法商法、行政法、经济法、社会法、刑法、诉讼与非诉讼程序法等多个法律部门组成的有机统一整体。我国法律体系包括七个主要的部门法:宪法及宪法相关法、民商法、经济法、行政法、社会法、刑法、诉讼和非诉讼程序法。

四、法的效力

(一)法的效力的概念

法的效力也称法的约束力,是指法律规范对主体行为的普遍的约束力。这种约束力不以主体自身的意志为转移,行为主体不得违反,必须遵守、执行和适用法律。法的效力包括法的效力范围和法的效力位阶。

(二)法的效力范围

法的效力范围是指法律规范的约束力的范围,包括法对人的效力、法的空间效力和法的时间效力。法对人的效力,即法适用于哪些人。法的空间效力,即法具有效力的地域范围。法的时间效力,即法何时生效、何时终止效力和法有无溯及力。

(三)法的效力位阶

法的效力位阶也称法的效力等级,是指在一国的法律体系中不同渊源形式的法律规范在效力上的等级差别。确定法的效力等级一般遵循以下原则。

1.上位法优于下位法

宪法具有最高的法律效力,一切法律、行政法规、地方性法规、自治条例和单行条例、规章都不得同宪法相抵触。法律的效力高于行政法规、地方性法规、规章。行政法规的效力高于地方性法规、规章。地方性法规的效力高于本级和下级地方政府规章。省、自治区的人民政府制定的规章的效力高于本行政区域内的设区的市、自治州的人民政府制定的规章。自治条例和单行条例依法对法律、行政法规、地方性法规作变通规定的,在本自治地方适用自治条例和单行条例的规定。经济特区法规根据授权对法律、行政法规、地方性法规作变通规定的,在本经济特区适用经济特区法规的规定。部门规章之间、部门规章与地方政府规章之间具有同等效力,在各自的权限范围内施行。

2.特别法优于一般法

当同一机关在某一领域既有一般性立法,又有特殊立法时,特殊立法的效力优于一般性立法。

3.新法优于旧法

当同一机关先后就同一领域问题制定两个以上的法律规范时,后制定的法律规范的效力位阶高于先制定的法律规范。

在上述原则基础上,《立法法》规定了解决法律效力冲突的具体规则:同一机关制定的法律、行政法规、地方性法规、自治条例和单行条例、规章,特别规定与一般规定不一致的,适用特别规定;新的规定与旧的规定不一致的,适用新的规定。法律之间对同一事项的新的一般规定与旧的特别规定不一致,不能确定如何适用时,由全国人民代表大会常务委员会裁决。行政法规之间对同一事项的新的一般规定与旧的特别规定不一致,不能确定如何适用时,由国务院裁决。地方性法规、规章之间不一致时,由有关机关依照下列规定的权限作出裁决:同一机关制定的新的一般规定与旧的特别规定不一致时,由制定机关裁决;地方性法规与部门规章之间对同一事项的规定不一致,不能确定如何适用时,由国务院提出意见,国务院认为应当适用地方性法规的,应当决定在该地方适用地方性法规的规定;认为应当适用部门规章的,应当提请全国人民代表大会常务委员会裁决;部门规章之间、部门规章与地方政府规章之间对同一事项的规定不一致时,由国务院裁决。根据授权制定的法规与法律规定不一致,不能确定如何适用时,由全国人民代表大会常务委员会裁决。

五、法律关系

(一)法律关系的概念

法律关系是指法律规范在调整社会关系的过程中所确认的人与人之间的权利和义务关系。法律关系根据法律规范建立,是法律规范中的权利和义务在现实社会关系中的体现。根据调整社会关系的法律规范不同,法律关系可以分为民事法律关系、行政法律关系、刑事法律关系、诉讼法律关系等。法律关系由法律关系主体、法律关系客体和法律关系内容三个要素构成。

(二)法律关系主体

1.法律关系主体的概念和种类

法律关系主体即法律关系的参加者,是指在法律关系中权利的享有者和义务的承担者。享有权利的主体称为权利人,承担义务的主体称为义务人。我国法律关系的主体主要包括以下种类。

(1)自然人。自然人是基于出生而具有法律人格的个人,包括公民、外国人和无国籍的人。公民是指具有一国国籍,并根据该国法律规定享有权利和承担义务的人。凡具有中华人民共和国国籍的人都是中华人民共和国公民。我国公民可以参与多种类型的法律关系。在我国境内居住或在境内外活动的外国公民和无国籍人也可能成为我国某些法律关系的参与者。

(2)组织。组织主要有三类:第一类是国家机关,如国家的立法机关、行政机关和司法机关等;第二类是企事业单位;第三类是政党和社会团体。

(3)国家。在某些特殊情况下,国家可以作为一个整体成为法律关系的参与者。例如,在国债法律关系中,国家可以作为债务人参与其中。

2.法律关系主体构成的资格:权利能力、行为能力和责任能力

法律关系主体作为法律关系的参与者,必须具有独立性,要能以自己的名义享有权利、履行义务和承担责任。

(1)权利能力。权利能力是指法律主体能够参与一定的法律关系,依法享有权利和承担义务的法律资格。不同的法律关系对主体的要求不同,权利能力也不同。公民的权利能力可以分为政治权利能力、民事权利能力、行政权利能力、诉讼权利能力等;还可以分为一般权利能力和特殊权利能力。一般权利能力又称基本权利能力,是一国所有的公民都具有的权利能力,如民事权利能力;而特殊权利能力只有特殊的法律主体才能享有,如政治权利能力。公民的民事权利能力始于出生,终于死亡。法人的权利能力不同于公民的权利能力,始于法人成立,终于法人终止;法人的权利能力范围取决于法人成立的宗旨和业务范围。

(2)行为能力。行为能力是指法律主体能够通过自己的行为取得权利和履行义务的能力。行为能力的取得必须以享有权利能力为前提,但是公民享有权利能力并不意味着其一定具有行为能力。根据年龄和心智状况,公民可以分为完全行为能力人、限制行为能力人和无民事行为能力人。

①十八周岁以上的自然人为完全民事行为能力人,可以独立实施民事法律行为。十六周岁以上的未成年人,以自己的劳动收入为主要生活来源的,视为完全民事行为能力人。

②八周岁以上的未成年人为限制民事行为能力人,实施民事法律行为由其法定代理人代理或者经其法定代理人同意、追认,但是可以独立实施纯获利益的民事法律行为或者与其

年龄、智力相适应的民事法律行为。不能完全辨认自己行为的成年人为限制民事行为能力人,实施民事法律行为由其法定代理人代理或者经其法定代理人同意、追认,但是可以独立实施纯获利益的民事法律行为或者与其智力、精神健康状况相适应的民事法律行为。

③不满八周岁的未成年人为无民事行为能力人,由其法定代理人代理实施民事法律行为。不能辨认自己行为的成年人为无民事行为能力人,由其法定代理人代理实施民事法律行为。

法人的行为能力与公民的行为能力不同。法人的行为能力伴随其权利能力,始于成立,终于终止;通过其法定代表人实现。

【案例1-1】 小李16周岁,以自己的劳动收入为主要生活来源;小王10周岁,精神病患者,完全不能辨认自己的行为;小孙13周岁,右手残疾;老刘50周岁,记忆衰退。上述人员各属于什么样的民事行为能力人?

【解析】 小李属于16周岁以上不满18周岁的公民,以自己的劳动收入为主要生活来源,属于完全民事行为能力人;小王是完全不能辨认自己行为的精神病人,属于无民事行为能力人;小孙是8周岁以上的未成年人,属于限制民事行为能力人;老刘是18周岁以上的成年人,属于完全民事行为能力人。

(3)责任能力。责任能力是法律主体因实施了违法行为而承担法律责任的能力。例如,在刑事法律关系中,根据我国刑法规定,已满十六周岁的人犯罪,应当负刑事责任。已满十四周岁不满十六周岁的人,犯故意杀人、故意伤害致人重伤或者死亡、强奸、抢劫、贩卖毒品、放火、爆炸、投毒罪的,应当负刑事责任。已满十四周岁不满十八周岁的人犯罪,应当从轻或者减轻处罚。因不满十六周岁不予刑事处罚的,责令他的家长或者监护人加以管教;在必要的时候,也可以由政府收容教养。已满七十五周岁的人故意犯罪的,可以从轻或者减轻处罚;过失犯罪的,应当从轻或者减轻处罚。精神病人在不能辨认或者不能控制自己行为的时候造成危害结果,经法定程序鉴定确认的,不负刑事责任,但是应当责令他的家属或者监护人严加看管和医疗;在必要的时候,由政府强制医疗。间歇性的精神病人在精神正常的时候犯罪,应当负刑事责任。尚未完全丧失辨认或者控制自己行为能力的精神病人犯罪的,应当负刑事责任,但是可以从轻或者减轻处罚。又聋又哑的人或者盲人犯罪,可以从轻、减轻或者免除处罚。

(三)法律关系客体

1.法律关系客体的概念

法律关系客体是指法律关系主体的权利和义务所指向的对象。它是一定利益的法律形式,也是法律权利和法律义务发生联系的中介。

2.法律关系客体的种类

随着社会的不断发展,法律关系客体的种类在不断变化,主要有以下几类。

(1)物。法律意义上的物是指获得法律认可,能够为法律关系主体所认识、控制和支配的,能够带给人们物质利益的,具有独立性的客观实体。它可以表现为自然物,也可以表现为人们劳动力创造的物;可以是个人财产,也可以是国家、集体财产等。

(2)人身利益。人身是由各个生理器官组成的生理整体,是人作为法律关系主体的承载体。活人的整个身体不能作为法律关系的客体,既不得转让或买卖,也不得进行违法或法律不提倡的行为,如贩卖人口、卖淫等都是法律禁止的违法或犯罪行为。只有当人身的部分自然地与身体分离时,才可能成为法律关系的客体。随着科技和医学的发展,器官移植、精子提取交易等现象大量出现,产生了相关法律问题。人身利益还包括与人身不能分离的其他人格利益和身份利益,如组织的名称,公民的姓名、肖像、名誉、荣誉等。

(3)精神产品。精神产品是人们基于智力创作活动产生的智力成果,如文学、艺术、科学作品,商标、专利、商业秘密等。

(4)行为结果。特定的行为结果可以满足权利人的利益要求,是法律关系的客体。行为结果包括积极的作为方式和消极的不作为方式。

(四)法律关系的内容

法律关系的内容就是法律关系主体所享有的法律权利和承担的法律义务。法律权利是法律允许权利人为了满足自己的正当利益所采取的、由义务人所保证实现的行为自由。它表现为权利人可以自己为一定行为,也可以要求义务人为一定行为或不为一定行为。法律义务是法律要求义务人应该按照权利人的要求为一定行为或不为一定行为,以满足权利人的利益。权利和义务是相对而言的,没有无义务的权利,也没有无权利的义务。

(五)法律关系的产生、变更与消灭

1.法律关系产生、变更与消灭的条件

法律关系处在不断地产生、变更和消灭的过程中,法律关系产生、变更与消灭需要具备以下条件:一是法律规范,即法律关系产生、变更与消灭的法律依据;二是法律主体,即权利的享有者和义务的承担者;三是法律事实,即法律规范所规定的,能够引起法律关系产生、变更与消灭的客观情况。法律事实在法律关系产生、变更与消灭的条件中占有突出地位。

2.法律事实的种类

依据是否以法律主体的意志为转移,法律事实可以分为法律行为和法律事件。

(1)法律行为。法律行为是指以法律主体的意志为转移,能够引起法律关系产生、变更与消灭的法律事实。根据不同标准,法律行为主要划分为以下种类。

①合法行为和不法行为。这是根据行为与法律规范的规定是否一致所作的分类。合法行为与法律规范的规定一致,能产生合法的法律后果;不法行为与法律规范的规定不一致,不能产生行为主体所预期的法律后果。不法行为的外延大于违法行为,在不法行为中,一般而言,只有违法行为才应承担法律责任。

②表意行为和非表意行为。这是根据行为是否通过意思表示所作的分类。表意行为是

指当事人通过意思表示实施的具有法律意义的行为。非表意行为是指当事人在主观上并没有产生、变更与消灭法律关系的意思，而是基于某种事实状态引起法律关系的产生、变更与消灭的行为，即事实行为。

③单方行为与多方行为。这是根据法律主体意思表示的形式所作的分类。单方行为是指由法律主体一方的意思表示即可成立的法律行为。多方行为是指由两个或两个以上的法律主体意思表示一致才能成立的法律行为，如合同行为。

④自主行为与代理行为。这是根据法律主体实际参与行为的状态所作的分类。自主行为是指法律主体以自己的名义独立从事的法律行为；在代理行为中，代理人以被代理人的名义，在代理权限内与第三人进行法律行为，法律后果由被代理人承担。

⑤积极行为与消极行为。这是根据行为的不同表现形式所作的分类。积极行为又称作为，是指行为人以积极的对客体发生作用的形式进行的、引起客体的内容或性质变化的、具有法律意义的行为。消极行为又称不作为，是指行为人以消极的对客体发生作用的形式进行的、保持客体不变或不阻止客体发生变化的、具有法律意义的行为。

⑥要式行为与不要式行为。这是根据行为是否需要特定形式或程序才能成立所作的分类。要式行为是指必须采用某种特定形式或遵循一定的程序才能成立的法律行为。不要式行为是指法律未规定特定形式或程序，可以由当事人自由选择形式成立的法律行为。

【案例1-2】 李先生拥有一栋房屋，请分析法律关系三要素。

【解析】 在这个法律关系中：主体是李先生；客体是房屋；内容是李先生拥有处置这个房屋的权利，其他人有尊重李先生行使权利的义务。

（2）法律事件。法律事件是指法律规范规定的，不以当事人的意志为转移，能引起法律关系形成、变更或消灭的客观事实。法律事件分为自然事件和社会事件两种。

【思考与案例回顾】

法是统治阶级的国家意志的体现，法的本质是阶级性与物质制约性之间的对立统一，法所体现的国家意志是统治阶级的意志，代表统治阶级的整体意志和根本利益，而不是每个统治阶级个人的意志。

第二节　法律责任

【思考与案例】

同学们在学习了法律责任后，知道民事责任、行政责任和刑事责任的主要区别是什么吗？

一、法律责任的概念

法律责任是指法律主体因违法行为、违约行为或法律规定的其他事由而应承担的具有国家强制性的不利法律后果。法律责任的产生以违反法律义务为前提。

二、法律责任的类型

根据引起法律责任产生的法律部门的性质以及引起法律责任行为的违法性质和危害程度，法律责任可以分为以下几种类型。

（一）民事责任

民事责任又称民事法律责任，是指法律主体因违反民商法律规定、违约或者因法律规定的其他事由而应承担的不利法律后果。民事责任以财产责任为主，其目的是赔偿或补偿损失。《民法典》规定承担民事责任的方式主要有以下十一种，人民法院既可以单独适用，也可以合并适用。

1.停止侵害

停止侵害是指侵害人终止正在进行的损害他人合法权益的违法行为。其功能在于及时制止不法侵害行为，防止损害扩大。

2.排除妨碍

排除妨碍是指侵害人排除对权利人行使权利或实现正当利益的非法阻碍。排除妨碍针对的是实际存在或将来必然出现的妨碍。

3.消除危险

消除危险是指侵害人消除其行为或物件可能对他人的合法权益造成损害的危险。其功能在于防止损害的发生。

4.返还财产

返还财产是指侵害人将非法占有他人的合法财产原物返还权利人。

5.恢复原状

恢复原状是指侵害人非法破坏他人的合法财产后，将被破坏的财产恢复到受侵害之前的状态。只有当受损害的财产客观上具有恢复的可能性和必要性时才适用此种责任形式。

6.修理、重作、更换

修理是指使不符合质量标准的标的物具有应当具备的功能；重作是指对标的物进行重新加工、制作；更换是指用符合质量标准的标的物替换已交付的不符合质量标准的标的物。此种责任形式主要适用于违反合同质量条款的情形。

7.继续履行

继续履行又称强制履行，是指合同当事人一方不履行合同义务或履行合同义务不符合约定时,违约方应当承担按照合同约定继续履行合同的责任。此种责任形式适用于继续履行在事实上可能和在经济上合理的情形。

8.赔偿损失

赔偿损失是指侵害人的违法行为致使权利人的合法权益受到损害时,应以其财产赔偿权利人所遭受的损失。这是适用范围最广的一种责任形式。

9.支付违约金

支付违约金是指合同当事人一方违约时依据法律规定或合同约定,向对方支付的一定数额的金钱。

10.消除影响、恢复名誉

消除影响、恢复名誉是指加害人在一定范围内采取措施消除对受害人的不利后果,以使受害人的名誉恢复到未曾受损的状态。此种责任形式不具有财产内容,主要适用于侵犯名誉权、肖像权等情形。

11.赔礼道歉

赔礼道歉是指加害人以口头或书面的方式向受害人认错、表示歉意。此种责任形式不具有财产内容,主要适用于侵害人格权等情形。

(二)行政责任

行政责任又称行政法律责任,是因违反行政法律规范而应承担的不利法律后果。既包括行政主体因行政违法或者行政不当产生的法律责任,也包括行政相对人违反行政法律规范产生的行政责任。行政责任的承担方式主要包括行政处分和行政处罚。

1.行政处分

行政处分是国家公务员因违法、违纪行为而依法应承担的法律责任。根据《中华人民共和国公务员法》(以下简称《公务员法》)规定,行政处分分为警告、记过、记大过、降级、撤职、开除。公务员实施了下列行为之一的,可能给予行政处分:

(1)散布有损国家声誉的言论,组织或者参加旨在反对国家的集会、游行、示威等活动。

(2)组织或者参加非法组织,组织或者参加罢工。

(3)玩忽职守,贻误工作。

(4)拒绝执行上级依法作出的决定和命令。

(5)压制批评,打击报复。

(6)弄虚作假,误导、欺骗领导和公众。

(7)贪污、行贿、受贿,利用职务之便为自己或者他人谋取私利。

(8)违反财经纪律,浪费国家资财。

(9)滥用职权,侵害公民、法人或者其他组织的合法权益。

(10)泄露国家秘密或者工作秘密。

（11）在对外交往中损害国家荣誉和利益。

（12）参与或者支持色情、吸毒、赌博、迷信等活动。

（13）违反职业道德、社会公德。

（14）从事或者参与营利性活动，在企业或者其他营利性组织中兼任职务。

（15）旷工或者因公外出、请假期满无正当理由逾期不归。

（16）违反纪律的其他行为。

2.行政处罚

行政处罚是特定的行政机关依法对违反行政管理秩序行为的行政相对人给予的行政制裁。在学理上，行政处罚可以分为人身罚、行为罚、财产罚和申诫罚四种。《中华人民共和国行政处罚法》（以下简称《行政处罚法》）规定行政处罚有以下七类。

（1）警告，是指行政主体向违法者发出警戒，申明其有违法行为的处罚形式。这是最轻微的行政处罚形式。

（2）罚款，是指行政主体强制违法者交纳一定金钱的处罚形式。这是实践中常用的处罚形式。

（3）没收违法所得、没收非法财物，是指行政主体剥夺违法者的违法所得和非法财物的财产所有权的处罚形式。

（4）责令停产停业，是指行政主体强制违法者在一定期限内停止经营的处罚形式。

（5）暂扣或者吊销许可证、暂扣或者吊销执照，是指行政主体取消或在一定期限内扣留违法者的许可证或执照的处罚形式。

（6）行政拘留，是指行政主体在一定期限内限制违法者人身自由的处罚形式。这是最严厉的行政处罚形式，只能由法律设定。

（7）法律、行政法规规定的其他行政处罚。

（三）刑事责任

刑事责任又称刑事法律责任，是指犯罪人因违反刑事法律而应承担的不利法律后果。行为人的行为只有具备了犯罪的构成要件才承担刑事责任。刑事责任是处罚性质和程度最严厉的法律责任，其方式为刑罚。我国的刑罚体系分为主刑和附加刑。

1.主刑

主刑是对犯罪分子适用的主要刑罚方法。主刑只能独立适用，不能附加适用。主刑包括以下种类。

（1）管制，是指对犯罪人不予关押，但是在一定期限内限制其一定自由，由社区矫正机构执行和群众监督改造的刑罚方法。管制的期限为 3 个月以上 2 年以下。管制是我国独创的一种刑罚方法。

（2）拘役，是指短期剥夺犯罪人自由，就近关押并实行教育劳动改造的刑罚方法。拘役的期限为 1 个月以上 6 个月以下。拘役在我国刑法中的适用相当广泛。

（3）有期徒刑，是指剥夺犯罪人一定期限的人身自由，并强制实行劳动和教育改造的刑罚方法。有期徒刑的期限为6个月以上15年以下。有期徒刑是我国适用最广泛的刑罚方法。

（4）无期徒刑，是指剥夺犯罪人终身自由，并强制实行劳动和教育改造的刑罚方法。无期徒刑没有刑期限制，是自由刑中最严厉的刑罚方法。

（5）死刑，是指剥夺犯罪分子生命的刑罚方法。死刑只适用于罪行极其严重的犯罪分子。对于应当判处死刑的犯罪分子，如果不是立即执行的，可以判处死刑同时宣告缓期两年执行。

2.附加刑

附加刑既可以附加于主刑适用，又可以独立适用。附加刑有四种：罚金、剥夺政治权利、没收财产、驱逐出境。

【思考与案例回顾】

法律责任分为民事责任、行政责任和刑事责任。三者的主要区别在于：（1）民事责任：因违反民商法律规定、违约或者因法律规定的其他事由，民事责任可以由当事人主动承担。民事责任以财产责任为主，其目的是赔偿或补偿损失。（2）行政责任：因违反法律规定的单位和个人，由国家行政机关或者国家授权单位对其依行政程序给予的制裁。（3）刑事责任：因犯罪人实施犯罪行为，由国家审判机关依照刑事法律给予的制裁，是法律中最严厉的责任形式。

第三节　经济纠纷的解决途径

【思考与案例】

甲企业与乙公司签订了买卖合同，同时合同中也签订了仲裁协议。由于客观原因，甲企业无法向乙公司提供货物，于是双方解除了买卖合同。乙公司要求甲企业按照仲裁协议进行赔偿，但是，甲企业拒绝承担仲裁协议中的赔偿责任，其理由是合同已经解除，仲裁协议也随之失效。请思考：乙公司是否能得到相应的赔偿？

经济纠纷是市场经济主体在经济管理与经济活动中发生的，以经济权利义务为内容的法律纠纷和社会纠纷，既包括市场经济中平等主体之间的权益争议，也包括市场经济管理中行政主体和行政相对人之间产生的纠纷。为了保障市场经济秩序，维护当事人的合法权益，必须采取有效方式解决经济纠纷。经济纠纷的解决可以采取自力救济，即依靠纠纷主体自身的力量解决纠纷，如和解；社会救济，即依靠社会的力量解决纠纷，如诉讼外的调解和仲裁；公力救济，即依靠国家的力量解决纠纷，如诉讼。其中最主要的方式为仲裁、民事诉讼、行政复议和行政诉讼。

一、和解和诉讼外调解

（一）和解

和解是发生经济纠纷的当事人在自愿、互谅、友好的基础上，通过自行协商、谈判等解决经济纠纷的方式。和解无须第三人参与，完全基于争议各方的友好协商。相对于仲裁和诉讼而言，和解能够节省大量时间和费用，但不具有强制执行力。

（二）诉讼外调解

诉讼外调解是由经济纠纷之外的第三人依据一定的道德和法律规范，在经济纠纷当事人之间进行斡旋，促使争议各方在自愿、互谅的基础上解决纠纷的方式。诉讼外的调解有民间调解、人民调解等。民间调解一般不要求主持调解的第三人具有特殊身份，是群众自发的调解。民间调解的结果不具有法律强制执行力。人民调解由群众选举产生的人民调解委员会及其组织成员主持，并接受基层人民政府和基层人民法院的指导，以国家的法律、法规、规章、政策和社会公德为依据。经人民调解委员会调解达成的调解协议，具有法律约束力，当事人应当按照约定履行。

二、仲裁

（一）仲裁概述

1.仲裁的概念

仲裁是经济纠纷的双方当事人，根据其在纠纷发生前或纠纷发生后达成的协议，自愿将该纠纷提交共同选定的仲裁机构进行裁判的争议解决制度和方式。

2.仲裁的特点

（1）自愿性。仲裁以双方当事人的自愿协商为前提。这是仲裁最突出的特点。双方当事人是否决定将纠纷提交仲裁，提交给哪个仲裁机构，以及仲裁庭的人员组成都是双方当事人基于自愿，协商一致确定的。

（2）灵活性。仲裁充分体现了当事人的意思自治，仲裁机构以及仲裁中的具体程序可以由双方当事人协商确定。

（3）快捷性。仲裁实行一裁终局制，仲裁裁决一经仲裁庭作出就对双方当事人发生法律效力。

（4）保密性。仲裁以不公开审理为原则，双方当事人的商业秘密不会公之于众。

3.仲裁的范围

仲裁的范围即仲裁的适用范围。根据《中华人民共和国仲裁法》(以下简称《仲裁法》)的规定,仲裁可以解决平等主体的公民、法人和其他组织之间发生的合同纠纷和其他财产权益纠纷。

仲裁不能解决的纠纷:婚姻、收养、监护、扶养、继承纠纷;依法应当由行政机关处理的行政争议。劳动争议和农业集体经济组织内部的农业承包合同纠纷的仲裁,另行规定,不受仲裁法的调整。

【案例1-3】 下列各项中,属于仲裁适用范围的是( )。

A.父亲和儿子之间的因监护关系发生的纠纷

B.企业之间的买卖合同纠纷

C.夫妻因矛盾发生的婚姻纠纷

D.公民与行政机关发生的权益纠纷

【解析】 B。根据仲裁的适用范围,选项A、C所述情况不能提请仲裁,选项D适用于行政诉讼。

4.仲裁的基本原则

(1)自愿原则,是指是否将经济纠纷提交仲裁、将哪些争议事项提交仲裁、提交哪个仲裁机构仲裁、仲裁庭如何组成、仲裁的程序等事项都由双方当事人协商确定。这是仲裁制度的根本原则。仲裁委员会由当事人协商选定,仲裁不实行级别管辖和地域管辖。

(2)根据事实、符合法律规定、公平合理解决纠纷原则,是指仲裁要坚持以事实为根据、以法律为准绳的原则。同时,在法律没有规定或者规定不完备的情况下,仲裁庭可以按照公平合理的一般性原则来解决纠纷。

(3)独立仲裁原则,是指仲裁应依法独立进行,不受任何行政机关、社会团体和个人的干涉。

(4)一裁终局原则,是指仲裁裁决一经仲裁庭作出,即为终局裁决。仲裁裁决作出后,当事人就同一纠纷再申请仲裁或者向人民法院起诉的,仲裁委员会或者人民法院不予受理。如果一方当事人不履行仲裁裁决的,另一方当事人可以向法院申请强制执行。

【案例1-4】 仲裁裁决作出后,当事人不能就同一纠纷再申请仲裁或向人民法院起诉。这个说法对吗?

【解析】 对的,因为仲裁实行一裁终局原则。

(二)仲裁委员会

仲裁委员会是以仲裁的方式,独立、公正、高效地解决平等主体的公民、法人和其他组织之间发生的合同纠纷和其他财产权益纠纷的常设仲裁机构。仲裁委员会可以在省、自治区和直辖市人民政府所在地的市设立,也可以根据需要在其他设区的市设立,不按行政区划层层设立。仲裁委员会独立于行政机关,与行政机关没有隶属关系。仲裁委员会之间也没有隶属关系。中国仲裁协会是社会团体法人,仲裁委员会是中国仲裁协会的会员。中国仲裁协会的章程由全国会员大会制定。中国仲裁协会是仲裁委员会的自律性组织,根据章程对仲裁委员会及其组成人员、仲裁员的违纪行为进行监督。

(三)仲裁协议

1.仲裁协议的概念

仲裁协议是双方当事人自愿将其已经发生或者可能发生的争议提交仲裁解决的书面协议。仲裁协议是整个仲裁活动的前提和基本依据。

2.仲裁协议的形式

仲裁协议必须以书面形式订立,口头达成方式达成仲裁的意思表示无效。仲裁协议包括合同中订立的仲裁条款和以其他书面方式在纠纷发生前或者纠纷发生后达成的请求仲裁的协议。

(1)合同中的仲裁条款。这是仲裁实践中适用最广的一种形式。它作为合同中的一项条款,成为合同的组成部分。

(2)仲裁协议书。仲裁协议书无论在形式上还是内容上都独立于合同之外。

(3)其他书面形式的仲裁协议,如数据电文、信件等。

3.仲裁协议的内容

有效的仲裁协议应当同时具备下列三项内容,缺一不可:

(1)请求仲裁的意思表示。

(2)仲裁事项。

(3)选定的仲裁委员会。

仲裁协议对仲裁事项或者仲裁委员会没有约定或者约定不明确的,当事人可以补充协议;达不成补充协议的,仲裁协议无效。

4.仲裁协议的效力

(1)仲裁协议的法律效力。

①仲裁协议对双方当事人的法律效力。仲裁协议一经有效成立,就对双方当事人产生约束力。仲裁协议独立存在,合同的变更、解除、终止或者无效,不影响仲裁协议的效力。发生纠纷后,当事人只能依据仲裁协议中确定的仲裁机构申请仲裁。

②仲裁协议对法院的法律效力。有效的仲裁协议将排除法院的司法管辖权。当事人达成仲裁协议,一方向人民法院起诉的,人民法院不予受理,但仲裁协议无效的除外。

③仲裁协议对仲裁机构的法律效力。有效的仲裁协议是仲裁委员会受理仲裁案件的依据。没有仲裁协议,一方申请仲裁的,仲裁委员会不予受理。同时,仲裁机构只能对当事人在仲裁协议中约定的争议事项进行仲裁,对于超出仲裁协议约定范围的事项,仲裁机构无权仲裁。

（2）仲裁协议效力的确认机构。

仲裁庭有权确认合同的效力。当事人对仲裁协议的效力有异议的,可以请求仲裁委员会作出决定或者请求人民法院作出裁定。一方请求仲裁委员会作出决定,另一方请求人民法院作出裁定的,由人民法院裁定。当事人对仲裁协议的效力有异议,应当在仲裁庭首次开庭前提出。

（四）仲裁程序主要问题

1.仲裁庭的组成

（1）仲裁庭的组成形式。我国仲裁庭的组成形式有合议仲裁庭和独任仲裁庭。仲裁庭可以由三名仲裁员或者一名仲裁员组成。

（2）仲裁庭的组成程序。仲裁庭由三名仲裁员组成的,设首席仲裁员。当事人约定由三名仲裁员组成仲裁庭的,应当各自选定或者各自委托仲裁委员会主任指定一名仲裁员,第三名仲裁员由当事人共同选定或者共同委托仲裁委员会主任指定。第三名仲裁员是首席仲裁员。当事人约定由一名仲裁员成立仲裁庭的,应当由当事人共同选定或者共同委托仲裁委员会主任指定。当事人没有在仲裁规则规定的期限内约定仲裁庭的组成方式或者选定仲裁员的,由仲裁委员会主任指定。仲裁庭组成后,仲裁委员会应当将仲裁庭的组成情况书面通知当事人。

（3）仲裁员的回避。仲裁员有下列情形之一的,必须回避,当事人也有权提出回避申请:①是本案当事人或者当事人、代理人近亲属的;②与本案有利害关系的;③与本案当事人、代理人有其他关系,可能影响公正仲裁的;④私自会见当事人、代理人,或者接受当事人、代理人的请客送礼的。仲裁员回避的形式包括自行回避和申请回避。

2.仲裁审理

我国仲裁审理的方式有开庭审理和书面审理。

（1）开庭审理。开庭审理是仲裁审理的主要方式,《仲裁法》第三十九条规定:仲裁应当开庭进行。《仲裁法》第四十条规定:仲裁不公开进行。上述条款确立了开庭审理的仲裁方式以不公开审理为原则,旨在保护当事人的商业秘密。当事人协议公开的,可以公开进行,但涉及国家秘密的除外。

（2）书面审理。书面审理是开庭审理的必要补充。当事人协议不开庭的,仲裁庭可以根据仲裁申请书、答辩书以及其他材料作出裁决。

3.仲裁和解、调解和裁决

（1）仲裁和解。当事人申请仲裁后,可以自行和解。达成和解协议的,可以请求仲裁庭根据和解协议作出裁决书,也可以撤回仲裁申请。当事人达成和解协议,撤回仲裁申请后反悔的,可以根据仲裁协议申请仲裁。

（2）仲裁调解。仲裁中的调解是我国仲裁的特色。仲裁庭在作出裁决前,可以先行调解。当事人自愿调解的,仲裁庭应当调解。调解不成的,应当及时作出裁决。调解达成协议的,仲裁庭应当制作调解书或者根据协议的结果制作裁决书。调解书与裁决书具有同等法律效力。调解书应当写明仲裁请求和当事人协议的结果。调解书由仲裁员签名,加盖仲裁委员会印章,送达双方当事人。调解书经双方当事人签收后,即发生法律效力。在调解书签收前当事人反悔的,仲裁庭应当及时作出裁决。

（3）仲裁裁决。

①仲裁裁决的作出方式。裁决应当按照多数仲裁员的意见作出,少数仲裁员的不同意见可以记入笔录。仲裁庭不能形成多数意见时,裁决应当按照首席仲裁员的意见作出。

②仲裁裁决的效力。裁决书自作出之日起发生法律效力。

③仲裁裁决的执行。当事人应当履行裁决。一方当事人不履行的,另一方当事人可以依照民事诉讼法的有关规定向人民法院申请执行。受申请的人民法院应当执行。

三、民事诉讼

（一）民事诉讼的概念

民事诉讼是人民法院在当事人和其他诉讼参与人的参加下,依法审理和解决民事案件的诉讼活动以及在这些活动中产生的各种诉讼法律关系的总和。

（二）民事诉讼的基本制度

1.合议制度

合议制度是由三人以上的审判人员组成合议庭,对民事案件进行审理和裁判的制度。合议制度是民主集中在民事审判工作中的体现和运用。合议庭成员应当是三个以上的单数。在第一审程序中,合议庭可以由审判员组成,也可以由审判员与陪审员共同组成;在二审程序中,合议庭只能由审判员组成;在再审程序中,再审案件适用一审程序的,按照一审程序另行组成合议庭,再审案件适用二审程序的,按照二审程序另行组成合议庭。独任制是相对于合议制而言的一种审判组织形式,由一名审判员对民事案件进行审理并裁判。在我国的民事诉讼中,独任制只能适用于一审程序,仅适用于简单的民事案件以及一般的非讼案件。《民事诉讼法》规定,适用简易程序审理的民事案件,由审判员一人独任审理。按照特别程序审理的案件,除选民资格案件或者重大、疑难的案件由合议庭进行审理外,其他案件由审判员一人独任审理。

2.回避制度

回避制度是指为了保证案件的公正审理,与案件有一定的利害关系的审判人员或其他有关人员,应退出案件审理的制度。适用回避的对象为审判人员、书记员、翻译人员、鉴定人、勘验人,其中审判人员既包括审判员,也包括陪审员。适用回避的情形:①是本案当事人或者当事人、诉讼代理人近亲属的;②与本案有利害关系的;③与本案当事人、诉讼代理人有其他关系,可能影响对案件公正审理的。此外,审判人员接受当事人、诉讼代理人请客送礼,或者违反规定会见当事人、诉讼代理人的,当事人有权要求他们回避。审判人员有上述规定的行为的,应当依法追究法律责任。

3.公开审判制度

公开审判制度是指人民法院依法对民事案件实行公开审理和公开宣判的制度。公开审判包括审判过程公开和审判结果公开。法律规定不公开审理的案件:①涉及国家秘密的案件;②涉及个人隐私的案件;③法律另有规定的案件。当事人申请不公开审理、可以不公开审理的案件:①离婚案件;②涉及商业秘密的案件。无论是公开审理的案件,还是不公开审理的案件,法院都应当公开宣告判决。

4.两审终审制度

两审终审制度是指一个民事案件经过两级人民法院审判后,即告终结的制度。人民法院的一审裁判作出后,当事人不服、依法上诉的,上诉法院都应当受理;两个审级的法院应当分别独立对案件进行审判;二审法院对案件作出的裁判为生效裁判,当事人不得再上诉。

两审终审制度的例外情形:①最高人民法院作出的一审判决、裁定,为终审判决、裁定,当事人不得上诉;②适用特别程序、督促程序、公示催告程序、简易程序中的小额诉讼程序审理的案件,实行一审终审。

(三)民事诉讼主管和管辖

1.民事诉讼主管

民事诉讼主管是人民法院依法受理民事案件的权限范围,也就是民事诉讼法的适用范围。《民事诉讼法》第三条规定,人民法院受理公民之间、法人之间、其他组织之间以及他们相互之间因财产关系和人身关系提起的民事诉讼,适用本法的规定。根据该条规定以及其他相关规定,人民法院适用民事诉讼法审理的案件主要有三类。

(1)因民法、婚姻法、收养法、继承法等调整的平等主体之间的财产关系和人身关系发生的民事案件,如所有权纠纷,合同纠纷,侵犯他人姓名权、肖像权、名誉权纠纷,知识产权纠纷等。

(2)因经济法、劳动法调整的社会关系发生的争议,法律规定适用民事诉讼程序审理的案件,如工伤认定纠纷、劳动合同纠纷等。

(3)法律规定的适用民事诉讼法审理的其他纠纷或事项,包括适用特别程序审理的选民资格案件和非讼案件,如宣告失踪、宣告死亡、认定财产无主等纠纷。

2.民事诉讼管辖

民事诉讼管辖是上下级法院之间和同级法院之间受理第一审民事案件的分工和权限。民事诉讼管辖是在民事诉讼主管的基础上,进一步确定具体民事案件由哪个法院行使审判权。

(1)民事诉讼的级别管辖。民事诉讼的级别管辖是按照一定的标准,划分上下级法院之间受理第一审民事案件的分工和权限。我国法院分为四级：最高人民法院、高级人民法院、中级人民法院和基层人民法院。级别管辖就是根据案件的性质、影响范围、繁简程度和诉讼标的额大小来确定的。

根据《民事诉讼法》规定：①基层人民法院管辖第一审民事案件，但本法另有规定的除外。②中级人民法院管辖下列第一审民事案件：重大涉外案件；在本辖区有重大影响的案件；最高人民法院确定由中级人民法院管辖的案件。③高级人民法院管辖在本辖区有重大影响的第一审民事案件。④最高人民法院管辖下列第一审民事案件：在全国有重大影响的案件；认为应当由本院审理的案件。

（2）民事诉讼地域管辖。

①民事诉讼地域管辖的概念。民事诉讼地域管辖是按照人民法院的辖区和民事案件的隶属关系，确定同级人民法院之间受理第一审民事案件的分工和权限。级别管辖确定了具体民事案件应由四级法院中的哪一级法院管辖；地域管辖在级别管辖的基础上，进一步明确具体民事案件由哪个特定法院管辖。

②一般地域管辖。一般地域管辖是根据当事人所在地与法院辖区的隶属关系来确定的管辖。我国民事诉讼的一般地域管辖以被告所在地管辖为原则、原告所在地管辖为例外。

一般地域管辖实行"原告就被告"的原则，即根据被告所在地确定管辖法院。对公民提起的民事诉讼，由被告住所地人民法院管辖；被告住所地与经常居住地不一致的，由经常居住地人民法院管辖。对法人或者其他组织提起的民事诉讼，由被告住所地人民法院管辖。同一诉讼的多个被告住所地、经常居住地在两个以上人民法院辖区的，多个人民法院都有管辖权。

某些特殊案件由原告所在地法院管辖。《民事诉讼法》第二十二条规定，下列民事诉讼，由原告住所地人民法院管辖；原告住所地与经常居住地不一致的，由原告经常居住地人民法院管辖：对不在中华人民共和国领域内居住的人提起的有关身份关系的诉讼；对下落不明或者宣告失踪的人提起的有关身份关系的诉讼；对被采取强制性教育措施的人提起的诉讼；对被监禁的人提起的诉讼。

③特殊地域管辖。特殊地域管辖是以当事人住所地、法律事实所在地、诉讼标的所在地与法院辖区的关系为标准确定的管辖。因合同纠纷提起的诉讼，由被告住所地或者合同履行地人民法院管辖。因保险合同纠纷提起的诉讼，由被告住所地或者保险标的物所在地人民法院管辖。因票据纠纷提起的诉讼，由票据支付地或者被告住所地人民法院管辖。因公司设立、确认股东资格、分配利润、解散等纠纷提起的诉讼，由公司住所地人民法院管辖。因铁路、公路、水上、航空运输和联合运输合同纠纷提起的诉讼，由运输始发地、目的地或者被告住所地人民法院管辖。因侵权行为提起的诉讼，由侵权行为地或者被告住所地人民法院管辖。因铁路、公路、水上和航空事故请求损害赔偿提起的诉讼，由事故发生地或者车辆、船舶最先到达地、航空器最先降落地或者被告住所地人民法院管辖。因船舶碰撞或者其他海事损害事故请求损害赔偿提起的诉讼，由碰撞发生地、碰撞船舶最先到达地、加害船舶被扣留地或者被告住所地人民法院管辖。因海难救助费用提起的诉讼，由救助地或者被救助船

舶最先到达地人民法院管辖。因共同海损提起的诉讼,由船舶最先到达地、共同海损理算地或者航程终止地的人民法院管辖。

【案例1-5】 李先生和王女士因保险合同纠纷提起诉讼,能够对上述诉讼进行管辖的法院是哪个呢?

【解析】 因保险合同纠纷提起的诉讼,由被告所在地或者保险标的物所在地人民法院管辖。

④专属管辖。专属管辖是指法律规定某些特殊类型的案件专门由特定的法院管辖。因不动产纠纷提起的诉讼,由不动产所在地人民法院管辖;因港口作业中发生纠纷提起的诉讼,由港口所在地人民法院管辖;因继承遗产纠纷提起的诉讼,由被继承人死亡时住所地或者主要遗产所在地人民法院管辖。

⑤协议管辖。协议管辖是指双方当事人在民事纠纷发生之前或之后,以书面形式约定纠纷的管辖法院。《民事诉讼法》第三十四条规定,合同或者其他财产权益纠纷的当事人可以书面协议选择被告住所地、合同履行地、合同签订地、原告住所地、标的物所在地等与争议有实际联系的地点的人民法院管辖,但不得违反本法对级别管辖和专属管辖的规定。

⑥共同管辖与选择管辖。当两个以上的法院对诉讼都有管辖权时,原告有权从对自己有利的角度在数个有管辖权的法院中进行选择。《民事诉讼法》第三十五条规定,两个以上人民法院都有管辖权的诉讼,原告可以向其中一个人民法院起诉;原告向两个以上有管辖权的人民法院起诉的,由最先立案的人民法院管辖。

【案例1-6】 公司成立后,某股东因股东资格的纠纷对公司提起了诉讼,他应该向股东经常居住地人民法院还是公司住所地人民法院提起诉讼呢?

【解析】 应该向公司住所地人民法院提起诉讼,因公司设立、确认股东资格、分配利润、解散等纠纷提起的诉讼,由公司住所地人民法院管辖。

(四)诉讼时效

1.诉讼时效的概念

诉讼时效是指权利人在法定期限内,不行使向人民法院请求保护其民事权利的权利,其胜诉权便归于消灭的时效制度。诉讼时效期间届满的,义务人可以提出不履行义务的抗辩。但实体权利不消灭,诉讼时效期间届满后,义务人同意履行的,不得以诉讼时效期间届满为由抗辩;义务人已自愿履行的,不得请求返还。

2.诉讼时效期间

(1)一般诉讼时效期间。向人民法院请求保护民事权利的诉讼时效期间为三年。法律另有规定的,依照其规定。

(2)最长诉讼时效期间。自权利受到损害之日起超过二十年的,人民法院不予保护;有特殊情况的,人民法院可以根据权利人的申请决定延长。

3.诉讼时效期间的起算

诉讼时效期间自权利人知道或者应当知道权利受到损害以及义务人之日起计算。法律另有规定的,依照其规定。

(1)当事人约定同一债务分期履行的,诉讼时效期间自最后一期履行期限届满之日起计算。

(2)无民事行为能力人或者限制民事行为能力人对其法定代理人的请求权的诉讼时效期间,自该法定代理终止之日起计算。

(3)未成年人遭受性侵害的损害赔偿请求权的诉讼时效期间,自受害人年满十八周岁之日起计算。

4.诉讼时效的中止和中断

(1)诉讼时效中止。诉讼时效中止是指在诉讼时效期间的最后六个月内,权利人因法定事由不能行使请求权的,诉讼时效期间暂停计算。自中止时效的原因消除之日起满六个月,诉讼时效期间届满。

发生诉讼时效中止的法定事由:①不可抗力;②无民事行为能力人或者限制民事行为能力人没有法定代理人,或者法定代理人死亡、丧失民事行为能力、丧失代理权;③继承开始后未确定继承人或者遗产管理人;④权利人被义务人或者其他人控制;⑤其他导致权利人不能行使请求权的障碍。

(2)诉讼时效中断。诉讼时效中断是指在诉讼时效进行中,由于发生与权利人怠于行使权利相反的事实,使已经经过的时效期限归于无效,时效期间从中断之时起重新计算。

发生诉讼时效中断的事由:①权利人向义务人提出履行请求;②义务人同意履行义务;③权利人提起诉讼或者申请仲裁;④与提起诉讼或者申请仲裁具有同等效力的其他情形。

5.不适用诉讼时效的请求权类型

(1)请求停止侵害、排除妨碍、消除危险。

(2)不动产物权和登记的动产物权的权利人请求返还财产。

(3)请求支付抚养费、赡养费或者扶养费。

(4)依法不适用诉讼时效的其他请求权。

(五)民事诉讼中的法院调解、民事判决和民事执行

1.法院调解

(1)法院调解的概念和原则。

法院调解是指在民事诉讼中,双方当事人在人民法院审判人员的主持和协调下,就争议进行自愿、平等的协商,从而达成协议,解决纠纷的诉讼活动。人民法院调解不成的,应当及时判决。人民法院调解民事案件应遵循三项原则:①当事人自愿原则;②查明事实、分清是非原则;③合法原则。

（2）法院调解的效力。

调解达成协议，人民法院应当制作调解书。调解书应当写明诉讼请求、案件的事实和调解结果。调解书由审判人员、书记员署名，加盖人民法院印章，送达双方当事人。调解书经双方当事人签收后，即具有法律效力。

2.民事判决

民事判决是人民法院在民事案件审理终结时，对案件的民事实体权利义务争议作出的具有法律效力的结论性判定。根据《民事诉讼法》规定，当事人不服地方人民法院第一审判决的，有权在判决书送达之日起十五日内向上一级人民法院提起上诉。第二审人民法院的判决，是终审判决。最高人民法院的判决，以及依法不准上诉或者超过上诉期没有上诉的判决，是发生法律效力的判决。

3.民事执行

民事执行是指人民法院的执行组织依法采取强制措施，强制义务人履行发生法律效力的民事诉讼法律文书所确定的给付义务的活动。

发生法律效力的民事判决、裁定，以及刑事判决、裁定中的财产部分，由第一审人民法院或者与第一审人民法院同级的被执行的财产所在地人民法院执行。

发生法律效力的民事判决、裁定，当事人必须履行。一方拒绝履行的，对方当事人可以向人民法院申请执行，也可以由审判员移送执行员执行。调解书和其他应当由人民法院执行的法律文书，当事人必须履行。一方拒绝履行的，对方当事人可以向人民法院申请执行。

四、行政复议

（一）行政复议的概念

行政复议是指公民、法人或其他组织认为行政机关的具体行政行为因违法或不当侵害其合法权益，依法向有关行政机关提出申请，受理申请的行政机关根据上级行政机关对下级行政机关的监督权，按照行政复议程序对争议的具体行政行为进行审查并作出裁决，解决行政争议的活动。

（二）行政复议的范围

1.可以申请行政复议的事项

行政复议主要针对的是对公民、法人和其他组织的合法权益造成侵害的具体行政行为。根据《行政复议法》第六条规定，有下列情形之一的，公民、法人或者其他组织可以依法申请行政复议：

（1）对行政机关作出的警告、罚款、没收违法所得、没收非法财物、责令停产停业、暂扣或者吊销许可证、暂扣或者吊销执照、行政拘留等行政处罚决定不服的。

（2）对行政机关作出的限制人身自由或者查封、扣押、冻结财产等行政强制措施决定不服的。

（3）对行政机关作出的有关许可证、执照、资质证、资格证等证书变更、中止、撤销的决定不服的。

（4）对行政机关作出的关于确认土地、矿藏、水流、森林、山岭、草原、荒地、滩涂、海域等自然资源的所有权或者使用权的决定不服的。

（5）认为行政机关侵犯合法的经营自主权的。

（6）认为行政机关变更或者废止农业承包合同，侵犯其合法权益的。

（7）认为行政机关违法集资、征收财物、摊派费用或者违法要求履行其他义务的。

（8）认为符合法定条件，申请行政机关颁发许可证、执照、资质证、资格证等证书，或者申请行政机关审批、登记有关事项，行政机关没有依法办理的。

（9）申请行政机关履行保护人身权利、财产权利、受教育权利的法定职责，行政机关没有依法履行的。

（10）申请行政机关依法发放抚恤金、社会保险金或者最低生活保障费，行政机关没有依法发放的。

（11）认为行政机关的其他具体行政行为侵犯其合法权益的。

2.行政复议的排除事项

行政复议的排除事项是公民、法人和其他组织不能申请行政复议的范围。《行政复议法》第八条规定以下两种情况不能提起行政复议：

（1）不服行政机关作出的行政处分或者其他人事处理决定的，依照有关法律、行政法规的规定提出申诉。

（2）不服行政机关对民事纠纷作出的调解或者其他处理，依法申请仲裁或者向人民法院提起诉讼。

（三）行政复议参加人和行政复议机关

1.行政复议参加人

行政复议参加人是依法参加行政复议活动全过程的公民、法人或其他组织，主要包括申请人、被申请人和第三人。行政复议申请人是依法申请行政复议的公民、法人或者其他组织。行政复议被申请人与行政复议申请人相对应。公民、法人或者其他组织对行政机关的具体行政行为不服申请行政复议的，作出具体行政行为的行政机关是被申请人。行政复议第三人是同申请行政复议的具体行政行为有利害关系的其他公民、法人或者其他组织。

2.行政复议机关

行政复议机关是依法受理行政复议申请，对具体行政行为进行审查并作出裁决的行政机关。行政复议机关内设具体办理相关行政复议工作的机构。

（1）对政府工作部门的具体行政行为不服的管辖。①对县级以上地方各级人民政府工作部门的具体行政行为不服的，由申请人选择，可以向该部门的本级人民政府申请行政复议,也可以向上一级主管部门申请行政复议。②对海关、金融、国税、外汇管理等实行垂直领导的行政机关和国家安全机关的具体行政行为不服的,向上一级主管部门申请行政复议。

（2）对地方人民政府的具体行政行为不服的管辖。①对地方各级人民政府的具体行政行为不服的,向上一级地方人民政府申请行政复议。②对省、自治区人民政府依法设立的派出机关所属的县级地方人民政府的具体行政行为不服的,向该派出机关申请行政复议。

（3）对国务院部门或者省级人民政府的具体行政行为不服的管辖。对国务院部门或者省、自治区、直辖市人民政府的具体行政行为不服的,向作出该具体行政行为的国务院部门或者省、自治区、直辖市人民政府申请行政复议。对行政复议决定不服的,既可以向人民法院提起行政诉讼,也可以向国务院申请裁决,国务院依法作出最终裁决。

（四）行政复议申请与受理

1.行政复议申请

（1）行政复议申请期限。

公民、法人或者其他组织认为具体行政行为侵犯其合法权益的,可以自知道该具体行政行为之日起六十日内提出行政复议申请,但是法律规定的申请期限超过六十日的除外。因不可抗力或者其他正当理由耽误法定申请期限的,申请期限自障碍消除之日起继续计算。

（2）行政复议申请形式。

申请人申请行政复议,可以书面申请,也可以口头申请。口头申请的,行政复议机关应当当场记录申请人的基本情况,行政复议请求,申请行政复议的主要事实、理由和时间。

2.行政复议受理

行政复议机关收到行政复议申请后,应当在五日内进行审查,对不符合规定的行政复议申请,决定不予受理,并书面告知申请人;对符合规定,但是不属于本机关受理的行政复议申请,应当告知申请人向有关行政复议机关提出。除上述规定外,行政复议申请自行政复议机关负责法制工作的机构收到之日起即为受理。公民、法人或者其他组织依法提出行政复议申请,行政复议机关无正当理由不予受理的,上级行政机关应当责令其受理;必要时,上级行政机关也可以直接受理。行政复议机关受理行政复议申请,不得向申请人收取任何费用。

（五）行政复议的审理

1.审理前的准备

行政复议机关负责法制工作的机构应当自行政复议申请受理之日起七日内,将行政复议申请书副本或者行政复议申请笔录复印件发送被申请人。被申请人应当自收到申请书副本或者申请笔录复印件之日起十日内,提出书面答复,并提交当初作出具体行政行为的证据、依据和其他有关材料。申请人、第三人可以查阅被申请人提出的书面答复、作出具体行政行为的证据、依据和其他有关材料,除涉及国家秘密、商业秘密或个人隐私外,行政复议机关不得拒绝。

2.审理方式

行政复议原则上采取书面审查的办法,但是申请人提出要求或者行政复议机关负责法制工作的机构认为有必要时,可以向有关组织和人员调查情况,听取申请人、被申请人和第三人的意见。

3.复议申请的撤回

行政复议决定作出前,申请人要求撤回行政复议申请的,经说明理由,可以撤回;撤回行政复议申请的,行政复议终止。

4.复议不停止执行

行政复议期间具体行政行为不停止执行,但是,有下列情形之一的,可以停止执行:①被申请人认为需要停止执行的;②行政复议机关认为需要停止执行的;③申请人申请停止执行,行政复议机关认为其要求合理,决定停止执行的;④法律规定停止执行的。

(六)行政复议决定

行政复议决定是行政复议机关审理行政复议案件后作出的具有法律效力的评价。

1.行政复议决定的种类

行政复议机关负责法制工作的机构应当对被申请人作出的具体行政行为进行审查,提出意见,经行政复议机关的负责人同意或者集体讨论通过后,按照下列规定作出行政复议决定。

(1)具体行政行为认定事实清楚,证据确凿,适用依据正确,程序合法,内容适当的,决定维持。

(2)被申请人不履行法定职责的,决定其在一定期限内履行。

(3)具体行政行为有下列情形之一的,决定撤销、变更或者确认该具体行政行为违法;决定撤销或者确认该具体行政行为违法的,可以责令被申请人在一定期限内重新作出具体行政行为:①主要事实不清、证据不足的;②适用依据错误的;③违反法定程序的;④超越或者滥用职权的;⑤具体行政行为明显不当的。

(4)被申请人不按照法律规定提出书面答复、提交当初作出具体行政行为的证据、依据和其他有关材料的,视为该具体行政行为没有证据、依据,决定撤销该具体行政行为。

行政复议机关责令被申请人重新作出具体行政行为的,被申请人不得以同一的事实和理由作出与原具体行政行为相同或者基本相同的具体行政行为。

2.行政复议决定书的法律效力

行政复议机关应当自受理申请之日起六十日内作出行政复议决定,但是法律规定的行政复议期限少于六十日的除外。情况复杂,不能在规定期限内作出行政复议决定的,经行政复议机关的负责人批准,可以适当延长,并告知申请人和被申请人,但是延长期限最多不超过三十日。行政复议机关作出行政复议决定,应当制作行政复议决定书,并加盖印章。行政复议决定书一经送达,即发生法律效力。

五、行政诉讼

行政诉讼是指公民、法人或者其他组织认为行政机关或法律、法规授权的组织的行政行为侵犯其合法权益,向人民法院起诉,人民法院依法对行政行为的合法性进行审理并作出裁判,解决特定范围内行政争议的活动。

(一)行政诉讼受案范围

行政诉讼受案范围是人民法院依法受理、裁判行政争议的范围。行政诉讼受案范围确定了公民、法人或其他组织对哪些行政行为可以向人民法院提起诉讼。

1.行政诉讼受案范围的肯定性规定

公民、法人或者其他组织认为行政机关和行政机关工作人员的行政行为侵犯其合法权益,有权依法向人民法院提起诉讼。

(1)对行政拘留、暂扣或者吊销许可证和执照、责令停产停业、没收违法所得、没收非法财物、罚款、警告等行政处罚不服的。

(2)对限制人身自由或者对财产的查封、扣押、冻结等行政强制措施和行政强制执行不服的。

(3)申请行政许可,行政机关拒绝或者在法定期限内不予答复,或者对行政机关作出的有关行政许可的其他决定不服的。

(4)对行政机关作出的关于确认土地、矿藏、水流、森林、山岭、草原、荒地、滩涂、海域等自然资源的所有权或者使用权的决定不服的。

(5)对征收、征用决定及其补偿决定不服的。

(6)申请行政机关履行保护人身权、财产权等合法权益的法定职责,行政机关拒绝履行或者不予答复的。

(7)认为行政机关侵犯其经营自主权或者农村土地承包经营权、农村土地经营权的。

(8)认为行政机关滥用行政权力排除或者限制竞争的。

(9)认为行政机关违法集资、摊派费用或者违法要求履行其他义务的。

(10)认为行政机关没有依法支付抚恤金、最低生活保障待遇或者社会保险待遇的。

(11)认为行政机关不依法履行、未按照约定履行或者违法变更、解除政府特许经营协议、土地房屋征收补偿协议等协议的。

(12)认为行政机关侵犯其他人身权、财产权等合法权益的。

除上述规定外,人民法院受理法律、法规规定可以提起诉讼的其他行政案件。

2.行政诉讼受案范围的否定性规定

人民法院不受理公民、法人或者其他组织对下列事项提起的诉讼:

（1）国防、外交等国家行为。

（2）行政法规、规章或者行政机关制定、发布的具有普遍约束力的决定、命令。

（3）行政机关对行政机关工作人员的奖惩、任免等决定。

（4）法律规定由行政机关最终裁决的行政行为。

下列行为不属于人民法院行政诉讼的受案范围：

（1）公安、国家安全等机关依照刑事诉讼法的明确授权实施的行为。

（2）调解行为以及法律规定的仲裁行为。

（3）行政指导行为。

（4）驳回当事人对行政行为提起申诉的重复处理行为。

（5）行政机关作出的不产生外部法律效力的行为。

（6）行政机关为作出行政行为而实施的准备、论证、研究、层报、咨询等过程性行为。

（7）行政机关根据人民法院的生效裁判、协助执行通知书作出的执行行为，但行政机关扩大执行范围或者采取违法方式实施的除外。

（8）上级行政机关基于内部层级监督关系对下级行政机关作出的听取报告、执法检查、督促履责等行为。

（9）行政机关针对信访事项作出的登记、受理、交办、转送、复查、复核意见等行为。

（10）对公民、法人或者其他组织权利义务不产生实际影响的行为。

（二）行政诉讼管辖

行政诉讼管辖是上下级法院之间和同级法院之间受理第一审行政案件的分工和权限。

1.行政诉讼的级别管辖

行政诉讼的级别管辖是按照一定的标准,划分上下级法院之间受理第一审行政案件的分工和权限。

（1）基层人民法院管辖第一审行政案件。

（2）中级人民法院管辖的第一审行政案件：①对国务院部门或者县级以上地方人民政府所作的行政行为提起诉讼的案件；②海关处理的案件；③本辖区内重大、复杂的案件；④其他法律规定由中级人民法院管辖的案件。

（3）高级人民法院管辖本辖区内重大、复杂的第一审行政案件。

（4）最高人民法院管辖全国范围内重大、复杂的第一审行政案件。

2.行政诉讼的地域管辖

行政诉讼的地域管辖是不同地域的同级人民法院之间受理第一审行政案件的分工和权限。行政案件由最初作出行政行为的行政机关所在地人民法院管辖。经复议的案件,也可以由复议机关所在地人民法院管辖。经最高人民法院批准,高级人民法院可以根据审判工作的实际情况,确定若干人民法院跨行政区域管辖行政案件。对限制人身自由的行政强制措施不服提起的诉讼,由被告所在地或者原告所在地人民法院管辖。因不动产提起的行政诉讼,由不动产所在地人民法院管辖。

(三)行政诉讼起诉与受理

1.起诉

(1)起诉的一般条件。

行政诉讼与民事诉讼一样,都遵循"不告不理"的原则。公民、法人或者其他组织提起行政诉讼应符合下列条件:①原告是认为具体行政行为侵犯其合法权益的公民、法人或者其他组织;②有明确的被告;③有具体的诉讼请求和事实根据;④属于人民法院受案范围和受诉人民法院管辖。

(2)起诉的时间条件。

①一般期限。公民、法人或者其他组织不服复议决定的,可以在收到复议决定书之日起十五日内向人民法院提起诉讼。复议机关逾期不作决定的,申请人可以在复议期满之日起十五日内向人民法院提起诉讼。法律另有规定的除外。

公民、法人或者其他组织直接向人民法院提起诉讼的,应当自知道或者应当知道作出行政行为之日起六个月内提出。法律另有规定的除外。

②特殊期限。因不动产提起诉讼的案件自行政行为作出之日起超过二十年,其他案件自行政行为作出之日起超过五年提起诉讼的,人民法院不予受理。

公民、法人或者其他组织申请行政机关履行保护其人身权、财产权等合法权益的法定职责,行政机关在接到申请之日起两个月内不履行的,公民、法人或者其他组织可以向人民法院提起诉讼。法律、法规对行政机关履行职责的期限另有规定的,从其规定。公民、法人或者其他组织在紧急情况下请求行政机关履行保护其人身权、财产权等合法权益的法定职责,行政机关不履行的,提起诉讼不受上述规定期限的限制。

行政机关作出行政行为时,未告知公民、法人或者其他组织起诉期限的,起诉期限从公民、法人或者其他组织知道或者应当知道起诉期限之日起计算,但从知道或者应当知道行政行为内容之日起最长不得超过一年。

③起诉期限的扣除与延长。公民、法人或者其他组织因不可抗力或者其他不属于自身的原因耽误起诉期限的,被耽误的时间不计算在起诉期限内。公民、法人或者其他组织因上述规定以外的其他特殊情况耽误起诉期限的,在障碍消除后十日内,可以申请延长期限,是否准许由人民法院决定。

(3)起诉的程序条件。

对属于人民法院受案范围的行政案件,公民、法人或者其他组织可以先向行政机关申请复议,对复议决定不服的,再向人民法院提起诉讼;也可以直接向人民法院提起诉讼。公民、法人或其他组织申请行政复议,行政复议机关已经依法受理的,或者法律、法规规定应当先向行政机关申请复议,对复议决定不服再向人民法院提起诉讼的,在法定复议期间不得向人民法院提起行政诉讼。

（4）起诉的方式。

起诉应当向人民法院递交起诉状，并按照被告人数提出副本。书写起诉状确有困难的，可以口头起诉，由人民法院记入笔录，出具注明日期的书面凭证，并告知对方当事人。

2.受理

人民法院在接到起诉状时对符合规定的起诉条件的，应当登记立案。对当场不能判定是否符合规定的起诉条件的，应当接收起诉状，出具注明收到日期的书面凭证，并在七日内决定是否立案。不符合起诉条件的，作出不予立案的裁定。裁定书应当载明不予立案的理由。原告对裁定不服的，可以提起上诉。

公民、法人或者其他组织认为行政行为所依据的国务院部门和地方人民政府及其部门制定的规范性文件不合法，在对行政行为提起诉讼时，可以一并请求对该规范性文件进行审查。上述规定的规范性文件不含规章。

（四）行政诉讼审理和裁判的主要问题

1.审判方式

在行政诉讼中，人民法院审理行政案件，除法律规定的特殊情况以外，一律公开进行。公开审判的意义是确保审判公正，将人民法院的审判活动置于诉讼当事人及人民群众的监督之下。《行政诉讼法》第五十四条规定，人民法院公开审理行政案件，但涉及国家秘密、个人隐私和法律另有规定的除外。涉及商业秘密的案件，当事人申请不公开审理的，可以不公开审理。

2.审判依据

《行政诉讼法》第六十三条规定，人民法院审理行政案件，以法律和行政法规、地方性法规为依据。地方性法规适用于本行政区域内发生的行政案件。人民法院审理民族自治地方的行政案件，并以该民族自治地方的自治条例和单行条例为依据。人民法院审理行政案件，参照规章。根据该规定，法律、行政法规和地方性法规是人民法院审理行政案件直接适用的法律根据，人民法院必须适用，不能拒绝。而对于规章，人民法院则是有条件地选择适用，合法规章予以适用，不合法规章不予适用。

3.审判期限

人民法院应当在立案之日起六个月内作出第一审判决。有特殊情况需要延长的，由高级人民法院批准，高级人民法院审理第一审案件需要延长的，由最高人民法院批准。

当事人不服人民法院第一审判决的，有权在判决书送达之日起十五日内向上一级人民法院提起上诉。当事人不服人民法院第一审裁定的，有权在裁定书送达之日起十日内向上一级人民法院提起上诉。逾期不提起上诉的，人民法院的第一审判决或者裁定发生法律效力。

人民法院审理上诉案件，应当在收到上诉状之日起三个月内作出终审判决。有特殊情况需要延长的,由高级人民法院批准,高级人民法院审理上诉案件需要延长的,由最高人民法院批准。

【思考与案例回顾】

案例中甲企业与乙公司除签订买卖合同外,还签订了仲裁协议。仲裁协议一经依法成立,即具有法律约束力。仲裁协议独立存在,合同的变更、解除、终止或者无效,不影响仲裁协议的效力。因此,双方签订的仲裁协议仍然有效,乙公司可以请求仲裁委员会仲裁。

【练习与测试】

一、单选题

1.下列法律责任的种类中,属于行政责任的是(   )。

A.违约金　　　　　　B.罚金　　　　　　C.罚款　　　　　　D.返还财产

【答案】 C

【解析】 选项 A、D 属于民事责任,选项 B 属于刑事责任。

2.下列请求中不适用于诉讼时效的是(   )。

A.不可抗力

B.请求支付赡养费

C.义务人同意履行义务

D.无民事行为能力人没有法定代理人

【答案】 B

【解析】 选项 A、D 适用于诉讼时效的中止,选项 C 适用于诉讼时效的中断。

二、多选题

1.下列各项中,属于法的特征的是(   )。

A.国家意志性

B.规范性

C.国家强制性

D.公正性

【答案】 ABC

2.下列刑事责任能力表述中不正确的是(   )。

A.已满十六周岁的人犯罪,应当负刑事责任

B.十五周岁的人故意伤害他人致人重伤,不负刑事责任

C.已满七十五周岁的人故意犯罪,可以从轻或者减轻处罚

D.精神病人犯罪,不负刑事责任

【答案】 BD

【解析】 选项 B 已满十四周岁不满十六周岁的人,故意伤害他人致人重伤,应当负刑事责任。选项 D 间歇性精神病人在精神正常的时候犯罪,应当负刑事责任。尚未完全丧失辨

认或者控制自己行为能力的精神病人犯罪的,应当负刑事责任,但是可以从轻或者减轻处罚。

3.下列各项中属于法律关系主体的是( )。

　　A.外国公民

　　B.社会团体

　　C.实物

　　D.国家

【答案】 ABD

【解析】 实物属于法律关系中的客体。

4.下列刑罚中,属于附加刑的是( )。

　　A.管制　　　　　　　B.拘役　　　　　　　C.没收财产　　　　　　　D.剥夺政治权利

【答案】 CD

【解析】 选项 A、B 属于主刑。

5.下列说法中正确的是( )。

　　A.仲裁应当开庭进行

　　B.仲裁不公开进行

　　C.仲裁不实行级别管辖和地域管辖,仲裁委员会应当由当事人协议选定

　　D.仲裁庭只能由三名仲裁员组成

【答案】 ABC

【解析】 仲裁庭可以由三名仲裁员或者一名仲裁员组成。

6.下列关于行政复议的说法正确的是( )。

　　A.行政复议参加人包括申请人、被申请人和第三人

　　B.对地方各级人民政府的具体行政行为不服的,可以向上一级人民政府申请行政复议

　　C.行政复议机关自受理申请之日起三十日内作出行政复议决定

　　D.行政复议决定书一经送达,即发生法律效力

【答案】 ABD

【解析】 行政复议机关自受理申请之日起六十日内作出行政复议决定。

7.当事人不服人民法院第一审判决的,有权在( )送达之日起( )内向上一级人民法院提起上诉。

　　A.裁定书　　　　　　B.判决书　　　　　　C.十日　　　　　　　D.十五日

【答案】 BD

三、判断题

附加刑只能附加于主刑之后作为主刑的补充,同主刑一起适用。 ( )

【答案】 ×

【解析】 附加刑可以附加于主刑之后作为主刑的补充,同主刑一起适用,也可以单独适用。

第二章
会计法律制度

第一节　会计法律制度概述

【思考与案例】

《中华人民共和国会计法》《企业财务会计报告条例》《总会计师条例》《代理记账管理办法》《会计档案管理办法》《企业内部控制基本规范》《会计基础工作规范》以及《企业会计准则》都是会计法律吗？

一、会计法律制度的概念

会计法律制度是指国家权力机关和行政机关制定的各种会计规范性文件的总称，包括会计法律、会计行政法规、会计规章等。

会计关系是指会计机构、人员以及国家在办理会计事务和管理会计工作过程中发生的经济关系。例如，在一个单位里，会计机构和人员是会计关系的主体，会计工作的对象（相关的具体事务）就是会计关系的客体。

二、会计法律制度的构成

（一）会计法律

会计法律是指由全国人民代表大会及其常务委员会经过一定立法程序制定的有关会计工作的法律。例如，1999年10月31日第九届全国人大常务委员会第十二次会议修订通过的、2017年11月4日第十二届全国人大常务委员会第三十次会议修正的《中华人民共和国会计法》。它是会计法律制度中层次最高的法律规范。

（二）会计行政法规

会计行政法规是指由国务院制定并发布或者国务院有关部门拟订并经国务院批准发布，调整经济生活中某些方面会计关系的法律规范。例如，国务院发布的《企业财务会计报告条例》《总会计师条例》等。

（三）国家统一的会计制度

《会计法》规定，国家实行统一的会计制度。国家统一的会计制度是指国务院财政部门制定的关于会计核算、会计监督、会计机构和会计人员以及会计工作管理的制度。例如，2016年2月16日财政部发布的《代理记账管理办法》，2015年12月11日财政部和国家档案局联合发布的《会计档案管理办法》，2008年5月22日财政部发布的《企业内部控制基本规范》，1996年6月19日发布的《会计基础工作规范》，以及《企业会计准则》等。

三、会计工作管理体制

（一）会计工作的行政主管部门

《会计法》第七条规定："国务院财政部门主管全国的会计工作。县级以上地方各级人民政府财政部门管理本行政区域内的会计工作。"其中，明确规定了会计工作由谁管理和在会计工作管理体制上实行统一领导、分级管理的原则。

【案例2-1】 某外资企业20×7年接到通知，财政局将对该公司的会计工作情况进行检查。该企业的总经理认为，该企业属于外资企业，不受《会计法》的约束，财政局无权对该企业进行检查。

【解析】 该企业的总经理的观点不正确。外资企业是按照中国法律在中国境内设立的中国法人，受到中国法律包括《会计法》的约束。根据《会计法》的规定，县级以上人民政府财政部门为各单位会计工作的监督检查部门，有权管理本行政区域内的会计工作，对各单位的会计工作行使监督权。

（二）单位内部的会计工作管理

《会计法》规定：单位负责人对本单位的会计工作和会计资料的真实性、完整性负责；应当保证财务会计报告真实、完整；应当保证会计机构、会计人员依法履行职责，不得授意、指使、强令会计机构和会计人员违法办理会计事项。单位负责人是指单位法定代表人或者法律、行政法规规定代表单位行使职权的主要负责人。

【思考与案例回顾】

这些法律法规中只有《中华人民共和国会计法》是会计法律。会计法律是指由全国人民代表大会及其常务委员会经过一定立法程序制定的有关会计工作的法律。《企业财务会计报告条例》《总会计师条例》由国务院制定并发布,属于会计行政法规。剩下的都是由国务院财政部门制定并发布的,属于会计制度。

第二节　会计核算与监督

【思考与案例】

湖光公司是一家民营股份有限责任公司,20×7年发生了以下事项:

(1)2月,公司从外地购买一批商品,收到发票后,会计小赵在实际支付款项进行核对时发现发票金额错误,小赵在原始凭证上进行了涂改,并加盖了自己的印章,将其作为原始凭证使用。

(2)公司发现年度财务会计报告将出现60万元亏损,为了完成董事会年初确定的盈利100万元的目标,董事长授意财务负责人王某将利润表进行调整,增加净利润180万元。

(3)由于该公司采用了会计电算化,年末终了按照规定在会计电算化系统中编制了年度财务会计报告,该公司财务负责人认为,该报告是用电算化系统编制的,是电子会计档案,只需要以电子形式保存即可。

(4)该公司编制年度财务会计报告后,将财务报告提供给了董事会、债权人和股东等,当职工代表要求公司在职工代表大会上公布年度财务会计报告时被公司拒绝了。

湖光公司上述事项的处理正确吗?如果不正确,违反了哪些规定,应当怎样改进呢?

一、会计核算

会计核算是会计工作最基本的职能之一,也是会计各项工作的重要环节。会计核算,是以货币为主要计量单位,运用一定的方法,对会计主体的经营活动和资金运动进行反映,在核算过程中,进行连续、系统、全面的记录、计算、分析,并定期编制和提供财务会计报告。

(一)会计核算的基本要求

1.会计信息质量要求

财政部于2006年发布的《企业会计准则——基本准则》规定了八项会计核算的信息质量要求。

(1)可靠性。可靠性是指企业应当以实际发生的交易或者事项为依据进行会计确认、计量和报告,如实反映符合确认和计量要求的各项会计要素及其他相关信息,保证会计信息真实可靠、内容完整。

《会计法》规定:各单位必须根据实际发生的经济业务事项进行会计核算,填制会计凭证,登记会计账簿,编制财务会计报告。

（2）相关性。相关性是指企业提供的会计信息应当与财务会计报告使用者的经济决策需要相关,有助于财务会计报告使用者对企业过去、现在或者未来的情况作出评价或者预测。

（3）可理解性。可理解性是指企业提供的会计信息应当清晰明了,便于财务会计报告使用者理解和使用。

（4）可比性。可比性是指企业提供的会计信息应当具有可比性。

（5）实质重于形式。实质重于形式是指企业应当按照交易或者事项的经济实质进行会计确认、计量和报告,不应仅以交易或者事项的法律形式为依据。

（6）重要性。重要性是指企业提供的会计信息应当反映与企业财务状况、经营成果和现金流量等有关的所有重要交易或者事项。

（7）谨慎性。谨慎性也称稳健性,是指企业对交易或者事项进行会计确认、计量和报告应当保持应有的谨慎,不应高估资产或者收益、低估负债或者费用。

（8）及时性。及时性是指企业对已经发生的交易或者事项,应当及时进行会计确认、计量和报告,不得提前或者延后。

2.会计资料的基本要求

会计资料包括会计凭证、会计账簿、财务会计报告和其他会计资料。它是反映单位财务状况和经营成果、评价经营业绩、进行投资决策的重要依据。因此必须保证会计资料的真实性和完整性。

会计资料的真实性是指会计资料所反映的内容和结果应当同单位实际发生的经济业务的内容及其结果相一致。会计资料的完整性是指构成会计资料的各项要素必须齐全,以使会计资料如实、全面地记录和反映经济业务发生的情况,便于会计资料使用者全面、准确地了解经济活动情况。

生成和提供虚假会计资料是一种严重违法行为。《会计法》规定:任何单位或者个人不得以任何方式授意、指使、强令会计机构、会计人员伪造、变造会计凭证、会计账簿和其他会计资料,提供虚假财务会计报告。任何单位和个人不得伪造、变造会计凭证、会计账簿及其他会计资料,不得提供虚假的财务会计报告。

所谓伪造会计凭证、会计账簿及其他会计资料,是指以虚假的经济业务事项为前提,编造不真实的会计凭证、会计账簿和其他会计资料;所谓变造会计凭证、会计账簿及其他会计资料,是指用涂改、挖补等手段来改变会计凭证、会计账簿等的真实内容、歪曲事实真相的行为,即篡改事实;所谓提供虚假财务会计报告,是指通过编造虚假的会计凭证、会计账簿及其他会计资料或直接篡改财务会计报告上的数据,使财务会计报告不真实、不完整地反映真实财务状况和经营成果,借以误导、欺骗会计资料使用者的行为。

【案例2-2】 夏某为一家广告公司员工,出差过程中发生差旅费600元。事后,他将酒店开出的发票金额改为2 600元,并作为报销凭证进行了报销。这种行为违反了哪条规定呢?

【解析】 《会计法》规定:任何单位和个人不得伪造、变造会计凭证、会计账簿及其他会计资料,不得提供虚假的财务会计报告。变造会计凭证,是指用涂改、挖补等手段来改变会计凭证的真实内容,歪曲事实真相的行为,即篡改事实。夏某将收据上的金额600元改为2 600元,显然属于变造会计凭证行为。

3.会计电算化的基本要求

要保证电子计算机生成的会计资料真实、完整和安全,《会计法》对会计电算化作出了一些规定:一是使用的会计核算软件必须符合国家统一的会计制度的规定;二是用电子计算机软件生成的会计资料必须符合国家统一的会计制度的要求;三是使用会计电算化的单位,其账簿、凭证的登记和更正的方法必须符合国家统一的会计制度的规定。

4.会计处理方法的要求

《会计法》和会计制度规定:各单位采用会计处理方法,前后各期应当一致,不得随意变更;如需变更,应当符合国家会计制度的规定,并在会计报告中披露变更的原因、情况和影响。

(二)会计核算的内容

《会计法》规定,下列经济业务事项应当办理会计手续,进行会计核算。

1.款项和有价证券的收付

款项是指作为支付手段的货币资金,一般包括现金、银行存款以及其他视同现金和银行存款使用的外埠存款、银行汇票存款、银行本票存款、在途货币资金、信用证存款、保函押金和各种备用金等。有价证券是指表示一定财产拥有权或支配权的证券,如国库券、股票、企业债券和其他债券等。

2.财物的收发、增减和使用

财物一般包括流动资产(如原材料、燃料、包装物、低值易耗品、在产品、商品和各种投资)和非流动资产(如房屋、建筑物、机器、设备、设施、运输工具、专利、非专利技术等)。这些资产的价值一般较大,所以在会计核算中必须加强对单位财物收发、增减和使用环节的管理。

3.债权债务的发生和结算

债权是指单位收取款项的权利,一般包括各种应收和预付款项等。债务则是指单位承担的、能以货币计量的、需要以资产或劳务偿付的义务,一般包括各项借款、应付和预收款项以及应交款项等。随着商品经济的发展,商业信用程度的加强,各单位之间发生的债权和债务活动是不可避免的经济业务事项,必须进行会计核算。因此,各单位要加强对债权债务的核算,及时、真实、完整地核算和反映单位的债权债务,处理好与其他部门和个人之间的财务关系,以防范非法行为在债权债务环节的发生。

4.资本、基金的增减

会计核算中的资本是指所有者权益中的投入资本。基金是各单位按照法律、法规的规定而设置或筹集的、具有特定用途的专项资金，如社会保险基金、教育基金等。资本、基金增减的会计核算，要遵循国家有关的法律法规进行，它具有很强的政策性，要严格按照合同、协议、董事会决议或政府部门的有关文件办理。

5.收入、支出、费用、成本的计算

收入是指公司、企业在销售商品、提供劳务及让渡资产使用权等日常活动中所形成的经济利益的总流入。支出是行政事业单位或社会团体在履行法定职能、发挥特定功能时所发生的各项开支，以及企业在正常生产经营活动以外的支出和损失。费用是指企业在销售商品、提供劳务等日常活动中所发生的经济利益流出。费用通常包括生产成本和期间费用。成本是指公司、企业为生产某种产品而发生的费用，它与一定种类和数量的产品相联系，是对象化了的费用。收入、支出、费用、成本都是计算和判断单位经营成果及其盈亏状况的主要依据。各单位应当重视收入、支出、成本、费用环节的管理，按照国家统一会计制度的规定，正确核算收入、支出、费用、成本。

6.财务成果的计算和处理

财务成果主要是指企业和企业化管理的事业单位在一定时期内通过从事经营活动而在财务上所取得的结果，具体表现为盈利或亏损。财务成果的计算和处理一般包括利润的形成和利润的分配两个部分，它涉及企事业单位、国家等各方面的经济利益，因此，各单位必须严格按照国家统一的规定，正确计算处理财务成果。

（三）会计年度的规定

《会计法》规定，会计年度自公历 1 月 1 日起至 12 月 31 日止。《企业财务会计报告条例》规定，会计期间又分为年度、半年度、季度和月度。

（四）记账本位币的规定

《会计法》规定，会计核算以人民币为记账本位币。业务收支以人民币以外的货币为主的单位，可以选定其中一种货币作为记账本位币，但是编报的财务会计报告应当折算为人民币。

（五）会计文字记录的规定

1.会计记录文字应当使用中文

《会计法》规定，会计记录的文字应当使用中文。根据这一规定，在我国境内所有国家机关、社会团体、公司、企业、事业单位和其他组织的会计记录文字都必须使用中文。

2.民族自治地方和在我国境内的外国组织可以同时使用另外一种文字

《会计法》规定，会计记录在使用中文的前提下，可以同时使用民族自治地区通用的一种民族文字;在我国境内的外国经济组织的会计记录,在使用中文的前提下,可以同时使用一种外国文字。

使用中文是强制性的,使用其他通用文字是选择性的,应该理解为必须使用中文,同时可以使用其他通用文字。

【案例2-3】 大通公司是设在中国境内的外商投资企业,小张和小李都是该公司会计,在选择会计记录使用的文字时,小张认为大通公司是外商投资企业,应该只用英文就可以,但是小李认为,大通公司设在中国,会计记录只能使用中文。那么谁的观点正确呢?

【解析】 他们的观点都不正确。《会计法》规定,在我国境内的外国经济组织的会计记录,在使用中文的前提下,可以同时使用一种外国文字,因此,大通公司的会计记录必须使用中文,但是可以同时再使用英文。

(六)会计凭证的规定

会计凭证是指具有一定格式,记录经济业务事项的发生和完成情况,明确经济责任,并作为记账依据的书面证明,是会计核算的重要会计资料。会计凭证按用途和来源的不同分为原始凭证和记账凭证。

1.原始凭证

原始凭证是在经济业务事项发生时由经办人员直接取得或者填制、用以表明某项经济业务事项已经发生或完成情况、明确有关经济责任的原始凭据。它是会计核算的原始依据。原始凭证按照来源的不同,可分为外来原始凭证和自制原始凭证两种;按照格式是否一致,可以分为统一印制的具有固定格式的原始凭证(如发票、各种结算凭证)和各单位印制的无统一格式的内部凭证(如领料单、入库单等)。

(1)原始凭证的内容。按照《会计基础工作规范》规定,原始凭证应包括如下内容:原始凭证名称;填制原始凭证的日期;填制原始凭证的单位名称或者填制人员的姓名;接受原始凭证的单位;经济业务事项名称;经济业务事项的数量、单价和金额;经办经济业务事项人员的签名或盖章;等等。

(2)原始凭证的填制和取得。填制或取得原始凭证,是会计核算工作的起点。《会计法》规定,办理经济业务事项的单位和人员,都必须填制或取得原始凭证并及时送交会计机构。

(3)原始凭证的审核。审核原始凭证是确保会计资料质量的重要措施之一,也是会计机构、会计人员的重要职责。《会计法》对审核原始凭证问题作出了具体规定:

①会计机构、会计人员必须按照法定职责审核原始凭证。

②会计机构、会计人员审核原始凭证应当按照国家统一的会计制度的规定进行。

③会计机构、会计人员对不真实、不合法的原始凭证,有权不予受理,并向单位负责人报告,请求查明原因,追究有关当事人的责任;对记载不准确、不完整的原始凭证予以退回,并要求经办人员按照国家统一会计制度的规定进行更正、补充。

（4）原始凭证错误的更正。

①原始凭证所记载的各项内容均不得涂改。

②原始凭证记载的内容有错误的，应当由开具单位重开或更正，更正工作须由原始凭证出具单位进行，并在更正处加盖出具单位印章。

③原始凭证金额出现错误的不得更正，只能由原始凭证开具单位重新开具。

④原始凭证开具单位应当依法开具准确无误的原始凭证，对于填制有误的原始凭证，负有更正和重新开具的法律义务，不得拒绝。

【案例2-4】 A公司向B公司采购了一批商品。会计收到B公司寄来的单据，在审核单据时，发现收到的购货单上"数量"栏中数字有更改，但是B公司在更改之处加盖了单位财务专用章。经与购货合同核对，确认更改后的数字是正确的，但是会计小张认为不能用这张原始凭证记账，因为这张凭证上有涂改。

【解析】 会计小张的观点是错误的。因为这张凭证是数量错了，原单位已经在错误的地方修改并盖上财务专用章，而且与原合同核对修改后的数字是正确的，这张原始凭证是可以用来记账的。外来原始凭证中，只有金额错误才要求出具单位重开，数量错的，可以由出具单位在原始凭证上进行更改，并加盖出具单位印章。

2.记账凭证

记账凭证是对经济业务事项按其性质加以归类，确定会计分录，并据以登记会计账簿的凭证。

（1）记账凭证的内容。根据《会计基础工作规范》规定，记账凭证应当具备以下内容：填制记账凭证的日期；记账凭证的名称和编号；经济业务事项摘要；应记会计科目、方向和金额；记账符号；记账凭证所附原始凭证的张数；记账凭证的填制人员、稽核人员、记账人员和会计主管人员的签名或印章等。

（2）记账凭证的编制。《会计法》对编制记账凭证的程序和要求作出了规定：①记账凭证编制必须以原始凭证及有关资料为依据，除部分转账业务以及结账、更正凭证外，记账凭证都应当附有原始凭证，并注明原始凭证张数；②作为记账凭证编制依据的必须是经过审核无误的原始凭证和有关资料；③一张原始凭证涉及两家及以上单位的，应当由保存原始凭证的单位开具原始凭证分割单给其他单位。

【案例2-5】 某单位会计主管在检查会计夏某的工作时发现以下情况：①有一张记账凭证没有稽核人员盖章，原因是该记账凭证后面的原始凭证未经审核；②一张更正错误的记账凭证未附原始凭证；③由于一张购货发票涉及另一单位，发票原件被对方保存，故根据发票复印件填制记账凭证；④一张记录领用原材料的记账凭证后面没有原始凭证，因为夏某认为领用原材料是公司内部事务，没有外来原始凭证，所以不用附原始凭证。夏某的这些做法都正确吗？

【解析】 ①处理不正确，根据规定，作为记账凭证编制依据的必须是经过审核无误的原始凭证；②处理正确，根据规定，更正错误的记账凭证可以不附原始凭证；③处理不正确，根据规定,一张原始凭证所列支出需要几个单位共同负担的,应当将其他单位负担的部分,开给对方原始凭证分割单进行结算,而不应该用复印件代替;④处理不正确,根据规定,记账凭证编制必须以原始凭证及有关资料为依据,除部分转账业务以及结账、更正凭证外,记账凭证都应当附有原始凭证,虽然领用原材料没有外部原始凭证,但是也应该将企业内部的领料单或者领料汇总表作为原始凭证附在该记账凭证后面。

(七)会计账簿的规定

1.依法建账的法律规定

依法建账是会计核算中最基本的要求之一。

(1)国家机关、社会团体、企业、事业单位和其他经济组织,要按照要求设置会计账簿,进行会计核算。

(2)设置会计账簿的种类和具体要求,要符合《会计法》和国家统一的会计制度的规定。

(3)各单位发生的经济业务应当统一核算,不得违反规定私设会计账簿进行登记、核算。

2.会计账簿的种类

(1)总账,也称总分类账,是根据会计科目(也称总账科目)开设的账簿,用于分类登记单位的全部经济业务事项,提供资产、负债、资本、费用、成本、收入和成果等总括核算的资料。总账分为订本账和活页账两种。

(2)明细账,也称明细分类账,是根据总账科目所属的明细科目设置的,用于分类登记某一类经济业务事项。明细账一般采用活页账。

(3)日记账,是一种特殊的序时明细账,它是按照经济业务事项发生的时间先后顺序,逐日逐笔地进行登记的账簿,包括现金日记账和银行存款日记账。日记账一般使用订本账。

(4)其他辅助账,也称备查账,是为备忘备查而设置的。在实际会计实务中,主要包括各种租借设备、物资的辅助登记或有关应收、应付款项的备查簿,担保、抵押备查簿等。

3.登记会计账簿的规定

根据有关规定,会计账簿的登记应满足以下要求:

(1)根据经过审核无误的会计凭证登记会计账簿。

(2)按照记账规则登记会计账簿。《会计工作基础规范》规定的记账规则包括:会计账簿应当按照连续编号的页码顺序登记;会计账簿记录发生错误或隔页、缺号、跳行的,应当按照会计制度规定的方法更正,并由会计人员和会计机构负责人(会计主管人员)在更正处盖章,以明确责任。

(3)禁止账外设账。各单位发生的各项经济业务事项应当在依法设置的会计账簿上统一登记、核算,不得私设账外账。

【案例2-6】 张某是甲公司会计,某天在记录账簿时发生错误,遂按规定的方法进行了更正并在更正处加盖了自己的印章,处理完后就存进了会计档案,这种处理方法正确吗?

【解析】 张某的处理方法是不正确的。按照《会计工作基础规范》的规定,会计账簿发生错误的,更正后不仅要加盖会计人员自己的印章,还要加盖会计机构负责人(会计主管人员)的印章。

4.账目核对

账目核对也称对账,是保证会计账簿记录质量的重要程序。

根据《会计法》的规定,账目核对要做到账实相符、账证相符、账账相符和账表相符。

(八)财务会计报告的规定

1.财务会计报告的构成

财务会计报告是企业和其他单位向有关各方面及国家有关部门提供其在某一特定日期财务状况和某一会计期间经营成果、现金流量的文件。凭证、账簿、计划、审计报告都不属于财务会计报告的组成。

(1)根据《会计法》和《企业财务会计报告条例》的规定,财务会计报告由会计报表、会计报表附注和财务情况说明书组成。

(2)按编制时间,又可分为年度、半年度、季度和月度财务报告。

(3)如果国家统一的会计制度规定季度和月度财务报告须有报表附注的,那么在提供季度和月度财务报告时,也需要同时提供报表附注。

2.财务会计报告的编制和对外提供

(1)财务会计报告的编制。

①财务会计报告的编制要求。

财务会计报告反映的会计信息应当真实、完整。

②财务会计报告的签章程序和财务会计报告的责任主体。

《会计法》规定,财务会计报告应当由单位负责人和主管会计工作的负责人、会计机构负责人(会计主管人员)签名并盖章;设置总会计师的单位,还须由总会计师签名并盖章。

(2)财务会计报告的对外提供。

①财务会计报告的提供期限。《企业财务会计报告条例》规定,财务会计报告分为年度、半年度、季度和月度财务会计报告。企业会计准则规定,企业至少应当按年编制财务报表。年度财务报表涵盖的期间短于一年的,应当披露年度财务报表的涵盖期间,以及短于一年的原因。对外提供中期财务报告的,还应遵循《企业会计准则第32号——中期财务报告》的规定。

②财务会计报告的提供对象。各单位的财务会计报告应当按照规定的对象,向本单位、本单位的有关财务关系人(如投资者、债权人)以及政府有关管理部门(如财政部门、税务部门)等提供,接收报告的组织和个人在报告披露前须保密。

③向不同的会计资料使用者提供的财务会计报告,其编制依据应当一致。《企业财务会计报告条例》第三十六条规定,企业向有关各方提供的财务会计报告,其编制基础、编制依据、编制原则和编制方法必须一致。以不同的依据编制的财务会计报告,实际上是虚假的财

务会计报告,是严重违法行为。

④《会计法》规定,凡是法律、行政法规规定会计报表、会计报表附注和财务情况说明书应当经过注册会计师审计的单位,在提供财务会计报告时,需将注册会计师及其所在的会计师事务所出具的审计报告,随同财务会计报告一并提供。

⑤国有企业、国有控股的或者占主导地位的企业,应当至少每年一次向该企业的职工代表大会公布财务会计报告,并重点说明下列事项:

A.反映与职工利益密切相关的信息,包括管理费用的构成情况,企业管理人员工资、福利和职工工资、福利费用的发放、使用和结余情况,公益金的提取及使用情况,利润分配的情况以及其他与职工利益相关的信息。

B.内部审计发现的问题及纠正情况。

C.注册会计师审计的情况。

D.国家审计机关发现的问题及纠正情况。

E.重大的投资、融资和资产处置决策及其原因的说明。

F.需要说明的其他重要事项。

(九)财产清查的规定

《会计法》规定,各单位应当定期将会计账簿记录与实物、款项及有关资料相互核对,保证会计账簿记录与实物及款项的实有数额相符。

财产清查制度是通过定期或不定期、全面或部分地对各项财产物资进行实地盘点和对库存现金、银行存款、债权债务进行清查核实的一种制度。通过清查,可以发现财产管理工作中存在的问题,以便查清原因,改善经营管理,保护财产的完整和安全;可以确定各项财产的实存数,以便查明实存数与账面数是否相符,并查明不符的原因和责任,制订相应措施,做到账实相符,保证会计资料的真实性。

二、会计档案管理

会计档案是指记录和反映经济业务事项的重要历史资料和证据。为了规范会计档案的管理,2015年12月11日财政部和国家档案局联合修订并发布《会计档案管理办法》,该办法自2016年1月1日起执行。

(一)会计档案的概念

《会计档案管理办法》所指的会计档案,是指单位在进行会计核算等过程中接收或形成的,记录和反映单位经济业务事项的,具有保存价值的文字、图表等各种形式的会计资料,包括通过计算机等电子设备形成、传输和存储的电子会计档案。预算、计划、制度等文件材料,应当执行文书档案管理规定,不属于会计档案。

(二)会计档案的归档范围

会计档案一般包括会计凭证、会计账簿、财务会计报告以及其他会计资料等会计核算的专业材料,具体包括:

1.会计凭证类

原始凭证、记账凭证、汇总凭证和其他会计凭证。

2.会计账簿类

总账、明细账、日记账、固定资产卡片账、辅助账簿和其他会计账簿。

3.财务会计报告类

月度、季度、半年度、年度财务报告,包括会计报表、附表、附注及文字说明和其他财务报告。

4.其他会计资料类

银行存款余额调节表、银行对账单,应当保存的会计核算专业资料,会计档案移交清册、会计档案保管清册、会计档案销毁清册。财务预算、计划、制度等文件材料属文书档案。

(三)电子会计档案的归档要求

为确保电子会计档案的真实、完整、可用、安全,对于电子会计资料仅以电子形式归档保存的方式,即符合条件的可只建电子档案,新《会计档案管理办法》提出了如下要求:

(1)形成的电子会计资料来源真实有效,由计算机等电子设备形成和传输。

(2)使用的会计核算系统能够准确、完整、有效接收和读取电子会计资料,能够输出符合国家标准归档格式的会计凭证、会计账簿、财务会计报表等会计资料,设定了经办、审核、审批等必要的审签程序。

(3)使用的电子档案管理系统能够有效接收、管理、利用电子会计档案,符合电子档案的长期保管要求,并建立了电子会计档案与相关联的其他纸质会计档案的检索关系。

(4)采取有效措施,防止电子会计档案被篡改。

(5)建立电子会计档案备份制度,能够有效防范自然灾害、意外事故和人为破坏的影响。

(6)形成的电子会计资料不属于具有永久保存价值或者其他重要保存价值的会计档案。

(7)电子会计资料附有符合《中华人民共和国电子签名法》规定的电子签名。

单位内部生成的电子会计资料仅以电子形式归档保存必须同时满足第一至第六项规定;单位外部接收的电子会计资料仅以电子形式归档保存必须同时满足第一至第七项规定。

(四)其他归档要求

(1)单位的会计机构或会计人员所属机构(以下统称为"单位会计管理机构")按照归档范围和归档要求,负责定期将应当归档的会计资料整理立卷,编制会计档案保管清册。

（2）当年形成的会计档案，在会计年度终了后，可由单位会计管理机构临时保管一年，再移交单位档案管理机构保管。因工作需要确需推迟移交的，应当经单位档案管理机构同意。

单位会计管理机构临时保管会计档案最长不超过三年。临时保管期间，会计档案的保管应当符合国家档案管理的有关规定，且出纳人员不得兼管会计档案。

（五）会计档案的移交和查阅

（1）单位会计管理机构在办理会计档案移交时，应当编制会计档案移交清册，并按照国家档案管理的有关规定办理移交手续。

纸质会计档案移交时应当保持原卷的封装。电子会计档案移交时应当将电子会计档案及其元数据一并移交，且文件格式应当符合国家档案管理的有关规定。特殊格式的电子会计档案应当与其读取平台一并移交。

单位档案管理机构接收电子会计档案时，应当对电子会计档案的准确性、完整性、可用性、安全性进行检测，符合要求的才能接收。

（2）单位应当严格按照相关制度利用会计档案，在进行会计档案查阅、复制、借出时履行登记手续，严禁篡改和损坏。

单位保存的会计档案一般不得对外借出。确因工作需要且根据国家有关规定必须借出的，应当严格按照规定办理相关手续。

会计档案借用单位应当妥善保管和利用借入的会计档案，确保借入会计档案的安全完整，并在规定时间内归还。

（六）会计档案的保管期限

（1）会计档案的保管期限分为永久、定期两类。定期保管期限一般分为 10 年和 30 年。

（2）会计档案的保管期限，从会计年度终了后的第一天算起。

（3）各类会计档案的保管期限原则上应当按照《会计档案管理办法》附表执行（表 2-1、表 2-2）。《会计档案管理办法》规定的会计档案保管期限为最低保管期限。

（4）单位会计档案的具体名称如有同《会计档案管理办法》附表所列档案名称不相符的，应当比照类似档案的保管期限办理。

表 2-1　企业和其他组织会计档案保管期限表

序号	档案名称	保管期限	备注
一	会计凭证		
1	原始凭证	30 年	
2	记账凭证	30 年	
二	会计账簿		

续表

序号	档案名称	保管期限	备注
3	总账	30年	
4	明细账	30年	
5	日记账	30年	
6	固定资产卡片		固定资产报废清理后保管5年
7	其他辅助性账簿	30年	
三	财务会计报告		
8	月度、季度、半年度财务会计报告	10年	
9	年度财务会计报告	永久	
四	其他会计资料		
10	银行存款余额调节表	10年	
11	银行对账单	10年	
12	纳税申报表	10年	
13	会计档案移交清册	30年	
14	会计档案保管清册	永久	
15	会计档案销毁清册	永久	
16	会计档案鉴定意见书	永久	

表2-2 财政总预算、行政单位、事业单位和税收会计档案保管期限表

序号	档案名称	保管期限			备注
		财政总预算	行政单位事业单位	税收会计	
一	会计凭证				
1	国家金库编送的各种报表及缴库退库凭证	10年		10年	
2	各收入机关编送的报表	10年			
3	行政单位和事业单位的各种会计凭证		30年		包括原始凭证、记账凭证和传票汇总表

续表

序号	档案名称	保管期限			备注
		财政总预算	行政单位事业单位	税收会计	
4	财政总预算拨款凭证和其他会计凭证	30年			包括拨款凭证和其他会计凭证
二	会计账簿				
5	日记账		30年	30年	
6	总账	30年	30年	30年	
7	税收日记账(总账)			30年	
8	明细分类、分户账或登记簿	30年	30年	30年	
9	行政单位和事业单位固定资产卡片				固定资产报废清理后保管5年
三	财务会计报告				
10	政府综合财务报告	永久			下级财政、本级部门和单位报送的保管2年
11	部门财务报告		永久		所属单位报送的保管2年
12	财政总决算	永久			下级财政、本级部门和单位报送的保管2年
13	部门决算		永久		所属单位报送的保管2年
14	税收年报(决算)			永久	
15	国家金库年报(决算)	10年			
16	基本建设拨、贷款年报(决算)	10年			
17	行政单位和事业单位会计月、季度报表		10年		所属单位报送的保管2年
18	税收会计报表			10年	所属税务机关报送的保管2年
四	其他会计资料				

序号	档案名称	保管期限			备注
		财政总预算	行政单位事业单位	税收会计	
19	银行存款余额调节表	10年	10年		
20	银行对账单	10年	10年	10年	
21	会计档案移交清册	30年	30年	30年	
22	会计档案保管清册	永久	永久	永久	
23	会计档案销毁清册	永久	永久	永久	
24	会计档案鉴定意见书	永久	永久	永久	

注:税务机关的税务经费会计档案保管期限,按行政单位会计档案保管期限规定办理。

(七)会计档案的鉴定和销毁

1.会计档案的鉴定

(1)单位应当定期对已到保管期限的会计档案进行鉴定,并形成会计档案鉴定意见书。经鉴定,仍需继续保存的会计档案,应当重新划定保管期限;对保管期满,确无保存价值的会计档案,可以销毁。

(2)会计档案鉴定工作应当由单位档案管理机构牵头,组织单位会计、审计、纪检监察等机构或人员共同进行。

2.会计档案的销毁

(1)会计档案的销毁程序。

①单位档案管理机构编制会计档案销毁清册,列明拟销毁会计档案的名称、卷号、册数、起止年度、档案编号、应保管期限、已保管期限和销毁时间等内容。

②单位负责人、档案管理机构负责人、会计管理机构负责人、档案管理机构经办人、会计管理机构经办人在会计档案销毁清册上签署意见。

③单位档案管理机构负责组织会计档案销毁工作,并与会计管理机构共同派员监销。监销人在会计档案销毁前,应当按照会计档案销毁清册所列内容进行清点核对;在会计档案销毁后,应当在会计档案销毁清册上签名或盖章。

电子会计档案的销毁还应当符合国家有关电子档案的规定,并由单位档案管理机构、会计管理机构和信息系统管理机构共同派员监销。

(2)不得销毁的会计档案。

保管期满但未结清的债权债务会计凭证和涉及其他未了事项的会计凭证不得销毁,纸质会计档案应当单独抽出立卷,电子会计档案单独转存,保管到未了事项完结时为止。

单独抽出立卷或转存的会计档案,应当在会计档案鉴定意见书、会计档案销毁清册和会计档案保管清册中列明。

【案例2-7】 甲公司在整理会计档案后准备销毁一批保管期满的会计档案,其中包括两张未了结的借款原始凭证,财务经理刘某在会计档案销毁清册上签署销毁意见后,由该公司的档案管理部门负责对该批会计档案进行销毁。甲公司在会计档案销毁过程中的做法都正确吗?

【解析】 甲公司的做法不正确。根据《会计档案管理办法》的规定,未结清的债权债务原始凭证不得销毁,应抽出单独装订,待未了事项结清后才能销毁。单位负责人、档案管理机构负责人、会计管理机构负责人、档案管理机构经办人、会计管理机构经办人都需要在会计档案销毁清册上签署意见,而不只是财务经理。对于一般企业、事业单位和组织,销毁会计档案时,应当由单位档案机构和会计机构双方共同派员监销,而不是只由档案管理机构一方进行销毁。按照规定监销人在会计档案销毁前,应当按照会计档案销毁清册所列内容进行清点核对,在会计档案销毁后,应当在会计档案销毁清册上签名或盖章,但是甲公司在销毁前没有核对,销毁后也没有签名或盖章。

(八)单位分立、合并时会计档案的处理

1.单位分立会计档案的处理

(1)单位分立后原单位存续的,其会计档案应当由分立后的存续方统一保管,其他方可以查阅、复制与其业务相关的会计档案。

(2)单位分立后原单位解散的,其会计档案应当经各方协商后由其中一方代管或按照国家档案管理的有关规定处置,各方可以查阅、复制与其业务相关的会计档案。

(3)单位分立中未结清的会计事项所涉及的会计凭证,应当单独抽出由业务相关方保存,并按照规定办理交接手续。

(4)单位因业务移交其他单位办理所涉及的会计档案,应当由原单位保管,承接业务单位可以查阅、复制与其业务相关的会计档案。其中未结清的会计事项所涉及的会计凭证,应当单独抽出由承接业务单位保存,并按照规定办理交接手续。

2.单位合并会计档案的处理

单位合并后原各单位解散或者一方存续其他方解散的,原各单位的会计档案应当由合并后的单位统一保管。单位合并后原各单位仍存续的,其会计档案仍应当由原各单位保管。

(九)单位之间交接会计档案的手续

(1)移交会计档案的单位,应当编制会计档案移交清册,列明应当移交的会计档案名称、卷号、册数、起止年度、档案编号、应保管期限和已保管期限等内容。

(2)交接会计档案时,交接双方应当按照会计档案移交清册所列内容逐项交接,并由交

接双方的单位有关负责人负责监督。交接完毕后,交接双方经办人和监督人应当在会计档案移交清册上签名或盖章。

(3)电子会计档案应当与其元数据一并移交,特殊格式的电子会计档案应当与其读取平台一并移交。档案接受单位应当对保存电子会计档案的载体及其技术环境进行检验,确保所接收电子会计档案的准确、完整、可用和安全。

(十)其他相关规定

(1)单位的会计档案及其复制件需要携带、寄运或者传输至境外的,应当按照国家有关规定执行。

(2)单位委托中介机构代理记账的,应当在签订的书面委托合同中明确会计档案的管理要求及相应责任。

(3)建设单位在项目建设期间形成的会计档案,需要移交给建设项目接受单位的,应当在办理竣工财务决算后及时移交,并按照规定办理交接手续。

三、会计监督

会计监督是会计的基本职能之一,是我国经济监督体系的重要组成部分。会计监督包括单位内部监督、以注册会计师为主体的社会监督和以政府财政部门为主体的政府监督。

(一)单位内部会计监督

1.单位内部会计监督的概念

单位内部会计监督,是指一个单位为了保护其资产的安全完整,保证其经营活动符合国家法律、法规和内部规章要求,提高经营管理水平和效率,防止舞弊,控制风险等目的,而在单位内部采取的一系列相互联系、相互制约的制度和方法。

2.单位内部会计监督的主体和对象

根据相关法律法规的规定,各单位的会计机构、会计人员对本单位的经济活动进行会计监督。内部会计监督的主体是各单位的会计机构、会计人员;内部会计监督的对象是单位的经济活动。

3.单位内部会计监督制度的基本要求

单位内部会计监督的内容十分广泛,涉及人、财、物等诸多方面,各单位应当根据实际情况建立、健全本单位内部会计监督制度。单位内部会计监督制度应当符合以下要求:

(1)记账人员与经济业务或会计事项的审批人员、经办人员、财物保管人员的职责权限应当明确,并相互分离、相互制约。

(2)重大对外投资、资产处置、资金调度和其他重要经济业务,应当明确其决策和执行程序,并体现相互监督、相互制约的要求。

（3）财产清查的范围、期限和组织程序应当明确。

（4）对会计资料定期进行内部审计的办法和程序应当明确。

4.会计机构和会计人员在单位内部会计监督中的作用

（1）对违反《会计法》和国家统一的会计制度规定的会计事项，有权拒绝办理或者按照职权予以纠正。

（2）发现会计账簿记录与实物、款项及有关资料不相符的，按照国家统一的会计制度规定有权自行处理的，应当及时处理；无权处理的，应当立即向单位负责人报告，请求查明原因，作出处理。

（3）单位负责人应当保证会计机构、人员依法履行职责，不得授意、指示、强令其违法办理会计事项。

5.大中型企业的内部控制

（1）原则。

①全面性原则。内部控制应当贯穿决策、执行和监督全过程，覆盖企业及其所属单位的各种业务和事项。

②重要性原则。内部控制应当在全面控制的基础上，关注重要业务事项和高风险领域。

③制衡性原则。内部控制应当在治理结构、机构设置及权责分配、业务流程等方面形成相互制约、相互监督，同时兼顾运营效率。

④适应性原则。内部控制应当与企业经营规模、业务范围、竞争状况和风险水平等相适应，并随着情况的变化及时加以调整。

⑤成本效益原则。内部控制应当权衡实施成本与预期效益，以适当的成本实现有效控制。

（2）控制活动。

①不相容职务分离控制要求企业全面系统地分析、梳理业务流程中所涉及的不相容职务，实施相应的分离措施，形成各司其职、各负其责、相互制约的工作机制。

②授权审批控制要求企业根据常规授权和特别授权的规定，明确各岗位办理业务和事项的权限范围、审批程序和相应责任。

③会计系统控制要求企业严格执行国家统一的会计准则制度，加强会计基础工作，明确会计凭证、会计账簿和财务会计报告的处理程序，保证会计资料真实完整。

④财产保护控制要求企业建立财产日常管理制度和定期清查制度，采取财产记录、实物保管、定期盘点、账实核对等措施，确保财产安全。

⑤预算控制要求企业实施全面预算管理制度，明确各责任单位在预算管理中的职责权限，规范预算的编制、审定、下达和执行程序，强化预算约束。

⑥运营分析控制要求企业建立运营情况分析制度，经理层应当综合运用生产、购销、投资、筹资、财务等方面的信息，通过因素分析、对比分析、趋势分析等方法，定期开展运营情况分析，发现存在的问题，及时查明原因并加以改进。

⑦绩效考评控制要求企业建立和实施绩效考评制度,科学设置考核指标体系,对企业内部各责任单位和全体员工的业绩进行定期考核和客观评价,将考评结果作为确定员工薪酬以及职务晋升、评优、降级、调岗、辞退等的依据。

【案例2-8】　甲公司为加强内部管理,提高工作效率,决定由会计小王兼任现金保管工作,这个决定妥当吗?

【解析】　这个决定不妥当。根据《企业内部控制基本规范》要求,会计记录与财物保管属于不兼容职务,让会计兼任保管现金的这一决定违反了"不相容职务相互分离"的规定。

6.小企业的内部控制原则

(1)风险导向原则。内部控制应当以防范风险为出发点,重点关注对实现内部控制目标造成重大影响的风险领域。

(2)适应性原则。内部控制应当与企业发展阶段、经营规模、管理水平等相适应,并随着情况的变化及时加以调整。

(3)实质重于形式原则。内部控制应当注重实际效果,而不局限于特定的表现形式和实现手段。

(4)成本效益原则。内部控制应当权衡实施成本与预期效益,以合理的成本实现有效控制。

7.行政事业单位的内部控制方法

(1)不相容岗位相互分离。合理设置内部控制关键岗位,明确划分职责权限,实施相应的分离措施,形成相互制约、相互监督的工作机制。

(2)内部授权审批控制。明确各岗位办理业务和事项的权限范围、审批程序和相关责任,建立重大事项集体决策和会签制度。相关工作人员应当在授权范围内行使职权、办理业务。

(3)归口管理。根据本单位实际情况,按照权责对等的原则,采取成立联合工作小组和确定牵头部门或牵头人员等方式,对有关经济活动实行统一管理。

(4)预算控制。强化对经济活动的预算约束,使预算管理贯穿单位经济活动的全过程。

(5)财产保护控制。建立资产日常管理制度和定期清查机制,采取资产记录、实物保管、定期盘点、账实核对等措施,确保资产安全完整。

(6)会计控制。建立健全本单位财会管理制度,加强会计机构建设,提高会计人员业务水平,强化会计人员岗位责任制,规范会计基础工作,加强会计档案管理,明确会计凭证、会计账簿和财务会计报告处理程序。

(7)单据控制。要求单位根据国家有关规定和单位的经济活动业务流程,在内部管理制度中明确界定各项经济活动所涉及的表单和票据,要求相关工作人员按照规定填制、审核、归档、保管单据。

(8)信息内部公开。建立健全经济活动相关信息内部公开制度,根据国家有关规定和单位的实际情况,确定信息内部公开的内容、范围、方式和程序。

(二)会计工作的政府监督

1.会计工作的政府监督的概念

会计工作的政府监督主要是指财政部门代表国家对单位和单位中相关人员的会计行为实施的监督检查,以及对发现的违法会计行为实施的行政处罚。

2.会计工作的政府监督的主体

《会计法》规定:"国务院财政部门主管全国的会计工作。县级以上地方各级人民政府财政部门管理本行政区域内的会计工作。"财政部门是《会计法》的执法主体,是会计工作的政府监督实施主体。

此外,《会计法》规定,除财政部门外,审计、税务、人民银行、银行监管、证券监管、保险监管等部门依照有关法律、行政法规规定的职责和权限,可以对有关单位的会计资料实施监督检查。

3.财政部门实施会计监督的对象和内容

(1)监督对象。根据《财政部门实施会计监督办法》的规定,财政部门实施会计监督检查的对象是会计行为,并对发现的有违法会计行为的单位和个人实施行政处罚。

(2)监督内容。

①各单位是否依法设置会计账簿。

②各单位的会计凭证、会计账簿、财务会计报告和其他会计资料是否真实、完整。

③各单位的会计核算是否符合《会计法》和国家统一的会计制度的规定。

④各单位从事会计工作的人员是否具备专业能力、遵守职业道德。

(三)会计工作的社会监督

1.会计工作的社会监督的概念

会计工作的社会监督主要是指由注册会计师及其所在的会计师事务所依法对委托单位的经济活动进行的审计、鉴证的一种监督制度。

《会计法》规定,任何单位和个人对违反《会计法》和国家统一的会计制度规定的行为,有权检举。这也属于会计工作的社会监督。

2.注册会计师审计报告

(1)审计报告,是指注册会计师根据审计准则的规定,在执行审计工作的基础上,对财务报表发表审计意见的书面文件。

审计报告是注册会计师对财务报表是否在所有重大方面按照财务报告编制基础编制并实现公允反映发表审计意见的书面文件,因此,注册会计师应当将已审计的财务报表附于审计报告之后,以便于财务报表使用者正确理解和使用审计报告,并防止被审计单位替换、更改已审计的财务报表。

（2）审计报告分为标准审计报告和非标准审计报告。

①标准审计报告,是指不含有说明段、强调事项段、其他事项段或其他任何修饰性用语的无保留意见的审计报告。

②非标准审计报告,是指带强调事项段或其他事项段的无保留意见的审计报告和非无保留意见的审计报告。非无保留意见的审计报告包括保留意见的审计报告、否定意见的审计报告和无法表示意见的审计报告。

（3）审计意见的类型。

①无保留意见,是指当注册会计师认为财务报表在所有重大方面按照适用的财务报告编制基础编制并实现公允反映时发表的审计意见。无保留意见包含其他报告责任段,但不含有强调事项段或其他事项段的无保留意见的审计报告也被视为标准审计报告。

②非无保留意见,是指保留意见、否定意见或无法表示意见。

【思考与案例回顾】

湖光公司上述事项的处理有些是错误的。

（1）会计小赵在原始凭证上自行涂改不对。《会计基础工作规范》规定,原始凭证有错误的,应当由出具单位重开或者更正,更正处应加盖出具单位的印章。小赵发现错误后应当联系原出具单位,因为该发票是金额错误,只能请原单位重开。

（2）董事长授意财务负责人王某篡改财务会计报告是一种严重的违法行为。《会计法》和《企业财务会计报告条例》规定,财务会计报告反映的会计信息应当真实、完整;同时还规定单位负责人应当保证会计机构、人员依法履行职责,不得授意、指示、强令其违法办理会计事项。

（3）湖光公司可以拒绝向职工代表大会公布财务会计报告。《企业财务会计报告条例》规定,国有企业、国有控股的或者占主导地位的企业,应当至少每年一次向该企业的职工代表大会公布财务会计报告。因为湖光公司是民营企业,所以它可以不向职工代表大会公布财务会计报告。

（4）湖光公司的年度财务会计报告不能仅以电子形式保存。根据《会计档案管理办法》规定,形成的电子会计资料不属于具有永久保存价值或者其他重要保存价值的会计档案,而年度财务会计报告是需要永久保存的会计档案,所以不能仅以电子形式保存。

第三节　会计机构和会计人员

【思考与案例】

恒通公司是一家大型国有企业,20×5 年 1 月,公司总经理李某将自己朋友的儿子王某,招聘入该公司财务部担任出纳,并兼管会计档案工作。王某到公司前从未从事过财务工作,也没有相关专业技术职务资格。20×7 年 5 月,总经理任命王某为该公司财务部经理,全面主持该公司财务部工作。请思考,该公司在财务人员安排方面有哪些不妥之处。

一、会计机构的设置

《会计法》规定:"各单位应当根据会计业务的需要,设置会计机构,或者在有关机构中设置会计人员并指定会计主管人员;不具备设置条件的,应当委托经批准设立从事会计代理记账业务的中介机构代理记账。"

(一)根据业务需要设置会计机构

各单位是否设置会计机构,应当根据会计业务的需要来决定,即各单位可以根据本单位会计业务的繁简情况决定是否设置会计机构。

1.单位规模的大小

从有效发挥会计职能作用的角度看,实行企业化管理的事业单位,大、中型企业应当设置会计机构;业务较多的行政单位、社会团体和其他组织也应设置会计机构。而对那些规模很小的企业、业务和人员都不多的行政单位等,可以不单独设置会计机构,将会计业务并入其他职能部门,或者委托代理记账。

2.经济业务和财务收支的繁简

有些单位的规模相对较小,但其经济业务复杂多样,财务收支频繁,也要设置相应的会计机构和会计人员。

3.经营管理的要求

单位设置会计机构和会计人员的目的,就是适应单位在经营管理上的需要。

(二)不设置会计机构

不设置会计机构的应设置会计人员并指定会计主管人员。会计主管人员是负责组织管理会计事务、行使会计机构负责人职权的负责人。《会计基础工作规范》规定"会计工作岗位,可以一人一岗、一人多岗或者一岗多人";会计岗位可以包括:会计机构负责人或者会计主管人员、出纳、财产物资核算、工资核算、成本费用核算、财务成果核算、资金核算、往来核算、总账报表、稽核、档案管理等。

二、代理记账

(一)代理记账的概念

代理记账是指从事代理记账业务的社会中介机构接受委托人的委托办理会计业务。委托人是指委托代理记账机构办理会计业务的单位。代理记账机构是指从事代理记账业务的中介机构。

财政部于2005年1月22日发布了《代理记账管理办法》,并于2016年2月16日进行了修订,对代理记账机构设置的条件、代理记账的业务范围、代理记账机构与委托人的关系、代理记账人员应遵循的道德规则等作了具体的规定。

(二)代理记账机构的审批

(1)除会计师事务所以外的机构从事代理记账业务应当经县级以上地方人民政府财政部门(以下简称"审批机关")批准,领取由财政部统一规定样式的代理记账许可证书。具体审批机关由省、自治区、直辖市、计划单列市人民政府财政部门确定。

(2)会计师事务所及其分所可以依法从事代理记账业务。

(3)符合下列条件的机构可以申请代理记账资格:

①为依法设立的企业。

②持有会计从业资格证书的专职从业人员不少于3名。

③主管代理记账业务的负责人具有会计师以上专业技术职务资格且为专职从业人员。

④有健全的代理记账业务内部规范。

(三)代理记账的业务范围

代理记账机构可以接受委托办理下列业务:

(1)根据委托人提供的原始凭证和其他相关资料,按照国家统一的会计制度的规定进行会计核算,包括审核原始凭证、填制记账凭证、登记会计账簿、编制财务会计报告等。

(2)对外提供财务会计报告。

(3)向税务机关提供税务资料。

(4)委托人委托的其他会计业务。

(四)委托代理记账的委托人的义务

1.委托合同的内容

委托人委托代理记账机构代理记账,应当在相互协商的基础上,订立书面委托合同。委

托合同除应具备法律规定的基本条款外,应当明确下列内容:

(1)双方对会计资料真实性、完整性各自应当承担的责任。

(2)会计资料传递程序和签收手续。

(3)编制和提供财务会计报告的要求。

(4)会计档案的保管要求及相应的责任。

(5)终止委托合同应当办理的会计业务交接事宜。

2.委托人应当履行的义务

(1)对本单位发生的经济业务事项,应当填制或者取得符合国家统一的会计制度规定的原始凭证。

(2)应当配备专人负责日常货币收支和保管。

(3)及时向代理记账机构提供真实、完整的原始凭证和其他相关资料。

(4)对于代理记账机构退回的,要求按照国家统一的会计制度的规定进行更正、补充的原始凭证,应当及时予以更正、补充。

(五)代理记账机构及其从业人员的义务

(1)遵守有关法律、法规和国家统一的会计制度的规定,按照委托合同办理代理记账业务。

(2)对在执行业务中知悉的商业秘密予以保密。

(3)对委托人要求其作出不当的会计处理,提供不实的会计资料,以及其他不符合法律、法规和国家统一的会计制度行为的,予以拒绝。

(4)对委托人提出的有关会计处理相关问题予以解释。

(六)财务报表

代理记账机构为委托人编制的财务会计报告,经代理记账机构负责人和委托人负责人签名并盖章后,按照有关法律、法规和国家统一的会计制度的规定对外提供。

(七)监督和检查

县级以上人民政府财政部门对代理记账机构及其从事代理记账业务情况实施监督检查。

三、会计基础工作规范

(一)会计工作岗位设置

会计工作岗位,是指一个单位会计机构内部根据业务分工而设置的职能岗位。对会计工作岗位的设置,《会计基础工作规范》提出了以下示范性的要求:

（1）根据本单位会计业务的需要设置会计工作岗位。

（2）符合内部牵制制度的要求。根据规定，会计工作岗位可以一人一岗、一人多岗或者一岗多人，但出纳人员不得兼任稽核、会计档案保管和收入、费用、债权债务账目的登记工作。

（3）对会计人员的工作岗位要有计划地进行轮岗。

（4）要建立岗位责任制。根据《会计基础工作规范》和有关制度的规定，会计工作岗位一般分为：总会计师（或行使总会计师职权）岗位；会计机构负责人（会计主管人员）岗位；出纳岗位；稽核岗位；资本、基金核算岗位；收入、支出、债权债务核算岗位；工资核算、成本核算、财务成果核算岗位；财产物资的收发、增减核算岗位；总账岗位；对外财务会计报告编制岗位；会计电算化岗位；会计档案管理岗位。

（5）对于会计档案管理岗位，在会计档案正式移交之前，属于会计岗位；正式移交档案管理部门之后，不再属于会计岗位。档案管理部门的人员管理会计档案，不属于会计岗位。医院门诊收费员、住院处收费员、药房收费员、药品库房记账员、商场收款（银）员所从事的工作，均不属于会计岗位。单位内部审计、社会审计、政府审计工作也不属于会计岗位。

（二）会计机构负责人（会计主管人员）的任职资格

会计机构负责人（会计主管人员）是在一个单位内部具体负责会计工作的中层领导人员。《会计法》规定："担任单位会计机构负责人（会计主管人员）的，应当具备会计师以上专业技术职务资格或者从事会计工作三年以上经历。"

（三）会计人员回避制度

国家机关、国有企业、事业单位任用会计人员应当实行回避制度，即单位负责人的直系亲属不得担任本单位的会计机构负责人、会计主管人员，会计机构负责人、会计主管人员的直系亲属不得在本单位会计机构中担任出纳工作。直系亲属包括夫妻关系、直系血亲关系、三代以内旁系血亲以及近姻亲关系。

【案例2-9】 老赵为某国有单位的财务经理，他将女儿安排在本部门担任存货会计，他的这一行为是否违背了会计人员回避制度？

【解析】 没有违背。按照规定，国家机关、国有企业、事业单位会计机构负责人、会计主管人员的直系亲属不得在本单位会计机构中担任出纳工作，而非会计工作。

（四）会计人员的工作交接

1.交接的范围

（1）临时离职或因病不能工作、需要接替或代理的会计人员，会计机构负责人（会计主管人员）或单位负责人必须指定专人接替或者代理，并办理会计工作交接手续。

（2）临时离职或因病不能工作的会计人员恢复工作时，应当与接替或代理人员办理交接手续。

（3）移交人员因病或其他特殊原因不能亲自办理移交手续的，经单位负责人批准，可由移交人委托他人代办交接，但委托人应当对所移交的会计凭证、会计账簿、财务会计报告和其他有关资料的真实性、完整性承担法律责任。

2.交接的程序

（1）交接前的准备工作。会计人员在办理会计工作交接前，必须做好准备工作。

①已经受理的经济业务尚未填制会计凭证的应当填制完毕。

②尚未登记的账目应当登记完毕，结出余额，并在最后一笔余额后加盖经办人印章。

③整理好应该移交的各项资料，对未了事项和遗留问题要写出书面说明材料。

④编制移交清册，列明应该移交的会计凭证、会计账簿、财务会计报告、公章、现金、有价证券、支票簿、发票、文件、其他会计资料和物品等内容；实行会计电算化的单位，从事该项工作的移交人员应在移交清册上列明会计软件及密码、数据盘、磁带等内容。

⑤会计机构负责人（会计主管人员）移交时，应将财务会计工作、重大财务收支问题和会计人员等情况向接替人员介绍清楚。

（2）移交点收。移交人员离职前，必须将本人经管的会计工作，在规定的期限内，全部向接管人员移交清楚。接管人员应认真按照移交清册逐项点收。

（3）专人负责监交。

①一般会计人员办理交接手续，由会计机构负责人（会计主管人员）监交。

②会计机构负责人（会计主管人员）办理交接手续，由单位负责人监交，必要时主管单位可以派人会同监交。

（4）交接后的有关事宜。

①会计工作交接完毕后，交接双方和监交人在移交清册上签名或盖章，并应在移交清册上注明：单位名称，交接日期，交接双方和监交人的职务、姓名，移交清册页数以及需要说明的问题和意见等。

②接管人员应继续使用移交前的账簿，不得擅自另立账簿，以保证会计记录前后衔接，内容完整。

③移交清册一般应填制一式三份，交接双方各执一份，存档一份。

（5）交接人员的责任。

交接工作完成后，移交人员所移交的会计凭证、会计账簿、财务会计报告和其他会计资料是在其经办会计工作期间发生的，应当对这些会计资料的真实性、完整性负责。

【案例2-10】 某公司会计科一名档案管理人员王某生病临时交接工作，公司总经理胡某委托单位会计员李某临时保管会计档案，并办理交接手续。胡某可以指定李某接替王某工作吗？应该由谁监交呢？

【解析】 第一，胡某可以指定李某接替王某工作。按照规定，会计人员临时离职或者因病不能工作且需要接替或者代理的，会计机构负责人、会计主管人员或者单位领导人必须指定有关人员接替或者代理,并办理交接手续。第二,一般会计人员的交接,由会计机构负责人(会计主管人员)负责监交。因此王某和李某的交接工作应当由会计机构负责人负责监交。

(五)会计专业职务与会计专业技术资格

1.会计专业职务

1986年4月中央职称改革工作领导小组转发财政部制定的《会计专业职务试行条例》规定:会计专业职务分为高级会计师(高级职务)、会计师(中级职务)、助理会计师、会计员(初级职务)。

2.会计专业技术资格

会计专业技术资格分为初级资格、中级资格和高级资格三个级别。初级、中级会计资格的取得实行全国统一考试制度;高级会计师资格实行考试与评审相结合的制度。

会计专业技术人员继续教育的时间,每年不少于90学时,专业科目须占总学时2/3以上。

【思考与案例回顾】

第一,王某担任出纳,并兼管会计档案工作不妥。按照规定出纳人员不得兼任稽核、会计档案保管和收入、支出、费用、债权债务账目的登记工作。第二,入职两年后王某被任命为该公司财务部经理不妥。按照规定,单位会计机构负责人(会计主管人员),应当具备会计师以上专业技术职务资格或者从事会计工作3年以上的经历。王某既没有会计师以上的专业技术职务资格,从事会计工作也没有3年。

第四节 会计职业道德

【思考与案例】

某企业经营困难,须向银行贷款数百万渡过难关,公司财务部门负责人老李在公司工作20年,业务熟练。于是公司的总经理请他将公司对外提供的财务会计报表进行技术处理以符合贷款要求。老李明知编制虚假财务报告是违法行为,但在公司总经理的反复劝导下,老李出于多年来对公司的感情也感激总经理平时对自己的信任,于是编制了一份虚假的财务会计报告,使公司获得银行贷款。老李这种做法违反了哪些会计职业道德?

一、会计职业道德概念

会计职业道德是指在会计职业活动中应当遵循的、体现会计职业特征的、调整会计职业关系的职业行为准则和规范。

二、会计职业道德主要内容

1.爱岗敬业

（1）会计从业人员正确认识会计职业，树立职业荣誉感。

（2）热爱会计工作，敬重会计职业。

（3）安心工作，任劳任怨。

（4）严肃认真，一丝不苟。

（5）忠于职守，尽职尽责。

2.诚实守信

（1）做老实人，说老实话，办老实事，不搞虚假。

（2）保密守信，不为利益所诱惑。

【案例2-11】 某公司会计黄某的儿子经营一家私营企业，其业务与黄某所在公司有竞争。黄某借职务之便，将在工作中接触的公司招标资料提供给他的儿子，使公司丧失了中标机会，给公司带来了损失。黄某的行为违反了会计职业道德的什么要求？

【解析】 黄某泄露了公司的秘密，没有做到保守秘密、公私分明、遵纪守法，因此其行为违反了诚实信用和廉洁自律的会计职业道德要求。

3.廉洁自律

（1）树立正确的人生观和价值观。

（2）公私分明，不贪不占。

（3）遵纪守法，尽职尽责。

【案例2-12】 张某是公司的出纳，借职务便利，经常临时借用公司现金，但第二天都及时归还了，张某认为自己都及时归还了借款，并且没有影响公司的日常经营活动，所以不违反会计职业道德。

【解析】 不论这种"借用"事后是否归还，会不会影响公司的日常经营活动，张某的行为都属于挪用公款，是不廉洁的体现。

4.客观公正

（1）端正态度。

（2）依法办事。

（3）实事求是，不偏不倚。

（4）保持独立性。

5.坚持准则

面对不同的情况会计人员应如何处理，国际会计师联合会发布的《职业会计师道德守则》提出了如下建议。

第一,如遇到严重的职业道德问题时,职业会计师首先应遵循所在组织的已有政策加以解决;如果这些政策不能解决道德冲突,则可私下向独立的咨询师或会计职业团体寻求建议,以便采取可能的行动步骤。

第二,若自己无法独立解决,可与最直接的上级一起研究解决这种冲突的办法。

第三,若仍无法解决,则在通知直接上级的情况下,可请教更高一级的管理层。若有迹象表明,上级已卷入这种冲突,职业会计师必须和更高一级的管理当局商讨该问题。

第四,如果在经过内部所有各级审议之后道德冲突仍然存在,那么对于一些重大问题,如舞弊,职业会计师可能没有其他选择。作为最后手段,他只能诉诸辞职,并向该组织的适当代表提交一份信息备忘录。

国际会计师联合会发布的《职业会计师道德守则》中提出的遇到道德冲突时的解决途径值得借鉴。我国会计人员如果遇到道德冲突时,首先要对发生的事件作出"是""非"判断,如涉及严重的道德冲突,应维护国家和社会公众利益。

坚持准则的基本要求。

(1)熟悉准则。

(2)遵循准则。

(3)坚持准则。

6.提高技能

(1)具有不断提高会计专业技能的意识和愿望。

(2)具有勤学苦练的精神和科学的学习方法。

7.参与管理

(1)努力钻研业务,熟悉财经法规和相关制度,提高业务技能,为参与管理打下坚实的基础。

(2)熟悉服务对象的经营活动和业务流程,使管理活动更具针对性和有效性。

【案例2-13】 刚刚从事会计工作的会计员小白认为,遵循参与管理的职业道德原则,就是要积极主动参与企业管理工作,对企业经营活动作出决策。

【解析】 这种观点是不正确的,参与管理是指间接参与。

8.强化服务

(1)强化服务意识。

(2)提高服务质量。

【案例2-14】 某公司财务主管胡某,在培训公司新入职的会计人员时说道:"会计在会计工作中一定要提供上乘的服务质量,不管服务主体提出什么样的要求,会计人员都要尽量满足服务主体的需要。"这种观点符合会计职业道德规范的要求吗?

【解析】 财务主管胡某的观点不符合会计职业道德规范的要求。虽然会计职业道德规范要求会计在工作中强化服务意识,提高服务质量,但不是无原则地满足服务主体的需要,而是在坚持原则、坚持会计准则的基础上尽量满足用户或服务主体的需要。

【思考与案例回顾】

"客观公正"要求会计人员在工作过程中要遵守各种法律、法规、制度,依照法律规定进行会计核算,并作出客观的职业判断,老李编制了虚假财务报告,所以他违反了"客观公正"的基本要求。另外,老李没有拒绝总经理的非法要求,而"坚持准则"要求会计人员不能盲从领导,对与"坚持准则"相违背的领导命令应作出正确判断,妥善处理,故老李也违反了"坚持准则"的会计职业道德规范。

第五节 违反会计制度的法律责任

【思考与案例】

某公司由于经营不善,期末出现亏损。为了完成年初的盈利目标,公司负责人张某指使会计人员何某在会计账簿上做一些"平滑处理",人为调整了报表利润,财务部经理王某知道后默许了该行为。该公司行为尚未构成犯罪,请问该公司及相关人员应承担什么法律责任?

一、违反会计制度规定的违法行为

(一)《会计法》规定应承担法律责任的违法会计行为

(1)不依法设置会计账簿的行为,是指违反《会计法》和国家统一的会计制度的规定,应当设置会计账簿的单位不设置会计账簿或者未按规定的种类、形式及要求设置会计账簿的行为。

(2)私设会计账簿的行为,是指不在依法设置的会计账簿上对经济业务事项进行统一会计核算,而另外私自设置会计账簿进行会计核算的行为,即常说的"账外账"。

(3)未按照规定填制、取得原始凭证或者填制、取得的原始凭证不符合规定的行为。

(4)以未经审核的会计凭证为依据登记会计账簿或者登记会计账簿不符合规定的行为。

(5)随意变更会计处理方法的行为。会计处理方法的变更会直接影响会计资料的质量和可比性,按照相关法律的规定,不得随意变更会计处理方法。

(6)向不同的会计资料使用者提供的财务会计报告编制依据不一致的行为。

(7)未按照规定使用会计记录文字或者记账本位币的行为。

(8)未按照规定保管会计资料,致使会计资料毁损、灭失的行为。

(9)未按照规定建立并实施单位内部会计监督制度,或者拒绝依法实施的监督,或者不如实提供有关会计资料及有关情况的行为。

(10)任用会计人员不符合本法规定的行为。

（二）违反会计制度规定应承担的法律责任种类

（1）责令限期改正。所谓责令限期改正，是指要求违法行为人在一定期限内停止或纠正违法行为，以恢复到合法状态。县级以上人民政府财政部门有权责令违法行为人限期改正，停止违法行为。

（2）罚款。县级以上人民政府财政部门根据违法行为人的违法性质、情节及危害程度，在责令限期改正的同时，有权对单位并处三千元以上五万元以下的罚款，对其直接负责的主管人员和其他直接责任人员，处二千元以上二万元以下的罚款。

（3）给予行政处分。对上述违法行为直接负责的主管人员和其他直接责任人员中的国家工作人员，视情节轻重，由其所在单位或者其上级单位或者行政监察部门给予警告、记过、记大过、降级、降职、撤职、留用察看和开除等行政处分。

（4）会计人员有上述行为之一，情节严重的，五年内不得从事会计工作。

（5）触犯刑法的，依法追究刑事责任。

【案例2-15】　某企业将出售废料的收入一万元不纳入企业统一的会计核算，而另设会计账簿进行核算，以解决行政管理部门的福利问题。该企业的这种做法违反了哪条规定，该企业及相关人员应承担什么法律责任？

【解析】　该企业违反了《会计法》关于不得私设会计账簿的规定。应承担的法律责任有：第一，责令限期改正；第二，罚款。县级以上人民政府财政部门根据违法行为人的违法性质、情节及危害程度，在责令限期改正的同时，有权对单位并处三千元以上五万元以下的罚款，对其直接负责的主管人员和其他直接责任人员，处二千元以上二万元以下的罚款。

二、违反会计制度规定应承担的法律责任

（一）伪造、变造会计凭证、会计账簿，编制虚假财务会计报告的法律责任

1.伪造、变造会计凭证、会计账簿，编制虚假财务会计报告的行为特征

（1）伪造会计凭证的行为，是指以虚假的经济业务或者资金往来为前提，编造虚假会计凭证的行为。

（2）变造会计凭证的行为，是指采取涂改、挖补以及其他方法改变会计凭证真实内容的行为。

（3）伪造会计账簿的行为，是指违反《会计法》和国家统一会计制度的规定，根据伪造或者变造的虚假会计凭证填制会计账簿，或者不按要求登记账簿，或者对内对外采用不同的确认标准、计量方法等手段编造虚假的会计账簿的行为。

（4）变造会计账簿的行为，是指采取涂改、挖补或者其他手段改变会计账簿的真实内容的行为；编制虚假财务会计报告的行为，是指违反《会计法》和国家统一会计制度的规定，根据虚假的会计账簿记录编制财务会计报告，或者凭空捏造虚假的财务会计报告以及对财务

会计报告擅自进行没有依据的修改的行为。

2.伪造、变造会计凭证、会计账簿或者编制虚假财务会计报告的行政责任

情节较轻，社会危害不大，根据《中华人民共和国刑法》的有关规定，尚不构成犯罪的，应当按照《会计法》的规定予以处罚。具体包括：

（1）通报。由县级以上人民政府财政部门采取通报的方式对违法行为人予以批评、公告。通报决定由县级以上人民政府财政部门送达被通报人，并通过一定的媒介在一定的范围内公布。

（2）罚款。县级以上人民政府财政部门对违法行为视情节轻重，在予以通报的同时，可以对单位并处五千元以上十万万元以下的罚款，对其直接负责的主管人员和其他直接责任人员，可以处三千元以上五万元以下的罚款。

（3）行政处分。对上述所列违法行为直接负责的主管人员和其他直接责任人员中的国家工作人员，应当由其所在单位或者其上级单位或者行政监察部门给予撤职、留用察看直至开除的行政处分。

（4）会计人员五年内不得从事会计工作。

（二）隐匿或者故意销毁依法应当保存的会计凭证、会计账簿、财务会计报告的法律责任

所谓隐匿，是指故意转移、隐藏应当保存的会计凭证、会计账簿、财务会计报告的行为。所谓销毁，是指故意将依法应当保存的会计凭证、会计账簿、财务会计报告予以毁灭的行为。

1.隐匿或者故意销毁依法应当保存的会计凭证、会计账簿、财务会计报告的刑事责任

隐匿或者故意销毁依法应当保存的会计凭证、会计账簿、财务会计报告，情节严重的，处五年以下有期徒刑或者拘役，并处或者单处二万元以上二十万元以下罚金。

单位犯前款罪的，对单位判处罚金，并对其直接负责的主管人员和其他直接责任人员，依照前款的规定处罚。

2.隐匿或者故意销毁依法应当保存的会计凭证、会计账簿、财务会计报告的行政责任

情节较轻，社会危害不大，根据《中华人民共和国刑法》的有关规定，尚不构成犯罪的，应当根据《会计法》的规定追究行政责任，追究行政责任的具体形式及标准等与伪造、变造会计凭证、会计账簿或者编制虚假财务会计报告的行政责任相同。

（三）授意、指使、强令会计机构、会计人员及其他人员伪造、变造会计凭证、会计账簿，编制虚假财务会计报告或者隐匿、故意销毁依法应当保存的会计凭证、会计账簿、财务会计报告的法律责任

所谓授意，是指暗示他人按其意思行事。所谓指使，是指通过明示方式，指示他人按其意思行事。所谓强令，是指明知其命令是违反法律的，而强迫他人执行其命令的行为。

对有上述违法行为，情节较轻，社会危害不大，不构成犯罪的，应当按照《会计法》的规定予以处罚。

1.罚款

县级以上人民政府财政部门可以视违法行为的情节轻重,对违法行为人处以五千元以上五万元以下的罚款。

2.行政处分

对授意、指使、强令会计机构、会计人员及其他人员伪造、变造会计凭证、会计账簿,编制虚假财务会计报告或者隐匿、故意销毁依法应当保存的会计凭证、会计账簿、财务会计报告的国家工作人员,还应当由其所在单位或者其上级单位或者行政监察部门给予降级、撤职或者开除的行政处分。

【案例2-16】 一家事业单位,办公室主任李某指使会计张某伪造住宿发票,在差旅费报销过程中多报销3 000元。李某和张某是否违法,应当承担怎样的法律责任呢?

【解析】 李某和张某都违法了。李某是授意、指使、强令会计机构、会计人员及其他人员伪造会计凭证,应处以5 000元以上5万元以下的罚款;由于该单位是事业单位,李某是国家工作人员,还应接受行政处分。张某实施了伪造、变造会计凭证、会计账簿的行为,应处以3 000元以上5万元以下的罚款;行政处分;5年内不得从事会计工作。

(四)因有提供虚假财务会计报告,做假账,隐匿或者故意销毁会计凭证、会计账簿、财务会计报告,贪污,挪用公款,职务侵占等与会计职务有关的违法行为被依法追究刑事责任的人员,不得再从事会计工作

(五)单位负责人对依法履行职责、抵制违反《会计法》规定行为的会计人员实行打击报复的法律责任

1.单位负责人打击报复会计人员的刑事责任

单位负责人打击报复会计人员情节恶劣的,构成打击报复会计人员罪。根据《中华人民共和国刑法》的规定,犯打击报复会计人员罪的,处三年以下有期徒刑或者拘役。

2.单位负责人打击报复会计人员的行政责任

单位负责人对依法履行职责、抵制违反《会计法》规定行为的会计人员实行打击报复,情节轻微,危害性不大,不构成犯罪的,由其所在单位或者有关单位依法给予行政处分。

3.对受打击报复的会计人员的补救措施

(1)恢复其名誉。

(2)恢复原有职位、级别。

(六)财政部门及有关行政部门的工作人员滥用职权、玩忽职守、徇私舞弊或者泄露国家秘密、商业秘密的法律责任

情节显著轻微,危害性不大,按照《中华人民共和国刑法》的有关规定,不构成犯罪的,应当依照《会计法》的规定及有关法律、法规的规定,给予行政处分。行政处分主要有警告、记过、记大过、降级、降职、撤职、留用察看和开除等八种。对有上述违法行为的财政部门及有关行政部门的工作人员,可以由其所在单位或者其上级单位或者行政监察部门视情节轻重,给予相应的行政处分。

(七)将检举人姓名和检举材料转给被检举单位和被检举人个人的法律责任

《会计法》规定,将检举人姓名和检举材料转给被检举单位和被检举人个人的,由所在单位或者有关单位依法给予行政处分。

【思考与案例回顾】

第一,张某指使会计机构、会计人员及其他人员编制虚假财务会计报告,张某是主谋则应该处以5 000元以上5万元以下的罚款;第二,财务部经理王某作为直接负责的主管人员,虽然没有指示何某编制虚假财务报告,但是在得知情况后没有制止该行为,何某作为直接责任人员编制了虚假财务报告,对两人应处3 000元以上5万元以下的罚款,王某和何某5年内不得从事会计工作;第三,对单位而言要进行相应的通报,以及对单位处5 000元以上10万元以下的罚款。

【练习与测试】

一、单选题

1.下列各项中,属于会计法律的是(　　)。

　A.《会计法》

　B.《总会计师条例》

　C.《会计基础工作规范》

　D.《企业会计制度》

【答案】　A

2.下列经济事项不需要办理会计手续的是(　　)。

　A.款项及有价证券的收付

　B.财物的收发、增减和使用

　C.经济合同的签订

　D.资本、基金的增减

【答案】　C

【解析】　经济合同的签订是不需要办理会计手续和进行会计清算的。

3.2012年4月,ABC公司内部机构调整:会计小张调离会计工作岗位,离岗前与接替者小江在财务科长的监交下办理了会计工作交接手续。下列说法正确的是(　　)。

　A.小张与小江办理会计工作交接时还应该有公司人事部门派人参加监交

　B.小张与小江的会计工作交接不符合规定

　C.小张与小江的会计工作交接符合规定

D.小张与小江办理会计工作交接时还应该有公司经理在场监交

【答案】 C

【解析】 一般会计人员办理交接手续,由会计机构负责人(会计主管人员)监交。

4.会计人员在工作中"懒""拖"的不良习惯,违背了会计职业道德规范中的( )的具体内容。

A.爱岗敬业 B.诚实守信 C.坚持准则 D.客观公正

【答案】 A

【解析】 会计人员在工作中"懒""拖"的不良习惯,违背了爱岗敬业的具体内容。爱岗敬业指的是忠于职守的职业精神,这是会计职业道德的基础。

5.中国现代会计学之父潘序伦先生倡导:"信以立志,信以守身,信以处事,信以待人,毋忘'立信',当必有成。"这句话体现的会计职业道德内容是( )。

A.坚持准则 B.客观公正 C.诚实守信 D.廉洁自律

【答案】 C

【解析】 "信以立志,信以守身,信以处事,信以待人,毋忘'立信',当必有成。"这句话体现了诚实守信。

6.坚持依法办理会计事项,体现( )方面的会计职业道德。

A.坚持准则 B.提高技能 C.参与管理 D.廉洁自律

【答案】 A

【解析】 本题考核坚持准则。

7.根据《会计法》的规定,对随意变更会计处理方法的单位,县级以上人民政府财政部门责令限期改正,并可以处( )。

A.二千元以上二万元以下的罚款

B.三千元以上五万元以下的罚款

C.四千元以上五万元以下的罚款

D.五千元以上五万元以下的罚款

【答案】 B

【解析】 县级以上人民政府财政部门根据违法行为人的违法性质、情节及危害程度,在责令限期改正的同时,有权对单位并处三千元以上五万元以下的罚款。

二、多选题

1.下列各项中,属于会计行政法规的有( )。

A.《总会计师条例》

B.《会计从业资格管理办法》

C.《会计基础工作规范》

D.《企业财务会计报告条例》

【答案】 AD

【解析】 会计行政法规包括《总会计师条例》《企业财务会计报告条例》。

2.下列各项中,属于国家统一的会计制度的有( )。

A.《企业财务会计报告条例》

B.《会计档案管理办法》

C.《会计从业资格管理办法》

D.《会计法》

【答案】 BC

【解析】 选项 A 属于会计行政法规,选项 D 属于会计法律。

3.单位负责人在内部会计监督中的职责,下列表述正确的有( )。

A.单位负责人必须事事参与,严格把关

B.单位负责人对本单位会计资料的真实性、完整性负责

C.不能授意、指使、强令会计人员办理违法事项

D.应依法进行会计核算

【答案】 BC

【解析】 选项 A,不需要事事参与;选项 D 是单位会计的工作职责。

4.账目核对的主要内容包括( )。

A.证证核对

B.账账核对

C.账实核对

D.账表核对

【答案】 BCD

【解析】 对账工作的主要内容包括账账核对、账实核对、账证核对、账表核对。提示:此题在《会计基础》考核中出现,应选择选项 BCD。

5.下列各项中,属于企业财务会计报告组成部分的有( )。

A.会计报表 B.年度财务计划

C.会计报表附注 D.审计报告

【答案】 AC

【解析】 企业财务会计报告组成包括会计报表、会计报表附注,而凭证、账簿、计划、审计报告都不属于财务会计报告的组成。

6.根据《会计法》的规定,下列人员中,应当在单位财务会计报告上签名并盖章的有( )。

A.单位负责人 B.总会计师 C.会计机构负责人 D.出纳人员

【答案】 ABC

【解析】 对外提供的财务会计报告,应由单位负责人和主管会计工作的负责人、会计机构负责人(会计主管人员)签名并盖章;设置总会计师的单位,还须由总会计师签名并盖章。

7.下列各项中,属于会计档案的有(　　　)。

　　A.购货发票

　　B.应收账款明细账

　　C.资产负债表

　　D.银行存款余额调节表

【答案】　ABCD

【解析】　本题考核会计档案的范围和种类。根据《会计档案管理办法》的规定,会计档案包括会计凭证类、会计账簿类、财务报告类及其他类。购货发票属于原始凭证,应收账款明细账属于会计账簿,资产负债表属于会计报表,而银行存款余额调节表属于其他类会计档案。

8.下列各项中,不属于会计档案的有(　　　)。

　　A.会计档案移交清册　　　　　　　　B.银行对账单

　　C.工商营业执照　　　　　　　　　　D.年度工作计划

【答案】　CD

【解析】　工商营业执照属于营业证照,年度工作计划属于文书档案,二者均不属于会计档案。

9.以下关于记账本位币的说法不正确的有(　　　)。

　　A.我国境内设立企业的记账本位币可以不是人民币

　　B.会计核算只能以人民币作为记账本位币

　　C.业务收支以人民币以外的货币为主的单位,可以选择其中一种外币编制财务会计报告

　　D.境外单位向境内编报的财务会计报告无须折算为人民币

【答案】　BCD

【解析】　业务收支以人民币以外的货币为主的企业,可以选定其中一种货币作为记账本位币。但是,编报的财务报表应当折算为人民币。选项B表述太绝对了。

10.我国单位内部会计监督的主体是(　　　)。

　　A.会计机构　　　　　B.会计人员　　　　　C.单位负责人　　　　　D.审计人员

【答案】　AB

11.会计工作的社会监督主要包括(　　　)。

　　A.注册会计师及其所在的会计师事务所依法实施的监督

　　B.审计、税务和人民银行依法实施的监督

　　C.县级以上财政部门依法实施的监督

　　D.单位和个人对会计违法行为的检举

【答案】　AD

【解析】　会计工作的社会监督,主要是指由注册会计师及其所在的会计师事务所依法对委托单位的经济活动进行审计、鉴证的一种监督制度。除此之外,单位和个人检举会计违

法行为,也属于会计工作的社会监督范畴。而县级以上财政部门及审计、税务和人民银行依法实施的监督则属于会计工作的政府监督。

12.根据《会计专业职务试行条例》的规定,下列各项中属于会计专业职务的有(   )。

    A.总会计师   B.注册会计师   C.助理会计师   D.会计员

【答案】 CD

【解析】 会计专业职务有高级会计师(高级职务)、会计师(中级职务)、助理会计师、会计员(初级职务),但不包括总会计师和注册会计师。

13.影响单位是否单独设置会计机构的因素有(   )。

    A.单位规模的大小   B.经营管理的要求

    C.经济业务的简繁   D.上级主管部门的要求

【答案】 ABC

14.会计人员移交前必须做好的工作包括(   )。

    A.已经受理的经济业务,尚未填制会计凭证的应当填制完毕

    B.尚未登记的账目应当登记完毕,结出余额,并在最后一笔余额处加盖经办人印章

    C.尚未编制的财务会计报告,应当编制完毕

    D.编制移交手册

【答案】 ABD

15.下列有关会计职业道德"客观公正"的表述中,正确的有(   )。

    A.依法办事是会计工作保证客观公正的前提

    B.扎实的理论功底和较高的专业技能是做到客观公正的重要条件

    C.在会计工作中客观是公正的基础,公正是客观的反映

    D.会计活动的整个过程保持独立

【答案】 ABCD

【解析】 本题考核客观公正。

16.会计职业道德的内容中有"坚持准则"一项,这里的"准则"是指(   )。

    A.会计准则   B.会计法律

    C.会计行政法规   D.与会计相关的法律制度

【答案】 ABCD

【解析】 这里所说的"准则"不仅指会计准则,而且包括会计法律、国家统一的会计制度以及与会计工作相关的法律制度。

17.下列各项中,符合会计职业道德"参与管理"的行为有(   )。

    A.对公司财务会计报告进行综合分析并提交风险预警报告

    B.参加公司重大投资项目的可行性研究和投资效益论证

    C.分析坏账形成原因,提出加强授信管理、加快货款回收的建议

    D.分析企业盈利能力,查找存在的问题,提出多记费用减少纳税的措施

【答案】 ABC

【解析】　减少纳税是不合法的,不是参与管理的内容。

18.下列各项中,属于违反《会计法》规定的有(　　　　)。

A.以未经审核的会计凭证为依据登记会计账簿的行为

B.随意变更会计处理方法的行为

C.未在规定期限办理纳税申报的行为

D.未按规定建立并实施单位内部会计监督制度的行为

【答案】　ABD

【解析】　选项 C 是违反《税法》的行为,而不是违反《会计法》的行为。

19.下列各项中,属于违反《会计法》行为的有(　　　　)。

A.隐匿会计档案的行为

B.随意变更会计处理方法的行为

C.任用不具备从事会计工作所需要的专业能力的人员从事会计工作的行为

D.伪造会计凭证、会计账簿,编制虚假财务会计报告的行为

【答案】　ABCD

【解析】　上述都属于违反会计法的行为。选项 BC 相对轻微,选项 AD 相对严重。

20.对受打击报复的会计人员应采取的补救措施通常有(　　　　)。

A.要求打击报复者赔礼道歉　　　　　　B.赔偿精神损失费

C.官复原职　　　　　　　　　　　　　D.给予经济补偿

【答案】　AC

【解析】　对受打击报复会计人员,应当恢复其名誉和原有职务、级别。

三、判断题

除法律规定和单位负责人同意外,会计人员不能私自向外界提供或者泄露单位的会计信息。(　　　　)

【答案】　√

【解析】　本题考核诚实守信的基本要求。保密守信,不为利益所诱惑是诚实守信的基本要求之一。这里的秘密主要有国家秘密、商业秘密和个人隐私等,所以这句话是正确的。

第三章 支付结算法律制度

第一节 支付结算概述

【思考与案例】

对 2017 年的中国来说,移动支付已经毫无悬念地领先世界。无论是发达的美国、日本还是欧洲,都没办法像中国这样,依靠手机和二维码完成近乎零现金的日常生活。移动支付和高铁也成了最常向外国友人展示的事物。其中具有代表性的招商银行的一网通、支付宝和微信支付更是在其擅长的领域把移动支付推向了新高度。请问,人们最常用的支付宝、微信支付是否属于支付结算工具?

一、支付结算的概况

支付结算是指单位、个人在社会经济活动中使用票据、银行卡、汇兑、托收承付、委托收款、信用证、电子支付等结算方式进行货币给付及其资金清算的行为。

支付结算作为社会经济金融活动的重要组成部分,其主要功能是完成资金从一方当事人向另一方当事人的转移。随着我国经济以及金融的快速发展,单位、个人之间的经济往来日益频繁,这就对资金及时到账提出了更高的要求;而在享受快捷、高效的支付结算手段的同时,对资金安全性的要求又促进了社会经济金融的进一步发展。

支付体系是一国最核心的金融基础设施之一。中国的支付体系随着经济市场化、货币化、信息化进程的加速,发生了巨大的变化。目前,我国的支付体系为以中国人民银行现代化支付系统为核心,银行业金融机构行内支付系统为基础,票据支付系统、银行卡支付系统、境内外币支付系统为重要组成部分的支付清算网络体系。该体系包括以人民银行为核心,银行业金融机构为主体,支付清算组织为补充的支付服务组织体系和以安全高效为目标的支付结算监督管理体系。

支付结算的应用非常广泛,随着商业和科技的发展,支付结算方式也不断推陈出新。为了保证经济发展的正常进行,规范支付结算工作,我国颁布了一系列法律、法规和规章等。1995年5月10日,第八届全国人民代表大会常务委员会第十三次会议通过《中华人民共和国票据法》,2004年8月28日,第十届全国人民代表大会常务委员会第十一次会议对其进行了修正。此外,中国人民银行及有关部门还先后发布了《票据管理实施办法》《人民币银行结算账户管理办法》《支付结算办法》《电子签名法》《银行卡业务管理办法》《国内信用证结算办法》《中国人民银行关于加强银行卡业务管理的通知》《非银行支付机构网络支付业务管理办法》及其实施细则等。

二、支付结算的主要工具

在现代社会中,产品和要素市场的各个环节的流通都需要借助货币这一媒介。依其形式看,货币结算可以分为现金结算和非现金结算。前者是指支付结算双方直接使用现金进行给付,后者是指双方通过开户银行将款项从付款人账户转移到收款人账户的货币给付及资金清算行为。在我国,单位之间的货币结算除按照《现金管理暂行条例》可以使用现金结算的情形外,都需要通过银行转账进行。

我国目前使用的人民币非现金支付工具主要包括汇票、本票、支票和银行卡,以及汇兑、托收承付和委托收款。在1988年之前,我国经济活动中的结算方式以汇兑、托收承付和委托收款为代表。1988年,我国银行结算制度实行全面改革,建立了以汇票、本票和支票为主体的新结算制度,票据开始在全国范围推广使用。特别是《票据法》的颁布,对扩大票据使用,规范票据流通,促进经济金融发展发挥了十分重要的作用。

随着经济、金融的快速发展,票据和汇兑成为广大单位和个人广泛使用的重要支付工具,尤其在大额支付中使用;银行卡作为另一便捷的支付工具,个人使用最频繁,尤其在小额支付中。但近年来,随着信用体系的进一步完善,商业预付卡和国内信用证等支付工具在企业间支付使用也较为普遍。而互联网技术的高速发展,使得网上银行、第三方支付等电子支付方式凭借其快速、高效的特点得到迅速发展。我国已形成了以票据和银行卡为主体,以电子支付为发展方向的非现金支付工具体系。

三、办理支付结算的原则

《支付结算办法》规定,单位、个人和银行在办理支付结算时,应当遵守以下基本原则。

(一)恪守信用,履约付款原则

这是办理支付结算应遵守的基本原则。诚实守信,是各国经济活动和社会交往普遍推崇的原则。我国《民法通则》也将"诚实信用"作为民事活动的原则之一。诚实守信有利于促进交易各方之间的相互信赖,便于经济活动的开展,保障经济畅通运行。承担付款义务的一方当事人,应当按照约定的付款金额、时间和方式进行支付。对银行来说,一方面,应当依照客户的委托妥善办理支付结算;另一方面,作为中介机构,银行应以善意且符合规定的正常操作程序审查票据和结算凭证。

(二)谁的钱进谁的账,由谁支配原则

委托人是支付结算的发起人,对其账户中的资金具有自主的处分权。银行应当遵循委托人的意志,按支付结算凭证的内容,准确、及时办理支付结算,尊重和维护客户的合法权益。除法律法规另有规定外,银行无权在未经存款人授权或委托的情况下,擅自动用存款人在银行账户里的资金。银行应当依法为单位、个人在银行所开立的存款账户的信息保密,维护其资金的自主支配权。对单位、个人在银行开立上述存款账户的存款,除法律、行政法规另有规定外,银行不得为任何单位或者个人查询;除法律另有规定外,银行不代任何单位或者个人冻结、扣款,不得停止单位、个人存款的正常支付。

(三)银行不垫款原则

银行在办理支付结算业务时,只作为中介机构,按照付款人的委托,将资金支付给付款人指定的收款人,或者按照收款人的委托,将归收款人所有的资金转入收款人的账户中,不承担垫付款项的责任。在银行开立存款账户的单位和个人办理支付结算,除非《支付结算办法》另有规定,账户内须有足够的资金保证支付,客户只能在存款余额范围内签发支款凭证;委托银行代收款项的,只有在款项收妥后,收款人才能使用。

四、办理支付结算的基本要求

(一)必须使用统一规定的票据凭证和结算凭证

票据和结算凭证是办理支付结算的工具。单位、个人和银行办理支付结算必须使用按中国人民银行统一规定印制的票据凭证和结算凭证。未使用按中国人民银行统一规定印制的票据,票据无效;未使用中国人民银行统一规定格式的结算凭证,银行不予受理。

(二)应当按照规定开立、使用账户

根据《人民币银行结算账户管理办法》的规定,单位、个人应当按规定开立、使用账户。在银行开立存款账户的单位和个人办理支付结算,账户内须有足够的资金保证支付。银行依法为单位、个人在银行开立的存款账户内的存款保密,维护其资金的自主支配权。

(三)记载事项应当真实,不得伪造、变造

所谓"伪造"是指假冒他人或虚构他人名义签章的行为,如伪造出票签章、背书签章等。所谓"变造"是指没有变更权限的人,变更票据上签章以外的记载事项的行为。变造票据的方法多是在合法票据的基础上,对票据加以剪接、挖补、覆盖、涂改,从而非法改变票据的记载事项。伪造、变造票据属于欺诈行为,应追究其刑事责任。根据《票据法》的规定,出票金

额、出票日期、收款人名称不得更改,更改的票据无效;更改的结算凭证,银行不予受理。对票据和结算凭证上的其他记载事项,原记载人可以更改,更改时应当由原记载人在更改处签章证明。根据规定,单位、银行在票据上的签章和单位在结算凭证上的签章,为该单位、银行的盖章加其法定代表人或其授权的代理人的签名或盖章。个人在结算凭证上的签章,应为该个人本人的签名或盖章。

【案例 3-1】 2018 年 2 月 5 日,欣荣公司向荣盛公司签发支票一张,用于购买金额为100 000 元的商品一批。荣盛公司将支票交给自己的开户行进行委托收款背书,该开户行的工作人员受理支票时,发现支票上欣荣公司的签章仅有合同专用章,于是建议荣盛公司要求欣荣公司重新签发支票,否则其向欣荣公司开户银行提示付款时将会拒绝付款。请分析荣盛开户银行工作人员的做法是否正确。

【解析】 荣盛开户银行工作人员的做法正确。按照规定,单位在票据上的签章,应为该单位的财务专用章或者公章加其法定代表人或其授权的代理人的签名或者盖章,并且支票的出票人在票据上的签章应与其预留银行的签章相符。本例中,出票人欣荣公司所签发支票的签章是该公司的合同专用章,非公司的财务专用章或者公章,并且无法定代表人或其授权的代理人的签章,因此,该签章不具有《票据法》规定的效力,该票据签发无效,应该重新签发符合要求的票据。

(四)票据和结算凭证应当填写规范

票据和结算凭证是办理支付结算和现金收付的重要依据,是银行、单位和个人凭以记载账务的会计凭证,是记载经济业务和明确经济责任的一种书面证明。因此,填写票据和结算凭证,必须做到标准化、规范化。具体应注意以下事项:

1.收款人名称

收款人名称应当记载全称或者规范化简称。规范化简称应当具有排他性,与全称在实质上具有同一性。例如"中国人民银行"简称"央行"或"人行"。

2.出票日期

票据的出票日期必须使用中文大写。为防止变造票据的出票日期,在填写月、日时,月为"壹""贰"和"壹拾"的,日为"壹"至"玖"和"壹拾""贰拾""叁拾"的,应在其前加"零";日为"拾壹"至"拾玖"的,应在其前加"壹"。如 2 月 5 日,应写成"零贰月零伍日";再如 10月 15 日,应写成"零壹拾月壹拾伍日"。

【案例 3-2】 长江公司出纳李某于 2018 年 2 月 10 日签发了一张转账支票,转账支票上的日期该怎样填写。

【解析】 日期正确填写为:贰零壹捌年零贰月零壹拾日。

3.关于金额

票据和结算凭证金额以中文大写和阿拉伯数字同时记载,二者必须一致,二者不一致的票据无效;二者不一致的结算凭证,银行不予受理。

（1）中文大写金额数字应用正楷或行书填写，不得自造简化字。

（2）中文大写金额数字到"元"为止的，在"元"之后应写"整"（或"正"）字；到"角"为止的，在"角"之后可以不写"整"（或"正"）字；大写金额数字有"分"的，"分"后面不写"整"（或"正"）字。

（3）中文大写金额数字前应标明"人民币"字样，大写金额数字应紧接"人民币"字样填写，不得留有空白。大写金额数字前未印"人民币"字样的，应加填"人民币"三字。

（4）阿拉伯小写金额数字中有"0"的，中文大写应按照汉语语言规律、金额数字构成和防止涂改的要求进行书写。

（5）阿拉伯小写金额数字前面，均应填写人民币符号"￥"。阿拉伯小写金额数字要认真填写，不得连写分辨不清。

【案例3-3】 填写票据金额时，￥10056.00中文大写应怎么写？

【解析】 大写填写为：人民币壹万零伍拾陆元整。

【思考与案例回顾】

对企业的大额支付来说，票据和汇兑结算仍然占据主导地位，但是随着信用体系的进一步完善和互联网技术的纵深发展，网上银行、第三方支付等电子化支付方式凭借其快速、高效的特点得到迅速发展。我国已形成了以票据和银行卡为主体，以电子支付为发展方向的非现金支付工具体系。

第二节　银行结算账户

【思考与案例】

A公司向Z银行申请开立一般存款账户，用于日常经营活动的资金收付，以及工资、奖金和现金的支取，因业务需要，A公司欲从该账户支取现金支付B公司货款，银行以A公司开立账户不满三个工作日为由拒绝。A公司不慎遗失财务专用章，立即去银行开具书面申请，但无法提供财务专用章，于是向银行出具了原印鉴卡片、开户许可证、营业执照正本、司法部门的证明等相关文件，银行为其进行了办理。请分析A公司和Z银行在使用和办理银行结算业务时是否符合相关规定？

一、银行结算账户的概念

银行结算账户是指银行为存款人开立的办理资金收付结算的活期存款账户。其中，"银行"是指在中国境内经中国人民银行批准经营支付结算业务的政策性银行、商业银行（含外资独资银行、中外合资银行、外国银行分行）、城市信用合作社、农村信用合作社；"存款人"

是指在中国境内开立银行结算账户的机关、团体、部队、企业、事业单位、其他组织（以下统称单位）、个体工商户和自然人。由此可见,银行结算账户办理的是资金收付结算业务,与普通的储蓄账户不同;银行结算账户是活期存款账户,与定期存款账户不同。

二、银行结算账户的种类

银行结算账户按存款人不同分为单位银行结算账户和个人银行结算账户。

（一）单位银行结算账户

存款人以单位名称开立的银行结算账户为单位银行结算账户,其中,中华人民共和国境内依法设立的企业法人、非法人企业、个体工商户（以下统称"企业"）办理银行结算账户业务适用《人民币银行结算账户管理办法》和《企业银行结算账户管理办法》,其他单位适用《人民币银行结算账户管理办法》。单位银行结算账户按用途分为基本存款账户、一般存款账户、专用存款账户、临时存款账户。

银行为企业办理的基本存款账户、一般存款账户、专用存款账户、临时存款账户以及为其他单位办理的一般存款账户、专用存款账户采用备案制;银行为其他单位办理基本存款账户、临时存款账户以及预算单位专用存款账户、合格境外机构投资者在境内从事证券投资开立的人民币特殊账户和人民币结算资金账户（以下简称"QFII专用存款账户"）采用核准制。

（二）个人银行结算账户

存款人因投资、消费、结算等凭个人身份证件,以自然人名称开立的银行结算账户为个人银行结算账户。存款人应在注册地或住所地开设银行结算账户。邮政储蓄机构办理银行卡业务开立的账户纳入个人银行结算账户管理。

三、银行结算账户的开立、变更和撤销

根据《中国人民银行关于取消企业银行账户许可的通知》（银发〔2019〕41号）,中华人民共和国境内依法设立的企业法人、非法人企业、个体工商户在银行办理基本存款账户、临时存款账户业务（含企业在取消账户许可前已开立基本存款账户、临时存款账户的变更和撤销业务）,由核准制改为备案制,人民银行不再核发开户许可证。

机关、事业单位等其他单位办理银行账户业务仍按现行银行账户管理制度执行。机关、实行预算管理的事业单位开立基本存款账户、临时存款账户和专用存款账户,应经财政部门批准并经人民银行核准,另有规定的除外。

取消企业银行账户许可后,企业基本存款账户、临时存款账户开立、变更、撤销以及企业银行账户管理,要遵循《企业银行结算账户管理办法》执行。银行为企业开立、变更、撤销基本存款账户、临时存款账户,要通过人民币银行结算账户管理系统（以下简称"账户管理系统"）向人民银行当地分支机构备案。

银行为企业开立、变更、撤销一般存款账户、专用存款账户,应按照《人民币银行结算账

户管理办法》（中国人民银行令〔2003〕5 号）等规定执行。

（一）银行结算账户的开立

1.一般规定

存款人应在注册地或住所地开立银行结算账户。符合异地（跨省、市、县）开户条件的，也可以在异地开立银行结算账户。开立银行结算账户应遵循存款人自主原则，除法律、行政法规和国务院规定外，任何单位和个人不得强令存款人到指定银行开立银行结算账户。

存款人申请开立银行结算账户时，应填制开立银行结算账户申请书。开立单位银行结算账户时，应填写"开立单位银行结算账户申请书"，并加盖单位公章和法定代表人（单位负责人）或其授权代理人的签名或者盖章。存款人有组织机构代码、上级法人或主管单位的，应在"开立单位银行结算账户申请书"上如实填写相关信息。申请开立个人银行结算账户时，存款人应填写"开立个人银行结算账户申请书"，并加其个人签章。

银行应对存款人的开户申请书填写的事项和相关证明文件的真实性、完整性、合规性进行认真审查。开户申请书填写的事项齐全，符合开立核准类账户条件的，银行应将存款人的开户申请书、相关的证明文件和银行审核意见等开户资料报送中国人民银行当地分支行，经其核准并核发开户许可证后办理开户手续。符合开立备案类账户条件的，银行应办理开户手续，并于开户之日起 5 个工作日内向中国人民银行当地分支行备案。备案类结算账户的变更和撤销也应于 2 个工作日内通过账户管理系统向中国人民银行当地分支行报备。

中国人民银行当地分支行应于 2 个工作日内对开户银行报送的核准类账户的开户资料的合规性予以审核，符合开户条件的，予以核准，颁发账户开户许可证。不符合开户条件的，应在开户申请书上签署意见，连同有关证明文件一并退回报送银行，由报送银行转送存款人。

开户许可证是中国人民银行依法准予申请人在银行开立核准类银行结算账户的行政许可证件，是核准类银行结算账户合法性的有效证明。开户许可证有正本和副本之分，正本由申请人保管；副本由申请人开户银行留存。

开立银行结算账户时，银行应与存款人签订银行结算账户管理协议，明确双方的权利与义务。银行应建立存款人预留签章卡片，并将签章式样和有关证明文件的原件或复印件留存归档。存款人为单位的，其预留签章为该单位的公章或财务专用章加其法定代表人（单位负责人）或其授权的代理人的签名或者盖章。存款人为个人的，其预留签章为该个人的签名或者盖章。

存款人在申请开立单位银行结算账户时，其申请开立的银行结算账户的账户名称、出具的开户证明文件上记载的存款人名称以及预留银行签章中公章或财务专用章的名称应保持一致，但下列情况除外：①因注册验资开立的临时存款账户，其账户名称为工商行政管理部门核发的"企业名称预先核准通知书"或政府有关部门批文中注明的名称，其预留银行签章中公章或财务专用章的名称应是存款人与银行在银行结算账户管理协议中约定的出资人名称;②预留银行签章中公章或财务专用章的名称依法可使用简称的,账户名称应与其保持一致;③没有字号的个体工商户开立的银行结算账户,其预留签章中公章或财务专用章应是"个体户"字样加营业执照上载明的经营者的签字或盖章。

机关、事业单位等其他单位存款人开立单位银行结算账户,自正式开立之日起3个工作日后,方可使用该账户办理付款业务;但注册验资的临时存款账户转为基本存款账户和因借款转存开立的一般存款账户除外。

对于核准类银行结算账户,"正式开立之日"为中国人民银行当地分支行的核准日期;对于非核准类银行结算账户,"正式开立之日"为开户银行为存款人办理开户手续的日期。

2.企业开立银行结算账户的规定

银行为企业开立基本存款账户、临时存款账户后应当立即至迟于当日将开户信息通过账户管理系统向当地人民银行分支机构备案,并在2个工作日内将开户资料复印件或影像报送当地人民银行分支机构。

企业银行结算账户,包括基本存款账户、一般存款账户、专用存款账户、临时存款账户,自开立之日起即可办理收付款业务。

(二)银行结算账户的变更

1.一般规定

变更是指存款人的账户信息资料发生变化或改变。根据账户管理的要求,存款人变更账户名称、单位的法定代表人或主要负责人、地址等其他开户资料后,应及时向开户银行办理变更手续,填写变更银行结算账户申请书。属于申请变更单位银行结算账户的,应加盖单位公章和法定代表人(单位负责人)或其授权代理人的签名或者盖章;属于申请变更个人银行结算账户的,应加其个人签章。

存款人更改名称,但不改变开户银行及账号的,应于5个工作日内向开户银行提出银行结算账户的变更申请,并出具有关部门的证明文件。

单位的法定代表人或主要负责人、住址以及其他开户资料发生变更时,应于5个工作日内书面通知开户银行并提供有关证明。

属于变更开户许可证记载事项的,机关、事业单位等其他单位存款人办理变更手续时,应交回开户许可证,由中国人民银行当地分支行换发新的开户许可证。

2.企业开立银行结算账户的规定

企业变更取消许可前开立的基本存款账户、临时存款账户名称、法定代表人或单位负责人的,银行应当收回原开户许可证原件。企业遗失原开户许可证的,可出具相关说明。

银行发现企业名称、法定代表人或单位负责人发生变更的,应当及时通知企业办理变更手续。企业自通知送达之日起合理期限内仍未办理变更手续,且未提出合理理由的,银行有权采取措施适当控制账户交易。

(三)银行结算账户的撤销

1.一般规定

银行结算账户的撤销是指存款人因开户资格或其他原因终止银行结算账户使用的行为。发生下列事由之一的,存款人应向开户银行提出撤销银行结算账户的申请:①被撤并、解散、宣告破产或关闭的;②注销、被吊销营业执照的;③因迁址需要变更开户银行的;④其他原因需要撤销银行结算账户的。

存款人因①、②的原因主体资格终止撤销银行结算账户的,应于5个工作日内向开户银行提出撤销银行结算账户的申请。撤销银行结算账户时,应先撤销一般存款账户、专用存款账户、临时存款账户,将账户资金转入基本存款账户后,方可办理基本存款账户的撤销。

银行得知存款人主体资格终止的情况,存款人超过规定期限未主动办理撤销银行结算账户手续的,银行有权停止其银行结算账户的对外支付。

存款人申请撤销银行结算账户时,应填写撤销银行结算账户申请书。属于申请撤销单位银行结算账户的,应加盖单位公章和法定代表人(单位负责人)或其授权代理人的签名或者盖章;属于申请撤销个人银行结算账户的,应加其个人签章。银行在收到存款人撤销银行结算账户的申请后,对于符合销户条件的,应在2个工作日内办理撤销手续。

撤销银行结算账户时必须与开户银行核对银行结算账户存款余额,交回各种重要空白票据及结算凭证和开户许可证,银行核对无误后方可办理销户手续。存款人尚未清偿其开户银行债务的,不得申请撤销该银行结算账户。

开户银行对已开户一年,但未发生任何业务的账户,应通知存款人自发出通知起30日内到开户银行办理销户手续,逾期视同自愿销户。

对按照账户管理规定应撤销而未办理销户手续的单位银行结算账户,银行通知该单位银行结算账户的存款人自发出通知之日起30日内办理销户手续,逾期视同自愿销户,未划转款项列入久悬未取专户管理。存款人撤销核准类银行结算账户时,应交回开户许可证。

存款人因以上第③、第④项情形撤销基本存款账户后,需要重新开立基本存款账户的,应在撤销其原基本存款账户后10日内申请重新开立基本存款账户。

2.企业撤销银行结算账户的规定

企业撤销取消许可前开立基本存款账户、临时存款账户的,银行应当收回原开户许可证原件。因转户原因撤销基本存款账户的,银行还应打印"已开立银行结算账户清单"并交付企业。

银行为企业变更、撤销基本存款账户、临时存款账户,应当于2个工作日内通过账户管理系统向当地人民银行分支机构备案,并将账户变更、撤销资料复印件或影像报送当地人民银行分支机构。因变更、撤销取消许可前基本存款账户、临时存款账户而收回的原开户许可证原件或相关说明,银行应当交回人民银行分支机构。

对企业名称、法定代表人或者单位负责人变更的,账户管理系统重新生成基本存款账户编号,银行应当打印"基本存款账户信息"并交付企业。

四、具体银行结算账户的开立和使用

(一)基本存款账户

1.概念

基本存款账户是存款人因办理日常转账结算和现金收付需要开立的银行结算账户,是主办账户。

下列存款人可以申请开立基本存款账户:企业法人;非法人企业;机关、事业单位;团级(含)以上军队、武警部队及分散执勤的支(分)队;社会团体;民办非企业组织;异地常设机构;外国驻华机构;个体工商户;居民委员会、村民委员会、社区委员会;单位设立的独立核算的附属机构;其他组织。

2.开户要求

(1)机关、事业单位等其他单位存款人申请开立基本存款账户,应向银行出具法律规定的证明文件,具体如下:

①机关和实行预算管理的事业单位,应出具政府人事部门或编制委员会的批文或登记证书和财政部门同意其开户的证明,因年代久远、批文丢失等原因无法提供政府人事部门或编制委员会的批文或登记证书的,凭上级单位或主管部门出具的证明及财政部门同意其开户的证明开立基本存款账户。机关和实行预算管理的事业单位出具的政府人事部门或编制委员会的批文或登记证书上,有两个或两个以上名称的,可以分别开立基本存款账户。非预算管理的事业单位,应出具政府人事部门或编制委员会的批文或登记证书。

②军队、武警团级(含)以上单位以及有关边防、分散执勤的支(分)队,应出具军队军级以上单位财务部门、武警总队财务部门的开户证明。

③社会团体,应出具社会团体登记证书,宗教组织还应出具宗教事务管理部门的批文或证明。

④民办非企业组织,应出具民办非企业登记证书。

⑤外地常设机构,应出具其驻在地政府主管部门的批文。对于已经取消对外地常设机构审批的省(市),应出具派出地政府部门的证明文件。

⑥外国驻华机构,应出具国家有关主管部门的批文或证明;外资企业驻华代表处、办事处,应出具国家登记机关颁发的登记证。

⑦居民委员会、村民委员会、社区委员会,应出具其主管部门的批文或证明。

⑧单位附属独立核算的食堂、招待所、幼儿园,应出具其主管部门的基本存款账户开户许可证和批文。

⑨按照现行法律法规规定可以成立的业主委员会、村民小组等组织,应出具政府主管部门的批文或证明。

（2）企业存款人申请开立基本存款账户，应向银行出具法律规定的证明文件，具体如下：

①营业执照。

②法定代表人或单位负责人有效身份证件。

③法定代表人或单位负责人授权他人办理的，还应出具法定代表人或单位负责人的授权书以及被授权人的有效身份证件。

④《人民币银行结算账户管理办法》等制度规定的其他开户证明文件。

银行通过人民币银行结算账户管理系统审核企业基本存款账户唯一性，在系统中准确录入企业名称、统一社会信用代码、注册地区代码等信息。未通过唯一性审核的，不得为其开立基本存款账户。

企业申请开立基本存款账户的，银行应当向企业法定代表人或单位负责人核实企业开户意愿。

银行完成企业基本存款账户信息备案后，账户管理系统生成基本存款账户编号。银行应当通过账户管理系统打印"基本存款账户信息"和存款人查询密码，并交付企业。

企业基本存款账户编号代替原基本存款账户核准号使用。

3.使用规定

一个单位只能开立一个基本存款账户。存款人日常经营活动的资金收付及其工资、奖金和现金的支取，应通过基本存款账户办理。

【案例3-4】 2020年2月，李明设立甲有限责任公司，主营代理记账业务。公司负责人安排财务经理赵某携带相关开户证明文件到D银行开立公司基本存款账户。请问赵某需要携带哪些证明文件，如何办理相关业务？

【解析】 根据相关规定，公司开立基本存款账户，需要提供工商部门核发的营业执照、法定代表人的授权书、法定代表人李明和财务经理赵某各自的身份证件。

赵某应当填写"开立单位银行结算账户申请书"，并连同上述证明文件一并提交D银行。D银行需要审查赵某提供的账户资料的真实性、完整性和合规性，并与甲公司签订账户管理协议，明确双方的权利和义务。同时要求赵某提供公司的预留印鉴式样。D银行根据甲公司预留印鉴，建立该公司的预留印鉴卡片，同时留存上述开户证明文件的复印件，建立该公司的账户资料档案。

（二）一般存款账户

1.概念

一般存款账户是指存款人在基本存款账户开户银行以外的银行营业机构开立的用于办理借款转存、借款归还和其他结算的银行结算账户。

开立基本存款账户的存款人都可以开立一般存款账户。开立一般存款账户，实行备案制，无须中国人民银行核准。

2.开户要求

（1）机关、事业单位等其他单位存款人申请开立一般存款账户，应向银行出具其开立基本存款账户规定的证明文件、基本存款账户开户登记证和下列证明文件：

①存款人因向银行借款需要，应出具借款合同。

②存款人因其他结算需要，应出具有关证明。

（2）企业存款人申请开立一般存款账户，应向银行出具其开立基本存款账户规定的证明文件、基本存款账户开户登记证或者基本存款账户编号和下列证明文件：

①存款人因向银行借款需要，应出具借款合同。

②存款人因其他结算需要，应出具有关证明。

企业在取消许可前开立的基本存款账户，应按规定向银行出具基本存款账户开户许可证。企业在取消许可后开立的基本存款账户，只需向银行提供企业基本存款账户编号即可。

3.使用规定

一般存款账户用于办理存款人借款转存、借款归还和其他结算的资金收付。该账户可以办理现金缴存，但不得办理现金支取。

【案例3-5】　恒泰公司因经营需要，与农行某支行借款200万元，银行为其开立了一个一般存款账户，公司在开户当日要求农行某支行将借款金额150万元划转至工行基本存款账户中，还要求将剩下的50万元提取现金。试问银行工作人员可以按照恒泰公司的要求做吗？

【解析】　银行可以在开户当日将借款金额划转至工行基本存款账户，但是按照我国现行结算账户管理规定，该一般存款账户可以办理现金缴存，但不能办理现金支取，所以银行不能为其提取现金。

（三）专用存款账户

1.概念

专用存款账户是存款人按照法律、行政法规和规章，对其特定用途资金进行专项管理和使用而开立的银行结算账户。

2.使用范围

专用存款账户适用于对下列资金的管理和使用：

①基本建设资金；②更新改造资金；③财政预算外资金；④粮、棉、油收购资金；⑤证券交易结算资金；⑥期货交易保证金；⑦信托基金；⑧金融机构存放同业资金；⑨政策性房地产开发资金；⑩单位银行卡备用金；⑪住房基金；⑫社会保障基金；⑬收入汇缴资金和业务支出资金；⑭党、团、工会设在单位的组织机构经费；⑮其他需要专项管理和使用的资金。

3.开户要求

（1）机关、事业单位等其他单位存款人申请开立专用存款账户，应向银行出具其开立基本存款账户规定的证明文件、基本存款账户开户登记证和下列证明文件：

①基本建设资金、更新改造资金、政策性房地产开发资金、住房基金、社会保障基金，应出具主管部门批文。

②财政预算外资金，应出具财政部门的证明。

③粮、棉、油收购资金，应出具主管部门批文。

④单位银行卡备用金，应按照中国人民银行批准的银行卡章程的规定出具有关证明和资料。

⑤证券交易结算资金，应出具证券公司或证券管理部门的证明。

⑥期货交易保证金，应出具期货公司或期货管理部门的证明。

⑦金融机构存放同业资金，应出具其证明。

⑧收入汇缴资金和业务支出资金，应出具基本存款账户存款人有关的证明。

⑨党、团、工会设在单位的组织机构经费，应出具该单位或有关部门的批文或证明。

其他按规定需要专项管理和使用的资金，应出具有关法规、规章或政府部门的有关文件。

对于合格境外机构投资者在境内从事证券投资开立的人民币特殊账户和人民币结算资金账户，均纳入专用存款账户管理。其开立人民币特殊账户时应出具国家外汇管理部门的批复文件；开立人民币结算资金账户时，应出具证券管理部门的证券投资业务许可证。

（2）企业存款人申请开立专用存款账户，应向银行出具其开立基本存款账户规定的证明文件、基本存款账户开户登记证或者基本存款账户编号和其他证明文件，其他证明文件要求与机关、事业单位等其他单位一致。

企业在取消许可前开立的基本存款账户，应按规定向银行出具基本存款账户开户许可证。企业在取消许可后开立的基本存款账户，只需向银行提供企业基本存款账户编号即可。

4.使用规定

（1）单位银行卡账户的资金（备用金）必须由其基本存款账户转账存入。该账户不得办理现金收付业务。

（2）财政预算外资金、证券交易结算资金、期货交易保证金和信托基金专用存款账户不得支取现金。

（3）基本建设资金、更新改造资金、政策性房地产开发资金、金融机构存放同业资金账户需要支取现金的，应在开户时报中国人民银行当地分支行批准。

（4）粮、棉、油收购资金，社会保障基金、住房基金和党、团、工会经费等专用存款账户支取现金应按照国家现金管理的规定办理。银行应按照国家对粮、棉、油收购资金使用管理的规定加强监督，不得办理不符合规定的资金收付和现金支取。

（5）收入汇缴资金和业务支出资金，是指基本存款账户存款人附属的非独立核算单位或派出机构发生的收入和支出的资金。收入汇缴账户除向其基本存款账户或预算外资金财政专用存款户划缴款项外，只收不付，不得支取现金。业务支出账户除从其基本存款账户拨入款项外,只付不收,其现金支取必须按照国家现金管理的规定办理。

(6)合格境外机构投资者在境内从事证券投资开立的人民币特殊账户和 QFII 专用存款账户纳入专用存款账户管理。

【案例 3-6】 智典建筑工程有限公司在其注册地甲银行开立基本存款账户,2020 年 2 月 8 日,承接了本市市政工程项目,为了对该工程资金进行单独核算和管理,又在甲银行开立了专用账户。2020 年 3 月 2 日,为支付建筑工人工资,该公司财务人员签发了一张金额为 2 万元的现金支票,付款账号为该专用账户账号。该公司财务人员向甲银行提示付款,提取现金 2 万元。甲银行工作人员审查支票后,拒绝了该公司提取现金的请求。请问甲银行工作人员的做法是否正确,其遵循的是银行结算账户管理的什么规定?

【解析】 甲银行工作人员的做法是正确的。根据我国相关规定,专用存款账户是存款人按照法律、行政法规和规章,对其特定用途资金进行专项管理和使用而开立的银行结算账户。该账户不得办理现金收付业务。所以以该账户为付款账户签发的现金支票是不正确的。

(四)临时存款账户

1.概念

临时存款账户是指存款人因临时需要并在规定期限内使用而开立的银行结算账户。

2.使用范围

(1)设立临时机构,例如工程指挥部、筹备领导小组、摄制组等。

(2)异地临时经营活动,如建筑施工及安装单位等在异地的临时经营活动。

(3)注册验资、增资。

3.开户要求

取消企业银行账户许可后,单位申请开立企业临时存款账户,须填写开户申请书,并根据情况出具下列证明文件:

(1)临时机构(包括工程指挥部、筹备领导小组、摄制组等):驻在地主管部门同意设立临时机构的批文;临时机构负责人任命文件;临时机构负责人身份证;法定代表人或单位负责人授权他人办理的,还应出具法定代表人或单位负责人的授权书以及被授权人的有效身份证件。

破产清算组:人民法院的破产清算文件(包括裁定书和决定书);成立破产清算组的文件;指定负责人的文件以及负责人的身份证;负责人授权他人办理的,还应出具负责人的授权书以及被授权人的有效身份证件。

(2)异地建筑施工及安装单位:营业执照(正本或副本)或其隶属单位的营业执照(正本或副本);施工及安装地建设主管部门核发的许可证或建筑施工及安装合同(同时承建多个项目的,可根据建筑施工及安装合同开立不超过项目合同个数的临时存款账户);基本存款账户开户许可证(取消后无开户许可证的须提供基本存款账户编号);异地建筑施工及安装单位负责人身份证;法定代表人或单位负责人授权他人办理的,还应出具法定代表人或单位负责人的授权书以及被授权人的有效身份证件。

建筑施工及安装单位名称后加项目部名称开立账户:建筑施工企业以建筑施工企业名称后加项目部名称开立临时存款账户申请书附页;建筑施工及安装单位的营业执照(正本或副本);项目部成立文件以及项目部负责人任命文件;建筑施工及安装单位授权该项目部开户的授权书;建筑施工及安装单位负责人身份证;建筑施工及安装单位的基本存款账户开户许可证(取消后无开户许可证的须提供基本存款账户编号);有中标通知书的需提供中标通知书。

(3)异地从事临时经营活动的单位:营业执照(正本或副本);临时经营地市场监督管理部门的批文;单位负责人身份证;法定代表人或单位负责人授权他人办理的,还应出具法定代表人或单位负责人的授权书以及被授权人的有效身份证件;基本存款账户开户许可证(取消后无开户许可证的需提供基本存款账户编号)。

(4)境外(含港、澳、台地区)机构在境内从事经营活动的,应出具政府有关部门批准其从事该项活动的证明文件。

(5)注册验资资金,应出具工商行政管理部门核发的企业名称预先核准通知书或有关部门的批文。

(6)增资验资资金,应出具股东会或董事会决议等证明文件。

4.使用规定

存款人为临时机构的,只能在其驻地开立一个临时存款账户,不得开立其他银行结算账户。临时存款账户用于办理临时机构以及存款人临时经营活动发生的资金收付。临时存款账户应根据有关开户证明文件确定的期限或存款人的需要确定其有效期限,最长不得超过2年。

临时存款账户支取现金,应按照国家现金管理的规定办理。注册验资的临时存款账户在验资期间只收不付。

(五)个人银行结算账户

1.概念

个人银行结算账户是自然人因投资、消费、结算等而开立的可办理支付结算业务的存款账户。自然人可根据需要申请开立个人银行结算账户,也可以在已开立的储蓄账户中选择并向开户银行申请确认为个人银行结算账户。储蓄账户仅限于办理现金存取业务,不得办理转账结算。

2.分类及规定

(1)分类。个人银行结算账户分为三类:Ⅰ类银行账户、Ⅱ类银行账户和Ⅲ类银行账户。Ⅰ类银行账户可以用于存款、购买投资理财产品等金融产品、转账、消费和缴费支付、支取现金等。Ⅱ银行账户可以用于存款、购买投资理财产品等金融产品、限定金额的消费和缴费、限额向非绑定账户转出资金等,可以配发实体卡。Ⅲ类银行账户可以用于限定金额的消费和缴费、限额向非绑定账户转出资金等。

(2)具体规定。个人在银行开立账户,每人在同一家银行只能开立一个Ⅰ类银行账户,同一银行法人为同一个人开立Ⅱ类户、Ⅲ类户的数量原则上分别不得超过5个。

Ⅱ类户可以办理存款、购买投资理财产品等金融产品、限额消费和缴费、限额向非绑定账户转出资金业务。经银行柜面、自助设备加以银行工作人员现场面对面确认身份的,Ⅱ类户还可以办理存取现金、非绑定账户资金转入业务,可以配发银行卡实体卡片。其中,Ⅱ类户非绑定账户转入资金、存入现金日累计限额合计为1万元,年累计限额合计为20万元;消费和缴费、向非绑定账户转出资金、取出现金日累计限额合计为1万元,年累计限额合计为20万元。

银行可以向Ⅲ类户发放本银行小额消费贷款资金并通过Ⅲ类户还款,Ⅲ类户不得透支。发放贷款和贷款资金归还应当遵守Ⅲ类户余额限制规定,但贷款资金归还不受转出资金限额控制。

银行为个人开立Ⅲ类户时,应当按照账户实名制原则通过绑定账户验证开户人身份,当同一个人在同一银行所有Ⅲ类户资金双边收付金额累计达到5万元(含)以上时,应当要求个人在7日内提供有效身份证件,并留存身份证件复印件、影印件或影像,登记个人职业、住所地或者工作单位地址、证件有效期等其他身份基本信息。个人在7日内未按要求提供有效身份证件、登记身份信息的,银行应当中止该账户所有业务。

Ⅲ类银行账户不得用于存取现金、不得发放实体介质,如卡或者存折。Ⅲ类户任一时点账户余额不得超过2 000元。银行通过电子渠道非面对面为个人新开立Ⅲ类户后,通过绑定账户转入资金验证的,可以接收非绑定账户小额转入资金;消费和缴费支付、非绑定账户资金转出等出金日累计限额合计为2 000元,年累计限额合计为5万元。经银行面对面核实身份新开立的Ⅲ类户,消费和缴费支付、非绑定账户资金转出等出金日累计限额合计调整为2 000元,年累计限额合计调整为5万元。2018年1月10日之前经银行面对面核实身份开立的Ⅲ类户,可按照原限额管理。

同一家银行通过电子渠道非面对面方式为同一个人只能开立一个允许非绑定账户转入资金的Ⅲ类户。

3.开户方式

(1)柜面开户。通过柜面受理银行账户开户申请的,银行可以为开户申请人开立三类账户。

(2)自助机具开户。通过远程视频柜员机和智能柜员机等自助机具受理银行账户开户申请,银行工作人员现场核验开户申请人身份信息的,银行可为其开立Ⅰ类银行账户;银行工作人员未现场核验开户申请人身份信息的,银行可为其开立Ⅱ类或Ⅲ类银行账户。

(3)电子渠道开户。通过网上银行和手机银行等电子渠道受理银行账户开户申请的,银行可为开户申请人开立Ⅱ类或Ⅲ类账户。

（4）代理开户。

①由他人代理开户。开户申请人开立个人银行账户或者办理其他个人银行账户业务，原则上应当由开户申请人本人亲自办理；符合条件的，可以由他人代理办理。他人代理开立个人银行账户的，银行应要求代理人出具代理人、被代理人的有效身份证件以及合法的委托书等。银行认为有必要的，应要求代理人出具证明代理关系的公证书。

②所在单位代理开户。存款人开立代发工资、教育、社会保障（如社保、医保、军保）、公共管理（如公共事业、拆迁、捐助、助农扶农）等特殊用途个人银行账户时，可由所在单位代理办理。单位代理个人开立银行账户的，应提供单位证明材料、被代理人有效身份证件的复印件或影印件。单位代理开立的个人银行账户，在被代理人持本人有效身份证件到开户银行办理身份确认、密码设（重）置等激活手续前，该银行账户只收不付。

③无民事行为能力或限制民事行为能力的开户申请人，由法定代理人或者人民法院、有关部门依法指定的人员代理办理。

④因身患重病、行动不便、无自理能力等无法自行前往银行的存款人办理挂失、密码重置、销户等业务时，银行可采取上门服务方式办理，也可由配偶、父母或成年子女凭合法的委托书、代理人与被代理人的关系证明文件、被代理人所在社区居委会（村民委员会）及以上组织或县级以上医院出具的特殊情况证明代理办理。

4.开户证明文件

根据个人银行账户实名制的要求，存款人申请开立个人银行结算账户时，应向银行出具本人有效身份证件，银行通过有效身份证件仍无法准确判断开户申请人身份的，应要求其出具辅助身份证明材料。

有效身份证件包括：①在中华人民共和国境内已登记常住户口的中国公民为居民身份证；不满16周岁的，可以使用居民身份证或户口簿；②香港、澳门特别行政区居民为港澳居民往来内地通行证；③台湾地区居民为台湾居民来往大陆通行证；④定居国外的中国公民为中国护照；⑤外国公民为护照或者外国人永久居留证；⑥法律、行政法规规定的其他身份证明文件。

军人、武装警察尚未领取居民身份证的，除出具军人和武装警察身份证件外，还应出具军人保障卡或所在单位开具的尚未领取居民身份证的证明材料。

5.使用规定

（1）下列款项（个人的合法收入）可以转入个人银行结算账户：①工资、奖金收入；②稿费、演出费等劳务收入；③债券、期货、信托等投资的本金和收益；④个人债权或产权转让收益；⑤个人贷款转存；⑥证券交易结算资金和期货交易保证金；⑦继承、赠与款项；⑧保险理赔、保费退还等款项；⑨纳税退还；⑩农、副、矿产品销售收入。

（2）单位向个人银行结算账户付款的特殊要求。

①单位从其银行结算账户支付给个人银行结算账户的款项，每笔超过5万元（不含5万元）的，应向其开户银行提供相应的付款依据。但付款单位若在付款用途栏或备注栏注明事

由,可不再另行出具付款依据,但付款单位应对支付款项事由的真实性、合法性负责。

②当个人持出票人为单位的支票向开户银行委托收款,将款项转入其个人银行结算账户的,或者个人持申请人为单位的银行汇票和银行本票向开户银行提示付款,将款项转入其个人银行结算账户的,个人应当出具有关收款依据。存款人应对其提供的收款依据或付款依据的正确性、合法性负责。

付款依据包括:代发工资协议和收款人清单;奖励证明;新闻出版、演出主办等单位与收款人签订的劳务合同或支付给个人款项的证明;证券公司、期货公司、信托投资公司、奖券发行或承销部门支付或退还给自然人款项的证明;债权或产权转让协议;借款合同;保险公司的证明;税收征管部门的证明;农、副、矿产品购销合同;其他合法款项的证明。

【案例3-7】　2017年12月,小王在某市甲公司工作,公司财务人员为其在A银行开立了一个Ⅰ类银行账户,用于平日工资发放,小王平时也使用该账户进行存取款和投资理财。2018年3月,为了每月交水电费,小王通过手机银行又在A银行开立了一个Ⅱ类账户,当日,小王向账户内存入人民币3万元,然后又将其中2万元通过转账方式转到张某的个人账户用于支付货款。请问该案例中小王、甲公司和银行做法是否正确,需要遵循哪些银行结算账户管理的规定?

【解析】　根据相关规定,开户申请人开立个人银行账户,原则上应当由开户申请人本人亲自办理;符合条件的,可以由他人代理办理。他人代理开立个人银行账户的,银行应要求代理人出具代理人、被代理人的有效身份证件以及合法的委托书等。其中工资、奖金等收入可以转入个人结算账户,所以甲公司可以按规定代办银行结算账户。通过网上银行等电子渠道受理银行账户开户申请的,银行可为开户申请人开立Ⅱ类或Ⅲ类账户。但是,Ⅱ类账户向非绑定账户转出资金日累计限额合计为1万元。本案例中,小王通过网上银行开立的Ⅱ类账户转账金额超过了限额,银行应予禁止。

(六)异地银行结算账户

1.概念

异地银行结算账户,是存款人在其注册地或住所地行政区域之外(跨省、市、县)开立的银行结算账户。存款人应在注册地或者住所地开立银行结算账户,符合异地开户条件的,也可以在异地开立银行结算账户。

2.使用范围

(1)营业执照注册地与经营地不在同一行政区域(跨省、市、县)需要开立基本存款账户的。

(2)办理异地借款和其他结算需要开立一般存款账户的。

(3)存款人因附属的非独立核算单位或派出机构发生的收入汇缴或业务支出需要开立专用存款账户的。

(4)异地临时经营活动需要开立临时存款账户的。

（5）自然人根据需要在异地开立个人银行结算账户的。

3.开户证明文件

存款人需要在异地开立单位银行结算账户，除出具开立四类存款账户规定的有关证明文件和基本存款账户开户许可证外，还应出具以下证明文件：

（1）异地借款的存款人在异地开立一般存款账户的，应出具在异地取得贷款的借款合同。

（2）因经营需要在异地办理收入汇缴和业务支出的存款人在异地开立专用存款账户的，应出具隶属单位的证明。

（3）存款人需要在异地开立个人银行结算账户，应出具在住所地开立账户所需的证明文件。

五、银行结算账户的管理

（一）实名制管理

（1）存款人应当以实名开立银行结算账户，并对其出具的开户（变更、撤销）申请资料实质内容的真实性负责，但法律、行政法规另有规定除外。

（2）存款人不得出租、出借银行结算账户和利用银行结算账户套取银行信用或洗钱。

（二）预留银行签章管理

1.单位签章管理

（1）单位遗失预留公章或财务专用章的，应向开户银行出具书面申请、开户许可证、营业执照等相关证明文件。

（2）单位更换预留公章或财务专用章时，应向开户银行出具书面申请、原预留公章或财务专用章等相关证明文件。单位存款人申请更换预留公章或财务专用章但无法提供原预留公章或财务专用章的，应当向开户银行出具原印签卡片、开户许可证、营业执照正本等相关证明文件。单位存款人申请变更预留公章或财务专用章，可由法定代表人或单位负责人直接办理，也可授权他人办理。

2.个人签章管理

个人遗失或更换预留个人印章或更换签字人时，应向开户银行出具经签名确认的书面申请，以及原预留印章或签字人的个人身份证件。银行应留存相应的复印件，并凭此办理预留银行签章的变更。

（三）授权事项的管理

存款人申请临时存款账户展期，变更、撤销单位银行结算账户，补（换）发开户许可证，变更预留公章、财务专用章、个人签章可由法定代表人或单位负责人直接办理，也可授权他人办理。由法定代表人或单位负责人直接办理的,除出具相应的证明文件外,还应出具法定代表人或单位负责人的身份证件;授权他人办理的,除出具相应的证明文件外,还应出具法定代表人或单位负责人的身份证件及其出具的授权书,以及被授权人的身份证件。

(四)对账管理

银行结算账户的存款人收到对账单或对账信息后,应及时核对账务并在规定期限内向银行发出对账回单或确认信息。

【思考与案例回顾】

不符合规定。第一,根据相关规定,一般存款账户用于办理存款人借款转存、借款归还和其他结算的资金收付。该账户可以办理现金缴存,但不得办理现金支取。用于日常经营活动的资金收付,以及工资、奖金和现金的支取只能通过基本存款户进行。第二,企业银行结算账户(包括基本存款账户、一般存款账户、专用存款账户、临时存款账户),自开立之日起即可办理收付款业务。第三,单位遗失预留公章或财务专用章的,应向开户银行出具书面申请、开户许可证、营业执照等相关证明文件;如果单位存款人申请更换预留公章或财务专用章但无法提供原预留公章或财务专用章的,应当向开户银行出具原印签卡片、开户许可证、营业执照正本等相关证明文件。

第三节 票 据

【思考与案例】

甲、乙企业谈拢一笔买卖并于 2017 年 4 月 15 日签订了合同,根据合同约定,乙企业于 4 月 20 日发出货物,价值 80 万元。甲企业开出一张银行承兑汇票给乙企业,出票日期为 5 月 10 日,金额为 80 万元,出票后 3 个月付款。5 月 20 日,乙企业向承兑人 Z 银行提示承兑。但乙企业在与丙企业的买卖合同中,将该汇票背书转让给丙企业。2017 年 6 月 20 日,丙企业在与丁企业的买卖合同中,将其质押给丁企业。丙企业在汇票上记载"质押背书"字样并在汇票上签章。2017 年 6 月 25 日,丁企业将该汇票背书转让给戊企业。戊企业为善意的、支付对价的持票人。

2017 年 8 月 15 日,持票人戊企业提示付款时,承兑人 Z 银行以甲企业未能足额交存票款为由,拒绝付款,并于当日签发拒绝证明。

2017 年 8 月 22 日,戊企业向甲企业、乙企业、丙企业发出追索通知。甲企业以乙企业发出的货物不符合合同约定为由,拒绝承担票据责任;乙企业以戊企业未在法定期限内发出追索通知为由,拒绝承担票据责任;丙企业以丁企业无权背书转让汇票为由,拒绝承担票据责任。

请问:(1)戊企业于2017年8月15日向Z银行提示付款的时间是否符合法律规定?

(2)Z银行以及甲、乙、丙、丁各自应不应该承担票据责任?

一、票据与票据法

(一)票据的含义

票据是指出票人依法签发的,约定自己或者委托付款人在见票时或指定的日期向收款人或持票人无条件支付一定金额的有价证券。

票据有广义和狭义之分。广义上的票据包括各种有价证券和凭证,如股票、企业债券、发票等;狭义上的票据仅指我国《票据法》第二条第二款规定的汇票、本票和支票。

(二)票据法的概念

票据法有广义和狭义之分。广义的票据法包括各种法律规范中有关票据规范的总称,包括专门的票据法律和其他法律中有关票据的规定。狭义的票据法仅指票据的专门立法。

我国的票据法主要包括《中华人民共和国票据法》《票据管理实施办法》《支付结算办法》《商业汇票承兑、贴现与再贴现管理暂行办法》《电子商业汇票业务管理办法》及《最高人民法院关于审理票据纠纷案件若干问题的规定》等。

(三)票据的特征

(1)票据是债权证券。持票人可以就票据上所载的金额向特定票据债务人行使其请求权,其性质是债权,所以票据是债权证券。

(2)票据是金钱证券。就债权的标的而言,持票人享有的权利就是请求债务人给付一定的金钱,所以票据是一种金钱证券。

(3)票据是设权证券。票据权利的产生必须通过作成票据,即必须通过票据出票行为来创设。

(4)票据是提示证券。票据必须由持票人提示付款,付款人才需履行付款义务。

(5)票据是文义证券。票据上的一切票据权利义务必须严格依照票据记载的文义而定,文义之外的任何理由、事项均不得作为根据。

(6)票据是无因证券。票据只要符合《票据法》规定的条件,票据权利就成立,持票人不必证明取得票据的原因,仅以票据文义请求履行票据权利。

(7)票据是要式证券。票据的制作、形式、文义都有规定的格式和要求,不符合《票据法》规定的证券不具有票据权利。

(8)票据是流通证券。票据上的收款人可以将票据背书转让,只要背书符合规定,票据就有效。

（四）票据的分类

1.委托票据与自付票据

根据票据付款人不同,可以分为委托票据与自付票据。委托票据是指出票人记载他人为付款人的票据,如汇票和支票。自付票据是指由出票人自己承担付款义务的票据,如本票。

2.即期票据与远期票据

根据票据所记载的到期日的不同,可以分为即期票据与远期票据。票据持票人可以随时请求付款的为即期票据,见票即付的汇票、本票、支票均为即期票据。须在票据记载的特定日期或者以一定方法计算的日期到来时,才有权请求付款的称为远期票据,如汇票。

二、票据当事人

（一）基本当事人

基本当事人是指在票据作成和交付时就已经存在的当事人。

1.出票人

出票人是指依法签发票据并将票据交付给收款人的人。银行汇票的出票人为银行;商业汇票的出票人为非银行的企业和其他组织;银行本票的出票人为银行;支票的出票人为在银行开立支票存款账户的企业、其他组织和个人。

2.收款人

收款人是指据正面记载的到期后有权收取票据所载金额的人。

3.付款人

付款人是指受出票人委托付款或自行承担付款责任的人。商业承兑汇票的付款人是该汇票的承兑人;银行承兑汇票的付款人是承兑银行;支票的付款人是出票人的开户银行;本票的付款人是出票银行。

（二）非基本当事人

非基本当事人是指在票据作成并交付后,通过一定的票据行为加入票据关系而享有一定权利、承担一定义务的当事人。

1.承兑人

承兑人是指接受汇票出票人的委托,承担支付票款义务的人,是汇票主债务人。

2.背书人与被背书人

背书人是指票据转让时,在票据背面或粘单上签字或盖章,并将该票据交付给受让人的人。被背书人是指被记名受让票据或接受票据转让的人。背书转让后,被背书人成为票据新的持有人,享有票据的所有权利。

3.保证人

保证人是指为票据债务提供担保的人,由票据债务人以外的第三人担当。

【例题3-8】 2018年3月6日,A公司向B公司签发了一张金额为100万元的商业承兑汇票,该汇票载明出票后1个月付款,甲公司为付款人。2018年3月22日,乙公司在该汇票上作了保证。B公司取得汇票后背书转让给C公司,C公司于当年3月23日向甲公司提示承兑。请说明该汇票的当事人是哪些?

【解析】 在这个案例中,A公司是出票人,B公司是收款人,甲公司是付款人也是承兑人,乙公司是保证人,B公司是背书人,C公司是被背书人。

三、票据行为

(一)含义

票据行为是指票据当事人以发生票据债务为目的的、以在票据上签名或盖章为权利义务成立要件的法律行为。票据行为包括出票、背书、承兑和保证。

(二)成立的有效条件

票据行为是一种民事法律行为,必须符合民事法律行为成立的一般条件。同时,票据行为又是特殊的要式法律行为,还必须具备《票据法》规定的特别要求。

(1)行为人必须具有从事票据行为的能力,即行为人必须具备完全民事行为能力,无民事行为能力或者限制民事行为能力人在票据上签章的,其签章无效。

(2)行为人的意思表示必须真实或者无缺陷。以"欺诈、偷盗、胁迫"等手段取得票据的,或者明知有前列情形,出于恶意取得票据的,不得享有票据权利。

(3)票据行为的内容必须符合法律、法规的规定。票据行为的合法主要是指票据行为本身必须合法,如记载的内容合法,票据的基础关系是否合法与此无关,因为票据关系一经形成即与基础关系相分离。

(4)票据行为必须符合法定形式。票据签章、票据上的绝对记载事项必须符合法律规定。

【例题3-9】 甲是票据的收款人,乙伪造甲的签章将该票据背书转让给知情的丙。根据票据与支付结算法律制度的规定,丙可以取得票据权利吗?

【解析】 在票据伪造的情形下,如属于假冒他人名义,其法律效果类似于无权代理。如果属于狭义的无权代理的,则票据行为不产生效力。在本案中,丙知情,并不取得票据权利。

（三）票据行为

1.出票

（1）出票是指出票人签发票据并将其交付给收款人的票据行为。出票包括两个行为：首先由出票人在原始票据上记载法定事项并签章，即依法作成票据；然后将作成的票据交付给他人占有，即交付票据。

（2）基本要求。出票人与付款人之间必须存在事实上的资金关系或者其他债权债务关系，并保证票据不获承兑时作为最后付款人有足够的资金支付。不得签发无对价的票据用以骗取银行或者其他票据当事人的资金。

（3）记载事项。票据是要式证券，出票是要式行为，必须依《票据法》的规定记载一定事项，且符合法定格式。票据记载事项分为绝对记载事项、相对记载事项、任意记载事项、记载不产生票据法上效力的事项和记载无效事项。

①绝对记载事项，也称必要记载事项，是指《票据法》规定必须记载的，如不记载，票据行为无效。例如，出票时需要记载票据的种类，如汇票，必须在票据上明确写有"汇票"字样，否则票据无效。

②相对记载事项，是指在出票时应当记载的事项，如果未记载，可以通过法律的直接规定来补充确定的事项，未记载该事项并不影响票据的效力。例如，汇票未记载付款日期的，视为见票即付。

③任意记载事项，是指当事人可以自行选择是否记载，不记载不影响票据效力，记载时则产生票据效力。例如，出票人可以记载"不得转让"字样，未记载的票据可以自由转让，如果记载了，票据不得转让。

④记载不产生票据法上的效力的事项，是指票据法明确规定应当记载或可以记载的事项外，出票人还可以记载一些其他事项，但这些事项不具有票据效力。例如，记载违约金。

（4）效力。票据出票人制作票据，应当按照法定条件在票据上签章，并按照所记载的事项承担票据责任。出票人签发票据后，即承担该票据承兑或付款的责任。出票人在票据得不到承兑或者付款时，应当向持票人清偿法律规定的金额和费用。

【案例3-10】 甲公司收到乙公司一张银行承兑汇票，该汇票上未记载付款日期，但记载了"不得转让"字样，请问该记载事项是否影响甲公司将该支票背书转让，这张汇票到期日是什么时候？

【解析】 《票据法》的规定，任意记载事项不记载不影响票据效力，记载时则产生票据效力。出票人可以记载"不得转让"字样，未记载的票据可以自由转让，如果记载了，票据不得转让。汇票付款日期属于相对记载事项，如果未记载，可以通过法律的直接规定来补充确定的事项。未记载付款日期的，视为见票即付。

2.背书

（1）背书是指持票人以转让权利或者授予他人一定的票据权利为目的，在票据背面或者粘单上记载有关事项并签章的行为。背书分为转让背书和非转让背书。非转让背书包括委托收款背书和质押背书。

委托收款背书是背书人委托被背书人行使票据权利的背书。委托收款背书的被背书人有权代背书人行使被委托的票据权利。但是，被背书人不得再以背书转让票据权利。质押背书是以担保债务而在票据上设定质权为目的的背书。被背书人依法实现其质权时，可以行使票据权利。

（2）记载事项。背书由背书人签章并记载背书日期。背书未记载日期的，视为在票据到期日前背书。以背书转让或者以背书将一定的票据权利授予他人行使时，必须记载被背书人名称。背书人未记载被背书人名称即将票据交付他人的，持票人在票据被背书人栏内记载自己的名称与背书人记载具有同等法律效力。

委托收款背书应记载"委托收款"字样、被背书人和背书人签章。质押背书应记载"质押"字样、质权人和出质人签章背书。

票据背书栏不够使用时，可以加附粘单，粘贴于票据凭证上。粘单上的第一记载人，应当在票据和粘单的粘接处签章，粘单与票据具有同等效力。

（3）背书连续及其效力。

①背书连续，是指在票据转让中，转让票据的背书人与受让票据的被背书人在票据上的签章依次前后衔接。具体来说，第一背书人为票据收款人，最后持票人为最后背书的被背书人，中间的背书人为前手背书的被背书人。

以背书转让的票据，背书应当连续。持票人以背书的连续，证明其票据权利；非经背书转让，而以其他合法方式取得票据的，依法举证，证明其票据权利。

②不得进行的背书，包括条件背书、部分背书、限制背书和期后背书。条件背书是指背书不得附有条件，背书附有条件的，所附条件无效。部分背书是指将票据金额的一部分转让的背书或者将票据金额分别转让给两人以上的背书，部分背书的背书无效。限制背书是指记载了"不得转让"字样，此时票据不得转让；背书人在票据上记载"不得转让"字样，其后手再背书转让的，原背书人对后手的被背书人不承担保证责任。期后背书是指票据被拒绝承兑、被拒绝付款或者超过付款提示期限的，不得背书转让；背书转让的，背书人应当承担票据责任。

【案例3-11】 背书人甲将一张50万元的汇票分别背书转让给乙和丙各20万元、30万元，该背书有效吗？

【解析】 这是部分背书，是无效背书。按照规定将汇票金额的一部分转让的背书或者将汇票金额分别转让给2人以上的背书无效。

③背书效力。背书人以背书转让票据后，即承担保证其后手所持票据获得承兑和付款的责任。

【案例3-12】 2017年12月10日，A公司向B公司签发了一张3个月的银行承兑汇票，B公司为收款人，该汇票已经由甲银行负责承兑。2017年12月15日，B公司因购买生产用原材料将该汇票背书转让给了C公司。C公司又因工程结算将汇票直接交付D公司。2017

年12月20日,D公司将汇票背书转让给了E公司。2018年3月10日汇票到期后,E公司到甲银行提示付款遭到拒绝,理由是"该承兑汇票背书不连续"。请问甲银行的拒付理由是否成立?

【解析】　甲银行的拒付理由成立。根据《票据法》的规定,以背书转让的汇票,背书应当连续,否则转让无效。背书连续是指在票据转让中,转让汇票的背书人与受让汇票的被背书人在汇票上的签章依次前后衔接,即相对于背书人而言,其后手应该为其被背书人,其应该为前手的被背书人,背书依次连续不间断。本例中,C公司直接将汇票交付D公司,导致了票据背面签章不衔接,形成背书不连续,所以在票据到期日银行可以此为由拒付。

3.承兑

(1)承兑是指远期票据付款人承诺在汇票到期日支付汇票金额并签章的行为,仅适用于商业汇票。

(2)承兑程序包括提示承兑、受理承兑、记载承兑事项。

①提示承兑是指持票人向付款人出示汇票,并要求付款人承诺付款的行为。

②受理承兑是指付款人收到持票人提示承兑的汇票时,应当向持票人签发收到汇票的回单。回单上应当记明汇票提示承兑日期并签章。付款人对向其提示承兑的汇票,应当自收到汇票之日起3日内承兑或者拒绝承兑。

(3)记载事项。付款人承兑汇票的,应当在汇票正面记载"承兑"字样和承兑日期并签章;见票后定期付款的汇票,应当在承兑时记载付款日期。汇票上未记载承兑日期的,则以收到提示承兑的汇票之日起的第3日为承兑日期。

(4)效力。付款人承兑汇票,不得附有条件;承兑附有条件的,视为拒绝承兑。付款人承兑汇票后,应当承担到期付款的责任,已承兑的汇票主债务人为承兑人。

4.保证

(1)保证是指票据债务人以外的人,为担保特定债务人履行票据债务而在票据上记载有关事项并签章的行为。

(2)保证人是指具有代为清偿票据债务能力的法人、其他组织和个人。国家机关、以公益为目的的事业单位、社会团体、企业法人的分支机构和职能部门不得作为保证人。但经国务院批准为使用外国政府或者国际经济组织贷款进行转贷,国家机关提供票据保证的,以及企业法人的分支机构在法人书面授权范围内提供票据保证的除外。

(3)记载事项。保证人必须在票据或者粘单上记载下列事项:表明"保证"的字样;保证人名称和住所;被保证人的名称;保证日期;保证人签章。其中,"保证"的字样和保证人签章是绝对记载事项。

保证人在票据或者粘单上未记载被保证人名称的,已承兑的票据,承兑人为被保证人;未承兑的票据,出票人为被保证人;未记载保证日期的,出票日期为保证日期。保证不得附条件;附条件的,条件无效。

保证人为出票人、承兑人保证的,应将保证事项记载于汇票正面;保证人为背书人保证的,应将保证事项记载于汇票背面。

(4)责任。被保证的票据,保证人应当与被保证人对持票人承担连带责任。票据到期后得不到付款的,持票人有权向保证人请求付款,保证人应当足额付款。保证人为两人以上的,保证人之间承担连带责任。

(5)效力。保证人对合法取得票据的持票人所享有的票据权利,承担保证责任。但是,被保证人的债务因票据记载事项欠缺而无效的除外。保证人清偿票据债务后,可以行使持票人对被保证人及其前手的追索权。

【案例3-13】 2018年1月10日,甲公司向乙公司签发一张金额为10万元,出票后1个月付款的银行承兑汇票,经其开户行A银行承兑后交付乙公司。1月16日,乙公司将该票据背书转让给丙公司,为防止到期得不到付款,丙公司要求乙公司提供保证,乙公司作为保证人在票据上签章,但还记载"只对甲公司无法偿付部分承担保证责任"。请问,乙公司是否承担保证责任?承担怎样的保证责任?

【解析】 乙公司应该承担保证责任。根据《票据法》的规定,被保证的票据,保证人应当与被保证人对持票人承担连带责任。票据到期后得不到付款的,持票人有权向保证人请求付款,保证人应当足额付款。同时,保证不得附条件,附条件的,不影响对票据的保证责任。本案中,乙公司作为保证人在票据上签章,其应该承担保证责任,其在票据上记载的"只对甲公司无法偿付部分承担保证责任"无效,但不影响保证责任。

5.付款

(1)付款,是指付款人依照票据文义支付票据金额,以消灭票据关系的行为。

(2)付款程序包括提示付款和支付票款。

①提示付款,是指持票人向付款人出示票据,请求其付款的行为。

②支付票款。持票人向付款人进行付款提示后,付款人无条件地在当日按照票据金额足额支付给持票人。

持票人获得付款的,应当在票据正面签章,并将票据交给付款人。

(3)效力。付款人依照票据文义足额付款后,票据关系随之消灭,汇票上的全体债务人的责任予以解除。

6.追索

(1)汇票的追索权,是指汇票到期不获付款、到期前不获承兑或者有其他法定原因时,持票人依法向汇票上的债务人请求偿还票据金额、利息和其他法定款项的票据权利。

(2)适用情形。

①到期追索,是指票据到期被拒绝付款的,持票人对背书人、出票人以及票据的其他债务人行使的追索。

②期前追索,是指票据到期日前,如果发生了特定的事由使到期付款已经不可能或者可能性显著降低,法律赋予了持票人在到期之前就进行追索的权利。发生下列情形之一的可行使追索权:汇票被拒绝承兑的;承兑人或者付款人死亡、逃匿的;承兑人或者付款人被依法

宣告破产的或者因违法被责令终止业务活动的。

（3）追索范围。

持票人行使追索权，可以请求被追索人支付下列金额和费用：①被拒绝付款的票据金额；②票据金额自到期日或者提示付款日起至清偿日止，按照中国人民银行规定的利率计算的利息；③取得有关拒绝证明和发出通知书的费用。被追索人清偿债务时，持票人应当交出票据和有关拒绝证明，并出具所收到利息和费用的收据。

被追索人依照前条规定清偿后，可以向其他票据债务人行使再追索权，请求其他票据债务人支付下列金额和费用：①已清偿的全部金额；②前项金额自清偿日起至再追索清偿日止，按照中国人民银行规定的利率计算的利息；③发出通知书的费用。

（4）追索的行使。票据的出票人、背书人、承兑人和保证人对持票人承担连带责任。持票人行使追索权，可以不按照票据债务人的先后顺序，对其中任何一人、数人或者全体行使追索权。持票人对票据债务人中的一人或者数人已经进行追索的，对其他票据债务人仍可以行使追索权。

持票人行使追索权时，应当提供被拒绝承兑或者拒绝付款的有关证明。持票人不能出示拒绝证明、退票理由书或者未按照规定期限提供其他合法证明的，丧失对其前手的追索权。但是，承兑人或者付款人仍应当对持票人承担责任。

持票人应当自收到被拒绝承兑或者被拒绝付款的有关证明之日起 3 日内，将被拒绝事由书面通知其前手；其前手应当自收到通知之日起 3 日内书面通知其再前手。持票人也可以同时向各票据债务人发出书面通知，该书面通知应当记明汇票的主要记载事项，并说明该汇票已被退票。

未按照规定期限通知的，持票人仍可以行使追索权。因延期通知给其前手或者出票人造成损失的，承担对该损失的赔偿责任，但是所赔偿的金额以汇票金额为限。

【例题 3-14】　甲公司为支付货款，向乙公司签发了一张以 A 为承兑人、金额为 20 万元的承兑汇票，并由 B 进行了担保。乙公司为向丙公司支付租金，将该票据交付丙公司。票据到期时，丙公司向 A 提示付款，A 拒绝付款。这时丙公司可以向谁进行追索，追索的时候有顺序吗？

【解析】　《票据法》规定，票据的出票人、背书人、承兑人和保证人对持票人承担连带责任，所以丙可以向甲公司（出票人）、乙公司（背书人）、A（承兑人）、B（保证人）进行追索。《票据法》规定，持票人行使追索权，可以不按照票据债务人的先后顺序，对其中任何一人、数人或者全体行使追索权，所以丙公司行使追索权的时候没有先后顺序。

（5）效力。被追索人依照规定清偿债务后，其责任解除，能向其前手行使再追索权。

四、票据权利与责任

（一）概念

票据权利是指票据持票人向票据债务人请求支付票据金额的权利，包括付款请求权和追索权。

1.付款请求权

付款请求权是指持票人向承兑人、付款人出示票据要求付款的权利,是第一顺序权利。行使付款请求权的持票人可以是票据记载的收款人或最后的被背书人。

2.票据追索权

票据追索权是指票据当事人行使付款请求权遭到拒绝或有其他法定原因存在时,向其前手请求偿付票据金额及其他法定费用的权利,是第二顺序权利。行使追索权的当事人包括收款人、持票人、保证人和背书人。

(二)取得

签发、取得和转让票据,应当遵守诚实信用的原则,具有真实的交易关系和债权债务关系。票据的取得,必须给付对价。如果因为税收、继承、赠予等可以依法无偿取得票据的,则不受给付对价的限制,但是所享有的票据权利不得优于其前手的权利,而且必须受到前手权利状态的影响。具体来说:①如果前手是善意的、已付对价的当事人,享有完整有效的票据权利,无偿取得之人也享有同样的票据权利;②如果前手是因欺诈等取得票据的,不享有票据权利,无偿取得之人也不享有票据权利;③如果前手因善意取得票据但未付对价或对价不相当,该前手的权利应受其再前手权利的影响,无偿取得之人也受前手的影响。

以下情形依法享有票据权利:①依法接受出票人签发的票据;②依法接受背书转让的票据;③因税收、继承、赠予可以依法无偿取得票据。

以下情形不享有票据权利:①以欺诈、偷盗或者胁迫等手段取得票据的,或者明知有上述情形,出于恶意取得票据的;②持票人因重大过失取得不符合《票据法》规定的票据的。

【案例3-15】 2018年3月,甲公司签发以下票据,请分析该票据持票人是否享有票据权利?

(1)3月1日,甲公司与乙企业串通,通过虚拟买卖合同签发转账支票一张,以抽逃资金。

(2)3月5日,甲公司以支票形式向地震灾区某小学捐款。

【解析】 (1)属于"以欺诈、偷盗或者胁迫等手段取得票据的,或者明知有前列情形,出于恶意取得票据的"情形,不享有票据权利。(2)因为税收、继承、赠予等可以依法无偿取得票据的,则不受给付对价的限制,享有票据权利,但其享有的票据权利不得优于其前手的权利。小学接受企业捐赠属于可以无对价取得票据的情形,依法享有票据权利。

(三)行使与保全

票据权利的行使是指持票人请求票据的付款人支付票据金额的行为。例如,权利人行使付款请求权和追索权。票据权利的保全是指持票人为了防止票据权利的丧失而采取的措施。例如按期提示承兑,票据不获承兑或付款时要求取得拒绝承兑或付款的证明以保全追索权。

票据权利行使和保全的方法包括"按期提示"和"依法证明"两种。按期提示是指按照规定的期限向票据债务人提示承兑或提示付款,以保全或行使追索权。《票据法》第四十条规定,"汇票未按照规定期限提示承兑的,持票人丧失对其前手的追索权"。依法证明是指持票人以法律规定的时间和方式取得相关的证据,以证明自己曾经依法行使票据权利而遭拒绝或者根本无法行使票据权利。《票据法》第六十五条规定:"持票人不能出示拒绝证明、退票理由书或者未按照规定期限提供其他合法证明的,丧失对其前手的追索权。"

(四)丧失补救

票据丧失是指票据因灭失、遗失、被盗等而使票据权利人脱离其对票据的占有。票据一旦丧失,票据的债权人应该及时采取措施补救以防止正当票据权利人经济上的损失。因此,需要进行票据丧失的补救。票据可以采取以下三种措施进行补救:挂失止付、公示催告和普通诉讼。

1.挂失止付

挂失止付是指失票人将丧失票据的情况通知付款人或代理付款人,付款人或代理付款人审查后暂停支付的一种方式。《支付结算办法》第四十八条规定,已承兑的商业汇票、支票、填明"现金"字样和代理付款人的银行汇票以及填明"现金"字样的银行本票丧失,可以由失票人通知付款人或代理付款人挂失止付。挂失止付并不是票据丧失后采取的必经措施,而只是一种暂时的预防措施,最终要通过申请公示催告或提起普通诉讼来补救票据权利。具体程序为:

(1)申请。失票人应填写挂失止付通知书并签章。挂失止付通知书应当记载下列事项:①票据丧失的时间、地点、原因;②票据的种类、号码、金额、出票日期、付款日期、付款人名称、收款人名称;③挂失止付人的姓名、营业场所或者住所以及联系方法。欠缺上述记载事项之一的,银行不予受理。

(2)受理。付款人或者代理付款人收到挂失止付通知书后,尚未付款时应立即暂停支付。付款人或者代理付款人自收到挂失止付通知书之日起12日内没有收到人民法院的止付通知书的,自第13日起,不再承担止付责任,应按规定付款。在收到挂失止付通知书之前,已经向持票人付款的,不再承担责任。但是,以恶意或者重大过失付款的除外。

2.公示催告

公示催告是指在票据丧失后,由失票人向人民法院提出申请,请求人民法院以公告方式通知不确定的利害关系人限期申报权利,逾期未申报者,由法院通过除权判决宣告所丧失的票据无效的一种制度。失票人应当在通知挂失止付后的3日内,依法向票据支付地人民法院申请公示催告。可以背书转让的票据丧失的,失票人可以申请公示催告。具体程序为:

(1)申请。可以申请公示催告的失票人,是指在丧失票据占有以前的最后合法持票人。失票人申请公示催告的,应填写公示催告申请书,申请书应当载明以下内容:①票面金额;

②出票人、持票人、背书人;③申请的理由、事实;④通知票据付款人或者代理付款人挂失止付的时间;⑤付款人或者代理付款人的名称、通信地址、电话号码等。

（2）受理。人民法院决定受理公示催告申请,应当同时通知付款人及代理付款人停止支付,并自立案之日起3日内发出公告,催促利害关系人申报权利。付款人或者代理付款人收到人民法院发出的止付通知,应当立即停止支付,直至公示催告程序终结。非经发出止付通知的人民法院许可,擅自解付的,不得免除票据责任。

【案例3-16】 甲市某区法院在一全国性报刊上刊登一则公示催告,公告称由P银行网点承兑的一张100万元的银行承兑汇票遗失,公告期间为2018年1月3日—3月3日;2月9日,该网点收到乙市N银行发来的该银行承兑汇票的委托收款,请分析P银行能否付款?

【解析】《票据法》规定,人民法院受理公示催告申请,应当同时通知付款人,付款人收到人民法院的止付通知,应当立即停止支付。本例中,由于提示付款期正处于该汇票的公示催告期间,P银行网点不能对委托收款发来的银行承兑汇票付款,只能根据法院的止付通知要求拒绝付款。

（3）公告。人民法院决定受理公示催告申请后,应当在全国性的报刊上登载,发布公告。公示催告期间,由人民法院确定,但不得少于60日。在公示催告期间,转让票据权利的行为无效,以公示催告的票据质押、贴现,因质押、贴现而接受该票据的持票人主张票据权利的,人民法院不予支持。

（4）判决。利害关系人应当在公示催告期间向人民法院申报。人民法院收到利害关系人的申报后,应当裁定终结公示催告程序,并通知申请人和支付人。申请人或者申报人可以向人民法院起诉,以主张自己的权利。没有人申报的,则可以推断申请人的主张成立。人民法院应当作出除权判决,宣告票据无效。判决应当公告,并通知支付人。自判决公告之日起,申请人有权向支付人请求支付。利害关系人因正当理由不能在判决前向人民法院申报的,自知道或者应当知道判决公告之日起1年内,可以向作出判决的人民法院提起诉讼。

3.普通诉讼

普通诉讼是指以丧失票据的人为原告,以承兑人或出票人为被告,请求法院判决其向失票人付款的诉讼活动。如果与票据上的权利有利害关系的人是明确的,无须公示催告,可按一般的票据纠纷向法院提起诉讼。

（五）时效

票据权利时效是指票据权利在时效期间不行使,即引起票据权利丧失。《票据法》规定,票据权利在下列期限内不行使即消灭:

（1）持票人对票据的出票人和承兑人的权利自票据到期日起2年。

（2）见票即付的汇票、本票自出票日起2年。

（3）持票人对支票出票人的权利,自出票日起6个月。

（4）持票人对出票人和承兑人的权利,包括付款请求权和追索权。持票人对前手的追索权,在被拒绝承兑或者被拒绝付款之日起 6 个月。

(5)持票人对前手的再追索权,自清偿日或者被提起诉讼之日起 3 个月。

如果持票人因超票据权利时效或者因票据记载事项欠缺而丧失票据权利的,《票据法》为了保护持票人的合法权益,规定其仍享有民事权利,可以请求出票人或者承兑人返还其与未支付的票据款金额相当的利益。

【例题 3-17】　2018 年 6 月 1 日,甲公司签发一张出票后 3 个月付款的银行承兑汇票给乙公司,承兑人为 A 银行,乙公司为了支付货款将票据背书转让给丙公司,同年 9 月 5 日,丙公司向 A 银行提示付款,被拒绝。随即丙公司要求乙公司承担票据责任,乙公司向丙公司付清了全部款项,它有权利向承兑人 A 银行进行追索吗? 如果可以,那么乙公司行使追索权的时效是什么日期之前呢?

【解析】　乙公司可以向承兑人 A 银行进行追索。《票据法》规定,持票人对票据的出票人和承兑人的追索权利,自票据到期日起 2 年。本张票据到期日为 2018 年 9 月 1 日,所以乙公司行使追索权的期限为 2020 年 9 月 1 日之前。

(六)票据责任

票据责任是指票据债务人向持票人支付票据金额的义务。票据债务人一般承担以下票据义务:出票人承担自己付款的义务;承兑人因承兑而应承担付款义务;背书人、保证人,在票据不获承兑或不获付款时的付款清偿义务。

1.提示付款

持票人应当按照下列期限提示付款:①见票即付的票据,自出票日起 1 个月内向付款人提示付款;②定日付款、出票后定期付款或者见票后定期付款的票据,自到期日起 10 日内向承兑人提示付款。持票人未按照规定期限提示付款的,在作出说明后,承兑人或者付款人仍应当继续对持票人承担付款责任。

2.票据的抗辩

如果存在背书不连续等合理事由,票据债务人可以对票据债权人拒绝履行义务,这就是所谓的票据"抗辩"。票据债务人可以对不履行约定义务的与自己有直接债权债务关系的持票人,进行抗辩。但不得以自己与出票人或者与持票人的前手之间的抗辩事由,对抗持票人。

3.相关银行的责任

持票人委托的收款银行应按照票据上记载事项将票据金额转入持票人账户,付款人委托的付款银行应按照票据上记载事项从付款人账户支付票据金额。

五、汇票、本票和支票

(一)汇票

1.概念

汇票是出票人签发的,委托付款人在见票时或指定日期无条件支付确定金额给收款人或者持票人的票据。汇票有三个基本当事人:出票人、付款人和收款人。

2.分类

根据不同的标准,汇票可以进行不同分类。

(1)依出票人不同,可以分为银行汇票和商业汇票。银行汇票是出票银行签发的,由其在见票时按照实际结算金额无条件支付给收款人或者持票人的票据。出票银行为银行汇票的付款人。银行汇票可以用于转账,填明"现金"字样的银行汇票也可以用于支取现金。单位和个人各种款项结算,均可使用银行汇票。

商业汇票是出票人签发的,委托付款人在指定日期无条件支付确定金额给收款人或者持票人的票据。商业汇票的出票人为银行以外的企业或其他组织。在银行开立存款账户的法人及其他组织之间的结算,才能使用商业汇票。凡是由银行承兑的,称为银行承兑汇票;凡是银行以外的其他人承兑的,称为商业承兑汇票。

(2)依汇票到期日不同,汇票分为即期汇票和远期汇票。即期汇票是指见票即付的票据。远期汇票是指约定一定的到期日付款的汇票,包括定日付款、出票后定期付款、见票后定期付款的票据。

3.出票

(1)绝对记载事项。根据《票据法》第二十二条的规定,汇票上必须记载以下七个事项,否则汇票无效:表明"汇票"的字样;无条件支付的委托;确定的金额;付款人名称;收款人名称;出票日期;出票人签章。

需要注意的是,银行汇票上存在三个金额:出票金额、实际结算金额、多余金额。其中,实际结算金额是票据法意义上的票据金额。

(2)相对记载事项。出票人可以记载付款日期、付款地、出票地。根据《票据法》第二十三条的规定,如果未记载,出票行为仍然有效,但是应根据该条规定来确定这三个事项。其中,未记载付款日期的,为见票即付;未记载付款地的,付款人的营业场所、住所或者经常居住地为付款地;未记载出票地的,出票人的营业场所、住所或者经常居住地为出票地。

如果出票人记载付款日期,其可以选择的形式包括四种:见票即付;定日付款;出票后定期付款;见票后定期付款。

(3)可以记载事项。出票人可以记载"不得转让"字样。如果未作该种记载,则汇票可以转让。如果记载了该事项,根据《票据法》第二十七条第二款的规定,汇票不得转让。

(4)记载无效事项。《票据法》第二十六条规定:"出票人签发汇票后,即承担保证该汇票承兑和付款的责任。"因此,出票人不得在票据上表明不承担保证该汇票承兑或者付款的责任;如有此类记载,出票行为仍然有效,但是该记载无效。

(5)记载使票据无效事项。《票据法》第二十二条第一款第二项规定,出票人必须记载"无条件支付的委托",未作该记载的,汇票无效。

(6)具体运用。

申请人应向出票银行填写"银行汇票申请书",填明收款人名称、汇票金额、申请人名称、申请日期等事项并签章,签章为其预留银行的签章。申请人和收款人均为个人,需要使用银行汇票向代理付款人支取现金的,申请人须在"银行汇票申请书"上填明代理付款人名称,在"出票金额"栏先填写"现金"字样,后填写汇票金额。申请人或者收款人为单位的,不得在"银行汇票申请书"上填明"现金"字样。

出票银行受理银行汇票申请书,收妥款项后签发银行汇票,并将银行汇票和解讫通知一并交给申请人。

申请人应将银行汇票和解讫通知一并交付给汇票上记明的收款人。收款人受理银行汇票时,应审查下列事项:①银行汇票和解讫通知是否齐全、汇票号码和记载的内容是否一致;②收款人是否确为本单位或本人;③银行汇票是否在提示付款期限内;④必须记载的事项是否齐全;⑤出票人签章是否符合规定,大小写出票金额是否一致;⑥出票金额、出票日期、收款人名称是否更改,更改的其他记载事项是否由原记载人签章证明。

收款人受理申请人交付的银行汇票时,应在出票金额以内,根据实际需要的款项办理结算,并将实际结算金额和多余金额准确、清晰地填入银行汇票和解讫通知的有关栏内。银行汇票的实际结算金额低于出票金额的,其多余金额由出票银行退交申请人。未填明实际结算金额和多余金额或实际结算金额超过出票金额的,银行不予受理。银行汇票的实际结算金额一经填写不得更改,更改实际结算金额的银行汇票无效。

出票人办理电子商业汇票业务,还应同时具备签约开办对公业务的企业网银等电子服务渠道,与银行签订《电子商业汇票业务服务协议》。办理电子商业汇票业务的银行机构应开办对公业务、拥有大额支付系统行号、具有组织机构代码及中国人民银行等规定的其他条件。单张出票金额在100万元以上的商业汇票,原则上应全部通过电子商业汇票办理,单张出票金额在300万元以上的商业汇票,应全部通过电子商业汇票办理。

【案例3-18】 甲公司向乙银行申请签发一张银行汇票,出票日期为2018年4月1日,出票金额为500万元,收款人为丙公司。甲公司交给丙公司时填写实际结算金额为450万元。2018年4月5日,丙公司将该银行汇票背书转让给丁公司。请分析这张汇票:出票人和付款人分别是谁?乙银行能不能为其签发现金银行汇票?银行应当如何办理结算?丁公司取得多少金额的票据权利?

【解析】 出票人和付款人均为乙银行。由于申请人和收款人均为单位,因此银行不得为其签发现金银行汇票;这张票据实际结算金额低于出票金额,银行应当按照实际结算金额450万元办理结算,多余金额50万元应退还给甲公司;背书转让以实际结算金额450万元为准,丁公司取得450万元的票据权利。

4.背书

（1）绝对记载事项。根据《票据法》的规定，转让背书的绝对必要记载事项包括：被背书人、背书人的签章。

《票据法》规定："背书人必须记载被背书人的名称。背书人未记载被背书人名称即将票据交付他人的，持票人在票据被背书人栏内记载自己的名称与背书人记载具有同等法律效力。"即被背书人的名称可以授权补记。

（2）相对记载事项。根据《票据法》第二十九条的规定，背书人应当记载背书日期；背书未记载日期的，视为在汇票到期日前背书。

（3）可以记载事项。《票据法》第三十四条规定："背书人在汇票上记载'不得转让'字样，其后手再背书转让的，原背书人对后手的被背书人不承担保证责任。"

（4）记载不生票据法上效力事项。《票据法》第三十三条规定："背书不得附有条件。背书时附有条件的，所附条件不具有汇票上的效力。"

被背书人受理银行汇票时，除按照收款人接受银行汇票进行相应的审查外，还应审查下列事项：①银行汇票是否记载实际结算金额，有无更改，其金额是否超过出票金额；②背书是否连续，背书人签章是否符合规定，背书使用粘单的是否按规定签章；③背书人为个人的身份证件。

银行汇票的背书转让以不超过出票金额的实际结算金额为准。未填写实际结算金额或实际结算金额超过出票金额的银行汇票不得背书转让。

【案例3-19】　甲公司向乙公司签发一张银行承兑汇票，承兑银行为 A 银行。乙公司取得该票据后，为支付到期货款将该票据背书转让给丙公司，同时在票据上记载"如果丙公司按时发货，那么背书有效"。根据票据与支付结算法律制度的规定，背书和背书所附条件有效吗？丙公司能不能获得票据权利？

【解析】　《票据法》规定："背书不得附有条件。背书时附有条件的，所附条件不具有汇票上的效力。"故乙公司背书所附条件不具有汇票上的效力但是背书有效，丙公司可以取得票据权利。

5.承兑

只有商业汇票需要承兑。定日付款或者出票后定期付款的汇票，持票人应当在汇票到期日前向付款人提示承兑。见票后定期付款的汇票，持票人应当自出票日起 1 个月内向付款人提示承兑。汇票未按照规定期限提示承兑的，持票人丧失对其前手的追索权。见票后定期付款的汇票必须提示承兑。见票即付的汇票无须提示承兑。

银行承兑汇票由银行承兑，商业承兑汇票由银行以外的付款人承兑。电子银行承兑汇票由银行业金融机构、财务公司承兑；电子商业承兑汇票由金融机构以外的法人或其他组织承兑。商业汇票可以在出票时向付款人提示承兑后使用，也可以在出票后先使用再向付款人提示承兑。付款人拒绝承兑的，必须出具拒绝承兑的证明。付款人承兑汇票后，应当承担到期付款的责任。

银行承兑汇票的出票人或持票人向银行提示承兑时,银行的信贷部门负责按照有关规定和审批程序,对出票人的资格、资信、购销合同和汇票记载的内容进行认真审查,必要时可由出票人提供担保。符合规定和承兑条件的,与出票人签订承兑协议。银行承兑汇票的承兑银行,应按票面金额向出票人收取万分之五的手续费。

6.付款

(1)银行汇票。

银行汇票自出票日起1个月内提示付款。持票人超过付款期限提示付款的,代理付款人不予受理。持票人向银行提示付款时,须同时提交银行汇票和解讫通知,缺少任何一联,银行不予受理。持票人超过期限向代理付款银行提示付款不获付款的,须在票据权利时效内向出票银行作出说明,并提供本人身份证件或单位证明,持银行汇票和解讫通知向出票银行请求付款。

在银行开立存款账户的持票人向开户银行提示付款时,应在汇票背面"持票人向银行提示付款签章"处签章,签章须与预留银行签章相同,并将银行汇票和解讫通知、进账单送交开户银行。未在银行开立存款账户的个人持票人,可以向任何一家银行机构提示付款。提示付款时,应在汇票背面"持票人向银行提示付款签章"处签章,并填明本人身份证件名称、号码及发证机关,由本人向银行提交身份证件及复印件。

(2)商业汇票。

商业汇票自汇票到期日起10日内提示付款。持票人应在提示付款期限内通过开户银行委托收款或直接向付款人提示付款。持票人超过提示付款期限提示付款的,持票人开户银行不予受理,但在作出说明后,承兑人或者付款人仍应继续对持票人承担付款责任。电子商业汇票的提示付款日是指提示付款申请的指令进入人民银行电子商业汇票系统的日期。

商业承兑汇票的付款人开户银行收到通过委托收款寄来的商业承兑汇票,将商业承兑汇票留存,并及时通知付款人。付款人收到开户银行的付款通知,应在当日通知银行付款。付款人在接到通知日的次日起3日内未通知银行付款的,视同付款人承诺付款。付款人提前收到由其承兑的商业汇票,应通知银行于汇票到期日付款。

银行承兑汇票的出票人应于汇票到期前将票款足额交存其开户银行。承兑银行应在汇票到期日或到期日后的见票当日支付票款。银行承兑汇票的出票人于汇票到期日未能足额交存票款的,承兑银行除凭票向持票人无条件付款外,对出票人尚未支付的汇票金额按照每天万分之五计收利息。电子银行承兑汇票承兑后,出票人可以通过渠道发出提示收票申请,在票据提示付款期截止前将票据交付收款人。

电子商业汇票的拒绝付款日是指驳回提示付款申请的指令进入人民银行电子商业汇票系统的日期。付款人存在合法抗辩事由拒绝支付的,应自接到通知的次日起3日内,作成拒绝付款证明送交开户银行,银行将拒绝付款证明和商业承兑汇票邮寄持票人开户银行转交持票人。

电子商业汇票的追索、承兑、背书、保证、质押解除、付款和追索清偿行为的发生日是指相应的指令进入人民银行电子商业汇票系统的日期。

7.贴现

贴现是指商业汇票的持票人在票据未到期前为获得现金向银行贴付一定利息而发生的票据转让行为。贴现按照交易方式,分为买断式和回购式。

(1)贴现条件。持票人向银行办理贴现必须具备下列条件:票据未到期;票据未记载"不得转让"事项;在银行开立存款账户的企业法人以及其他组织与出票人或者直接前手之间具有真实的商品交易关系;提供与其直接前手之间进行商品交易的增值税发票和商品发运单据复印件。企业申请电子银行承兑汇票贴现的,无须提供合同、发票等资料。电子商业汇票贴现必须记载:贴出人名称;贴入人名称;贴现日期;贴现利率;实付金额;贴出人签章。

电子商业汇票回购式贴现应作成背书,并记载相关信息。

(2)贴现利息的计算。贴现的期限从其贴现之日起至汇票到期日止。实付贴现金额按票面金额扣除贴现日至汇票到期前1日的利息计算。承兑人在异地的纸质商业汇票,贴现的期限以及贴现利息的计算应另加3天的划款日期。

【例题3-20】 甲公司向乙企业开出一张金额为30万元的银行承兑汇票。出票日期为2月10日,到期日为5月10日。4月6日,乙企业持此汇票及有关材料向银行办理了贴现,已知同期银行年贴现率为3.6%,一年按360天算,贴现与承兑银行在同一城市,银行实付乙企业贴现金额是多少?

【解析】 自贴现日4月6日到票据到期日5月10日,按算头不算尾共34天,所以实付贴现金额=300 000元−300 000元×3.6%×(34÷360)=298 980元。

(3)贴现的收款。贴现到期,贴现银行应向付款人收取票款。不获付款的,贴现银行应向其前手追索票款。贴现银行追索票款时可从申请人的存款账户直接收取票款。办理电子商业汇票贴现以及提示付款业务,可选择票款对付方式或同城票据交换、通存通兑、汇兑等方式清算票据资金。

电子商业汇票当事人在办理回购式贴现时,应明确赎回开放日、赎回截止日。

8.退款和丧失

申请人因银行汇票超过付款提示期限或其他原因要求退款时,应将银行汇票和解讫通知同时提交到出票银行。申请人为单位的,应出具单位的证明;申请人为个人的,应出具本人的身份证件。对于代理付款银行查询的要求退款的银行汇票,应在汇票提示付款期满后方能办理退款。出票银行对于转账银行汇票的退款,只能转入原申请人账户;对于符合规定填明"现金"字样银行汇票的退款,才能退付现金。申请人缺少解讫通知要求退款的,出票银行应于银行汇票提示付款期满1个月后办理。

银行汇票丧失,失票人可以凭人民法院出具的其享有票据权利的证明,向出票银行请求付款或退款。

【案例3-21】 2018年3月5日,某大型超市向某副食品加工企业签发一张银行承兑汇票,金额为10万元,为出票后1个月付款。该副食品加工企业为采购原材料将该汇票背书转让给了甲材料供应商。2018年4月5日,甲材料供应商因仓库搬迁支付李某劳务费,将该汇票背书转让给李某。2018年4月10日,李某到银行提示付款遭到拒绝,理由是已过付款期,票据无效。请分析李某能否接受该汇票,该银行的理由是否正确?

【解析】 根据《票据法》的规定,出票后定期付款的银行承兑汇票,自到期日起10日内提示付款,持票人超过提示付款期限提示付款的,持票人开户银行不予受理。持票人是在该汇票的付款期限提示付款,因此银行拒付理由不成立。但是银行承兑汇票属于商业汇票,在我国,商业汇票的使用仅限于在银行开立存款账户的法人以及其他组织,自然人不能使用商业汇票。本例中,李某作为自然人不符合上述关于商业汇票使用主体的规定。

(二)本票

1.概念

本票是指出票人签发的,承诺自己在见票时无条件支付确定的金额给收款人或者持票人的票据。在我国,本票仅限于银行本票。银行本票可以用于转账,注明"现金"字样的银行本票可以用于支取现金。本票适用于单位和个人在同城的支付结算。银行本票分为定额本票和不定额本票。定额本票面额为1 000元、5 000元、1万元和5万元。

银行本票与汇票相比,具有以下特征:①本票是自付证券。其基本当事人只有出票人和收款人。②本票为即期票据,无须承兑。

2.出票

银行本票的出票人为经中国人民银行当地分支行批准办理银行本票业务的银行机构。

申请人使用银行本票,应向银行填写"银行本票申请书",填明收款人名称、申请人名称、支付金额、申请日期等事项并签章。申请人和收款人均为个人需要支取现金的,应在金额栏先填写"现金"字样,后填写支付金额。申请人或收款人为单位的,不得申请签发现金银行本票。

用于转账的,在银行本票上划去"现金"字样;申请人和收款人均为个人需要支取现金的,在银行本票上划去"转账"字样。出票银行在银行本票上签章后交给申请人。

3.记载事项

(1)绝对记载事项。出票银行受理"银行本票申请书",收妥款项,签发银行本票。银行本票必要记载包括六项:表明"银行本票"的字样;无条件支付的承诺;确定的金额;收款人名称;出票日期;出票人签章。欠缺记载上列事项之一的,银行本票无效。

(2)相对记载事项。付款地和出票地是本票的相对必要记载事项。本票上未记载付款地的,出票人的营业场所为付款地。本票上未记载出票地的,出票人的营业场所为出票地。

4.付款

银行本票为见票即付。银行本票的提示付款期限自出票日起最长不得超过2个月。本票的出票人在持票人提示见票时,必须承担付款的责任。持票人超过提示付款期限不获付款的,在票据权利时效内向出票银行作出说明,并提供本人身份证件或单位证明,可持银行本票向出票银行请求付款。持票人未按提示付款期限付款的,丧失对出票人以外前手的追索权。

【案例3-22】 2018年4月1日,甲银行根据A公司的申请,向B公司签发一张60万元的银行本票。5月10日,B公司将其背书转让给C公司,乙提供了票据保证。5月20日,C公司又将其背书转让给D公司。

请分析:出票人、收款人、申请人分别是谁?D公司应当于什么时间前提示付款?如果D公司于6月5日才提示付款,有什么后果?如果D公司于6月5日才提示付款,D公司还可以要求甲银行付款吗?

【解析】 甲银行是出票人,B公司是收款人,A公司是申请人;由于银行本票的提示付款期限自出票日起最长不得超过2个月,因此持票人D公司应当于6月1日前提示付款;如果D公司于6月5日才提示付款,则丧失对其前手C公司、B公司及其保证人乙的追索权;D公司对出票人甲银行的票据权利并未丧失,依然可以要求甲银行付款。

(三)支票

1.概念

支票是指出票人签发的,委托办理支票存款业务的银行在见票时无条件支付确定的金额给收款人或者持票人的票据。支票的基本当事人包括出票人、付款人和收款人。支票是一种委付证券,与汇票相同,与本票不同。支票具有两个特征:第一,以银行或者其他金融机构作为付款人;第二,见票即付。

2.种类

(1)现金支票。支票上印有“现金”字样的为现金支票,现金支票只能用于支取现金。

(2)转账支票。支票上印有“转账”字样的为转账支票,转账支票只能用于转账。

(3)普通支票。支票上未印有“现金”或“转账”字样的为普通支票,普通支票可以用于支取现金,也可以用于转账。在普通支票左上角划两条平行线的,为划线支票,划线支票只能用于转账,不得支取现金。

3.适用范围

单位和个人在同城的各种款项结算,均可以使用支票。全国支票影像系统支持全国使用。

4.出票及记载事项

支票的出票人为在经中国人民银行当地分支行批准办理支票业务的银行机构开立可以使用支票的存款账户的单位和个人。

(1)绝对记载事项:表明“支票”的字样;无条件支付的委托;确定的金额;付款人名称;出票日期;出票人签章。支票上未记载前款规定事项之一的,支票无效。其中,支票的“付款人"为支票上记载的出票人开户银行。

支票的金额、收款人名称,可以由出票人授权补记,未补记前不得背书转让和提示付款。

为了发挥支票灵活便利的特点,我国《票据法》规定了两项绝对应记载事项可以通过授权补记的方式记载:

一是支票上的金额可以由出票人授权补记,未补记前的支票,不得使用。

二是支票上未记载收款人名称的,经出票人授权,可以补记。

此外,由于实践中存在出票人兼任收款人的情况,如单位签发支票向其开户银行领取现金,故《票据法》规定:"出票人可以在支票上记载自己为收款人。"这是一种例外性规定。

(2)相对记载事项:付款地和出票地。支票上未记载付款地的,付款人的营业场所为付款地。支票上未记载出票地的,出票人的营业场所、住所或者经常居住地为出票地。出票人可以在支票上记载自己为收款人。

(3)出票的效力:依照《票据法》的规定,出票人必须按照签发的支票金额承担保证向持票人付款的责任。这一责任包括两项:一是出票人作成支票并交付之后,出票人必须在付款人处存有足够可处分的资金,以保证支票票款的支付;二是当付款人对支票拒绝付款或者超过支票付款提示期限的,出票人应向持票人承担付款责任。

(4)出票的其他规定。

①禁止签发空头支票。出票人签发的支票金额超过其付款时在付款人处实有存款金额的,为空头支票。

②支票的出票人不得签发与其预留印鉴不符的支票,使用支付密码的,不得签发支付密码错误的支票。

③签发现金支票和用于支取现金的普通支票,必须符合国家现金管理的规定。

④出票人为单位的,印章为财务专用章或公章加法定代表人或其授权代理人的签名或盖章,出票人为个人的,为个人的签名或盖章。

⑤签发支票应当使用碳素墨水或墨汁填写,中国人民银行另有规定的除外。

5.付款

支票属于见票即付的票据,因而没有到期日的规定。我国《票据法》第九十条规定:"支票限于见票即付,不得另行记载付款日期。另行记载付款日期的,该记载无效。"

(1)提示付款期限。《票据法》第九十一条第一款规定:"支票的持票人应当自出票日起10日内提示付款;异地使用的支票,其提示付款的期限由中国人民银行另行规定。"

超过提示付款期限的,付款人可以不予付款,但是付款人不予付款的,出票人仍应当对持票人承担票据责任。由于支票不同于汇票、本票,没有主债务人,出票人处于相当于主债务人的地位,因此必须加重出票人的责任。持票人超过提示付款期限的,并不丧失对出票人的追索权,出票人仍应当对持票人承担支付票款的责任。

(2)付款。持票人在提示期间内向付款人提示付款,付款人在对支票进行审查之后,如未发现有不符规定之处,即应向持票人付款。

《票据法》第八十九条第二款规定:"出票人在付款人处的存款足以支付支票金额时,付款人应当在当日足额付款。"

(3)付款责任的解除。《票据法》第九十二条规定:"付款人依法支付支票金额的,对出票人不再承担受委托付款的责任,对持票人不再承担付款的责任。但是,付款人以恶意或者有重大过失付款的除外。"

(4)兑付支票的要求。

①持票人可以委托开户银行收款或直接向付款人提示付款。用于支取现金的支票仅限于收款人向付款人提示付款。

②持票人委托开户银行收款时,应作委托收款背书,在支票背面背书人签章栏签章,记载"委托收款"字样、背书日期,在被背书人栏记载开户银行名称,并将支票和填制的进账单送交开户银行。

③持票人持用于转账的支票向付款人提示付款时,应在支票背面背书人签章栏签章,并将支票和填制的进账单送交出票人开户银行。收款人持用于支取现金的支票向付款人提示付款时,应在支票背面"收款人签章"处签章,持票人为个人的,还需交验本人身份证件,并在支票背面注明证件名称、号码及发证机关。

【案例3-23】 2017年10月10日,金某公司的开户银行为北港市城南区支行,金某向张某签发一张800 000元的转账支票,他开出支票时账户余额只有120 000元,并且在签发支票时使用蓝色水笔填写,没有签章;张某将800 000元的转账支票送存银行,银行不予转账,退还了该支票;张某将15 000元的现金支票背书转让给何某,何某拒绝接受张某转让的现金支票,认为其不合法。

请分析:在金某对张某开具支票的行为中,支票的出票人、付款人和收款人分别是谁?金某在对张某签发支票时有错吗?错在哪里?张某将现金支票背书转让给何某,遭到拒绝,何某做法是否合理?

【解析】 在金某对张某开具支票的行为中,支票的出票人是金某,付款人是北港市城南区支行,收款人是张某。金某在对张某签发支票时有错,第一,转账支票超出了账户余额;第二,应该用碳素墨水或墨汁填写,但是他用蓝色水笔填写;第三,没有签章。何某做法是合理的,因为现金支票不能背书转让。

【思考与案例回顾】

(1)戊企业提示付款的时间符合规定。《票据法》规定,定日付款、出票后定期付款的票据,自到期日起10日内向承兑人提示付款。

本案例中,出票日为2017年5月10日,3个月到期为2017年8月10日,提示付款日到2017年8月20日,戊企业向Z银行提示付款的时间为2017年8月15日,在规定时间内。

(2)Z银行不能拒绝付款。

《票据法》规定,票据债务人不得以自己与出票人或持票人的前手之间的抗辩事由对抗持票人。

甲企业需承担票据责任。

《票据法》规定,票据债务人只能对基础关系中的"直接相对人"不履行约定义务的行为进行抗辩。凡是善意的、已付对价的正当持票人可以向票据上的一切债务人请求付款,不受前手权利瑕疵和前手相互间抗辩的影响。

乙企业需承担票据责任。

《票据法》规定,如果持票人未在法定期限内(3日)发出追索通知的,持票人仍可以行使追索权,对前手的追索权,在被拒绝付款之日起6个月内。但因延期通知给其前手或者出票人造成损失的,应承担该损失的赔偿责任。

丙企业有权拒绝。

《票据法》规定,质押票据的原背书人对后手的被背书人不承担票据责任,但不影响出票人、承兑人以及原背书人之前手的票据责任。

戊企业与丁企业无票据关系。

质押背书确立的是一种担保关系,而不是票据权利的转让与被转让关系。背书人仍然是票据权利人,被背书人并不因此而取得票据权利。当在背书人不履行其债务的情况下,被背书人才可以行使票据权利。

第四节 银行卡

【思考与案例】

一家建筑公司的负责人小王代理50名农民工开立工资卡,并用自己的身份证开立了单位基本存款账户和一张自用的信用卡,开户后的工资卡并未交到农民工手中,而是由包工头小李保管并使用,包工头在公司发放工资日将卡里的工资全额划入自己的账户,扣除伙食费后再发放给农民工。6个月后发卡机构调整信用卡利率,并于调整前30天通知了小王。小王觉得新利率标准不划算,决定销户。该建筑公司与收单机构签订银行卡受理协议,按约定受理银行卡并委托收单机构为其完成交易资金结算。该建筑公司近期谈成了一笔交易并在当日下达了付款指令,收单机构接受指令并于45日后完成资金结算。请分析此案例存在哪些问题?

一、银行卡的概念和分类

(一)概念

银行卡是指由商业银行向社会发行的具有消费信用、转账结算、存取现金等全部或部分功能的信用支付工具。银行卡作为支付工具的一种,具有使用方便、集多功能于一体的特点。随着商业的发展、科技的进步、人们的消费习惯和用卡习惯的变化,银行卡的功能也越来越丰富,使用范围越来越广泛。如今,银行卡已成为我国居民最广泛使用的非现金支付工具。

(二)分类

1.按功能分为信用卡、借记卡和联名卡

信用卡可以透支,借记卡不具备透支功能。信用卡按是否向发卡银行交存备用金分为贷记卡、准贷记卡两类。贷记卡是指发卡银行给予持卡人一定的信用额度,持卡人可在信用额度内先消费、后还款。准贷记卡是指持卡人须先按发卡银行要求交存一定金额的备用金,当备用金账户余额不足支付时,可在发卡银行规定的信用额度内透支的信用卡。

借记卡主要功能包括消费、存取款、转账、代收付、外汇买卖、投资理财、网上支付等。按功能不同分为转账卡(含储蓄卡)、专用卡和储值卡。转账卡是实时扣账的借记卡,具有转账结算、存取现金和消费功能。专用卡是具有专门用途、在特定区域使用的借记卡,具有转账结算、存取现金功能。"专门用途"是指在百货、餐饮、饭店、娱乐行业以外的用途。储值卡是发卡银行根据持卡人要求将其资金转至卡内储存,交易时直接从卡内扣款的预付钱包式借记卡。

联名卡是商业银行与营利性机构、非营利性机构合作发行的银行卡附属产品,其所依附的银行卡品种必须是经批准的品种,并应当遵守相应品种的业务章程或管理办法。发卡银行和联名单位应当为联名卡持卡人在联名单位用卡提供一定比例的折扣优惠或特殊服务。

2.按币种分为人民币卡和外币卡

外币卡是持卡人与发卡银行以除人民币以外的货币作为清算货币的银行卡。目前国内商户可受理 VISA(维萨)、MasterCard(万事达)、American Express(美国运通)、Diners Club(大来)等信用卡组织发行的外卡。

3.按发行对象分为单位卡(商务卡)、个人卡

4.按信息载体分为磁条卡、芯片(IC)卡

芯片(IC)卡既可应用于单一的银行卡品种,又可应用于组合的银行卡品种。

二、银行卡账户和相关交易

(一)银行卡申领、挂失和注销

1.申领

(1)单位卡。单位申领银行卡应按规定填制申请表,连同有关资料一并送交发卡银行。发卡银行可根据申请人的资信程度,要求其提供担保。凡在中国境内金融机构开立基本存款账户的单位,应当凭中国人民银行核发的开户许可证申领单位卡。

单位人民币卡账户的资金一律从其基本存款账户转账存入,不得存取现金,不得将销货收入存入单位卡账户。单位外币卡账户的资金应从其单位的外汇账户转账存入,不得在境内存取外币现钞。

(2)个人卡。个人申领银行卡(储值卡除外),应当向发卡银行提供公安部门规定的本人有效身份证件,经发卡银行审查合格后,为其开立记名账户。银行卡及其账户只限经发卡银行批准的持卡人本人使用,不得出租和转借。

个人贷记卡申请的基本条件:①年满18周岁,有固定职业和稳定收入,工作单位和户口在常住地的城乡居民;②填写申请表,并在持卡人处亲笔签名;③向发卡银行提供本人及附属卡持卡人、担保人的身份证复印件;外地、境外人员及现役军官以个人名义领卡应出具当地公安部门签发的临时户口或有关部门开具的证明,须提供具备担保条件的担保单位或有当地户口、在当地工作的担保人。

个人人民币卡账户的资金以其持有的现金存入或以其工资性款项、属于个人的合法的劳务报酬、投资回报等收入转账存入,个人外币卡账户的资金以其个人持有的外币现钞存入或从其外汇账户(含外钞账户)转账存入,该外汇账户及存款应符合国家外汇管理局的有关规定。严禁将单位的款项转入个人卡账户存储。

2.挂失

持卡人丧失银行卡,应立即持本人身份证件或其他有效证明,按规定提供有关情况,向发卡银行或代办银行申请挂失,发卡银行或代办银行审核后办理挂失手续。

发卡银行应当提供24小时挂失服务,通过营业网点、客户服务电话或电子银行等渠道及时受理持卡人挂失申请并采取相应的风险管控措施。借记卡的挂失手续办妥后,持卡人不再承担相应卡账户资金变动的责任。

3.销户

持卡人在还清全部交易款项、透支本息和有关费用后,可申请办理销户。销户时,单位人民币卡账户的资金应当转入其基本存款账户,单位外币卡账户的资金应当转回相应的外汇账户,不得提取现金。对于持卡人因死亡等而需办理的注销和清户,应按照我国的继承法和公证法等法规办理。发卡行受理注销之日起45日后,被注销信用卡账户方能清户。

【案例3-24】 荣欣公司在甲银行开立了一个单位人民币借记卡账户。2018年2月6日,荣欣公司向裕祥公司销售A商品一批,价款30万元,荣欣公司要求裕祥公司将购货款汇入其在甲银行开立的借记卡账户。第二天,荣欣公司财务人员将银行卡账户中的10万元转入该公司董事长在乙银行开立的个人银行卡账户。请问荣欣公司的以上做法违反了哪些信用卡业务管理的规定?

【解析】 (1)《银行卡业务管理办法》第二十九条规定,单位人民币卡账户的资金一律从其基本存款账户转账存入,不得存取现金,不得将销货收入存入单位卡账户。本例中,荣欣公司要求裕祥公司将销售A商品的货款存入该借记卡账户违背了上述规定。

(2)《银行卡业务管理办法》规定,个人人民币卡账户的资金以其持有的现金存入或以其工资性款项、属于个人的合法的劳务报酬、投资回报等收入转账存入。但是,严禁将单位的款项存入个人卡账户。本例中,荣欣公司财务人员将单位银行卡账户中的 10 万元转入该公司董事长在乙银行开立的个人银行卡账户,属于公款私存,应按规定追究其责任;甲银行工作人员对上述行为没有认真审查,属于失职行为,也应追究有关责任。

(二)银行卡交易的基本规定

1.单位卡规定

单位人民币卡可办理商品交易和劳务供应款项的结算,但不得透支。单位卡不得支取现金。

2.信用卡规定

信用卡可以预借现金,包括现金提取、现金转账和现金充值。现金提取是指持卡人通过柜面和自助柜员机等,以现钞形式获得信用卡预借现金额度内资金。现金转账是指持卡人将信用卡预借现金额度内资金划转到本人银行结算账户。现金充值是指持卡人将信用卡预借现金额度内资金划转到本人非银行支付系统开立的支付账户。

信用卡持卡人通过自动柜员机(ATM)等自助机具办理现金提取业务,每卡每日累计不得超过 1 万元人民币。发卡银行应当对借记卡持卡人在 ATM 取款设定交易上限,每卡每日累计提款不得超过 2 万元人民币。储值卡的面值或卡内币值不得超过 1 000 元人民币。发卡机构不得将持卡人信用卡预借现金额度内资金划转至其他信用卡,以及非持卡人的银行结算账户或支付账户。

3.发卡机构与持卡人协议约定、发卡机构自主决定的事项

(1)持卡人通过柜面办理现金提取业务,通过各类渠道办理现金转账业务的每卡每日限额,由发卡机构与持卡人通过协议约定。

(2)发卡银行自主决定是否提供信用卡现金充值服务,并与持卡人协议约定每卡每日限额。

(3)信用卡持卡人非现金交易可享受免息还款期和最低还款额待遇,银行记账日到发卡银行规定的到期还款日之间为免息还款期,持卡人在到期还款日前偿付全部银行款项有困难的,可按照发卡银行规定的最低还款额还款。持卡人透支免息还款期和最低还款额待遇的条件和标准,由发卡机构自主决定。

4.违约处理

发卡银行通过下列途径追偿透支款项和诈骗款项:扣减持卡人保证金、依法处理抵押物和质物;向保证人追索透支款项;通过司法机关的诉讼程序进行追偿。

三、银行卡计息及收费

发卡银行对准贷记卡及借记卡(不含储值卡)账户内的存款,按照中国人民银行规定的同期同档次存款利率及计息办法计付利息。发卡银行对贷记卡账户的存款、储值卡(含 IC 卡的电子钱包)内的币值不计付利息。

根据中国人民银行《关于信用卡业务有关事项的通知》规定,对信用卡透支利率实行上限和下限管理,透支利率上限为日利率万分之五,下限为日利率万分之五的 0.7 倍。信用卡透支的计结息方式,以及对信用卡溢缴款收费计付利息及利率标准,由发卡机构自主决定。

发卡机构应在信用卡协议中以显著方式提示信用卡利率标准和计结息方式、免息还款期和最低还款额待遇的条件和标准,以及向持卡人收取违约金的详细情形和收取标准,确保持卡人充分知悉并确认接受。其中,对信用卡利率标准,应注明日利率和年利率。发卡机构调整信用卡利率的,应至少提前 45 个自然日按约定方式通知持卡人。持卡人有权在新利率标准生效之前选择销户,并按已签订的协议偿还相关款项。

对于持卡人违约逾期未还款的,发卡银行应该与持卡人通过协议约定是否收取违约金,以及违约金的收取方式和标准。发卡机构对向持卡人收取的违约金和年费、取现手续费、货币兑换费等不得计收利息。

四、银行卡清算市场

我国自 2015 年 6 月 1 日起放开银行卡清算市场,只要是符合条件的内外资企业,均可申请在中国境内设立银行卡清算机构。在中国境内从事银行卡清算业务,境外支付机构、第三方支付机构、银行等符合条件的机构应当向中国人民银行提出申请,经中国人民银行征求中国银行业监督管理委员会同意后予以批准,依法取得"银行卡清算业务许可证",申请成为银行卡清算机构的,注册资本不低于 10 亿元人民币。

目前,中国银联股份有限公司是唯一经国务院同意,由中国人民银行批准设立的银行卡清算机构。它是在合并全国信用卡信息交换总中心和 18 个城市的银行卡中心的基础上,由中国工商银行、中国银行、中国建设银行、中国农业银行和交通银行等银行卡发卡金融机构共同发起成立的。

五、银行卡收单

(一)概念

银行卡收单业务,是指收单机构与特约商户签订银行卡受理协议,在特约商户按约定受理银行卡并与持卡人达成交易后,为特约商户提供交易资金结算服务的行为。具体来讲,就是持卡人在银行签约商户那里刷卡消费,银行将持卡人刷卡消费的资金在规定周期内结算给商户,并从中扣取一定比例的手续费。

银行卡收单机构,包括从事银行卡收单业务的银行业金融机构,获得银行卡收单业务许可、为实体特约商户提供银行卡受理并完成资金结算服务的支付机构,以及获得网络支付业务许可、为网络特约商户提供银行卡受理并完成资金结算服务的支付机构。

特约商户,是指与收单机构签订银行卡受理协议、按约定受理银行卡并委托收单机构为其完成交易资金结算的企事业单位、个体工商户或其他组织，以及按照国家工商行政管理机关有关规定，开展网络商品交易等经营活动的自然人，其包括实体特约商户和网络特约商户。实体特约商户是指通过实体经营场所提供商品或服务的特约商户。网络特约商户，是指基于公共网络信息系统提供商品或服务的特约商户。

（二）管理规定

1.特约商户管理

收单机构应对特约商户实行实名制管理。收单机构应严格审核特约商户的营业执照等证明文件，以及法定代表人或负责人有效身份证件等材料。特约商户为自然人的，收单机构应当审核其有效身份证件。特约商户使用单位银行结算账户作为收单银行结算账户的，收单机构还应当审核其合法拥有该账户的证明文件。

收单机构应当与特约商户签订银行卡受理协议，就可受理的银行卡种类、开通的交易类型、收单银行结算账户的设置和变更、资金结算周期、结算手续费标准、差错和纠纷处置等事项，明确双方的权利、义务和违约责任。特约商户的收单银行结算账户应当为其同名单位银行结算账户，或其指定的、与其存在合法资金管理关系的单位银行结算账户。特约商户为个体工商户和自然人的，可使用其同名个人银行结算账户。

2.业务与风险管理

收单机构应当建立特约商户检查制度、资金结算风险管理制度、收单交易风险监测系统以及特约商户收单银行结算账户设置和变更审核制度等，以强化业务和风险管理措施。建立对实体特约商户、网络特约商户分别进行风险评级的制度，对于风险等级较高的特约商户，收单机构应当对其开通的受理卡种和交易类型进行限制，并采取强化交易监测、设置交易限额、延迟结算、增加检查频率、建立特约商户风险准备金等措施。

收单机构应按协议约定及时将交易资金结算到特约商户的收单银行结算账户，资金结算时限最迟不得超过持卡人确认可直接向特约商户付款的支付指令生效日后 30 个自然日。收单机构应当根据交易发生时的原交易信息发起银行卡交易差错处理、退货交易，将资金退至持卡人原银行卡账户。若持卡人原银行卡账户已撤销的，应当退至持卡人指定的本人其他银行账户。

收单机构发现特约商户发生疑似银行卡套现、洗钱、欺诈、移机、留存或泄露持卡人账户信息等风险事件的，应当对特约商户采取延迟资金结算、暂停银行卡交易或收回受理终端，即关闭网络支付接口等措施，并承担因未采取措施导致的风险损失责任。

（三）银行卡 POS 收单业务规定

POS 机又称多功能终端，是安装在特约商户内，为持卡人提供授权、消费、结算等服务的专用电子支付设备，也是能够保证银行交易处理信息安全的实体支付终端。目前国内银行卡 POS 交易的转接和资金清算由中国银联负责。境外银行卡 POS 交易的转接和转接清算由国际发卡组织负责。

银行卡 POS 收单业务通过以下流程完成：

（1）收银员审查银行卡，刷卡输入交易金额。

（2）持卡人确认消费金额并输入交易密码。

（3）交易信息通过中国银联输送至发卡机构。

（4）发卡机构系统检查卡片有效性、验证密码和账户余额，并发送交易处理结果信息（通过检查和验证后扣减持卡人账户资金并发送成功信息，未通过发送失败信息）。

（5）中国银联把交易处理信息结果返回给受理机具。

（6）若交易成功，受理机具打印单据。

（7）持卡人在消费单据上签名，收银员保管好交易单据。

（8）中国银联每日 23：00 进行日终处理，按成员机构代号进行轧差清算，次日通过现代化支付系统直接拨收成员机构清算资金。

（9）成员机构次日从中国银联下载商户交易明细，对商户进行资金入账并向特约商户提供交易明细。

（四）结算收费

收单机构向商户收取的收单费用由收单机构与商户协商确定。发卡机构向收单机构收取的发卡行服务费实行政府指导价、上限管理，借记卡交易不超过交易金额的 0.35%，单笔收费不超过 13 元。贷记卡交易不超过交易金额的 0.45%，不再区分商户类别。对于非营利的医疗、教育等机构全额免除。从 2016 年 9 月 6 日起，对超市、大型仓储式卖场、水电煤气缴费、加油、交通运输等实行优惠服务费的 2 年过渡期。

【思考与案例回顾】

该案例存在以下问题：凡在中国境内金融机构开立基本存款账户的单位，应当凭中国人民银行核发的开户许可证申领单位卡，小王用自己的身份证开立单位卡的做法不对；50 户银行卡账户在开立后一直处于非本人使用的状态，间接形成了出租、出借账户，违反了银行卡及其账户只限经发卡银行批准的持卡人本人使用的规定；发卡机构调整信用卡利率的，应至少提前 45 个自然日按照约定方式通知持卡人，此案例只提前了 30 日；建筑公司与收单机构签订银行卡受理协议，收单机构应该及时将交易资金结算到特约商户的收单银行结算账户，资金结算时限最迟不得超过持卡人确认可直接向特约商户付款的支付指令生效日后 30 个自然日，此案例中收单机构接受指令并于 45 日后才完成资金结算。

第五节　网上支付

【思考与案例】

　　小王是 D 大学的大一学生,早上 8:30,小王去便利店用微信支付的方式买了两个包子和一瓶牛奶。9:30 小王打开淘宝 App 买了两件新衣服,用支付宝付款。14:30 小王的好朋友找小王借钱,小王用手机银行给他转了账。17:30 小王应朋友之约去饭店吃饭,用手机打车付费。18:30 朋友聚餐结束,采用 AA 制付款,小王用手机银行进行支付。在此案例中,小王使用了哪些支付方式?

　　根据《电子支付指引(第一号)》的规定,电子支付是指单位、个人直接或授权他人通过电子终端发出支付指令,实现货币支付与资金转移的行为。电子支付可以分为网上支付、电话支付、移动支付、销售点终端交易、自动柜员机交易和其他电子支付等类型。依托公共网络或专用网络在收付款人之间转移货币资金的支付方式包括网上支付、移动电话支付、固定电话支付、数字电视支付等,其中,使用最为广泛的是网上支付和移动支付。

　　网上支付是电子支付的一种形式,是指通过互联网进行货币支付、现金流转、资金清算等行为,通常以银行为中介。网上支付又包括网上银行支付和第三方支付。

一、网上银行

(一)概念

　　网上银行(Internet Bank or E-bank),是银行在互联网上设立虚拟银行柜台,使传统的银行服务借助于网络与信息技术手段在互联网上实现,因此网上银行也称网络银行。因不受时间、空间限制,能够在任何时间、任何地点、以任何方式为客户提供金融服务,网上银行又被称为"3A 银行"。

(二)分类

1.按主要服务对象分为企业网上银行和个人网上银行

　　(1)企业网上银行主要适用于企事业单位,企事业单位可以通过企业网上银行适时了解企业的财务运作情况,及时调度资金,轻松处理大批量的网络支付和工资发放业务,并可以处理信用证相关业务。

　　(2)个人网上银行主要适用于个人与家庭,个人可以通过个人网上银行实行查询、转账、网络支付和汇款等功能。

2.按经营组织分为分支型网上银行和纯网上银行

分支型网上银行是指现有的传统银行利用互联网作为新的服务手段,建立银行站点,提供在线服务而设立的网上银行。纯网上银行本身就是一家银行,是专门为提供在线银行服务而成立的,通常只有一个站点。

3.按业务种类分为零售银行和批发银行

零售银行是指向个人、家庭消费者和中小企业提供综合性、一体化的金融服务的银行。批发银行主要是指为大企业、事业单位和社会团体提供大额资金服务的银行。

(三)主要功能

网上银行利用 Internet 和 HTML 技术,能够为客户提供更综合、更安全、更便捷的银行服务,既可以提供对公服务,也可以提供对私的全方位银行业务服务,还可以为客户提供跨国的支付与清算等其他贸易和非贸易的银行业务服务。

1.企业网上银行子系统

企业网上银行子系统目前能够支持所有的对公企业客户,能够为客户提供网上账务信息服务、资金划拨、网上 B2B 支付和批量支付等服务,使集团公司总部能对其分支机构的财务活动进行实时监控,随时获得其账户的动态情况。其主要业务功能包括以下内容:

(1)账户信息查询。能够为企业客户提供账户信息的网上在线查询、网上下载和电子邮件发送账务信息等服务,包括账户的余额、当日明细和历史明细等。

(2)支付指令。该业务能够为客户提供集团、企业内部各分支机构之间的账务往来,也能提供集团、企业之间的账务往来,并且支持集团、企业向他行账户进行付款。

(3)B2B(Business to Business),即网上支付。B2B 商业机构之间的商业往来活动,指的是企业与企业之间进行的电子商务活动。B2B 网上支付能够为客户提供网上 B2B 支付平台。

(4)批量支付。能够为企业客户提供批量付款(包括同城、异地及跨行转账业务)、代发工资、一付多收等批量支付功能。企业客户只需要按银行要求的格式生成数据文件,通过安全通道传送给银行,银行负责系统安全及业务处理,并将处理结果反馈给客户。

2.个人网上银行子系统

个人网上银行子系统主要提供银行卡、本外币活期一本通客户账务管理、信息管理、网上支付等功能。其具体业务功能包括:

(1)账户信息查询。系统为客户提供信息查询功能,能够查询银行卡的人民币余额和活期一本通的不同币种的钞、汇余额;提供银行卡在一定时间段的历史明细数据查询;下载包含银行卡、活期一本通等一定时间段的历史明细数据的文本文件;查询使用信用卡进行网上支付后的支付记录。

（2）人民币转账业务。系统能够提供个人客户本人的或与他人的银行卡之间的卡对卡转账服务。系统在转账功能上严格控制了单笔转账最大限额和当日转账最大限额，使客户的资金安全有一定的保障。

（3）银证转账业务。银行卡客户在网上能够进行银证转账，可以实现银证互转、查询证券资金余额等功能。

（4）外汇买卖业务。客户通过网上银行系统能够进行外汇买卖，可以实现外汇即时买卖、外汇委托买卖、查询委托明细、查询外汇买卖历史明细、撤销委托等功能。

（5）账户管理业务。系统提供客户对本人网上银行各种权限功能、客户信息的管理以及账户的挂失。

（6）B2C（Business to Customer）网上支付。B2C 是商业机构对消费者的电子商务，指的是企业与消费者之间进行的在线式零售商业活动。个人客户在申请开通网上支付功能后，能够使用本人的银行卡进行网上购物后的电子支付。通过账户管理功能，客户还能够随时选择使用哪一张银行卡来进行网上支付。

（四）主要业务流程

1.开户

客户可以通过两种方式开通网上银行：一是客户前往银行柜台办理；二是客户先网上自助申请，后到柜台签约。

使用网上交易的用户申请证书的流程如下：

（1）客户使用浏览器通过 Internet 登录到网银中心的"申请服务器"，即数据库上，填写开户申请表，提交申请。

（2）网银中心将开户申请信息通过内部网以邮件形式发送到签约柜台。

（3）客户持有效身份证件和账户凭证到签约柜台办理签约手续，签约柜台核实客户有效证件及账户凭证的真实性，同时参照网银中心传来的客户开户申请，核实客户的签约账户申请信息；然后将核实的客户信息通过电子邮件或传真等方式返回给网银中心。

（4）网银中心根据签约柜台核实后的邮件或传真，进行申请的初审和复审，并录入复审后的申请客户信息，为其生成证书申请，通过内部网以邮件方式发送到 CA 中心。

（5）CA 中心为客户申请签发证书，并将证书放置到客户从 Internet 网上可以访问的目录服务器上；然后通知网银中心，网银中心通过邮件通知客户从指定地址下载 CA 证书。

（6）客户下载并安装证书后，即可进入网上银行系统，进行网上交易。

2.交易

网上银行的具体交易流程如下：

（1）网上银行客户使用浏览器通过 Internet 连接到网银中心，并发出网上交易请求。

（2）网银中心接收、审核客户的交易请求，经过通信格式转换，将交易请求转发给相应成员行的业务主机。

（3）成员行业务主机完成交易处理,并返回处理结果给网银中心。

（4）网银中心对交易结果进行再处理后,返回相应信息给客户。

二、第三方支付和移动支付

（一）第三方支付

1.概念

第三方支付是指具备一定实力和信誉保障的独立机构,采用与各大银行签约的方式,通过与银行支付结算系统接口对接而促成交易双方进行交易的网络支付模式。第三方支付的特点是独立于商户和银行,为客户提供方便快捷、安全可靠的支付结算服务。

中国人民银行在《非金融机构支付服务管理办法》中指出:第三方支付是非金融机构作为收、付款人的支付中介所提供的网络支付、预付卡发行与受理、银行卡收单以及中国人民银行确定的其他支付服务。随着支付结算方法得到互联网技术发展的进一步支持,第三方支付成为一个集线上、线下于一体,提供移动支付、电话支付、预付卡支付于一体的综合支付服务工具。

2.第三方支付的主要形式

第三方支付主要分为线上支付和线下支付。

①线上支付是指通过互联网实现的用户和商户、商户之间在线货币支付、资金清算、查询统计等过程。

②线下支付是指不通过互联网线上的方式购买商品、服务所进行的资金支付行为。线下支付的形式包括POS机刷卡支付、拉卡拉等自助终端支付、电话支付、手机近端支付、电视支付等。

3.第三方支付的行业分类及主流品牌

（1）行业分类。目前第三方支付机构主要有两类模式,即金融型支付企业和互联网支付企业。

①金融型支付企业,是以银联商务、快钱、易宝支付、汇付天下、拉卡拉等为典型代表的独立第三方支付模式,其不负有担保功能,仅仅为用户提供支付产品和支付系统解决方案,侧重行业需求和开拓行业应用,是立足企业端的金融型支付企业。

②互联网支付企业,是以支付宝、财付通等为典型代表的,依托于自由的电子商务网站,并提供担保功能的第三方支付模式,以在线支付为主,是立足于个人消费者端的互联网支付企业。

（2）主流品牌。截至2018年1月,全国共有243家支付机构获得了由中国人民银行颁发的支付业务许可证。目前,国内的第三方支付品牌,在支付市场互联网转接交易规模三甲分别是支付宝、银联商务和财付通,其他的包括银联在线、快钱、汇付天下、百度钱包等也占有重要份额。

4.第三方支付的开户要求

第三方支付机构为个人开立支付账户的,同一人在同一家机构只能开立一个Ⅲ类账户。第三方支付机构为单位开立支付账户的,应当要求单位提供相关证明,并自主或者委托合作机构进行面对面核实身份,或通过3个合法外部渠道对单位基本信息进行多重交叉验证,以实现非面对面核实身份。

5.第三方支付交易流程

在第三方支付模式下,支付者必须在第三方支付机构平台上开立账户,向第三方支付机构平台提供信用卡信息或账户信息,在账户中"充值",通过支付平台将该账户中的虚拟资金划转到收款人的账户,完成支付行为。收款人可以在需要时将账户中的资金兑成实体的银行存款。第三方平台结算支付模式的资金划拨是在平台内部进行的,此时划拨的是虚拟资金。真正的实体资金还需要通过实际支付层来完成。

第一步,客户在电子商务网站上选购商品,提交购买时出现第三方支付的选项,客户选择利用第三方支付,客户同意将货款从银行卡划到第三方,第三方支付平台将客户已经付款的消息通知商家,并要求商家在规定的时间发货。

第二步,商家收到通知后按照订单发货。

第三步,客户收到货物并验证后通知第三方。

第四步,第三方将其账户上的货款划入商家账户中,交易完成。

(二)移动支付

1.概念

中国人民银行于2005年颁布的《电子支付指引(第一号)》指出,移动支付是指单位、个人直接或授权他人通过移动通信终端或设备(如手机、掌上电脑)发出支付指令,实现货币支付与资金转移的行为。中国银联认为,移动支付是指用户使用移动手持设备,通过无线网络(包括移动通信网络和广域网)购买实体或者虚拟物品以及各种服务的一种新型支付方式。这两种界定明确了移动支付的主要特征:移动支付主体为单位或者个人,移动支付方式是通过移动通信终端或设备发出支付指令实现的,移动支付的目的是购买产品或者服务。移动支付不仅能给移动运营商带来增值收益,而且可以增加银行业的中间业务收入,同时能够帮助双方有效提高其用户的黏性和忠诚度。

2.移动支付的主要形式

(1)运营商计费。运营商计费的支付模式是指整个支付过程由运营商包办,用户只要发送短信授权即可,运营商为用户处理整个支付过程,并抽取一部分利润,用户所支付的费用会直接被包含在手机账单中。

(2)NFC支付。NFC技术是一种短距离的高频无线通信技术,允许电子设备之间进行非接触式的点对点数据传输(在10厘米内)。NFC移动支付可以让人们完全脱离POS机,通过手机或 NFC 设备近距离完成支付过程。目前,部分地区的公交 IC 卡、门禁卡等已使用了这种技术。

(3)刷卡支付。刷卡支付是指用户利用硬件厂商提供的移动读卡器,并且要配合智能手机使用,可以在任何 5G 或 Wi-Fi 网络状态下,通过应用程序匹配刷卡消费,它使消费者、商家可以在任何地方进行付款和收款,并保存相应的消费信息,大大降低了刷卡消费支付的技术门槛和硬件需求。

(4)应用支付。应用支付是通过在智能手机上使用 App 应用以实现支付的方式。其工作机制非常简单,通过扫描二维码(Barcode)或其他的形式来对商品完成支付。

3.移动支付的当事人

(1)消费者是指那些持有移动设备并且愿意用它来购买商品的组织和个人。消费者是整个移动支付过程的发起者,他的行为包括在第三方信用机构注册、查询所购商品的品种和内容、支付结算的授权和商品与服务接收。

(2)商业机构出售产品或提供服务给消费者。它在接收到消费者的购买请求后,向支付平台运营商传递收费信息;收到支付平台运营商的收费完成信息之后,把商品提供给消费者。

(3)移动运营商在移动支付中是连接消费者、金融机构和商业机构的重要桥梁。在移动支付中消费者有权向移动运营商发出信息指令,移动运营商有义务将用户的信息在指定的时间传输到银行,当然消费者应向移动运营商支付相应通信费用。

(4)银行是移动支付中的支付中介,其支付的依据是银行与消费者所订立的金融服务合同。在移动支付中,银行的基本义务是依照客户的指示,准确、及时地完成电子资金划拨。

(5)支付平台运营商在移动支付产业链中处于核心地位,负责支付结算的过程。根据我国目前移动支付商业模式(以移动运营商为运营主体的移动支付业务、以银行为运营主体的移动支付业务和以独立的第三方为运营主体的移动支付业务),支付平台运营商分别由移动运营商、银行和独立的支付平台运营商来担当。

(6)认证机构即在网上建立的一种权威的、可信赖的、公正的第三方信任机构,为参与移动支付交易各方的各种认证要求提供证明服务,建立彼此的信任机制,使交易及支付各方能够确认其他各方的身份。认证机构承担第三方信用机构的角色,它们提供信用信息,接受消费者和商业机构的注册,为支付平台运营商提供认证服务,防范交易及支付过程中的欺诈行为。

【案例 3-25】 小张在某网站购物,支付结算时该网站提示小张选择支付方式:A.银行卡支付,B.支付宝支付,C.微信支付,D.百度钱包支付。小张最终选择了支付宝支付。在进行支付时小张又选择了支付宝绑定账号——其在甲银行开立的信用卡。请问,小张此次网购使用的是什么支付方式?

【解析】 小张此次网购使用的是第三方支付方式。第三方支付是指具备一定实力和信誉保障的独立机构,采用与各大银行签约的方式,通过与银行支付结算系统接口对接而促成交易双方进行交易的网络支付模式。第三方支付是非银行支付机构。本例中,小张选择的支付宝支付属于第三方支付,其在支付宝上绑定的银行卡就是第三方支付机构与银行进行支付结算对接,通过支付平台将该账户中的虚拟资金划转到收款人的账户,完成支付行为。

【思考与案例回顾】

小王使用了移动支付方式,用手机银行给朋友汇了款,支付了车费和餐费。个人网上银行电子系统具体业务包括账户信息查询、人民币转账业务、外汇买卖业务、账户管理业务、B2C 网上支付。小王这天进行了人民币转账业务和 B2C 网上支付,使用第三方支付方式,微信支付了早餐费,支付宝支付了衣服费。

第六节　结算方式和其他支付工具

【思考与案例】

甲公司与乙公司达成一笔销售协议,由于乙公司是外地企业,甲公司以电汇的方式委托银行将款项支付给乙公司。4 月 5 日,甲公司去银行办理电汇业务,业务办理完成后,甲公司发现交易存在问题并及时向银行申请撤销。4 月 15 日,甲公司与乙公司重新签订购货合同,甲公司购买由乙公司代销的丙公司的货物 8 000 元。4 月 18 日,乙公司发货后委托银行向甲公司收取款项。4 月 21 日,甲公司收到运输部门发出的提货通知,在验货无误后于 5 月 2 日付款。4 月 28 日,甲公司收到由 A 银行所开立的不可撤销、不可转让的跟单信用证,根据之前的销售合同与信用证规定对比发现,条件基本相同,但信用证规定货物未套包装麻袋。甲公司完全依据信用证规定,即未套包装麻袋。丁公司称未套包装麻袋而拒绝付款。请分析该案例使用了哪些结算方式,是否符合规定?

一、汇兑

(一)概述

1.概念

汇兑是汇款人委托银行将其款项支付给收款人的结算方式。汇兑简便灵活,适用于单位和个人的各种款项的结算,且不受金额起点的限制。

2.种类

汇兑分为信汇、电汇两种,信汇是以邮寄方式将汇款凭证转给外地收款人指定的汇入银行,而电汇是以电报方式将汇款凭证转发给收款人指定的汇入银行。由于电汇更加快捷,目前主要的汇兑方式是电汇。单位和个人的各种款项的结算,均可使用汇兑结算方式。

(二)基本流程

1.汇款人按要求签发汇兑凭证

签发汇兑凭证必须记载下列事项:"信汇"或"电汇"的字样;无条件支付的委托;确定的金额;收款人名称;汇款人名称;汇入地点、汇入行名称;汇出地点、汇出行名称;委托日期;汇款人签章。汇兑凭证记载的汇款人、收款人在银行开立存款账户的,必须记载其账号。汇款人和收款人均为个人,需要在汇入银行支取现金的,应在信汇、电汇凭证的"汇款金额"大写栏,先填写"现金"字样,后填写汇款金额。收款人为个人的,需要到汇入银行领取汇款,汇款人应在汇兑凭证上注明"留行待取"字样。

2.汇出银行受理

汇出银行受理汇款人签发的汇兑凭证,经审查无误后,应及时向汇入银行办理汇款,并向汇款人签发汇款回单。汇款回单只能作为汇出银行受理汇款的依据,不能作为该笔汇款已转入收款人账户的证明。

3.汇入银行处理

(1)汇入银行对开立存款账户的收款人,应将汇入的款项直接转入收款人账户,并向其发出收账通知。收账通知作为银行将款项转入收款人账户的凭据。

(2)未在银行开立存款账户的收款人,凭取款通知或"留行待取"的汇兑凭证,向汇入银行支取款项,必须交验本人的身份证件,注明证件名称、号码及发证机关,并在"收款人签章"处签章。

支取现金的,信汇、电汇凭证上必须有按规定填明的"现金"字样,才能办理。未填明"现金"字样需要支取现金的,由汇入银行按照国家现金管理规定审查支付。

转账支付的,应由原收款人填制支款凭证,并由本人向银行交验其身份证件办理支付款项。

(三)汇兑的撤销和退汇

1.撤销

汇款人对汇出银行尚未汇出的款项可以申请撤销。申请撤销时,应出具正式函件或本人身份证件,汇出银行应收回原信汇、电汇回单。

2.退汇

汇入银行对于收款人拒绝接受的汇款,应立即办理退汇。汇入银行对于向收款人发出取款通知,经过2个月无法交付的汇款,应主动办理退汇。

【案例3-26】　小张是大学毕业生,2018年2月应聘到P市甲公司做财务工作,3月18日,财务主管要求小张到银行办理汇款。小张持现金和加盖了甲公司财务印鉴的电汇凭证到甲公司开户银行A办理汇款业务。小张不知道应该如何办理,询问了该银行工作人员,小张告知银行工作人员,款项将汇往N市B银行,收款人为乙公司。A银行工作人员告知小张,应先向其银行结算账户缴存现金后才能办理电汇业务,提醒其注意在电汇凭证上填写账号;大写金额栏不要填写"现金"字样。请分析A银行工作人员的做法是否正确?

【解析】 根据《支付结算办法》的规定,汇款人和收款人均为个人,需要在汇入银行支取现金的,应在信汇、电汇凭证的汇款金额大写栏,先填写"现金"字样,后填写汇款金额。本例中,汇款人和收款人均为企业,它们之间的资金汇划应通过转账结算,因此汇款人甲公司的汇出款项应通过其银行结算账户支付,不能采取交付现金的方式。因此,A银行工作人员的做法是正确的。

二、托收承付

(一)概述

托收承付是根据购销合同由收款人发货后委托银行向异地付款人收取款项,由付款人向银行承认付款的结算方式。托收承付结算款项的划回方法,包括邮寄和电报两种,收款人可自由选择。托收承付结算每笔的金额起点为1万元,新华书店系统每笔的金额起点为1 000元。

《支付结算办法》对托收承付的适用规定了较为严格的条件。

(1)使用托收承付结算方式的收款单位和付款单位,必须是国有企业、供销合作社以及经营管理较好并经开户银行审查同意的城乡集体所有制工业企业。

(2)办理托收承付结算的款项,必须是商品交易以及因商品交易而产生的劳务供应的款项。代销、寄销、赊销商品的款项,不得办理托收承付结算。

(3)收付双方使用托收承付结算必须签有符合法律规定的买卖合同,并在合同上订明使用异地托收承付结算方式。

(4)收款人办理托收,必须具有商品确已发运的证件(包括铁路、航运、公路等运输部门签发的运单、运单副本和邮局包裹回执等),没有发运证件,可凭其他有关证件办理。

(5)收付双方办理托收承付结算,必须重合同、守信用。收款人对同一付款人发货托收累计3次收不回货款的,收款人开户银行应暂停收款人向该付款人办理托收;付款人累计3次提出无理拒付的,付款人开户银行应暂停其向外办理托收。

(二)托收承付的程序

1.签发

签发托收凭证必须记载下列事项:表明"托收"的字样;确定的金额;付款人名称及账号;收款人名称及账号;付款人开户银行名称;收款人开户银行名称;托收附寄单证张数或册数;合同名称、号码;委托日期;收款人签章。

2.托收

托收是指收款人根据买卖合同发货后,委托银行向付款人收取款项。

收款人办理托收,应填制托收凭证,盖章后并附发运证件或其他符合托收承付结算的有关证明和交易单证送交银行。

收款人开户银行接到托收凭证及其附件后,应当按照托收范围、条件和托收凭证填写的要求认真进行审查。经审查无误的,将有关托收凭证连同交易单证,一并寄交付款人开户行。

3.承付

付款人开户银行收到托收凭证及其附件后,应当及时通知付款。付款人应在承付期内审查核对,安排资金。承付货款分为验单付款和验货付款两种,收付双方协商选用,并在合同中明确规定。

验单付款的承付期为 3 天,从付款人开户银行发出承付通知的次日算起(承付期内遇法定休假日顺延);验货付款的承付期为 10 天,从运输部门向付款人发出提货通知的次日算起。付款人在承付期内,未向银行表示拒绝付款,银行即视作承付,并在承付期满的次日上午银行开始营业时,将款项划给收款人。不论验单付款还是验货付款,付款人都可以在承付期内提前向银行表示承付,并通知银行提前付款,银行应立即办理划款。

4.拒绝付款

对下列情况,付款人可在承付期内向银行提出拒绝全部或部分付款:

(1)没有签订购销合同或购销合同未订明托收承付结算方式的款项。

(2)未经双方事先达成协议,收款人提前交货,或因逾期交货,付款人不再需要该项货物的款项。

(3)未按合同规定的到货地址发货的款项。

(4)代销、寄销、赊销商品的款项。

(5)验单付款,发现所列货物的品种、规格、数量、价格与合同规定不符,或货物已到,经查验货物与合同规定或与发货清单不符的款项。

(6)验货付款,经查验货物与合同规定或与发货清单不符的款项。

(7)货款已经支付或计算有错误的款项。

5.重办

收款人对被无理拒绝付款的托收款项,在收到退回的结算凭证及其所附单证后,需要委托银行重办托收。经开户银行审查,确属无理拒绝付款,可以重办托收。

三、委托收款

(一)概述

委托收款是收款人委托银行向付款人收取款项的结算方式。可以使用委托收款结算方式的情形有：单位和个人凭已承兑商业汇票、债券、存单等付款人债务证明办理款项的结算。委托收款结算款项的划回方式，分邮寄和电报两种，收款人自由选择。委托收款在同城、异地均可以使用。

（二）程序

1.签发

签发托收凭证必须记载下列事项：表明"托收"的字样；确定的金额；付款人名称；收款人名称；委托收款凭据名称及附寄单证张数；委托日期；收款人签章。

委托收款以银行以外的单位为付款人的，委托收款凭证必须记载付款人开户银行名称；以银行以外的单位或在银行开立存款账户的个人为收款人的，委托收款凭证必须记载收款人开户银行名称；未在银行开立存款账户的个人为收款人的，委托收款凭证必须记载被委托银行名称。

2.委托

收款人办理委托收款应向银行提交委托收款凭证和有关的债务证明。如水电费单、电话费单等。

3.付款

银行接到寄来的委托收款凭证及债务证明，审查无误后办理付款。

（1）以银行为付款人的，银行应当在当日将款项主动支付给收款人。

（2）以单位为付款人的，银行应及时通知付款人，需要将有关债务证明交给付款人的应交给付款人。付款人应于接到通知的当日书面通知银行付款。付款人未在接到通知日的次日起3日内通知银行付款的，视同付款人同意付款，银行应于付款人接到通知日的次日起第4日上午开始营业时，将款项划给收款人。银行在办理划款时，付款人存款账户不足支付的，应通过被委托银行向收款人发出未付款项通知书。

4.拒绝付款

付款人审查有关债务证明后，对收款人委托收取的款项需要拒绝付款的，可以办理拒绝付款。以银行为付款人的，应自收到委托收款及债务证明的次日起3日内出具拒绝证明，连同有关债务证明、凭证寄给被委托银行，转交收款人；以单位为付款人的，应在付款人接到通知日的次日起3日内出具拒绝证明，持有债务证明的，应将其送交开户银行。银行将拒绝证明、债务证明和有关凭证一并寄给被委托银行，转交收款人。

四、国内信用证

（一）概述

1.概念

国内信用证，是指银行依照申请人的申请开立的、对相符交单予以付款的承诺。我国的信用证是以人民币计价、不可撤销的跟单信用证。信用证适用于银行为国内企事业单位之间货物和服务贸易提供结算服务。只能用于转账结算,不得支取现金。

2.分类

信用证按付款期限分为即期信用证和远期信用证。即期信用证,开证应在收到相符单据次日起 5 个营业日内付款。远期信用证,开证行应在收到相符单据次日起 5 个营业日内确认到期付款,并在到期日付款。远期信用证包括:单据日后定期付款、见单后定期付款、固定日付款等。信用证付款期最长不超过一年。

(二)基本程序

1.开证

(1)申请。开证申请人办理开证业务时,应当填具开证申请书、信用证申请人承诺书,并提交有关购销合同。

(2)受理。开证行根据申请人提交的开证申请书、信用证申请人承诺书及购销合同决定是否受理开证业务。开证行在决定受理该项业务时,应向申请人收取一定数额的保证金,并可根据申请人资信情况要求其提供抵押、质押或由其他金融机构出具保函。

(3)开证。开立信用证可以采取信开和电开方式。信开信用证,由开证行加盖业务用章寄送通知行,同时应视情况需要以双方认可的方式证实信用证的真实有效性;电开信用证,由开证行以数据电文发送通知行。信用证应使用中文开立,信用证记载的基本条款包括:表明"国内信用证"的字样;开证申请人名称及地址;开证行名称及地址;受益人名称及地址;通知行名称;开证日期;信用证编号;不可撤销信用证;信用证有效期及有效地点;是否可转让;是否可保兑;是否可议付;信用证金额;付款期限;货物及服务描述;溢短装条款;货物贸易项下的运输交货或服务贸易项下的服务提供条款;单据条款;交单期;信用证项下相关费用承担方;开证行保证文句;其他条款。

2.保兑

保兑是指保兑行根据开证行的授权或要求,在开证行承诺之外作出的对相符交单付款、确认到期或议付的确定承诺。

3.修改

开证申请人需对已开立的信用证内容修改的,应向开证行提出修改申请,明确修改的内容。信用证受益人同意或拒绝接受修改的,应提供接受或拒绝修改的通知。

4.通知

通知行可由开证申请人指定,开证申请人没有指定的,开证行有权指定通知行。通知行可自行决定是否通知。通知行同意通知的,应于收到信用证次日起 3 个营业日内通知受益人。

5.转让

转让是指应第一受益人的要求,将可转让信用证的部分或者全部转为可由第二受益人兑用。可转让信用证只能转让一次。

6.议付

议付是指可议付信用证项下单证相符或在开户行或保兑行已确认到期付款的情况下,议付行在收到开证行或保兑行付款前购买单据、取得信用证项下索款权利,向受益人预付或同意预付资金的行为。信用证未明示可议付,任何银行不得办理议付;信用证明示可议付,未被指定为议付行的银行不得办理议付,被指定的议付行可自行决定是否办理议付。受益人请求议付的,议付行在受理议付申请的次日起5个营业日内审核信用证规定的单据并决定议付的,办理议付。

7.索偿

议付行将注明付款提示的交单面函(寄单通知书)及单据寄开证行或保兑行索偿资金。索偿金额不得超过单据金额。

8.寄单索款

受益人委托交单行交单,应在信用证交单期和有效期内填制信用证交单委托书,交单行应在收单次日起5个营业日内对其审核相符的单据寄单。

9.付款

开证行或保兑行在收到交单行寄交的单据及交单面函或受益人直接递交的单据的次日起5个营业日内,及时核对是否为相符交单。单证相符或单证不符但开证行或保兑行接受不符点的,对即期信用证,应在收到单据次日起5个营业日内支付相应款项给交单行或受益人。对远期信用证,应在收到单据次日起5个营业日内发出到期付款确认书,并于到期日支付款项给交单行或受益人。

申请人交存的保证金和其存款账户余额不足支付的,开证行仍应在规定的付款时间内进行付款。对不足支付的部分作逾期贷款处理。

10.注销

注销是指开证行对信用证未支用的金额解除付款责任的行为。开证行、保兑行、议付行未在信用证有效期内收到单据的,开证行可在信用证逾有效期1个月后予以注销。

五、预付卡

(一)概述

1.概念

预付卡是指发卡机构以特定载体和形式发行的、可在发卡机构之外购买商品或服务的预付价值。近年来,随着信息技术发展和小额支付服务市场的不断创新,商业预付卡市场发展迅速。

2.分类

(1)按发卡人不同分为两类:一类是专营发卡机构发行,可跨地区、跨行业、跨法人使用的多用途预付卡;另一类是商业企业发行,只在本企业或同一品牌连锁商业企业购买商品、服务的单用途预付卡。

(2)按是否记载持卡人身份信息分为记名预付卡和不记名预付卡。

(3)按信息载体不同分为磁条卡、芯片(IC)卡。

本节所讲述的预付卡为多用途预付卡。

(二)预付卡的相关规定

2012 年 11 月 1 日,中国人民银行公布实施《支付机构预付卡业务管理办法》,基本形成了针对预付卡的监管制度体系。

1.限额

预付卡以人民币计价,不具有透支功能。单张记名预付卡资金限额不得超过 5 000 元,单张不记名预付卡资金限额不得超过 1 000 元。

2.期限

预付卡可以在卡面记载有效期限或有效期截止日。记名预付卡可挂失,可赎回,不得设置有效期;不记名预付卡不挂失,不赎回,有效期不得低于 3 年。超过有效期尚有资金余额的预付卡,可通过延期、激活、换卡等方式继续使用。

3.办理

个人或单位购买记名预付卡或一次性购买不记名预付卡 1 万元以上的,应当使用实名并向发卡机构提供有效身份证件。发卡机构应当识别购卡人、单位经办人的身份,核对有效身份证件,登记身份基本信息,并留存有效身份证件的复印件或影印件。代理他人购买预付卡的,发卡机构应当采取合理方式确认代理关系,核对代理人和被代理人的有效身份证件,登记代理人和被代理人的身份基本信息,并留存代理人和被代理人的有效身份证件的复印件或影印件。使用实名购买预付卡的,发卡机构应当登记购卡人姓名或单位名称、单位经办人姓名、有效身份证件名称和号码、联系方式、购卡数量、购卡日期、购卡总金额、预付卡卡号及金额等信息。单位一次性购买预付卡 5 000 元以上,个人一次性购买预付卡 5 万元以上的,应当通过银行转账等非现金结算方式购买,不得使用现金。购卡人不得使用信用卡购买预付卡。

4.充值

预付卡只能通过现金或银行转账方式进行充值,不得使用信用卡为预付卡充值。一次性充值金额 5 000 元以上的,不得使用现金。单张预付卡充值后的资金余额不得超过规定限额。预付卡现金充值通过发卡机构网点进行,单张预付卡日累计现金充值在 200 元以下的,可通过自助充值终端、销售合作机构代理等方式充值。

5.使用

预付卡在发卡机构拓展、签约的特约商户中使用,不得用于或变相用于提取现金,不得用于购买、交换非本发卡机构发行的预付卡、单一行业卡及其他商业预付卡或向其充值,卡内资金不得向银行账户或向非本发卡机构开立的网络支付账户转移。

6.赎回

记名预付卡可在购卡 3 个月后办理赎回,赎回时,持卡人应当出示预付卡及购卡人的有效身份证件。由他人代理赎回的,应当同时出示代理人和被代理人的有效身份证件。单位购买的记名预付卡,只能由单位办理赎回。

7.发卡机构

预付卡发卡机构必须是经中国人民银行核准,取得"中华人民共和国支付业务许可证"的支付机构。支付机构要严格按照核准的业务类型和业务覆盖范围从事预付卡业务。发卡机构要采取有效措施加强对购卡人和持卡人信息的保护,确保信息安全,防止信息泄露和滥用,未经购卡人和持卡人同意,不得用于与购卡人和持卡人的预付卡业务无关的目的。发卡机构要严格进行发票管理,按照《中华人民共和国发票管理办法》有关规定开具发票。发卡人要加强预付卡资金管理,维护持卡人合法权益。预付卡资金,不属于发卡机构的自有财产,发卡机构不得挪用、挤占。发卡机构必须在商业银行开立备付金专用存款账户存放预付资金,并与银行签订存管协议,接受银行对备付金使用情况的监督。中国人民银行负责对发卡机构的预付卡备付金专用存款账户的开立和使用进行监管。

【案例 3-27】 A 公司业务员赵某到某大型超市购买 2 万元预付卡,该超市要求赵某提供身份证件进行实名办理,赵某出示身份证并使用信用卡支付了 2 万元。同时,赵某又为单位购买了 15 张预付卡,每张面额 1 000 元,以现金支付。随后,赵某通过自助充值终端对公交一卡通充值 100 元。请分析支付机构的做法是否正确?

【解析】 根据《支付机构预付卡业务管理办法》的规定,个人或单位购买记名预付卡或一次性购买不记名预付卡 1 万元以上的,应当使用实名并提供有效身份证件。支付机构要求小张提供身份证件的做法是正确的。但支付机构允许小张使用信用卡和现金购买预付卡的做法不正确。《支付机构预付卡业务管理办法》规定,单位一次性购买预付卡 5 000 元以上,个人一次性购买预付卡 5 万元以上的,应当通过银行转账等非现金结算方式购买,不得使用现金。购卡人不得使用信用卡购买预付卡。单张预付卡日累计现金充值在 200 元以下的,可通过自助充值终端、销售合作机构代理等方式充值。因此,赵某通过自助充值终端对公交一卡通充值 100 元是正确的。

【思考与案例回顾】

本案例中,交易双方使用了电汇、国内信用证两种支付结算方式。具体分析如下:

（1）汇款人对汇出银行尚未汇出的款项可以申请撤销。申请撤销时，应出具正式函件或本人身份证件及原信汇、电汇回单。甲公司可以申请撤销。

（2）办理托收承付结算的款项，必须是商品交易以及因商品交易而产生的劳务供应的款项。代销、寄销、赊销商品的款项，不得办理托收承付结算。甲公司购买的是乙公司代销的丙公司的商品，不满足办理托收承付的条件。

（3）托收承付结算每笔的金额起点为1万元，8 000元少于1万元。

（4）验货付款的承付期为10日，从运输部门向付款人发出提货通知的次日算起。4月21日甲公司收到提货通知，到期日为5月2日，甲公司于5月2日付款在到期日内。

（5）丁公司拒付不合理。信用证一旦开出在有效期内，非经信用证各个有关当事人的同意，开证银行不得修改或者撤销信用证。本案例中甲公司按照信用证条款规定履行义务，购货方理应付款。

第七节 结算规定与法律责任

【思考与案例】

林某从朱某处购得15张盖有假银行公章的空白银行承兑汇票（每张价格为5 000～8 000元），票面价值10 800万元，并伪造了购货合同、发票、增值税发票等，还伪造和加盖了甲企业的印章，并在交通银行申请贴现时出具。贴现后扣除银行利息，骗走10 619万余元。经公安机关查明，林某涉嫌犯罪，案情重大，依法对其实施逮捕。此案中违反了账户的哪些规定，应承担什么法律责任？

一、结算规定

结算规定是银行、单位和个人办理支付结算业务所应遵循的基本规定。《支付结算办法》规定，单位及个人办理支付结算，不准签发没有保证金的票据或远期支票，套取银行信用；不准签发、取得和转让没有真实交易和债权债务的票据，套取银行和他人资金；不准无理拒绝付款，任意占用他人资金；不准违反规定开立和使用账户。

二、法律责任

单位或个人签发空头支票或者签发与其预留的签章不符、使用支付密码但支付密码错误的支票，不以骗取财物为目的的，由中国人民银行处以票面金额5%但不低于1 000元的罚款；持票人有权要求出票人赔偿支票金额2%的赔偿金。

商业承兑汇票的付款人对见票即付或者到期的票据，故意压票、退票、拖延支付的，按照规定处以压票、拖延支付期间每日票据金额万分之七的罚款。

三、违反账户规定行为的法律责任

存款人开立、撤销银行结算账户违反规定：①违反规定开立银行结算账户；②伪造、变造证明文件欺骗银行开立银行结算账户；③违反规定不及时撤销银行结算账户。属于非经营性存款人的，给予警告并处以1 000元罚款；属于经营性存款人的，给予警告并处以1万元以上3万元以下的罚款；构成犯罪的，移交司法机关依法追究刑事责任。

存款人使用银行结算账户违反规定：①违反规定将单位款项转入个人银行存款结算账户；②违反规定支取现金；③利用开立银行结算账户逃避银行债务；④出租、出借银行结算账户；⑤从基本存款账户之外的银行存款结算账户转账存入、将销货收入存入或现金存入单位信用卡账户；⑥法定代表人或主要负责人、存款人地址以及其他开户资料的变更事项未在规定期限内通知银行。非经营性的存款人有上述第①~⑤项行为的，给予警告处分并处以1 000元罚款；经营性的存款人有上述第①~⑤项行为的，给予警告并处以5 000元以上3万元以下的罚款；存款人有上述所列第⑥项行为的，给予警告并处以1 000元的罚款。

伪造、变造、私自印制开户许可证的存款人，属于非经营性的处以1000元罚款；属于经营性的处以1万元以上3万元以下的罚款；构成犯罪的，移交司法机关依法追究刑事责任。

伪造、变造票据、托收凭证、汇款凭证、信用证，伪造信用卡等；故意使用伪造、变造的票据的；签发空头支票或者故意签发与其预留的本名签名样式或者印鉴不符的支票，骗取财物的；签发无可靠资金来源的汇票、本票，骗取资金的；汇票、本票的出票人在出票时作虚假记载，骗取财物的；冒用他人的票据，或者故意使用过期或者作废的票据，骗取财物的；付款人同出票人、持票人恶意串通，实施前六项行为之一的，依法追究刑事责任。

其中，伪造、变造票据、托收凭证、汇款凭证、信用证，伪造信用卡的，处以5年以下有期徒刑或者拘役，并处或者单处2万元以上20万元以下罚金；情节严重的，处以5年以上10年以下有期徒刑，并处5万元以上50万元以下罚金；情节特别严重的，处以10年以上有期徒刑或者无期徒刑，并处5万元以上50万元以下罚金或者没收财产。单位犯上述罪行的，对单位判处罚金，并对其直接负责的主管人员和其他责任人员，依照上述规定处罚。

有下列情形之一，妨碍信用卡管理的，处3年以下有期徒刑或者拘役，并处或者单处1万元以上10万元以下罚金；数量巨大或者有其他情节严重的，处3年以上10年以下有期徒刑，并处2万元以上20万元以下罚金：明知是伪造的信用卡而持有、运输的，或者明知是伪造的空白信用卡而持有、运输，数量较大的；非法持有他人信用卡，数量较大的；使用虚假的身份证明骗领信用卡的；出售、购买、为他人提供伪造的信用卡或者以虚假的身份证明骗领信用卡的；窃取、收买或者非法提供他人信用卡信息资料的。

有下列情形之一，进行信用卡诈骗活动，数额较大的，处以5年以下有期徒刑或者拘役，并处2万元以上20万元以下罚金；数额巨大或者有其他严重情节的处以5年以上10年以下有期徒刑，并处5万元以上50万元以下罚金；数额特别巨大或者有其他特别严重情节的，处以10年以上有期徒刑或者无期徒刑，并处5万元以上50万元以下罚金或者没收财产：使用伪造的信用卡,或者使用以虚假的身份证明骗领信用卡的;使用作废的信用卡的;冒用他人信用卡的;恶意透支的。

【思考与案例回顾】

伪造、变造票据、托收凭证、汇款凭证、信用证,伪造信用卡等;故意使用伪造、变造的票据的;付款人同出票人、持票人恶意串通,实施前几项行为之一的,依法追究刑事责任。

其中,伪造、变造票据、托收凭证、汇款凭证、信用证,伪造信用卡的,处以5年以下有期徒刑或者拘役,并处或者单处2万元以上20万元以下罚金;情节严重的,处以5年以上10年以下有期徒刑,并处5万元以上50万元以下罚金;情节特别严重的,处以10年以上有期徒刑或者无期徒刑,并处5万元以上50万元以下罚金或者没收财产。

【练习与测试】

一、单选题

1.下列的支付工具,为广大单位和个人广泛使用,主要在大额支付中使用的是(　　)。

　　A.票据和汇兑　　　　　　　　　　B.网上银行

　　C.第三方支付　　　　　　　　　　D.信用卡

【答案】　A

2.甲公司因结算需要向P银行申请开立一般存款账户,甲公司使用该账户办理付款业务的起始时间是(　　)。

　　A.正式开立该账户之日起3个工作日后

　　B.正式开立该账户之日起5个工作日后

　　C.中国人民银行当地分支行核准之日起

　　D.P银行为甲公司办理开户手续之日起

【答案】　D

【解析】　对于非核准类银行结算账户,"正式开立之日"为开户银行为存款人办理开户手续的日期。企业银行结算账户(包括基本存款账户、一般存款账户、专用存款账户、临时存款账户),自开立之日起即可办理收付款业务。

3.下列票据中,不属于《票据法》调整范围的是(　　)。

　　A.发票　　　　　　B.汇票　　　　　　C.本票　　　　　　D.支票

【答案】　A。

【解析】　我国《票据法》所指票据包括汇票、本票、支票。

4.下列银行卡分类中,按照是否具有透支功能划分的是(　　)。

　　A.磁条卡与芯片卡

　　B.人民币卡与外币卡

　　C.单位卡与个人卡

　　D.信用卡与借记卡

【答案】 D

5.根据支付结算法律制度的规定,个人申领银行卡应提供的资料是( )。

　　A.完税证明　　　　　　　　　　　　B.身份证明

　　C.信用证明　　　　　　　　　　　　D.开卡申请表

【答案】 B

【解析】 个人申领银行卡,应当向发卡银行提供公安部门规定的本人有效身份证件,经发卡银行审查合格后,为其开立记名账户。

6.信用卡透支利率下限为日利率( )。

　　A.千分之一　　　　　　　　　　　　B.万分之五

　　C.万分之五的 0.7 倍　　　　　　　　D.万分之五的 0.6 倍

【答案】 C

【解析】 对信用卡透支利率实行上限和下限管理,下限为日利率万分之五的 0.7 倍。

7.2017 年 12 月 1 日,甲公司销售给乙公司一批精矿,双方协商采取托收承付验货付款方式办理货款结算。12 月 4 日,运输公司向乙公司发出提货单。乙公司在承付期内未向其开户银行表示拒绝付款。已知 12 月 14 日和 15 日为法定休假日。则乙公司开户银行向甲公司划拨货款的日期为( )。

　　A.12 月 6 日　　　　　　　　　　　　B.12 月 9 日

　　C.12 月 13 日　　　　　　　　　　　D.12 月 16 日

【答案】 D

【解析】 托收承付结算方式中,验货付款的承付期为 10 天,从运输部门向付款人发出提货通知的次日算起。付款人在承付期内,未向银行表示拒绝付款,银行即视作承付,并在承付期满的次日上午银行开始营业时,将款项划给收款人。本题中,12 月 4 日发出提货通知,从 12 月 5 日开始计算,承付期满 12 月 14 日,因为 12 月 15 日为法定休假日,所以乙公司开户银行向甲公司划货款的日期为 12 月 16 日。

8.明知是伪造的信用卡而持有、运输的,或者明知是伪造的空白信用卡而持有、运输,数量较大的( )。

　　A.处 3 年以上 10 年以下有期徒刑,并处 2 万元以上 20 万元以下罚金

　　B.处以 5 年以上 10 年以下有期徒刑,并处以 5 万元以上 50 万以下罚金

　　C.处 5 年以下有期徒刑或者拘役,并处 2 万元以上 20 万元以下罚金

　　D.处 10 年以上有期徒刑或者无期徒刑,并处 5 万元以上 50 万元以下罚金或者没收财产

【答案】 A

【解析】 妨碍信用卡管理,数量巨大或者有其他情节严重的,处 3 年以上 10 年以下有期徒刑,并处 2 万元以上 20 万元以下罚金;明知是伪造的信用卡而持有、运输的,或者明知是伪造的空白信用卡而持有、运输,数量较大的;非法持有他人信用卡,数量较大的;使用虚假的身份证明骗领信用卡的;出售、购买、为他人提供伪造的信用卡或者以虚假的身份证明

骗领信用卡的；窃取、收买或者非法提供他人信用卡信息资料。

9.法定代表人或主要负责人、存款人地址以及其他开户资料的变更事项未在规定期限内通知银行,(　　)。

    A.给予警告处分并处以 3 000 元罚款

    B.给予警告并处以 5 000 元以上 3 万元以下的罚款

    C.给予警告并处以 1 000 元的罚款

    D.给予警告并处以 1 万元以上 3 万元以下的罚款

【答案】　C

【解析】　存款人存在法定代表人或主要负责人、存款人地址以及其他开户资料的变更事项未在规定期限内通知银行,给予警告并处以 1 000 元的罚款。

二、多选题

1.下列各项中,办理支付结算应遵循的原则包括(　　)。

    A.恪守信用,履约付款   B.谁的钱进谁的账,由谁支配

    C.银行不垫款   D.记载事项应当真实,不得伪造、变造

【解析】　答案为 ABC。D 选项是支付结算的基本要求,并非办理支付结算应遵循的原则。

2.根据支付结算法律制度的规定,下列账户中,可以支取现金的有(　　)。

    A.基本存款账户   B.一般存款账户

    C.临时存款账户   D.单位人民币卡

【答案】　AC

【解析】　基本存款账户可以支取现金;一般存款账户可以办理现金缴存,但不得办理现金支取;临时存款账户可以支取现金,但应当按国家现金管理的规定办理;单位人民币卡可办理商品交易和劳务供应款项的结算,但不得支取现金。

3.根据支付结算法律制度的规定,属于票据特征的有(　　)。

    A.设权证券   B.提示证券

    C.金钱证券   D.文义证券

【答案】　ABCD

【解析】　上述四个选项均属于票据的特征。

4.下列票据中,在丧失后可以挂失止付的有(　　)。

    A.银行承兑汇票   B.商业承兑汇票

    C.支票   D.未填明"现金"字样的银行本票

【答案】　ABC

【解析】　根据规定,可以挂失止付的票据包括:已承兑的商业汇票、支票、填明"现金"字样和代理付款人的银行汇票以及填明"现金"字样的银行本票。未填明"现金"字样和代理付款人的银行汇票以及未填明"现金"字样的银行本票丧失,不得挂失止付。

5.下列各项中,持票人行使追索权时可以请求被追索人支付的金额和费用有(　　)。

A.取得有关拒绝证明的费用

B.被拒绝付款的票据金额

C.发出通知书的费用

D.票据金额自到期日或者提示付款日起至清偿日止,按照中国人民银行规定的利率计算的利息

【答案】 ABCD

6.根据《票据法》的规定,我国的支票包括(　　)。

　　A.现金支票　　　　　B.转账支票　　　　　C.普通支票　　　　　D.划线支票

【答案】 ABC

【解析】 支票分为现金支票、转账支票和普通支票三种。

7.个人网上银行具体业务功能包括(　　)。

　　A.账户信息查询　　　　　　　　　B.人民币转账业务

　　C.外汇买卖业务　　　　　　　　　D.B2B 网上支付

【答案】 ABC

【解析】 个人网上银行具体的业务功能包括的是 B2C 网上支付,而不是 B2B 网上支付。

8.关于汇兑的下列表述中,符合规定的有(　　)。

　　A.单位和个人均可使用汇兑

　　B.汇款人和收款人均为个人的,方可办理现金汇兑

　　C.汇兑以收账通知为汇出银行受理汇款的依据

　　D.汇兑以汇款回单为银行将款项确已收入收款人账户的凭据

【答案】 AB

【解析】 收账通知是银行将款项确已收入收款人账户的凭据,汇款回单只能作为汇出银行受理汇款的依据,不能作为该笔汇款已转入收款人账户的证明。

9.下列关于预付卡使用的表述中,正确的有(　　)。

　　A.记名预付卡可挂失,可赎回

　　B.记名预付卡不得设置有效期

　　C.超过有效期但有余额的预付卡可通过延期、激活、换卡等方式继续使用

　　D.不记名预付卡有效期可设置为 2 年

【答案】 ABC

【解析】 不记名预付卡有效期不得低于 3 年。

10.《支付结算办法》规定,单位和个人办理支付结算,不准(　　)。

　　A.签发没有资金保证的票据或远期支票,套取银行信用

　　B.签发空头支票或支付密码错误的支票

　　C.无理拒绝付款,任意占用他人资金

　　D.违反规定开立和使用账户

【答案】　ACD

【解析】　B 是法律责任的内容。

三、判断题

1.撤销银行结算账户时,应先撤销基本存款账户,然后再撤销一般存款账户、专用存款账户和临时存款账户。(　　　)

【答案】　×

【解析】　撤销银行结算账户时,应先撤销一般存款账户、专用存款账户和临时存款账户,最后撤销基本存款账户。

2.贷记卡持卡人非现金交易可以同时享受免息还款期和最低还款额待遇。(　　　)

【答案】　×

【解析】　贷记卡持卡人非现金交易享受免息还款期待遇或最低还款额待遇,二者不能同时享受。

第四章 劳动合同与社会保险法律制度

第一节 劳动合同法律制度

【思考与案例】

　　网络直播最近突然火了起来,已成为互联网风口之一,网络主播们纷纷采取圈粉措施,成为拥有几万到几十万粉丝的"网红"。而各类直播平台为了拥有"人气主播"的独家直播权,一般会和主播们签订《独家协议》。在这种背景下,作为主播的张某和某直播平台签订了《独家协议》,并且以此为依据要求该直播平台与其签订《劳动合同》,但是直播平台拒绝了他的要求,张某不服遂将控制该直播平台的文化公司起诉至法院。那么,法院会支持张某的诉求吗?

一、劳动关系的概念与特征

　　劳动关系是指劳动者与用人单位(包括各类企业、个体工商户、事业单位等)在实现劳动过程中建立的社会经济关系。从广义上讲,生活在城市和农村的任何劳动者与任何性质的用人单位之间,因从事劳动而结成的社会关系都属于劳动关系的范畴。从狭义上讲,现实经济生活中的劳动关系是指依照国家劳动法律法规规范的劳动法律关系,即双方当事人是被一定的劳动法律规范所规定和确认的权利和义务联系在一起的,其权利和义务的实现,是由国家强制力来保障的。劳动法律关系的一方(劳动者)必须加入某一个用人单位,成为该单位的一员,并参加单位的生产劳动,遵守单位内部的劳动规则;而另一方(用人单位)则必须按照劳动者的劳动数量或质量给付其报酬,提供工作条件,并不断改进劳动者的物质文化生活。从理论上说,劳动关系的具体特征可概括为以下几个方面。

(一)劳动关系的主体是特定的

劳动关系的双方当事人,一方是劳动者,另一方是提供生产资料的用人单位。劳动者只能是自然人,用人单位包括依法成立的企业、个体经济组织、民办非企业单位等组织、国家机关、事业组织、社会团体,不包括自然人。

(二)劳动关系具有人身关系、财产关系的双重属性

劳动关系一经建立,劳动者成为用人单位的成员,其劳动力就归用人单位使用,故此劳动关系具有人身属性。这种人身属性决定劳动力使用者应当负责提供劳动安全卫生条件,也决定劳动者必须亲自履行劳动义务。劳动关系具有财产属性,是指劳动者为用人单位有偿服务,用人单位须向劳动者支付对等的劳动报酬,由此缔结的社会关系具有财产关系的性质。

(三)劳动关系具有平等关系、从属关系的双重属性

劳动关系是劳动者和用人单位通过平等协商自愿缔结的,双方法律地位平等。但劳动关系一旦建立,劳动者成为用人单位成员后就应该听从用人单位的指挥和调度,因而具有从属关系的性质。

(四)事实劳动关系

在实践中,劳动者由于迫于就业压力,明知应当签订书面合同,却不得不接受用人单位不签书面劳动合同的非法要求。那么如果没有书面劳动合同,即劳动合同的形式违法的情况下对已经付出的劳动的法律性质应该如何认定呢? 由于劳动的不可逆性,用人单位和劳动者之间无法通过相互返还,恢复到劳动合同签订以前的状态,因此,我国法律认定这种劳动关系为事实劳动关系。

1.事实劳动关系的定义

目前,我国的法律法规对事实劳动关系尚无明确的规定。但在多年的实务中,对事实劳动关系的界定,基本形成如下认同概念:事实劳动关系就是用人单位与劳动者虽然没有订立书面劳动合同,但双方实际履行了劳动法所规定的劳动权利义务而形成的劳动关系。事实上的劳动关系与其他劳动关系相比,仅仅是欠缺了书面合同这一形式要件,但并不影响劳动关系的成立。事实劳动关系的提出源于劳动关系的特殊性。从法律上讲,劳动者的劳动一经付出,就不能收回。即使劳动关系无效,也不能像一般合同无效那样以双方互相返还、恢复到劳动合同订立前的状态来处理,否则有失公平。

2.事实劳动关系的认定

鉴于事实劳动关系情况较为复杂,一般同时具备以下条件的,即使劳动者与用人单位没

有签订劳动合同,劳动关系也成立:

(1)用人单位和劳动者符合法律、法规规定的主体资格。

(2)用人单位依法制定的各项劳动规章制度适用于劳动者,劳动者受用人单位的劳动管理,从事用人单位安排的有报酬的劳动。

(3)劳动者提供的劳动是用人单位业务的组成部分。

用人单位未与劳动者签订劳动合同,出于保护自身劳动权利的需要,劳动者在劳动过程要注意以下几点:

(1)要能够证明事实劳动关系的存在。如发生争议之前劳动者就要注意搜集原先的劳动合同、工资单、考勤卡、工作证、出入证、开会通知、报销单据等,以证明劳动者确实与用人单位之间存在劳动关系。

(2)取得用人单位故意拖延不续订劳动合同的证据。如劳动者要求尽快签订劳动合同的谈话记录、证人证言、单位要求劳动者填写的有关表格、单位借口拖延续订的证明等。

(3)取得用人单位单方面终止劳动关系的证据。如单位的书面解除劳动关系通知、谈话记录、证人证言、公司发文等。

(4)劳动者应运用手中的权利,对用人单位的上述行为向劳动监察部门进行举报、投诉,并要求劳动监察部门责令用人单位改正,并处以罚款。这个程序的好处在于劳动者不直接跟用人单位发生冲突,避免了用人单位的报复;行政执法时间较短,效率较高。如果劳动监察部门不予查处,劳动者可以就其行政不作为提起行政诉讼,这样,劳动监察部门为避免败诉,就会全力以赴查处用人单位的违法行为。

【案例4-1】 张某自从与原单位解除劳动合同后,一直没有找到工作,后来张某通过朋友介绍到一家私营企业工作,私营"老板"面试后,考虑到张某是朋友介绍的,就决定让他来企业上班,每月发给其一定的报酬,双方从未签订劳动合同。转眼张某在私营企业工作了三年多,去年11月初,张某到企业所在地的区社会保险事业管理中心查询个人社会保险账户,结果发现该企业一直未为其办理社会保险登记和缴纳社会保险费等。于是,张某去找"老板"要求企业为其缴纳社会保险费,"老板"不予理睬,张某几经交涉未果,只能到劳动仲裁委员会申请劳动仲裁,要求企业为其补缴历年的社会保险费。仲裁委员会依法予以受理。

劳动仲裁委在开庭审理时,张某提出自己在企业已工作三年多,当初确实是通过熟人介绍进入该企业,进去以后企业未与他签订劳动合同,其一直从事产品售后服务、修理工作。同时,张某向仲裁委员会提交了其工资凭证、服务证、考勤记录及上门为用户修理产品时单位出具的介绍信等有关证据。另外,张某在购房向银行贷款时,企业出具的证明张某系本企业职工等证据。而企业在庭审答辩时认为,张某不是企业的员工,当初是看在朋友的面子上让他有口饭吃,他本人也承诺只要有口饭吃就好了,现在反过来提出要求。其实双方之间没有任何关系,更没有劳动关系,只是朋友关系,不存在为其缴纳社会保险费的问题。同时,企业向仲裁委提交了所有职工工资单名册,在名册上没有张某的名字,因此,企业对张某提出的要求不予同意。张某与该私营企业是否存在劳动关系?

【解析】 本案争议的焦点是用人单位与劳动者未签订劳动合同,而劳动者向劳动仲裁委员会提供了其在用人单位工作时所发的工资凭证、服务证、考勤记录以及劳动者为客户上门服务、修理时用人单位出具的介绍信等证据材料。而企业予以否认,却不能提供相关的证据来证明该劳动者与用人单位不具有劳动关系的事实。

劳社部发〔2005〕12号文关于确立劳动关系有关事项的通知第二条规定,用人单位未与劳动者签订劳动合同,认定双方存在劳动关系时可参照下列凭证:(一)工资支付凭证或记录(职工工资发放花名册)、缴纳各项社会保险费的记录;(二)用人单位向劳动者发放的"工作证""服务证"等能够证明身份的证件;(三)劳动者填写的用人单位招工招聘"登记表""报名表"等招用记录;(四)考勤记录;(五)其他劳动者的证言等。

由此可见,张某与企业之间存在劳动关系,所以劳动仲裁委员会对张某要求确认与企业存在劳动关系,并为其补缴社会保险费的请求均予以支持。

3.处理原则

我国对形成了事实劳动关系却没有签订书面劳动合同的处理原则是:

(1)用人单位自用工之日起一个月内未订立书面劳动合同,该行为并不违法。《中华人民共和国劳动合同法》第十条规定,用人单位和劳动者已建立劳动关系,未同时订立书面劳动合同的,应当自用工之日起一个月内订立书面劳动合同。

(2)用人单位自用工之日起超过一个月不满一年未与劳动者订立书面劳动合同的,依据《中华人民共和国劳动合同法》第八十二条规定,"用人单位自用工之日起超过一个月不满一年未与劳动者订立书面劳动合同的,应当向劳动者每月支付二倍的工资"。

(3)用人单位自用工之日起超过一年未与劳动者订立劳动合同的,依据《中华人民共和国劳动合同法》第十四条第三款规定:"用人单位自用工之日起满一年不与劳动者订立书面劳动合同的,视为用人单位与劳动者已订立无固定期限劳动合同。"应当根据第八十二条支付自用工之日起满一个月至满一年间的二倍工资。

【思考与案例回顾】

法院经审理后认为,直播平台对张某权利义务进行限制是因为网络直播行业的特殊性,该约定符合网络直播行业惯例,但不能就此认定直播平台对张某实施了劳动法律意义上的管理,直播平台对张某虽有直播时长的要求,但张某可以自由选择直播的时间和地点,张某的劳动过程并不受直播平台的控制,双方之间不符合建立劳动关系的本质要件,所以张某与控制该直播平台的文化公司之间的关系应属平等民事主体间的合同关系。

二、劳动合同的概念及原则

2008年1月1日起施行的《中华人民共和国劳动合同法》是为了完善劳动合同制度,明确劳动合同双方当事人的权利和义务,保护劳动者的合法权益,构建和发展和谐稳定的劳动关系而制定的。在实践中,只要劳动者与用人单位建立了劳动关系就应当订立劳动合同,因为劳动合同固定和明确了劳动者与用人单位之间的权利义务,表示劳动者与用人单位正式确立劳动关系,更重要的是维护和保障了劳动者与用人单位的合法权利。

(一)劳动合同的定义

劳动合同又称劳动契约或劳动协议,它是指劳动者与用人单位之间确立劳动关系、明确双方权利和义务的协议。根据这一协议,劳动者加入用人单位,成为单位的一员,从事一定的工作,并遵守该单位的内部劳动管理规章。用人单位按照劳动者提供的劳动质量和数量,支付报酬,并依照劳动法和合同提供必要的劳动条件。

(二)劳动合同订立的原则

劳动合同订立的原则,是指在劳动合同订立的过程中双方当事人应当遵循的法律准则。它贯穿劳动合同订立的全过程,是订立劳动合同的指导方针和总的精神。劳动合同订立的原则,对劳动合同订立过程中的每一环节都具有普遍约束力。

订立劳动合同应当遵循五条原则:合法性原则、公平原则、平等自愿原则、协商一致原则、诚实守信原则。

(1)合法性原则,其基本内涵有三点:

①订立劳动合同的主体必须合法,所谓主体合法就是双方当事人必须具备订立劳动合同的主体资格。

②订立劳动合同的内容必须合法。

③订立劳动合同的程序和形式必须合法。

(2)公平原则,强调了劳动合同当事人在订立劳动合同时,不能要求一方承担不公平的义务。将公平原则作为订立劳动合同的原则,旨在防止用人单位利用自己的职权损害劳动者的权利。

(3)平等自愿原则,是指订立劳动合同的双方当事人公平地表达各自意愿的机会。用人单位不得利用职权上的优势,附加不平等的条件。自愿是指在订立劳动合同的时候是出于真实意思的表示,而不存在欺骗、胁迫或乘人之危等情况。

(4)协商一致原则,是指劳动合同的内容、条款,在法律法规允许的范围内,由双方当事人共同讨论、协商,在取得完全一致的意思表示后确定。只有双方当事人就合同的主要条款达成一致意见,合同才成立和生效。

(5)诚实守信原则,要求劳动合同双方当事人在进行劳动合同订立等活动时,意图诚实、善意,行使权利不得侵害他人和社会的利益,履行义务、信守承诺和法律规定,最终达到所获取利益的活动。

【案例4-2】 钱某到某商务公司应聘业务员,在填写个人基本情况登记表时,刻意隐瞒了自己曾因违法行为受过行政和刑事处分的事实,该商务公司没有发现钱某隐瞒的事实,遂与钱某签订了两年期限的劳动合同。两周后,该商务公司得知,钱某曾因盗窃公司财物受到过严重警告处分。该公司遂以钱某隐瞒受过处分的经历,不符合公司录用条件为由,在试用期内解除了与钱某的劳动关系。钱某在与该公司签订劳动合同时违背了哪条原则?

【解析】　钱某在与该公司签订劳动合同时违背了诚实守信原则。

（三）劳动合同的分类

1.按劳动合同的期限划分

按劳动合同的期限划分，可以分为固定期限、无固定期限和以完成一定的工作任务为期限的劳动合同。

（1）固定期限的劳动合同。

固定期限的劳动合同，又称定期劳动合同，是指双方当事人明确约定合同有效的起始日期和终止日期的劳动合同。期限届满，合同即告终止。双方当事人可根据生产、工作的需要确定劳动合同的期限。有固定期限的劳动合同适用范围比较广泛，灵活性较强。

（2）无固定期限的劳动合同。

无固定期限的劳动合同，又称不定期劳动合同，是指劳动合同双方当事人只约定合同的起始日期，不约定终止日期的劳动合同。对于无固定期限的劳动合同，只要不出现法律、法规或合同约定的可以变更、解除的情况，双方当事人就不得擅自变更、解除、终止劳动关系。

不约定终止日期，是指没有约定一个确切的终止时间，劳动合同的期限长短不能确定，只要没有出现法定解除情形或者双方协商一致解除的，双方当事人就要继续履行劳动合同。但并不是没有终止时间，一旦出现了法定情形或者双方协商一致解除的，无固定期限劳动合同同样也能够解除。

我国《劳动合同法》第十四条规定，用人单位与劳动者协商一致，可以订立无固定期限劳动合同。有下列情形之一，劳动者提出或者同意续订、订立劳动合同的，除劳动者提出订立固定期限劳动合同外，应当订立无固定期限劳动合同：

①劳动者在该用人单位连续工作满十年的。连续工作满十年的起始时间，应当自用人单位用工之日起计算，包括劳动合同法施行前的工作年限。劳动者非因本人原因从原用人单位被安排到新用人单位工作的，劳动者在原用人单位的工作年限合并计算为新用人单位的工作年限。原用人单位已经向劳动者支付经济补偿的，新用人单位在依法解除、终止劳动合同计算支付经济补偿的工作年限时，不再计算劳动者在原用人单位的工作年限。

②用人单位初次实行劳动合同制度或者国有企业改制重新订立劳动合同时，劳动者在该用人单位连续工作满十年且距法定退休年龄不足十年的。

③连续订立两次固定期限劳动合同，且劳动者没有下述情形，续订劳动合同的：

a.严重违反用人单位的规章制度的。

b.严重失职，营私舞弊，给用人单位造成重大损害的。

c.劳动者同时与其他用人单位建立劳动关系，对完成本单位的工作任务造成严重影响，或者经用人单位提出，拒不改正的。

d.劳动者以欺诈、胁迫的手段或者乘人之危，使用人单位在违背真实意思的情况下订立或者变更劳动合同，致使劳动合同无效的。

e.被依法追究刑事责任的。

f.劳动者患病或者非因工负伤,在规定的医疗期满后不能从事原工作,也不能从事由用人单位另行安排的工作的。

g.劳动者不能胜任工作,经过培训或者调整工作岗位,仍不能胜任工作的。连续订立固定期限劳动合同的次数,应当自《劳动合同法》2008年1月1日施行后续订固定期限劳动合同时开始计算。

另外,用人单位自用工之日起满一年不与劳动者订立书面劳动合同的,视为用人单位自用工之日起满一年的当日已经与劳动者订立无固定期限劳动合同。

地方各级人民政府及县级以上地方人民政府有关部门为安置就业困难人员提供的给予岗位补贴和社会保险补贴的公益性岗位,其劳动合同不适用劳动合同法有关无固定期限劳动合同的规定。

【案例4-3】 某国有企业改制重新订立劳动合同时,孙某已在该企业连续工作十七年,孙某距法定退休年龄还有六年;自2008年1月1日起,张某与该国企已经连续订立两次固定期限劳动合同,但张某因病,在规定的医疗期满后,不能从事原工作,也不能从事由该企业另行安排的工作,张某提出与企业续订劳动合同。试分析,该国企是否应当与孙某和张某签订无固定期限劳动合同?

【解析】 该国企应当与孙某签订无固定期限的劳动合同,《劳动合同法》规定,用人单位初次实施劳动合同制度,或者国有企业改制重新订立劳动合同时,劳动者在该用人单位连续工作满十年,且距法定退休年龄不足十年的,应当与劳动者签订无固定期限的劳动合同;该国企可以不和张某签订无固定期限劳动合同,虽然《劳动合同法》规定:自2008年1月1日起,用人单位与劳动者已经连续订立两次固定期限劳动合同,续订劳动合同的,应当订立无固定期限劳动合同,但劳动者患病或者非因工负伤,在规定的医疗期满后,不能从事原工作,也不能从事由用人单位另行安排的工作的除外。

(3)以完成一定工作任务为期限的劳动合同。

以完成一定工作任务为期限的劳动合同是指劳动合同双方当事人将完成某项工作或工程作为合同有效期限的劳动合同。合同中不明确约定合同的起止日期,以某项工作或工程完工之日为合同终止之时。它一般适用于建筑业、临时性、季节性的工作或由于其工作性质可以采取此种合同期限的工作岗位。

2.按劳动用工形式划分

按劳动用工形式的不同,又可分为全日制劳动合同和非全日制劳动合同。

(1)全日制劳动合同。全日制劳动合同是劳动者从事全时劳动而与用人单位签订的劳动合同。《劳动法》和《劳动合同法》的一般规定适用于全日制劳动合同。

(2)非全日制劳动合同。《劳动合同法》第六十八条规定,非全日制用工,是指以小时计酬为主,劳动者在同一用人单位一般平均每日工作时间不超过四小时,每周工作时间累计不超过二十四小时的用工形式。近年来,随着经济发展和社会分工的细化,这一用工形式被广泛使用。非全日制用工已经成为促进就业的一种重要途径。

非全日制劳动者可以在多个用工单位兼职,享受所在地最低小时工资的劳动保障规定。

三、劳动合同的内容

劳动合同的内容是当事人双方经过平等协商所达成的关于权利义务的条款。根据《劳动法》第十九条的规定,劳动合同中包括:法定条款与约定条款。

(一)法定条款

法定条款,是法律要求各种劳动合同都必须具备的条款。劳动合同应当具备以下条款。

1.用人单位的名称、住所和法定代表人或者主要负责人

用人单位的名称是指用人单位注册登记时所登记的名称,是代表用人单位的符号。用人单位的住所是用人单位发生法律关系的中心区域。劳动合同文本中要标明用人单位的具体地址。用人单位有两个以上办事机构的,以主要办事机构所在地为住所。具有法人资格的用人单位,要注明单位的法定代表人;不具有法人资格的用人单位,必须在劳动合同中写明该单位的主要负责人。

2.劳动者的姓名、住址和居民身份证或者其他有效身份证件号码

劳动者的姓名以户籍登记,也即身份证上所载为准。劳动者的住址,以其户籍所在的居住地为住址,其经常居住地与户籍所在地不一致的,以经常居住地为住址。公民身份证号码是每个公民唯一的、终身不变的身份代码,由公安机关按照公民身份证号码国家标准编制。

3.劳动合同期限

劳动合同分为固定期限劳动合同、无固定期限劳动合同和以完成一定工作任务为期限的劳动合同。

4.工作内容和工作地点

工作内容包括劳动者从事劳动的工种、岗位和劳动定额、产品质量标准的要求等。这是劳动者判断自己是否胜任该工作、是否愿意从事该工作的关键信息。

工作地点是指劳动者可能从事工作的具体地理位置。劳动者为用人单位提供劳动是在工作地点,劳动者生活是在居住地点。这两个地方的距离,决定劳动者上下班所需时间,进而影响劳动者的生活,关系到劳动者的切身利益,这也是劳动者判断是否订立劳动合同必不可少的信息,是用人单位必须告知劳动者的内容。

5.工作时间和休息休假

(1)工作时间。

工作时间通常是指劳动者在一昼夜或一周内从事生产或工作的时间,换言之,是劳动者每天应工作的时数或每周应工作的天数。目前我国实行的工时制度主要有标准工时制、不定时工作制和综合计算工时制三种类型。

①标准工时制,也称标准工作日,是指国家法律统一规定的劳动者从事工作或劳动的时间。国家实行劳动者每日工作 8 小时、每周工作 40 小时的标准工时制度。有些企业因工作性质和生产特点不能实行标准工时制度,应保证劳动者每天工作不超过 8 小时,每周工作不超过 40 小时,每周至少休息 1 天。

用人单位由于生产经营需要,经与工会和劳动者协商后可以延长工作时间,一般每日不得超过 1 小时;因特殊原因需要延长工作时间的,在保障劳动者身体健康的条件下延长工作时间,每日不得超过 3 小时,每月不得超过 36 小时。但对发生自然灾害、事故或者因其他原因,威胁劳动者生命健康和财产安全,需要紧急处理的;生产设备、交通运输线路、公共设施发生故障,影响生产和公众利益,必须及时抢修的;以及法律、行政法规规定的其他情形,延长工作时间不受上述规定的限制。

②不定时工作制,也称无定时工作制、不定时工作日,是指没有固定工作时间限制的工作制度,主要适用于一些因工作性质或工作条件不受标准工作时间限制的工作岗位。

③综合计算工时制,也称综合计算工作日,是指用人单位根据生产和工作的特点,分别以周、月、季、年等为周期,综合计算劳动者工作时间,但其平均日工作时间和平均周工作时间仍与法定标准工作时间基本相同的一种工时形式。

因工作性质或生产特点的限制,实行不定时工作制或综合计算工时制等其他工作和休息办法的职工,企业应根据国家有关规定,在保障职工身体健康并充分听取职工意见的基础上,采取集中工作、集中休息、轮休调休、弹性工作时间等适当的工作和休息方式,确保职工的休息、休假权利和生产、工作任务的完成。

(2)休息、休假。

休息是指劳动者在任职期间,在国家规定的法定工作时间以外,无须履行劳动义务而自行支配的时间,包括工作日内的间歇时间、工作日之间的休息时间和公休假日(即周休息日,是职工工作满一个工作周以后的休息时间)。

休假是指劳动者无须履行劳动义务且一般有工资保障的法定休息时间。

①法定假日,是指由国家法律统一规定的用以开展纪念、庆祝活动的休息时间,包括元旦、春节、清明节、劳动节、端午节、中秋节、国庆节等。

②年休假,是指职工工作满一定年限,每年可享有的保留工作岗位、带薪连续休息的时间。

为维护职工休息、休假权利,调动职工工作积极性,国务院于 2007 年 12 月 14 日以国务院令第 514 号公布《职工带薪年休假条例》,自 2008 年 1 月 1 日起施行。该条例规定机关、团体、企业、事业单位、民办非企业单位、有雇工的个体工商户等单位的职工连续工作 1 年以上的,享受带薪年休假(简称年休假)。职工在年休假期间享受与正常工作期间相同的工资收入。职工累计工作已满 1 年不满 10 年的,年休假 5 天;已满 10 年不满 20 年的,年休假 10 天;已满 20 年的,年休假 15 天。国家法定休假日、休息日不计入年休假的假期。单位应根据生产、工作的具体情况,并考虑职工本人意愿,统筹安排职工年休假。年休假在 1 个年度内可以集中安排,也可以分段安排,一般不跨年度安排。单位因生产、工作特点确有必要跨年度安排职工年休假的,可以跨 1 个年度安排。

但当职工有下列情形之一时,不享受当年的年休假:第一,职工依法享受寒暑假,其休假天数多于年休假天数的;第二,职工请事假累计 20 天以上,且单位按照规定不扣工资的;第三,累计工作满 1 年不满 10 年的职工,请病假累计 2 个月以上的;第四,累计工作满 10 年不满 20 年的职工,请病假累计 3 个月以上的;第五,累计工作满 20 年以上的职工,请病假累计 4 个月以上的。

【案例 4-4】 李某工作已满 18 年,2013 年 7 月 1 日调到乙公司工作,提出补休年休假的申请,则李某可以享受的年休假是几天?

【解析】 国务院《职工带薪年休假条例》规定,职工累计工作已满 10 年不满 20 年的,年休假 10 天。李某工作已满 18 年,可享受年休假 10 天。李某 7 月 1 日调到乙公司,当年还可在新单位享受的年休假:当年度在本单位剩余日历天数÷365 天×职工本人全年应当享受的年休假天数 = 184 天÷365 天×10 天 = 5 天。

6.劳动报酬

(1)劳动报酬与支付。

劳动报酬是指用人单位根据劳动者劳动的数量和质量,以货币形式支付给劳动者的工资。这是劳动者为用人单位提供劳动获得的直接回报,是劳动者提供劳动的直接目的,是劳动者的生活来源。

根据国家有关规定,工资应当以法定货币支付,不得以实物及有价证券替代货币支付。工资必须在用人单位与劳动者约定的日期支付。如遇节假日或休息日,则应提前在最近的工作日支付。工资至少每月支付一次,实行周、日、小时工资制的可按周、日、小时支付工资。对完成一次性临时劳动或某项具体工作的劳动者,用人单位应按有关协议或合同规定在其完成劳动任务后即支付工资。

劳动者在法定休假日和婚丧假期间以及依法参加社会活动期间,用人单位应当依法支付工资。在部分公民放假的节日期间(妇女节、青年节),对参加社会活动或单位组织庆祝活动和照常工作的职工,单位应支付工资报酬,但不支付加班工资。如果该节日恰逢星期六、星期日,单位安排职工加班工作,则应当依法支付休息日的加班工资。

用人单位在劳动者完成劳动定额或规定的工作任务后,根据实际需要安排劳动者在法定标准工作时间以外工作的,应当按照下列标准支付高于劳动者正常工作时间工资的工资报酬:①用人单位依法安排劳动者在日标准工作时间以外延长工作时间的,按照不低于劳动合同规定的劳动者本人小时工资标准的 150%支付劳动者工资;②用人单位依法安排劳动者在休息日工作,而又不能安排补休的,按照不低于劳动合同规定的劳动者本人日或小时工资标准的 200%支付劳动者工资;③用人单位依法安排劳动者在法定休假日工作的,按照不低于劳动合同规定的劳动者本人日或小时工资标准的 300%支付劳动者工资。

实行计件工资的劳动者,在完成计件定额任务后,由用人单位安排延长工作时间的,根据上述原则,分别按照不低于其本人法定工作时间计件单价的 150%,200%,300%支付其工资。

用人单位安排加班不支付加班费的,由劳动行政部门责令限期支付加班费;逾期不支付的,责令用人单位按应付金额 50% 以上 100% 以下的标准向劳动者加付赔偿金。

经劳动行政部门批准实行综合计算工时工作制的,其综合计算工作时间超过法定标准工作时间的部分,应视为延长工作时间,按上述规定支付劳动者延长工作时间的工资。

实行不定时工时制度的劳动者,不执行上述规定。

【案例 4-5】 王某的工作为标准工时制,日工资为 260 元。由于工作需要,单位安排她在 2016 年"清明"放假期间加班 3 天,其中占用法定节假日 1 天,占用周末休息日 2 天,没有安排补休。请计算王某 2016 年 5 月可以得到多少加班工资。如果公司拒绝支付加班工资,王某可以获得什么救济?

【解析】 王某法定假日加班至少应获得 3 倍工资:260 元 ×3×1 = 780 元;休息日加班,至少应获得 2 倍工资:260 元 ×2×2 = 1 040 元;一共是 780 元 + 1 040 元 = 1 820 元。如果公司不同意支付,王某可向劳动行政部门投诉,由劳动行政部门责令用人单位限期支付;公司逾期仍不支付的,由劳动行政部门责令公司支付,并按应付金额的 50% 以上 100% 以下的标准向王某加付赔偿金。

(2)最低工资制度。

最低工资标准是指劳动者在法定工作时间或依法签订的劳动合同约定的工作时间内提供了正常劳动的前提下,用人单位依法应支付的最低劳动报酬。最低工资不包括延长工作时间的工资报酬,以货币形式支付的住房和用人单位支付的伙食补贴,中班、夜班、高温、低温、井下、有毒、有害等特殊工作环境和劳动条件下的津贴,国家法律、法规、规章规定的社会保险福利待遇。

劳动合同履行地与用人单位注册地不一致的,有关劳动者的最低工资标准、劳动保护、劳动条件、职业危害防护和本地区上年度职工月平均工资标准等事项,按照劳动合同履行地的有关规定执行;用人单位注册地的有关标准高于劳动合同履行地的有关标准,且用人单位与劳动者约定按照用人单位注册地的有关规定执行的,从其约定。

因劳动者本人原因给用人单位造成经济损失的,用人单位可按照劳动合同的约定要求其赔偿经济损失。经济损失的赔偿,可从劳动者本人的工资中扣除,但每月扣除的部分不得超过劳动者当月工资的 20%。若扣除后的剩余工资部分低于当地月最低工资标准,则按最低工资标准支付。用人单位低于当地最低工资标准支付劳动者工资的,由劳动行政部门责令限期支付其差额部分;逾期不支付的,责令用人单位按应付金额 50% 以上 100% 以下的标准向劳动者加付赔偿金。

【案例 4-6】 工人赵某在加工一批零件时因疏忽致使所加工产品全部报废,给工厂造成经济损失 8 000 元。工厂要求赵某赔偿经济损失,从其每月工资中扣除。已知赵某每月工资收入 2 500 元,当地月最低工资标准 2 100 元。该工厂可从赵某每月工资中扣除的最高限额为多少元?

【解析】 因为 2 500 元 ×20% = 500 元;2 500 元 − 500 元 = 2 000 元,低于当地月最低工资

2 100元的标准,所以该工厂每月最多可从赵某的工资中扣除2 500元-2 100元=400元。

7.社会保险

社会保险包括基本养老保险、基本医疗保险、失业保险、工伤保险、生育保险五项。参加社会保险、缴纳社会保险费是用人单位与劳动者的法定义务,双方都必须履行。具体内容在本章第二节介绍。

8.劳动保护、劳动条件和职业危害防护

劳动保护是指用人单位保护劳动者在工作过程中不受伤害的具体措施。劳动条件是指用人单位为劳动者提供正常工作所必需的条件,包括劳动场所和劳动工具。职业危害防护是用人单位对工作过程中可能产生的影响劳动者身体健康的危害的防护措施。劳动保护、劳动条件和职业危害防护,是劳动合同中保护劳动者身体健康和安全的重要条款。

9.法律、法规规定应当纳入劳动合同的其他事项

用人单位提供的劳动合同文本未载明《劳动合同法》规定的劳动合同必备条款或者用人单位未将劳动合同文本交付劳动者的,由劳动行政部门责令改正;给劳动者造成损害的,应当承担赔偿责任。

(二)约定条款

劳动合同除规定的必备条款外,用人单位与劳动者可以约定试用期、培训、保守秘密、补充保险和福利待遇等其他事项。但约定事项不能违反法律、行政法规的强制性规定,否则该约定无效。

1.试用期

试用期属于劳动合同的约定条款,双方可以约定,也可以不约定试用期。

(1)关于试用期期限的强制性规定。

劳动合同期限3个月以上不满1年的试用期限不得超过1个月;1年以上(包括1年)不满3年的不得超过2个月;3年以上(包括3年)(固定期限和无固定期限劳动合同)不得超过6个月。

②同一用人单位与同一劳动者只能约定一次试用期。

③以完成一定工作任务为期限的劳动合同或者劳动合同期限不满3个月的,不得约定试用期。

提示:试用期包含在劳动合同期限内。劳动合同仅约定试用期的,试用期不成立,该期限为劳动合同期限。

(2)关于试用期工资的强制性规定。

①劳动者在试用期的工资不得低于本单位相同岗位最低档工资或者劳动合同约定工资的80%,并不得低于用人单位所在地的最低工资标准。

②劳动合同约定工资,是指该劳动者与用人单位订立的劳动合同中约定的劳动者试用

期满后的工资。

【案例4-7】 2015年1月1日,张某与甲公司签订了1年期的劳动合同,合同中约定的试用期为3个月,并约定试用期内工资为1 000元,而该单位相同岗位最低档工资为2 500元,当地最低工资标准为1 000元。请问,该约定是否遵守了《劳动合同法》的相关规定?

【解析】 没有。首先,《劳动合同法》规定,劳动合同期限1年以上,不满3年的,试用期不得超过2个月。其次,《劳动合同法》规定:劳动者在试用期的工资不得低于本单位相同岗位最低档工资或者劳动合同约定工资的80%,并不得低于用人单位所在地最低工资标准。张某试用期最低工资应该不得低于2 000元。

2.服务期

服务期,是指劳动者因享受用人单位给予的特殊待遇,而作出的关于劳动履行期限的承诺,《劳动合同法》规定,用人单位为劳动者提供专项培训费用,对其进行专业技术培训的,可以与该劳动者订立协议,约定服务期。

(1)劳动者违反服务期的违约责任。

①劳动者违反服务期约定的,应当按照约定向用人单位支付违约金。违约金的数额不得超过用人单位提供的培训费用。对已经履行部分服务期限的,用人单位要求劳动者支付的违约金不得超过服务期尚未履行部分所应分摊的培训费用。

②一般而言,只有劳动者在服务期内提出与单位解除劳动关系时,用人单位才可以要求其支付违约金。不过,为了防止可能出现的规避赔偿责任,如果劳动者因下列违纪等重大过错行为而被用人单位解除劳动关系的,用人单位仍有权要求其支付违约金:

第一,严重违反用人单位规章制度的。

第二,严重失职,营私舞弊,给用人单位造成重大损害的。

第三,劳动者同时与其他用人单位建立劳动关系,对完成本单位的工作任务造成严重影响,或者经用人单位提出,拒不改正的。

第四,以欺诈、胁迫的手段或者乘人之危,使用人单位在违背真实意思的情况下订立或者变更劳动合同,致使劳动合同无效的。

第五,被依法追究刑事责任的。

(2)劳动者解除劳动合同不属于违反服务期约定的情形。

用人单位与劳动者约定了服务期,劳动者依照下述情形的规定解除劳动合同的,不属于违反服务期的约定,用人单位不得要求劳动者支付违约金:

①用人单位未按照劳动合同约定提供劳动保护或者劳动条件的。

②用人单位未及时足额支付劳动报酬的。

③用人单位未依法为劳动者缴纳社会保险费的。

④用人单位的规章制度违反法律、法规的规定,损害劳动者权益的。

⑤用人单位以欺诈、胁迫的手段或者乘人之危,使劳动者在违背真实意思的情况下订立或者变更劳动合同的。

⑥用人单位在劳动合同中免除自己的法定责任、排除劳动者权利的。

⑦用人单位违反法律、行政法规强制性规定的。

⑧法律、行政法规规定劳动者可以解除劳动合同的其他情形。

【案例 4-8】　甲公司为员工李某支付培训费用 3 万元,约定服务期 3 年。2 年后,李某以甲公司未依法为劳动者缴纳社会保险费为由,向甲公司提出解除劳动合同,李某是否需要支付违约金呢?

【解析】　《劳动合同法》规定,用人单位与劳动者约定了服务期,如果存在用人单位未依法为劳动者缴纳社会保险费,劳动者有权解除劳动合同,不属于违反服务期的约定,用人单位不得要求劳动者支付违约金,所以李某不需要支付违约金。

3.保守商业秘密和竞业限制

商业秘密是指不为公众所知悉,能为权利人带来经济利益,具有实用性,并经权利人采取保密措施的技术信息和经营信息。用人单位与劳动者可以在劳动合同中约定,保守用人单位的商业秘密和与知识产权相关的秘密事项。

竞业限制,又称竞业禁止,是对与权利人有特定关系的义务人的特定竞争行为的禁止。在用人单位和劳动者之间的劳动关系解除和终止后,限制劳动者一定时期的择业权,因此会给劳动者造成一定的损害,所以用人单位应给予劳动者相应的经济补偿。

(1)对负有保密义务的劳动者,用人单位可以在劳动合同或者保密协议中与劳动者约定竞业限制条款,并约定在解除或者终止劳动合同后,在竞业限制期限内按月给予劳动者经济补偿。

提示:补偿金的数额由双方约定,劳动者违反竞业限制约定的,应当按照约定向用人单位支付违约金。

(2)签订竞业限制条款,就必须给予劳动者相应的经济补偿,否则该条款无效。

(3)竞业限制的人员限于用人单位的高级管理人员、高级技术人员和其他负有保密义务的人员。竞业限制的范围、地域、期限由用人单位与劳动者约定,竞业限制的约定不得违反法律、法规的规定。

(4)竞业限制期限,不得超过两年。

同时,在劳动合同的订立过程中,当事人双方的法律地位是平等的。劳动者与用人单位不因为各自性质的不同而处于不平等地位,任何一方不得对他方进行胁迫或强制命令,严禁用人单位对劳动者横加限制或强迫命令的情况。只有真正做到地位平等,才能使所订立的劳动合同具有公正性。

四、劳动合同的履行与变更

(一)劳动合同的履行

劳动合同的履行是指劳动合同生效后,当事人双方按照劳动合同的约定,完成各自承担的义务和实现各自享受的权利,使当事人双方订立合同的目的得以实现的法律行为。

1.用人单位与劳动者应当按照劳动合同的约定,全面履行各自的义务

(1)用人单位应当按照劳动合同约定和国家规定,向劳动者及时足额支付劳动报酬。用人单位拖欠或者未足额支付劳动报酬的,劳动者可以依法向当地人民法院申请支付令,人民法院应当依法发出支付令。

用人单位未按照劳动合同的约定或者国家规定及时足额支付劳动者劳动报酬的,由劳动行政部门责令限期支付;逾期不支付的,责令用人单位按应付金额50%以上100%以下的标准向劳动者加付赔偿金。

(2)用人单位应当严格执行劳动定额标准,不得强迫或者变相强迫劳动者加班。用人单位安排加班的,应当按照国家有关规定向劳动者支付加班费。

(3)劳动者拒绝用人单位管理人员违章指挥、强令冒险作业的,不视为违反劳动合同。劳动者对危害生命安全和身体健康的劳动条件,有权对用人单位提出批评、检举和控告。

(4)用人单位变更名称、法定代表人、主要负责人或者投资人等事项,不影响劳动合同的履行。

(5)用人单位发生合并或者分立等情况,原劳动合同继续有效,劳动合同由承继其权利和义务的用人单位继续履行。

2.用人单位应当依法建立和完善劳动规章制度,保障劳动者享有劳动权利、履行劳动义务

劳动规章制度是用人单位制定的组织劳动过程和进行劳动管理的规则和制度的总称。主要包括劳动合同管理、工资管理、社会保险福利待遇、工时休假、职工奖惩,以及其他劳动管理规定。合法有效的劳动规章制度是劳动合同的组成部分,对用人单位和劳动者均具有法律约束力。

用人单位在制定、修改或者决定有关劳动报酬、工作时间、休息休假、劳动安全卫生、保险福利、职工培训、劳动纪律以及劳动定额管理等直接涉及劳动者切身利益的规章制度和重大事项时,应当经职工代表大会或者全体职工讨论,提出方案和意见,与工会或者职工代表平等协商确定。

在规章制度和重大事项决定实施过程中,工会或者职工认为不适当的,有权向用人单位提出,通过协商予以修改完善。

用人单位应当将直接涉及劳动者切身利益的规章制度和重大事项决定进行公示,或者告知劳动者。如果用人单位的规章制度未经公示或者未对劳动者告知,该规章制度对劳动者不生效。公示或告知可以采用张贴通告、送达员工手册、传达会议精神等方式。

用人单位直接涉及劳动者切身利益的规章制度违反法律、法规规定的,由劳动行政部门责令改正,给予警告;给劳动者造成损害的,应当承担赔偿责任。

(二)劳动合同的变更

劳动合同的变更是指劳动合同双方当事人就已经订立的合同条款达成修改与补充的法

律行为,有两种形式:法定变更和协商变更。

1.法定变更

法定变更是指在特殊情形下,劳动合同的变更并非因当事人自愿或未经其同意,而具有强制性,当事人必须变更劳动合同,这些特殊情况都是有法律明文规定的。一是由于不可抗力或者社会禁忌实践等,造成企业或劳动者无法履行原劳动合同,如地震、战争、台风、暴雪等不可抗力。在这种情况出现时,双方当事人应当变更劳动合同的相关内容。二是由于法律法规制定或修改,导致劳动合同中的部分条款内容与之相悖而必须修改,如政府关于最低工资标准的调整、地方政府颁布的关于高温天气作业的劳动时间的变化规定等。用人单位与劳动者应当依法变更劳动合同中相应的内容,并按照法律法规的强制性规定执行。另外,法定变更还包括:

(1)劳动者患病或者非因公受伤,在规定的医疗期满后不能从事原工作,用人单位应当与劳动者协商后,为其安排适当的工作,并因此相应变更劳动合同的内容。

(2)劳动者不能胜任工作,用人单位应当对其进行培训或者调整其工作岗位,使劳动者适应工作要求并相应变更劳动合同内容。

(3)劳动合同订立时所依据的客观情况发生重大变化,导致原劳动合同无法履行的,用人单位应当与劳动者协商,就变更劳动合同达成协议。

(4)因企业转产、重大技术革新或重大经营方式调整等企业内部经济情况发生变化的,用人单位应当与劳动者协商变更劳动合同。

2.协商变更

协商变更合同内容应遵循以下程序:

(1)提出变更理由申请。

(2)对方应及时回复。

(3)协商一致后签订书面变更合同。

(4)变更后书面合同各执一份保存。

如果变更合同双方协商不一致,不准变更。

【案例4-9】 孙某9月应聘到某公司前台上班,暂未签订劳动合同。10月公司与孙某签订劳动合同。同时,在合同中公司将孙某安排到销售部门。孙某不同意,要求在原部门工作,但是公司认为,公司招聘时并未对他的岗位进行承诺,双方发生了争议,该争议应当如何解决?

【解析】 《劳动合同法》规定,变更劳动合同时需要双方协商一致。而公司要变更员工的工作岗位,实际上是对劳动合同(即使暂未签订劳动合同,双方已存在事实劳动关系)的变更,需要双方协商一致,否则是不能轻易变更的。孙某要求继续在原工作岗位工作,是符合法律规定的。

五、劳动合同的解除和终止

(一)劳动合同的解除

劳动合同的解除是指劳动合同签订以后,尚未全部履行之前,由于一定事由的出现,提前终止劳动合同的法律行为。

1.劳动合同双方约定解除劳动关系

用人单位与劳动者协商一致,可以解除劳动合同。

协商解除劳动合同没有规定实体、程序上的限定条件,只要双方达成一致,内容、形式及程序不违反法律禁止性和强制性规定即可。

若是用人单位提出解除协议的,用人单位应向劳动者支付解除劳动合同的经济补偿金。

2.一方依法解除劳动关系又可分为两种情况

(1)用人单位单方解除合同。

第一,如果出现以下情形,用人单位可随时解除合同并不需要承担经济补偿:

①劳动者在试用期间被证明不符合录用条件的,此种情况在试用期满后不再适用。

②劳动者严重违反劳动纪律或用人单位的规章制度的。

③劳动者严重失职、营私舞弊,对用人单位利益造成重大损失的。

④劳动者被追究刑事责任的。

第二,如果出现以下情形,用人单位需提前30日通知劳动者,并给予经济补偿:

①劳动者患病或非因工负伤医疗期满后,不能从事原工作,也不能从事用人单位另行安排的工作的。

②劳动者不能胜任工作,经过培训或者调整工作岗位,仍不能胜任工作的。

③劳动合同订立时所依据的客观情况发生重大变化,导致原劳动合同无法履行,经当事人双方协商一致达成协议的。

【案例4-10】 至2017年8月25日,夏某在甲公司已经工作3年了。她的工作岗位是包装工。2017年3月1日,公司引进了新的包装流水线装置,要求员工掌握相关技能,但经过12天的培训,夏某仍不能胜任工作。4月15日,公司告知夏某,要将她的工作岗位调整为车间装卸工,但夏某表示不愿意。被夏某拒绝后,公司遂将解除劳动合同的通知书交给她,但是给她1个月的考虑时间。1个月后,夏某仍不接受公司的调岗建议。公司遂于2017年4月24日,在支付夏某3个月的工资作为经济补偿金后解除了与她的劳动合同。夏某不接受公司解除劳动合同的决定,申诉到当地劳动争议仲裁委员会,请求维持原来的劳动关系。

(1)该公司人力资源管理部的做法是否妥当?为什么?

(2)你认为当地劳动争议仲裁委员会对该劳动争议,会作出维持劳动关系的仲裁结果吗?

【解析】 (1)该公司人力资源管理部的做法妥当。《劳动合同法》第四十条第二项规定,劳动者不能胜任工作,经过培训或者调整工作岗位,仍不能胜任工作的,用人单位提前30日以书面形式通知劳动者本人并支付劳动者经济补偿后,可以解除劳动合同。

(2)不会。但在仲裁过程中需要公司证明:①劳动者不能胜任劳动合同约定的工作任务或同工种同岗位人员的工作量;②对劳动者进行过工作技能培训,或适当调整其工作岗位;③经过培训或调岗后劳动者仍不能胜任原岗位工作或调整后的岗位工作。

第三,经济性裁员。

经济性裁员是指用人单位由于经营不善等经济原因,解雇多个劳动者。根据《劳动合同法》的规定,用人单位有下列情形之一,需要裁减20人以上,或者裁减不足20人,但占企业职工总数10%以上的,用人单位应提前30日向工会或者全体职工说明情况,听取工会或者职工的意见后,裁减人员方案经向劳动行政部门报告,可以裁减人员。

①用人单位濒临破产进行法定整顿期间。

②生产经营发生严重困难时。

③企业转产重大技术革新,或者经营方式调整,经变更劳动合同后,仍需裁减人员的。

④其他因劳动合同订立时所依据的客观经济情况发生重大变化,致使劳动合同无法履行的。

在上述情形下解除劳动合同,用人单位应当向劳动者支付经济补偿。

裁减人员时,应当优先留用下列人员:与本单位订立较长期限劳动合同的;与本单位订立无固定期限劳动合同的;家庭无其他就业人员,有需要抚养的老人或者未成年人的。

用人单位裁减人员后,在6个月内重新招用人员的,应当通知被裁减的人员,并在同等条件下,优先招用被裁减的人员。

(2)用人单位不得随意解除劳动合同的情形。

《劳动合同法》第四十二条规定,劳动者有下列情形之一的,用人单位不得随意解除劳动合同:

①从事接触职业病危害作业的劳动者未进行离岗前职业健康检查,或者疑似职业病病人在诊断或者医学观察期间的。

②在本单位患职业病或者因工负伤并被确认丧失或者部分丧失劳动能力的。

③患病或者非因工负伤,在规定的医疗期内的。

④女职工在孕期、产期、哺乳期的。

⑤在本单位连续工作满十五年,且距法定退休年龄不足五年的。

⑥法定、行政法规规定的其他情形。

【案例4-11】　李小姐供职于一家培训学校,在办公室做行政工作。2017年年底,李小姐发现自己怀孕了,但是李小姐并没有在第一时间告诉单位,在怀孕几个月后才向办公室主任秦某说明怀孕这个事实。秦某得知后,较为恼火,第二天就让行政主管通知李小姐被辞退了,李小姐怎么也想不到是这个结果。该培训学校能否辞退李小姐?在这种情况下,李小姐应该如何维护自己的权益?

【解析】　《劳动合同法》第四十二条第四项规定:女职工在孕期、产期、哺乳期的,用人单位不得依照本法第四十条、第四十一条的规定解除劳动合同。《妇女权益保障法》第二十七条规定：任何单位不得因结婚、怀孕、产假、哺乳等情形，降低女职工的工资，辞退女职工，单方解除劳动（聘用）合同或者服务协议。因此，这家培训学校以女职工怀孕为由进行辞退的做法，是一种严重的违法行为。

而李小姐可以先与单位进行协商；如协商不能达成一致，可以向劳动争议仲裁委员会申请仲裁，要求撤销辞退决定，继续履行双方之间的劳动合同关系，直至哺乳期满为止。同时，可以要求按原工资标准补发工资，如果该培训学校有拖延支付工资的行为，则可以另行主张25%的经济补偿金。

（3）劳动者解除合同。

第一，劳动者履行预告程序后单方解除劳动合同：

①劳动者提前30日以书面形式通知用人单位，可以解除劳动合同。

②劳动者在试用期内提前3日通知用人单位，可以解除劳动合同。

在这两种情形下，劳动者不能获得经济补偿。如果劳动者没有履行通知程序，则属于违法解除，因此对用人单位造成损失的，劳动者应对用人单位的损失承担赔偿责任。

第二，用人单位有下列情形之一的，劳动者可以解除劳动合同。

①用人单位未按合同的约定提供劳动保护或提供劳动条件的。

②用人单位未及时足额支付劳动报酬的。

③用人单位未依法为劳动者缴纳社会保险费的。

④用人单位的规章制度违反法律、法规的规定，损害劳动者权益的。

⑤用人单位以欺诈胁迫的手段或者乘人之危，使劳动者在违背真实意思的情况下，订立或者变更劳动合同的。

⑥用人单位，在劳动合同中免除自己的法定责任，排除劳动者权利的。

⑦用人单位违反法律、行政法规强制性规定的。

⑧法律、行政法规规定，劳动者可以解除劳动合同的其他情形。

用人单位有上述情形的劳动者可随时通知用人单位解除劳动合同，用人单位需向劳动者支付经济补偿。

第三，劳动者不需事先告知用人单位即可解除劳动合同的情形。

用人单位以暴力、威胁或者非法限制人身自由的手段强迫劳动者劳动的，或者用人单位违章指挥、强令冒险作业危及劳动者人身安全的。

劳动者有以下情形，需提前30日通知用人单位解除劳动合同，如有违反劳动合同的约定，应赔偿用人单位下列损失：①用人单位招收录用所支付的费用；②用人单位支付的培训费用；③劳动合同约定的其他赔偿费用。

注意：第三方招用未与原用人单位解除劳动合同的劳动者对原单位造成损失的，除该劳动者承担直接赔偿责任外，该用人单位承担连带赔偿责任。

（二）劳动合同的终止

劳动合同终止是指劳动合同关系的解除，即劳动关系双方权利义务的失效。劳动关系终止分为自然终止和因故终止。

1.自然终止

以下情形属于自然终止：

（1）定期劳动合同到期。

（2）劳动者达到法定退休年龄。以完成一定工作为期限的劳动合同规定的工作任务完成，合同即为终止。

2.因故终止

如果出现以下情况，即为因故终止：

（1）劳动合同约定的终止条件出现，劳动合同终止。

（2）劳动合同双方约定解除劳动关系。

（3）一方依法解除劳动关系。

（4）劳动者死亡，或者被人民法院宣告死亡或者宣告失踪的。

（5）用人单位被吊销营业执照、责令关闭、撤销或者用人单位决定提前解散的。

（6）不可抗力（战争、自然灾害等）导致劳动合同无法履行的。

（7）劳动仲裁机构的仲裁裁决、人民法院裁决亦可导致劳动合同终止。

（三）经济补偿金的支付及标准

经济补偿金，是用人单位解除劳动合同时，给予劳动者的经济补偿。经济补偿金是在劳动合同解除或终止后，用人单位依法一次性支付给劳动者的经济上的补助。《劳动合同法》规定：劳动合同终止或用人单位解除劳动合同时，用人单位应当向劳动者支付经济补偿，这是为了约束用人单位的解雇行为，稳定劳动关系，保护劳动者权益，防止一些用人单位与劳动者签订短期劳动合同，造成劳动关系不稳定等问题。

1.用人单位应当向劳动者支付经济补偿的情形

（1）劳动者符合随时通知解除和不需要事先通知即可解除劳动合同规定的情形，而解除劳动合同的。

（2）由用人单位提出解除劳动合同，并与劳动者协商一致而解除劳动合同的。

（3）用人单位符合提前30日以书面形式通知劳动者本人，或者额外支付劳动者一个月工资后，可以解除劳动合同规定情形而解除劳动合同的。

（4）用人单位符合可裁减人员规定，而解除劳动合同的。

（5）除用人单位维持或者提高劳动合同约定条件续订劳动合同，劳动者不同意续订的情形外，劳动合同期满终止固定期限劳动合同的。

（6）用人单位被依法宣告破产，或者被吊销营业执照、责令关闭、撤销或者用人单位决定提前解散而终止劳动合同的。

(7)以完成一定工作任务为期限的劳动合同,因任务完成而终止的。

2.经济补偿的规定

(1)公式:经济补偿金=劳动合同解除或者终止前劳动者在本单位的工作年限×每月工资。

(2)标准:根据《劳动合同法》规定:"经济补偿按劳动者在本单位工作的年限,每满一年支付一个月工资的标准向劳动者支付。六个月以上不满一年的,按一年计算;不满六个月的,向劳动者支付半个月工资的经济补偿。"

《劳动合同法》实施之日(2008年1月1日)续存的劳动合同,在《劳动合同法》实施后解除或者终止,依照《劳动合同法》规定应当支付经济补偿的,经济补偿年限自《劳动合同法》实施之日起计算;《劳动合同法》实施前,按照当时有关规定,用人单位应当向劳动者支付经济补偿的,按照当时有关规定执行。

(3)计算基数:

①月工资是指劳动者在劳动合同解除或者终止前12个月的平均工资。月工资按照劳动者应得工资计算,包括计时工资或者计件工资,以及奖金、津贴和补贴等货币性收入,劳动者工作不满12个月的,按照实际工作月数计算平均工资。

②劳动者在劳动合同解除或者终止前12个月的平均工资低于当地最低工资标准的,按照当地最低工资标准计算。

③劳动者月工资高于用人单位所在直辖市,设区的市级人民政府公布的本地区上年度职工月平均工资三倍的,向其支付经济补偿的标准,按职工平均月工资三倍的数额支付,向其支付经济补偿的年限最高不超过12年。

④用人单位违反规定解除或者终止劳动合同的,如果劳动者要求继续履行劳动合同,用人单位应当继续履行;劳动者不要求继续履行劳动合同或者劳动合同已经不能继续履行的,用人单位应当依照经济补偿标准的两倍向劳动者支付赔偿金。

【案例4-12】 孙某是某商场的售货员,2011年10月31日,孙某与商场的劳动合同到期。由于该商场不愿与孙某续签劳动合同,于是孙某要求商场支付合同终止的经济补偿金。由于孙某是2006年4月1日到商场工作的,孙某认为:按照《劳动合同法》的相关规定,劳动合同终止补偿金理应从2006年4月1日起算,按照自己每个月3 500元的工资标准,遂提出6个月共计21 000元的补偿金要求。商场认为终止合同不需要补偿,遂拒绝了孙某的要求。孙某没有办法,只好申请劳动仲裁。劳动仲裁委员会会支持孙某的申请吗?如果劳动仲裁支持孙某的申请,那么补偿金应该怎么计算?

【解析】 《劳动合同法》规定:劳动合同期满后,若用人单位不同意按照维持或高于原劳动合同约定的条件,与劳动者续订劳动合同的,用人单位应当向劳动者支付经济补偿。但是由于我国现行的《劳动合同法》是2008年1月1日起施行的,因此2008年1月1日后因劳动合同终止需要支付经济补偿金的,按照《劳动合同法》的规定计算,经济补偿金的计算年限应自 2008 年 1 月 1 日开始计算；2008 年 1 月 1 日之前的工作年限，按照当时有关规定，用人单位应当向劳动者支付经济补偿的，按照当时有关规定执行。《劳动合同法》规定：劳动合同终止的经济补偿金按劳动者在该单位工作的年限，每满一年支付一个月工资。孙某 2006 年 4 月 1 日入职，2011 年 10 月 31 日合同期满终止，故其经济补偿金应由两部分组成，第一部分 2008 年 1 月 1 日至 2011 年 10 月 31 日，应该是 4 年的经济补偿，总计 14 000 元；第二部分 2006 年 4 月 1 日至 2008 年 1 月 1 日，需要按照当时的规定执行。

六、集体合同与劳务派遣

（一）集体合同

1.集体合同的概念和种类

集体合同是工会代表企业职工一方与企业签订的以劳动报酬、工作时间、休息休假、劳动安全卫生、保险福利等为主要内容的书面协议。尚未建立工会的用人单位，可以由上级工会指导劳动者推举的代表与用人单位订立集体合同。

集体合同一般有以下几种：

（1）专项集体合同。企业职工一方与用人单位可以订立劳动安全卫生、女职工权益保护、工资调整机制等专项集体合同。

（2）行业性集体合同、区域性集体合同。在县级以下区域内，建筑业、采矿业、餐饮服务业等行业可以由工会与企业代表订立行业性集体合同，或者订立区域性集体合同。

2.集体合同的订立

集体合同内容由用人单位和职工各自派出集体协商代表通过集体协商（会议）的方式协商确定。集体协商双方的代表人数应当对等，每方至少 3 人，并各确定 1 名首席代表。

经双方协商代表协商一致的集体合同草案或专项集体合同草案应当提交职工代表大会或者全体职工讨论。职工代表大会或者全体职工讨论集体合同草案，应当有 2/3 以上职工代表或者职工出席，且须经全体职工代表半数以上或者全体职工半数以上同意，方获通过。集体合同草案或专项集体合同草案经职工代表大会或者职工大会通过后，由集体协商双方首席代表签字。

集体合同订立后，应当报送劳动行政部门；劳动行政部门自收到集体合同文本之日起 15 日内未提出异议的，集体合同即行生效。

集体合同中劳动报酬和劳动条件等标准不得低于当地人民政府规定的最低标准；用人单位与劳动者订立的劳动合同中劳动报酬和劳动条件等标准不得低于集体合同规定的标准。依法订立的集体合同对用人单位和劳动者具有约束力。行业性、区域性集体合同对当地本行业、本区域的用人单位和劳动者具有约束力。

3.集体合同纠纷和法律救济

用人单位违反集体合同，侵犯职工劳动权益的，工会可以依法要求用人单位承担责任；

因履行集体合同发生争议,经协商不能解决的,工会可以依法申请仲裁、提起诉讼。

(二)劳务派遣

1.劳务派遣的概念和特征

劳务派遣是指由劳务派遣单位与劳动者订立劳动合同,与用工单位订立劳务派遣协议,将被派遣劳动者派往用工单位给付劳务。在劳务派遣关系中,劳动合同关系存在于劳务派遣单位与被派遣劳动者之间,但劳动力给付的事实则发生于被派遣员工与用工单位之间,也即劳动力的雇佣与劳动力使用分离,被派遣劳动者不与用工单位签订劳动合同、发生劳动关系,而是与派遣单位存在劳动关系。这是劳务派遣最显著的特征。

2.劳务派遣的适用范围

劳动合同用工是我国企业的基本用工形式。劳务派遣用工是补充形式,只能在临时性、辅助性或者替代性的工作岗位上实施。所谓临时性工作岗位是指存续时间不超过 6 个月的岗位;辅助性工作岗位是指为主营业务岗位提供服务的非主营业务岗位;替代性工作岗位是指用工单位的劳动者因脱产学习、休假等原因无法工作的一定期间内,可以由其他劳动者替代工作的岗位。

用人单位不得设立劳务派遣单位向本单位或者所属单位派遣劳动者。用工单位不得将被派遣劳动者再派遣到其他用人单位。劳务派遣单位不得以非全日制用工形式招用被派遣劳动者。

用工单位应当严格控制劳务派遣用工数量,使用的被派遣劳动者数量不得超过其用工总量的 10%。该用工总量是指用工单位订立劳动合同人数与使用的被派遣劳动者人数之和。

3.劳务派遣单位、用工单位与劳动者的权利和义务

劳务派遣单位是《劳动合同法》所称的用人单位,应当履行用人单位对劳动者的义务。劳务派遣单位与被派遣劳动者订立的劳动合同,除应当载明劳动合同必备的条款外,还应当载明被派遣劳动者的用工单位以及派遣期限、工作岗位等情况。劳务派遣单位应当与被派遣劳动者订立两年以上的固定期限劳动合同,按月支付劳动报酬;被派遣劳动者在无工作期间,劳务派遣单位应当按照所在地人民政府规定的最低工资标准,向其按月支付报酬。

接受以劳务派遣形式用工的单位是用工单位。劳务派遣单位派遣劳动者应当与用工单位订立劳务派遣协议。劳务派遣协议应当约定派遣岗位和人员数量、派遣期限、劳动报酬和社会保险费的数额与支付方式以及违反协议的责任。用工单位应当根据工作岗位的实际需要与劳务派遣单位确定派遣期限,不得将连续用工期限分割订立数个短期劳务派遣协议。

劳务派遣单位应当将劳务派遣协议的内容告知被派遣劳动者,不得克扣用工单位按照劳务派遣协议支付给被派遣劳动者的劳动报酬。劳务派遣单位和用工单位不得向被派遣劳动者收取费用。

被派遣劳动者享有与用工单位的劳动者同工同酬的权利。用工单位应当按照同工同酬原则,对被派遣劳动者与本单位同类岗位的劳动者实行相同的劳动报酬分配办法。用工单

位无同类岗位劳动者的,参照用工单位所在地相同或者相近岗位劳动者的劳动报酬确定。

劳务派遣单位与被派遣劳动者订立的劳动合同和与用工单位订立的劳务派遣协议,载明或者约定的向被派遣劳动者支付的劳动报酬应当符合上述规定。被派遣劳动者有权在劳务派遣单位或者用工单位依法参加或者组织工会,维护自身的合法权益。

七、劳动争议

在劳动法律、法规越来越健全,劳动者维权意识增强的今天,劳动争议纠纷的数量和种类也随之增加。很多企业都开始关注劳动方面的法律规定,加强企业人力资源管理的工作,同时也开始根据国家法律政策制定或修改各种内部规章制度、劳动合同、员工手册等,使企业相当一部分劳动人事事务的执行得到规范,减少了劳动纠纷的发生,即使出现劳动争议也可以使企业在法律上有据可依。

(一)劳动争议的含义

劳动争议就是劳动关系当事人之间因劳动的权利与义务发生分歧而引起的争议,又称劳动纠纷或劳资纠纷。劳动争议是现实中较为常见的纠纷。企业应当正确把握劳动争议的特点,积极预防劳动争议的发生,对已发生的劳动争议,应当依法妥善处理。

劳动争议的当事人是指劳动关系当事人双方——劳动者和用人单位,即劳动法律关系中权利的享有者和义务的承担者。根据我国《劳动争议调解仲裁法》第二条规定,劳动争议的范围是:

(1)因确认劳动关系发生的争议。

(2)因订立、履行、变更、解除和终止劳动合同发生的争议。

(3)因除名、辞退和辞职、离职发生的争议。

(4)因工作时间、休息休假、社会保险、福利、培训以及劳动保护发生的争议。

(5)因劳动报酬、工伤医疗费、经济补偿或者赔偿金等发生的争议。

(6)法律、法规规定的其他劳动争议。

(二)劳动争议管辖原则

1.地域管辖

地域管辖又称地区管辖,以行政区域作为确定劳动仲裁管辖范围的标准。地域管辖又分为三种:

(1)一般地域管辖。它是指按照发生劳动争议的行政区域确定案件的管辖,这是最常见的方式。

(2)特殊地域管辖。它是指法律法规特别规定当事人之间的劳动争议由某地的劳动争议仲裁委员会管辖,如发生劳动争议的企业与职工不在同一个仲裁委员会管辖地区的,由工资关系所在地的仲裁委员会管辖。

（3）专属管辖。它是指法律法规规定某类劳动争议只能由特定的劳动仲裁委员会管辖，如在我国境内履行国（境）外劳动合同发生的劳动争议，只能由合同履行地仲裁委员会管辖；又如，一些地方规定外商投资企业由社区的市一级劳动仲裁委员会管辖。

2.级别管辖

级别管辖是指各级劳动仲裁委员会受理劳动争议的分工和权限。一般分为：区（县）一级劳动仲裁委员会管辖本区内普通劳动争议；市一级劳动仲裁委员会管辖外商投资企业或本市重大劳动争议。

3.移送管辖

移送管辖是指劳动仲裁委员会受理的自己无管辖权的或不便于管辖的劳动争议案件，移送有权或便于审理此案的劳动委员会。如《劳动争议总裁委员会办案规则》规定，区（县）级劳动仲裁委员会认为有必要的，可以将集体劳动争议案件报上一级劳动仲裁委员会处理。

4.指定管辖

在两个劳动仲裁委员会对案件的管辖发生争议时，由双方协商，协商不成报送共同的上级劳动行政主管部门，由上级部门指定管辖。

（三）劳动争议的分类

劳动争议可以按不同的标准来分类。

1.按劳动争议当事人的人数

按劳动争议当事人的人数，可分为个人劳动争议和集体劳动争议。个人劳动争议是劳动者个人与用人单位发生的劳动争议；集体劳动争议是指劳动者一方当事人在 3 人以上，有共同理由的劳动争议。

2.按劳动争议的内容

按劳动争议的内容，可分为：因履行劳动合同发生的争议；因履行集体合同发生的争议；因企业开除、除名、辞退职工和职工辞职、自动离职发生的争议；因执行国家有关工作时间和休息休假、工资、保险、福利、培训、劳动保护的规定发生的争议等。

3.按劳动争议当事人的国籍

按劳动争议当事人的国籍，可分为国内劳动争议与涉外劳动争议。国内劳动争议是指我国的用人单位与具有我国国籍的劳动者之间发生的劳动争议；涉外劳动争议是指具有涉外因素的劳动争议，包括我国在国（境）外设立的机构与我国派往该机构工作的人员之间发生的劳动争议、外商投资企业的用人单位与劳动者之间发生的劳动争议。

（四）劳动争议处理的原则

劳动争议的处理遵循以下原则：

（1）在查清的基础上，依法处理劳动争议原则。

（2）当事人在法律上一律平等原则。

（3）着重调解劳动争议原则。

（4）及时处理劳动争议原则。

（五）劳动争议处理的具体方法

根据《劳动争议调解仲裁法》规定：发生劳动争议，劳动者可以与用人单位协商，也可以请工会或者第三方共同与用人单位协商，达成和解协议。当事人不愿协商、协商不成或者达成和解协议后不履行的，可以向调解组织申请调解；不愿调解、调解不成或者达成协议后不履行的，可以向劳动争议仲裁委员会申请仲裁；对仲裁裁决不服的，除《劳动争议调解仲裁法》另有规定的外，可以向人民法院提起诉讼。

1.劳动争议调解

劳动争议调解委员会调解劳动争议的步骤如下。

（1）申请。劳动争议的当事人应当自其权利在受到侵害之日起一年内以口头或书面的形式向劳动争议调解委员会提出申请。

（2）受理。劳动争议调解委员会在收到调解申请后，应征询当事人的意见，对方当事人不愿意调解的，应做好记录，在3日内以书面形式通知申请人。劳动争议调解委员会应自4日内作出受理或不受理申请的决定；不受理的，应向申请人说明理由。

（3）调查。劳动争议调解委员会指派人员对劳动争议进行深入的调查研究，掌握一手资料，弄清争议的原因。

（4）调解。在掌握具体情况之后，劳动争议调解委员会要及时召开调解会议，对双方当事人的劳动争议进行调解。经调解当事人达成协议的，制作调解协议书，调解协议书由双方当事人签名或者盖章，经调解员签名并加盖调解组织印章后生效，调解协议书对双方当事人具有约束力，当事人应当履行。

自劳动争议调解组织收到调解申请之日起15日内，未达成调解协议的当事人可以依法申请仲裁。

（5）仲裁。达成调解协议后，一方当事人在协议约定期限内不履行调解协议的，另一方当事人可以依法申请仲裁。因支付拖欠劳动报酬，工伤医疗费，经济补偿或者赔偿金事项达成调解协议，用人单位在协议约定期限内不履行的，劳动者可以持调解协议书依法向人民法院申请支付令，人民法院应当依法发出支付令。

2.劳动争议仲裁

根据《中华人民共和国劳动法》规定：劳动争议案件经劳动争议仲裁委员会仲裁是提起诉讼的必经程序。劳动争议仲裁不收费，劳动争议仲裁委员会的经费由财政予以保障。

（1）参加劳动仲裁的人。

①当事人。

发生劳动争议的劳动者和用人单位为劳动争议仲裁案件的双方当事人。

劳务派遣单位或者用工单位与劳动者发生劳动争议的,劳务派遣单位和用工单位为共同当事人。

劳动者与个人承包经营者发生争议,依法向仲裁委员会申请仲裁的,应当将发包的组织和个人承包经营者作为当事人。

发生争议的用人单位被吊销营业执照、责令关闭、撤销以及用人单位决定提前解散、歇业,不能承担相关责任的,依法将其出资人、开办单位或主管部门作为共同当事人。

②当事人代表。

发生争议的劳动者一方在 10 人以上,并有共同请求的,劳动者可以推举 3 至 5 名代表人参加仲裁活动。

③第三人。

与劳动争议案件的处理结果有利害关系的第三人,可以申请参加仲裁活动或者由劳动争议仲裁委员会通知其参加仲裁活动。

④代理人。

当事人可以委托代理人参加仲裁活动。丧失或者部分丧失民事行为能力的劳动者,由其法定代理人代为参加仲裁活动;无法定代理人的,由劳动争议仲裁委员会为其指定代理人。劳动者死亡的,由其近亲属或者代理人参加仲裁活动。

(2)劳动争议仲裁案件的管辖。

劳动争议仲裁委员会负责管辖本区域内发生的劳动争议。

①劳动争议由劳动合同履行地或者用人单位所在地的劳动争议仲裁委员会管辖。

②双方当事人分别向劳动合同履行地和用人单位所在地的劳动争议仲裁委员会申请仲裁的,由劳动合同履行地的劳动争议仲裁委员会管辖。

这里的劳动合同履行地为劳动者实际工作场所所在地,用人单位所在地为用人单位注册、登记地。

③案件受理后,劳动合同履行地和用人单位所在地发生变化的,不改变争议仲裁的管辖。多个仲裁委员会都有管辖权的,由先受理的仲裁委员会管辖。

【案例 4-13】 居住在珠海的张某与甲公司(注册地为南京市),于 2017 年 8 月 1 日在上海签订了一年期的劳动合同,8 月 11 日,张某被甲公司派往北京工作,张某与甲公司出现劳动争议,根据劳动合同法律制度的规定,张某可以选择哪里的劳动争议仲裁委员会申请仲裁?

【解析】 根据有关规定,劳动争议由劳动合同履行地或者用人单位所在地的劳动争议仲裁委员会管辖。因此,张某可以向劳动合同履行地北京市,或者用人单位所在地南京市的劳动争议仲裁委员会申请仲裁。

(3)仲裁时效。

①劳动争议申请仲裁的时效期间为 1 年。仲裁时效期间从当事人知道或者应当知道其权利被侵害之日起计算。劳动关系存续期间因拖欠劳动报酬发生争议的,劳动者申请仲裁不受 1 年仲裁时效期间的限制;但是,劳动关系终止的,应当自劳动关系终止之日起 1 年内

提出。

②仲裁时效的中断。劳动仲裁时效，因当事人一方向对方当事人主张权利（一方当事人通过协商、申请调解等方式向对方当事人主张权利的）；或者向有关部门请求权利救济（一方当事人通过向有关部门投诉，向仲裁委员会申请仲裁，向人民法院起诉或者申请支付令等方式请求权利救济的）；或者对方当事人同意履行义务而中断。从中断时起，仲裁时效期间重新计算。这里的中断时起，应理解为中断事由消除时起。如权利人申请调解的，经调解达不成协议的，应自调解不成之日起重新计算；如达成调解协议，自义务人应当履行义务的期限届满之日起计算。

③仲裁时效的中止。因不可抗力或者有其他正当理由（无民事行为能力或者限制民事行为能力劳动者的法定代理人未确定等），当事人不能在仲裁时效期间申请仲裁的，仲裁时效中止。从中止时效的原因消除之日起，仲裁时效期间继续计算。

【案例4-14】　2016年6月，贾某与某物流公司签订了劳动合同，合同期限为1年，合同约定工资为月薪3 200元，年终奖金根据劳动合同约定和贾某的业绩另行发放。2016年年底，贾某应得到5 000元的年终奖金，但公司迟迟没有发放。贾某曾向公司人事部催要，但公司答复：再等等。2017年6月24日贾某与公司合同到期后，离开了该公司，但公司拖欠贾某的5 000元奖金却没有在贾某离职时支付。2018年2月，贾某来到公司要求公司支付拖欠的奖金，但公司拒不支付该笔奖金还告诉贾某已经超过仲裁时效了。贾某的奖金到底有没有超过仲裁时效？

【解析】　《劳动争议调解仲裁法》规定的时效为1年。另外，涉及劳动报酬争议的劳动仲裁则延长至劳动关系终止后1年。也就是说，不管单位拖欠劳动报酬多长时间，申请劳动仲裁的1年时效是从劳动关系终止之日开始计算，而不是从拖欠之日开始计算。这样就避免了仲裁中很大比例的劳动者因担心打官司失去工作，而下决心维权时却已超过时效的尴尬处境，解除了劳动者的后顾之忧。

贾某是2017年6月24日离职的，1年申请时效也是从2017年6月24日开始计算的，所以贾某2018年2月向公司追索拖欠的奖金时并没有超过仲裁申请时效。

【案例4-15】　张某与甲公司于2015年1月1日签订了两年期的劳动合同，2016年4月1日，甲公司未按照合同约定向张某支付工资，2017年1月1日劳动合同终止，根据劳动合同法律制度的规定，张某应当于哪个日期前申请劳动仲裁。

【解析】　劳动关系存续期间，因拖欠劳务报酬发生争议的，劳动者申请仲裁不受1年仲裁时效期限的限制，但是劳动关系终止的，应当自劳动关系终止之日起1年内申请劳动仲裁。张某应当于2018年1月1日前申请劳动仲裁。

（4）仲裁申请。

申请人申请仲裁应当提交书面仲裁申请，并按照被申请人人数提交副本。书写仲裁申请确有困难的，可以口头申请，由劳动争议仲裁委员会记入笔录，并告知对方当事人。

（5）仲裁受理。

劳动争议仲裁委员会收到仲裁申请之日起5日内，认为符合受理条件的，应当受理，并

173

通知申请人;认为不符合受理条件的,应当书面通知申请人不予受理,并说明理由。

对劳动争议仲裁委员会不予受理或者逾期未作出决定的,申请人可以就该劳动争议事项向人民法院提起诉讼。

(6)基本制度。

第一,仲裁公开原则及例外。劳动争议仲裁公开进行,但当事人协议不公开进行或者涉及国家秘密、商业秘密和个人隐私的除外。

第二,仲裁庭制。劳动争议仲裁委员会裁决劳动争议案件实行仲裁庭制。仲裁庭由3名仲裁员组成,设首席仲裁员。简单劳动争议案件可以由1名仲裁员独任仲裁。

第三,回避制度。仲裁员有下列情形之一的,应当回避,当事人也有权以口头或者书面方式提出回避申请:①是本案当事人或者当事人、代理人的近亲属的;②与本案有利害关系的;③与本案当事人、代理人有其他关系,可能影响公正裁决的;④私自会见当事人、代理人,或者接受当事人、代理人请客送礼的。

(7)裁决。

①裁决的原则。

裁决应当按照多数仲裁员的意见作出,少数仲裁员的不同意见应当记入笔录。仲裁庭不能形成多数意见时,裁决应当按照首席仲裁员的意见作出。仲裁庭裁决劳动争议案件时,其中一部分事实已经清楚,可以就该部分先行裁决。

②一裁终局的案件。

下列劳动争议,除劳动争议调解仲裁法另有规定的外,仲裁裁决为终局裁决,裁决书自作出之日起发生法律效力:

a.追索劳动报酬、工伤医疗费、经济补偿或者赔偿金,不超过当地月最低工资标准12个月金额的争议。

b.因执行国家的劳动标准在工作时间、休息休假、社会保险等方面发生的争议。

(8)裁决的撤销。

用人单位有证据证明上述一裁终局的裁决有下列情形之一的,可以自收到仲裁裁决书之日起30日内向劳动争议仲裁委员会所在地的中级人民法院申请撤销裁决:

①适用法律、法规确有错误的。

②劳动争议仲裁委员会无管辖权的。

③违反法定程序的。

④裁决所根据的证据是伪造的。

⑤对方当事人隐瞒了足以影响公正裁决的证据的。

⑥仲裁员在仲裁该案时有索贿受贿、徇私舞弊、枉法裁决行为的。

(9)执行。

仲裁庭对追索劳动报酬、工伤医疗费、经济补偿或者赔偿金的案件,根据当事人的申请,可以裁决先予执行,移送人民法院执行,劳动者申请先予执行的,可以不提供担保。仲裁庭裁决先予执行的,应当符合下列条件:

①当事人之间权利义务关系明确。

②不先予执行将严重影响申请人的生活。

当事人对发生法律效力的调解书、裁决书,应当依照规定的期限履行。一方当事人逾期不履行的,另一方当事人可以依照民事诉讼法的有关规定向人民法院申请执行。受理申请的人民法院应当依法执行。

3.劳动诉讼

劳动诉讼申请范围。

(1)对劳动争议仲裁委员会不予受理或者逾期未作出决定的,申请人可以就该劳动争议事项向人民法院提起诉讼。

(2)劳动者对劳动争议的终局裁决不服的,可以自收到仲裁裁决书之日起15日内向人民法院提起诉讼。

(3)当事人对终局裁决情形之外的其他劳动争议案件的仲裁裁决不服的,可以自收到仲裁裁决书之日起15日内提起诉讼。

(4)终局裁决被人民法院裁定撤销的,当事人可以自收到裁定书之日起15日内就该劳动争议事项向人民法院提起诉讼。

第二节　社会保险法律制度

社会保险,是指国家和社会通过立法确立的,以保险形式实行的,使社会成员面临年老、患病、工伤、失业、生育等社会风险的情况下能够获得国家和社会经济补偿和帮助的一种社会保障制度。它具有保障劳动者基本生活、维护社会安定和促进经济发展的作用。社会保险包括养老保险、医疗保险、失业保险、工伤保险和生育保险五个项目。《中华人民共和国社会保险法》已由中华人民共和国第十一届全国人民代表大会常务委员会第十七次会议于2010年10月28日通过,自2011年7月1日起施行,这是中华人民共和国成立以来第一部由最高立法机关制定的社会保障法律,旨在为人们遭遇生、老、病、死、残、失业等生活风险时,提供物质保障。其保障涉及养老、医疗、失业、工伤、生育五大险种,是关乎每个公民的福利性保障的法律。

一、社会保险制度的基本原则

《社会保险法》从草案起草,到国务院审议,再到全国人大常委会多次审议修改,始终坚持了以下原则:一是贯彻落实党中央的重大决策部署;二是使广大人民群众共享改革发展成果;三是公平与效率相结合,权利与义务相对应,保障水平和社会发展水平相适应;四是确立框架,循序渐进。

（一）社会保险范围"广覆盖"

广覆盖就是社会保险制度的覆盖面要广,使尽可能多的人纳入社会保险制度。广覆盖原则体现了社会保险制度的公平性和全面性,维护了公民参加社会保险和享受社会保险待遇的合法权益。从我国社会保险制度的建立和发展看,社会保险范围是逐渐扩大的:从国有单位到非国有单位,从单位职工到个体工商户、灵活就业人员,从就业相关人员到非从业人员,从城镇人口到农村人口。基本养老保险和基本医疗保险覆盖全体居民,其目标是做到使人人享有"老有所养""病有所医"。工伤保险、失业保险、生育保险是与就业相关的社会保险制度,主要覆盖职业人群。

（二）社会保险"保基本"

"保基本"即社会保险以保障公民基本生活和需要为主,这是由我国现阶段经济发展水平决定的,社会保险水平应当与经济社会发展水平相适应。"保基本"具备两个功能:一方面可以防止超出现实可能的过高标准造成国家财政、用人单位和个人负担过重;另一方面就某些保险而言,如失业保险,可以避免有劳动能力的人过分依赖社会保险,而放弃以劳动为本的生存方式。

（三）社会保险体系"多层次"

社会保险"多层次"是指责任主体和制度结构的多元化。除了建立并完善基本养老保险、基本医疗保险等基本保险外,还可建立补充保险,包括补充养老保险、补充医疗保险,以及补充性的商业保险等。《劳动法》规定,国家鼓励用人单位根据本单位实际情况为劳动者建立补充保险(国家提倡劳动者个人进行储蓄型保险)。

（四）社会保险制度运行"可持续"

"可持续"即建立社会保险可持续发展的长效机制,实现社会保险制度稳定运行。保证社会保险基金收支平衡,促进自身良性运行,特别是在人口老龄化来临时基本养老保险制度、基本医疗保险制度能够持续,不给政府财政、企业和个人造成太大负担。

二、养老保险

养老保险又称老年社会保险或年金保险,是指在劳动者达到法定老年年龄并从事某种劳动达到法定年限后,由国家和社会依法给予一定的物质帮助,以维持其老年生活的一种社会保险法律制度。

社会统筹与个人账户相结合的基本养老保险制度是我国在世界上首创的一种新型的基本养老保险制度。这个制度在基本养老保险基金的筹集上采用传统型的基本养老保险费用筹集模式,即由国家、单位和个人共同负担。

(一)我国基本养老保险的缴费比例

1.用人单位的缴费基数和缴费比例

用人单位缴纳基本养老保险费的比例,一般不超过企业工资总额的20%,具体比例由省、自治区、直辖市人民政府确定。

2.职工个人的缴费基数和缴费比例

职工个人基本养老保险费一般按照本人缴费工资的8%缴费,计入个人账户。

缴费工资,也称缴费工资基数,一般为职工本人上一年度月平均工资(有条件的地区也可以本人上月工资收入为个人缴费工资基数)。月平均工资按照国家统计局规定列入工资总额统计的项目计算,包括工资、奖金、津贴、补贴等收入,不包括用人单位承担或者支付给员工的社会保险费、劳动保护费、福利费、用人单位与员工解除劳动关系时支付的一次性补偿以及计划生育费用等其他不属于工资的费用。

本人月平均工资低于当地职工月平均工资60%的,按当地职工月平均工资的60%作为缴费基数。本人月平均工资高于当地职工月工资300%的,按当地职工月工资的300%作为缴费基数,超过部分不计入缴费工资基数,也不计入计发养老金的基数。

个人缴费不计征个人所得税,在计算个人所得税的应税收入时,应当扣除个人缴纳的养老保险费。

【案例4-16】　某企业职工何某的月工资为10 000元,当地职工月平均工资为2 000元。何某每月应缴纳的基本养老保险费是多少?

【解析】　何某工资已经超过当地平均工资3倍,何某每月应缴纳的基本养老保险费的基数=2 000元×3=6 000元。何某每月应缴纳的基本养老保险费=6 000元×8%=480元。

3.灵活就业人员的缴费基数和缴费比例

灵活就业人员参加基本养老保险的缴费基数为当地上年度职工月平均工资,缴费比例一般为20%,其中8%计入个人账户。

(二)职工基本养老保险享受条件

(1)年龄条件:达到法定退休年龄。

目前国家实行的法定的企业职工退休年龄是,男年满60周岁,女工人年满50周岁,女干部年满55周岁;从事井下、高温、高空、特别繁重体力劳动或其他有害身体健康工作的,退休年龄男年满55周岁,女年满45周岁;因病或非因工致残,由医院证明并经劳动鉴定委员会确认完全丧失劳动能力的,退休年龄为男年满50周岁,女年满45周岁。

(2)缴费条件:累计缴费满15年。

参加职工基本养老保险的个人,达到法定退休年龄时累计缴费满15年的,按月领取基本养老金。

三、基本医疗保险

（一）基本医疗保险的含义

基本医疗保险，是指按照国家规定缴纳一定比例的医疗保险费，在参保人因患病和意外伤害而就医诊疗时，由医疗保险基金支付其一定医疗费用的社会保险制度。

（二）基本医疗保险的覆盖范围

1.职工基本医疗保险

职工应当参加职工基本医疗保险，由用人单位和职工按照国家规定共同缴纳基本医疗保险费。

无雇工的个体工商户、未在用人单位参加基本医疗保险的非全日制从业人员以及其他灵活就业人员可以参加职工基本医疗保险，由个人按照国家规定缴纳基本医疗保险费。

2.新型农村合作医疗

新型农村合作医疗，简称新农合，是指由政府组织、引导、支持，农民自愿参加，个人、集体和政府多方筹资，以大病统筹为主的农民医疗互助共济制度。采取个人缴费、集体扶持和政府资助的方式筹集资金。

3.城镇居民基本医疗保险

城镇居民基本医疗保险实行个人缴费和政府补贴相结合。

（三）职工基本医疗保险费的缴纳

根据国务院《关于建立城镇职工基本医疗保险制度的决定》（国发〔1998〕44 号），基本医疗保险也像基本养老保险一样采用"统账结合"模式，即分别设立社会统筹基金和个人账户基金，基本医疗保险基金由统筹基金和个人账户构成。

（1）单位缴费。

由统筹地区统一确定适合当地经济发展水平的基本医疗保险单位缴费率，一般为职工工资总额的 6%左右。用人单位缴纳的基本医疗保险费分为两部分，一部分用于建立统筹基金，另一部分划入个人账户。

（2）基本医疗保险个人账户的资金来源。

①个人缴费部分。

由统筹地区统一确定适合当地职工负担水平的基本医疗保险个人缴费率，一般为本人工资收入的 2%。

②用人单位缴费的划入部分。

由统筹地区根据个人医疗账户的支付范围和职工年龄等因素确定用人单位所缴医疗保险费划入个人医疗账户的具体比例，一般为 30%左右。

③个人账户存储额的利息。

【案例4-17】　企业职工张某的月工资为 5 000 元,当地规定的基本医疗保险单位缴费率为 6%,个人缴费率为 2%,单位缴费划入个人医疗保险账户的比例为 30%。王某个人医疗保险账户每月的储存额是多少?

【解析】　张某每月从工资中扣除 5 000 元×2%＝100 元存入医疗保险个人账户;单位每月缴费中转入张某个人账户额＝5 000 元×6%×30%＝90 元;张某个人医疗保险账户每月的储存额＝(100+90)元＝190 元。

(3)个人跨统筹地区就业的,其基本医疗保险关系随本人转移,缴费年限累计计算。

【案例4-18】　小陈毕业后在广州工作了 5 年,公司给他购买了医保,由于家庭因素,小陈辞职回到自己的故乡福建工作。小陈现在正愁医保关系能不能转到福建来。

【解析】　《社会保险法》第三十二条规定,个人跨统筹地区就业的,其基本医疗保险关系随本人转移,缴费年限累积计算。小陈在广州购买的 5 年医保可转入故乡福建,并把这 5 年算在缴费年限累计里面。

(4)退休人员基本医疗保险费的缴纳。参加职工基本医疗保险的个人,达到法定退休年龄时累计缴费达到国家规定年限的,退休后不再缴纳基本医疗保险费,按照国家规定享受基本医疗保险待遇;未达到国家规定缴费年限的,可以缴费至国家规定年限。目前对最低缴费年限没有全国统一的规定,由各统筹地区根据本地情况确定。

(四)职工基本医疗费用的结算

参保人员符合基本医疗保险支付范围的医疗费用中,在社会医疗统筹基金起付标准以上与最高支付限额以下的费用部分,由社会医疗统筹基金按一定比例支付。

(1)起付标准,又称起付线,一般为当地职工年平均工资的 10% 左右。最高支付限额,又称封顶线,一般为当地职工年平均工资的 6 倍左右。支付比例一般为 90%。

(2)参保人员符合基本医疗保险支付范围的医疗费用中,在社会医疗统筹基金起付标准以下的费用部分,由个人账户资金支付或个人自付;统筹基金起付线以上至封顶线以下的费用部分,个人也要承担一定比例的费用,一般为 10%,可由个人账户支付也可自付。参保人员在封顶线以上的医疗费用部分,可以通过单位补充医疗保险或参加商业保险等途径解决。

(五)基本医疗保险基金不支付的医疗费用

下列医疗费用不纳入基本医疗保险基金支付范围:
(1)应当从工伤保险基金中支付的。
(2)应当由第三人负担的。
(3)应当由公共卫生负担的。
(4)在境外就医的。

医疗费用应当由第三人负担,第三人不支付或者无法确定第三人的,由基本医疗保险基金先行支付。基本医疗保险基金先行支付后,有权向第三人追偿。

【案例4-19】 吴某在定点医院做外科手术,共发生医疗费用30万元。已知当地职工平均工资水平为每月4 000元,起付标准为当地职工年平均工资的10%,最高支付限额为当地职工年平均工资的6倍,报销比例为90%。分析计算哪些费用可以从统筹账户中报销,哪些费用需由吴某自理。

【解析】 医疗报销起付标准(起付线)为4 000元×12×10%＝4 800元;最高支付限额(封顶线)为4 000元×12×6＝288 000元;

即吴某医疗费用中在4 800元以上、288 000元以下部分可以从统筹账户予以报销。报销比例为90%。吴某可以报销的费用为(288 000-4 800)元×90%＝254 880元。

本人负担300 000元-254 880元＝45 120元;

起付线以下部分:4 800元;

起付线以上封顶线以下自费部分:(288 000-4 800)元×10%＝28 320元;

封顶线以上部分:300 000元-288 000元＝12 000元。

(六)医疗期

医疗期是指企业职工因患病或非因工负伤停止工作,治病休息,但不得解除劳动合同的期限。

1.医疗期期间

企业职工因患病或非因工负伤,需要停止工作,进行医疗时,根据本人实际参加工作年限和在本单位工作年限,给予3个月到24个月的医疗期:

(1)实际工作年限10年以下的,在本单位工作年限5年以下的为3个月;5年以上的为6个月。

(2)实际工作年限10年以上的,在本单位工作年限5年以下的为6个月;5年以上10年以下的为9个月;10年以上15年以下的为12个月;15年以上20年以下的为18个月;20年以上的为24个月。

2.医疗期的计算方法

医疗期3个月的按6个月内累计病休时间计算;6个月的按12个月内累计病休时间计算;9个月的按15个月内累计病休时间计算;12个月的按18个月内累计病休时间计算;18个月的按24个月内累计病休时间计算;24个月的按30个月内累计病休时间计算。即医疗期的计算从病休第一天开始,累计计算。例如:1名应享受3个月医疗期的职工,如果从2017年5月20日起第一次病休,则该职工医疗期应在5月20日—11月19日这6个月内的时间段确定。假设到10月16日,该职工已累计病休3个月,即视为医疗期满。若该职工在10月17日—11月19日之间再次病休,就无法享受医疗期待遇。

病休期间,公休、假日和法定节日包括在内。对某些患特殊疾病(如癌症、精神病、瘫痪等)的职工,在24个月内尚不能痊愈的,经企业和劳动主管部门批准,可以适当延长医疗期。

【案例4-20】 张某的实际工作年限为8年,在甲公司的工作年限为3年,根据劳动合同法律制度的规定,张某享有的医疗期为多长?

【解析】 张某实际工作年限在 10 年以下,在单位的工作年限在 5 年以下,所以他的医疗期应该为 3 个月。

3.医疗期内的待遇

企业职工在医疗期内,其病假工资、疾病救济费和医疗待遇按照有关规定执行。病假工资或疾病救济费可以低于当地最低工资标准支付,但最低不能低于最低工资标准的 80%。医疗期内不得解除劳动合同。如医疗期内遇合同期满,则合同必须续延至医疗期满,职工在此期间仍然享受医疗期内待遇。对医疗期满尚未痊愈者,或者医疗期满后,不能从事原工作,也不能从事用人单位另行安排的工作,被解除劳动合同的,用人单位需按经济补偿规定给予其经济补偿。

【案例 4-21】 2014 年 6 月 1 日,王某大学毕业后到某企业工作,双方签订为期 3 年的劳动合同。2016 年 4 月 20 日,王某患病住院。2016 年 4 月 25 日王某住院期间,用人单位停发王某全部工资,并解除与王某的劳动合同。分析该单位的做法是否符合法律规定,王某应享有的权益有哪些?

【解析】 《劳动合同法》规定,劳动者患病或者非因工负伤,在规定的医疗期内,用人单位不得解除劳动合同,并且应给予医疗待遇。因此,用人单位在王某的医疗期内,解除与王某的劳动合同,不符合法律规定。王某可以要求该单位继续履行合同,并补发其病假工资。

四、失业保险

失业保险是指国家通过立法强制实行的,由社会集中建立基金,为因失业而暂时中断生活来源的劳动者提供物质帮助的制度。失业保险具有如下几个特点:

一是普遍性。它主要是为了保障有工资收入的劳动者失业后的基本生活而建立的,其覆盖范围包括劳动力队伍中的大部分成员。因此,在确定使用范围时,参保单位应不分部门和行业,不分所有制性质,其职工应不分用工形式,不分家居城镇、农村,解除或终止劳动关系后,只要本人符合条件,都有享受失业保险待遇的权利。

二是强制性。它是通过国家制定法律、法规来强制实施的。按照规定,在失业保险制度覆盖范围内的单位及其职工必须参加失业保险并履行缴费义务。根据有关规定,不履行缴费义务的单位和个人都应当承担相应的法律责任。

三是互济性。失业保险基金主要来源于社会筹集,由单位、个人和国家三方共同负担,缴费比例、缴费方式相对稳定。筹集的失业保险费,不分来源渠道,不分缴费单位的性质,全部并入失业保险基金,在统筹地区内统一调度使用以发挥互济功能。

(一)失业保险费的缴纳

(1)失业保险费的征缴范围:国有企业、城镇集体企业、外商投资企业、城镇私营企业和其他城镇企业(统称城镇企业)及其职工,事业单位及其职工。

(2)失业保险费的缴纳比例:城镇企业事业单位按照本单位工资总额的2%缴纳失业保险费,职工按照本人工资的1%缴纳失业保险费。

(二)领取失业保险金的条件

根据《社会保险法》第四十五条规定,失业人员符合下列条件的,从失业保险基金中领取失业保险金:

(1)失业前用人单位和本人已经缴纳失业保险费满1年的。

(2)非因本人意愿中断就业的,包括:劳动合同终止;用人单位解除劳动合同;被用人单位开除、除名和辞退;因用人单位过错由劳动者解除劳动合同;法律、法规、规章规定的其他情形。

(3)已经进行失业登记,并有求职要求的。

(三)失业保险金的领取期限

用人单位应当及时为失业人员出具终止或者解除劳动关系的证明,并将失业人员的名单自终止或者解除劳动关系之日起15日内告知社会保险经办机构。失业人员应当持本单位为其出具的终止或者解除劳动关系的证明,及时到指定的公共就业服务机构办理失业登记。失业人员凭失业登记证明和个人身份证明,到社会保险经办机构办理领取失业保险金的手续。失业保险金领取期限自办理失业登记之日起计算。

失业人员失业前用人单位和本人累计缴费满1年不足5年的,领取失业保险金的期限最长为12个月;累计缴费满5年不足10年的,领取失业保险金的期限最长为18个月;累计缴费10年以上的,领取失业保险金的期限最长为24个月。重新就业后,再次失业的,缴费时间重新计算,领取失业保险金的期限与前次失业应当领取而尚未领取的失业保险金的期限合并计算,最长不超过24个月。失业人员因当期不符合失业保险金领取条件的,原有缴费时间予以保留,重新就业并参保的,缴费时间累计计算。

【案例4-22】 赵某应聘到甲公司工作。公司与其签订了2015年7月1日至2018年6月30日的3年期合同,并为其办理了失业保险。公司由于经营不善进行裁员,于2016年12月31日与赵某解除了劳动合同。此后赵某一直未能找到工作,遂于2017年4月1日办理了失业登记。分析赵某领取失业保险金的期限。

【解析】 赵某和甲公司累计缴纳失业保险费的时间为一年半,满1年不足5年,故领取失业保险金的期限最长为12个月;又因失业保险金领取期限自办理失业登记之日起计算,所以赵某领取失业保险金的期限最长为2017年4月11日至2018年3月31日。

(四)失业保险金的发放标准

失业保险金的标准,不得低于城市居民最低生活保障标准,一般也不高于当地最低工资标准,具体数额由省、自治区、直辖市人民政府确定。

（五）失业保险待遇

（1）领取失业保险金。

（2）领取失业保险金期间享受基本医疗保险待遇。

失业人员在领取失业保险金期间，参加职工基本医疗保险，享受基本医疗保险待遇。失业人员应当缴纳的基本医疗保险费从失业保险基金中支付，个人不缴纳基本医疗保险费。

（3）领取失业保险金期间的死亡补助。

失业人员在领取失业保险金期间死亡的，参照当地对在职职工死亡的规定，向其遗属发给一次性丧葬补助金和抚恤金，所需资金从失业保险基金中支付。

个人死亡同时符合领取基本养老保险丧葬补助金、工伤保险丧葬补助金和失业保险丧葬补助金条件的，其遗属只能选择领取其中的一项。

（4）职业介绍与职业培训补贴。

失业人员在领取失业保险金期间，应当积极求职，接受职业介绍和职业培训。失业人员接受职业介绍、职业培训的补贴由失业保险基金按照规定支付。补贴的办法和标准由省、自治区、直辖市人民政府规定。

（5）国务院规定或者批准的与失业保险有关的其他费用。

（六）停止领取失业保险金及其他失业保险待遇的情形

失业人员在领取失业保险金期间有下列情形之一的，停止领取失业保险金，并同时停止享受其他失业保险待遇：

（1）重新就业的。

（2）应征服兵役的。

（3）移居境外的。

（4）享受基本养老保险待遇的。

（5）无正当理由，拒不接受当地人民政府指定部门或者机构介绍的适当工作或者提供的培训的。

五、工伤保险

【思考与案例】

什么是工伤？某企业里的一个老职工有一个习惯，就是每天上班时先沏一壶茶。一天，这名老职工拿着暖水瓶倒水沏茶时，水刚刚倒了一半，他就摔倒在地，口吐白沫，被同事发现之后送到医院抢救。经过医生诊断，这位老职工为长年的高血压突发，引发脑瘀血。经抢救，他终于脱离生命危险，可是变成了植物人。职工家属认为这应该算工伤，要求享受工伤保险待遇。那该名职工的情况能认定为工伤吗？

工伤保险是指劳动者在生产工作中因意外事故或职业病致伤、致病、致残、死亡时依法所享有的社会保险。工伤即由职业伤害所造成的直接后果影响到职工生命健康,并因此造成职工及家庭成员的精神痛苦和经济损失,也就是说劳动者的生命健康权、生存权和劳动权利受到影响、损害甚至被剥夺了。劳动者在其单位工作、劳动,必然形成劳动者和用人单位之间相互的劳动关系,在劳动过程中,可能不幸发生了事故,造成劳动者的伤残、死亡或患职业病,因此国家以法律的形式保障了工伤者及其亲属享受工伤保险待遇。

工伤保险具有以下特点。

1.无过失补偿原则

工伤保险采用无过失补偿原则,不管劳动者在负伤过程中有没有过失,只要在工作中负伤,都要认定为工伤,给予工伤待遇。

2.无过错责任原则

工伤保险实行无过错责任。所谓无过错责任,就是只要劳动者在工作中不是为了自己伤害自己,就应该认定为工伤,享受工伤待遇。

有人认为这个原则对企业不公平,其实不是这样的。企业参加了工伤保险,工伤保险基金会支付大部分的工伤保险待遇,如果职工违章操作严重违反了企业规章制度,给企业造成了损失,企业可以按照《劳动合同法》进行处理。

(一)工伤保险费的缴纳

职工应当参加工伤保险,由用人单位缴纳工伤保险费,职工不缴纳工伤保险费。

中华人民共和国境内的企业、事业单位、社会团体、民办非企业单位、基金会、律师事务所、会计师事务所等组织和有雇工的个体工商户(以下称用人单位)应当依照《工伤保险条例》的规定参加工伤保险,为本单位全部职工或者雇工(以下称职工)缴纳工伤保险费。以上单位和组织的职工及个体工商户的雇工,均有依照规定享受工伤保险待遇的权利。

(二)工伤认定与劳动能力鉴定

1.工伤认定

(1)应当认定工伤的情形。

职工有下列情形之一的,应当认定为工伤:

①在工作时间和工作场所内,因工作原因受到事故伤害的。

②工作时间前后在工作场所内,从事与工作有关的预备性或收尾性工作受到事故伤害的。

③在工作时间和工作场所内,因履行工作职责受到暴力等意外伤害的。

④患职业病的。

⑤因工外出期间,由于工作原因受到伤害或者发生事故下落不明的。

⑥在上下班途中,受到非本人主要责任的交通事故或者城市轨道交通、客运轮渡、火车

事故伤害的。

⑦法律、行政法规规定应当认定为工伤的其他情形。

（2）视同工伤的情形。

职工有下列情形之一的，视同工伤：

①在工作时间和工作岗位，突发疾病死亡或者在48小时内经抢救无效死亡的。

②在抢险救灾等维护国家利益、公共利益活动中受到伤害的。

③原在军队服役，因战、因公负伤致残，已取得革命伤残军人证，到用人单位后旧伤复发的。

（3）不认定为工伤的情形。

职工因下列情形之一导致本人在工作中伤亡的，不认定为工伤：

①故意犯罪。

②醉酒或者吸毒。

③自残或者自杀。

④法律、行政法规规定的其他情形。

2.劳动能力鉴定

职工发生工伤，经治疗伤情相对稳定后存在残疾、影响劳动能力的，应当进行劳动能力鉴定。

自劳动能力鉴定结论作出之日起1年后，工伤职工或者其近亲属、所在单位或者经办机构认为伤残情况发生变化的，可以申请劳动能力复查鉴定。

（三）工伤保险待遇

职工因工作原因受到事故伤害或者患职业病，且经工伤认定的，享受工伤保险待遇；其中，经劳动能力鉴定丧失劳动能力的，享受伤残待遇。

1.工伤医疗待遇

（1）治疗工伤的医疗费用（诊疗费、药费、住院费）。

（2）住院伙食补助费、交通食宿费。

（3）康复性治疗费。

（4）停工留薪期工资福利待遇。职工因工作遭受事故伤害或者患职业病需要暂停工作接受工伤医疗的，在停工留薪期内，原工资福利待遇不变，由所在单位按月支付。停工留薪期一般不超过12个月。伤情严重或者情况特殊，经设区的市级劳动能力鉴定委员会确认，可以适当延长，但延长不得超过12个月。工伤职工评定伤残等级后，停止享受停工留薪期待遇，按照规定享受伤残待遇。工伤职工在停工留薪期满后仍需治疗的，继续享受工伤医疗待遇。生活不能自理的工伤职工在停工留薪期需要护理的，由所在单位负责。

但工伤职工治疗非工伤引发的疾病，不享受工伤医疗待遇，按照基本医疗保险办法处理。

【案例 4-23】 某公司职工王某,2016 年 3 月某天下班后,在处理收尾性工作时,不幸在工厂内跌伤,须住院治疗 3 个月。住院期间,甲公司按王某平时工资的 50% 向王某支付工资。王某的情况是否能认定为工伤?住院期间甲公司给王某支付的工资是否符合相关法律规定?

【解析】 首先王某的情况,可以认定为工伤,相关法律规定,在工作时间前后,在工作场所内,劳动者从事与工作有关的预备性或者收尾性工作,受到事故伤害的,应当认定为工伤。甲公司按王某平时工资的 50% 向王某支付工资是不合法的,相关规定,在停工留薪期内,职工的原工资福利待遇不变,由所在单位按月支付。

2.伤残待遇

(1)生活护理费。生活护理费按照生活完全不能自理、生活大部分不能自理或者生活部分不能自理 3 个不同等级支付,其标准分别为统筹地区上年度职工月平均工资的 50%,40% 或 30%。

(2)一次性伤残补助金。职工因工致残被鉴定为一级至十级伤残的,从工伤保险基金按伤残等级支付一次性伤残补助金。

(3)伤残津贴。职工因工致残被鉴定为一级至四级伤残的,保留劳动关系,退出工作岗位,从工伤保险基金中按月支付伤残津贴,伤残津贴实际金额低于当地最低工资标准的,由工伤保险基金补足差额。职工因工致残被鉴定为五级、六级伤残的,保留与用人单位的劳动关系,由用人单位安排适当工作。难以安排工作的,由用人单位按月发给伤残津贴。伤残津贴实际金额低于当地最低工资标准的,由用人单位补足差额。

(4)一次性工伤医疗补助金和一次性伤残就业补助金。五级、六级伤残,经工伤职工本人提出,可以与用人单位解除或者终止劳动关系;七级至十级伤残,劳动、聘用合同期满终止,或者职工本人提出解除劳动、聘用合同的,由工伤保险基金支付一次性工伤医疗补助金,由用人单位支付一次性伤残就业补助金。一次性工伤医疗补助金和一次性伤残就业补助金的具体标准由省、自治区、直辖市人民政府规定。

3.工亡待遇

职工因工死亡,或者伤残职工在停工留薪期内因工伤导致死亡的,其近亲属按照规定从工伤保险基金领取丧葬补助金、供养亲属抚恤金和一次性工亡补助金。

(1)丧葬补助金,为 6 个月的统筹地区上年度职工月平均工资。

(2)供养亲属抚恤金,按照职工本人工资的一定比例发给由因工死亡职工生前提供主要生活来源、无劳动能力的亲属。

(3)一次性工亡补助金,标准为上一年度全国城镇居民人均可支配收入的 20 倍。

一至四级伤残职工在停工留薪期满后死亡的,其近亲属可以享受丧葬补助金、供养亲属抚恤金待遇,不享受一次性工亡补助金待遇。

(四)工伤保险待遇承担途径

(1)由工伤保险基金支付的费用:

①治疗工伤的医疗费用和康复费用。

②住院伙食补助费。

③到统筹地区以外就医的交通食宿费。

④安装配置伤残辅助器具所需费用。

⑤生活不能自理的,经劳动能力鉴定委员会确认的生活护理费。

⑥一次性伤残补助金和一至四级伤残职工按月领取的伤残津贴。

⑦终止或者解除劳动合同时,应当享受的一次性医疗补助金。

⑧因工死亡的,其遗属领取的丧葬补助金、供养亲属抚恤金和因工死亡补助金。

⑨劳动能力鉴定费。

(2)由用人单位支付的费用:

①治疗工伤期间的工资福利。

②五级、六级伤残职工按月领取的伤残津贴。

③终止或者解除劳动合同时,应当享受的一次性伤残就业补助金。

(五)特别规定

(1)工伤保险中所称的本人工资,是指工伤职工因工作遭受事故伤害或者患职业病前12个月平均月缴费工资。本人工资高于统筹地区职工平均工资300%的,按照统筹地区职工平均工资的300%计算;本人工资低于统筹地区职工平均工资60%的,按照统筹地区职工平均工资的60%计算。

(2)工伤职工有下列情形之一的,停止享受工伤保险待遇:

①丧失享受待遇条件的。

②拒不接受劳动能力鉴定的。

③拒绝治疗的。

(3)因工致残享受伤残津贴的职工达到退休年龄并办理退休手续后,停发伤残津贴,按照国家有关规定享受基本养老保险待遇。被鉴定为一级至四级伤残的职工,基本养老保险待遇低于伤残津贴的,由工伤保险基金补足差额。

(4)职工所在用人单位未依法缴纳工伤保险费,发生工伤事故的,由用人单位支付工伤保险待遇。用人单位不支付的,从工伤保险基金中先行支付,由用人单位偿还。用人单位不偿还的,社会保险经办机构可以追偿。

(5)由于第三人的原因造成工伤,第三人不支付工伤医疗费用或者无法确定第三人的,由工伤保险基金先行支付。工伤保险基金先行支付后,有权向第三人追偿。

【案例4-24】　小刘在下班回家的路上因遭遇交通事故,必须住院治疗。而肇事者逃逸,公安机关还在侦查,小刘这种情况可以认定为工伤吗? 小刘需要自己垫付医疗费用吗?

【解析】　小刘这种情况可以认定为工伤,根据规定,在上下班途中,受到非本人主要责任的交通事故或者城市轨道交通、客运轮渡、火车事故伤害的,应当认定为工伤。小刘的医疗费可以先由工伤保险基金支付,待公安机关破案后,工伤保险基金应向责任方追偿医疗费。根据规定,由于第三人的原因造成工伤,第三人不支付工伤医疗费用或者无法确定第三人的,由工伤保险基金先行支付。工伤保险基金先行支付后,有权向第三人追偿。

(6)职工(包括非全日制从业人员)在两个或者两个以上用人单位同时就业的,各用人单位应当分别为职工缴纳工伤保险费。职工发生工伤,由职工受到伤害时工作的单位依法承担工伤保险责任。

【案例4-25】 李某与甲公司签订了为期3年的劳动合同,2015年6月合同期满后,双方未续订,但公司继续安排李某在原岗位工作,并向其支付相应的劳动报酬。2015年8月10日,李某上班时因履行工作职责不慎受伤,经当地社会保险行政部门认定为工伤,七级伤残。公司认为与李某的劳动合同已期满终止,公司不用再为其缴纳工伤保险费,也无须支付工伤保险待遇。李某则要求公司支付工伤保险待遇,并继续保持劳动关系。分析双方的观点是否符合法律规定?

【解析】 李某与甲公司的劳动合同虽期满后未续订,但公司让李某继续原来的工作,并向其支付相应劳动报酬,已构成事实上的劳动关系,同样受劳动法律保护。李某在此期间发生工伤,享受工伤保险待遇,甲公司应支付工伤保险待遇。若甲公司不支付,应从工伤保险基金中先行支付,由甲公司偿还。

【思考与案例回顾】

案例中的这种情况不能算作工伤,原因很简单,他患的是"病",不是"伤"。该职工是长期高血压引发脑瘀血,在任何地方都可能发病,不能因为发病地点在工作场所就算作工伤。

六、生育保险

生育保险是通过国家立法规定,在劳动者因生育子女而导致劳动力暂时中断时,由国家和社会及时给予物质帮助的一项社会保险制度。我国生育保险待遇主要包括两项:一是生育津贴,用于保障女职工产假期间的基本生活需要;二是生育医疗待遇,用于保障女职工怀孕、分娩期间以及职工实施节育手术时的基本医疗保健需要。生育保险关系到广大女职工的切身利益,对社会劳动力的生产与再生产具有十分重要的保护作用。

(一)生育保险的特征

(1)生育保险实施的对象只是女职工。
(2)生育保险实行"产前和产后都应享受"的原则。
(3)给付项目多,待遇标准高。

《社会保险法》第五十四条规定:"用人单位已经缴纳生育保险费的,其职工享受生育保险待遇;职工未就业配偶按照国家规定享受生育医疗费用待遇。所需资金从生育保险基金中支付。生育保险待遇包括生育医疗费用和生育津贴。"

(二)享受生育保险待遇的范围

享受生育保险待遇的范围包括参保的职工以及参保职工的未就业配偶。

（三）生育保险费的缴纳

根据《社会保险法》的规定，职工应当参加生育保险，由用人单位按照国家规定缴纳生育保险费，职工不缴纳生育保险费。

（四）生育保险待遇的内容

（1）生育医疗费用，包括女职工因怀孕、生育发生的检查费、接生费、手术费、住院费、药费和计划生育手术费。

（2）生育津贴，是指根据国家法律、法规规定对职业妇女因生育而离开工作岗位期间，给予的生活费用。在实行生育保险社会统筹的地区，由生育保险基金按本单位上年度职工月平均工资的标准支付，支付期限一般与产假期限相一致，不少于90天。

【案例4-26】 小李是位全职太太，平时没有工作，也没有交生育保险。2013年小李的孩子出生了，花费了一大笔的医疗费，但小李老公的工作单位已经交了5年生育保险，那小李能享受老公这一方的生育险吗？

【解析】 自2011年7月1日起，男职工参保，其未就业配偶7月份以后生育的按照国家规定享受生育医疗费用的待遇。生育医疗费用包括产前检查费、生育医疗费以及计划生育手术等相关费用。

【练习与测试】

一、单选题

1.2013年3月1日，甲公司与陈某签订劳动合同，3月5日陈某正式上班，4月1日过了试用期，4月15日领取工资。根据劳动合同法律制度规定，甲公司与陈某建立劳动关系的起始时间为（ ）。

A.3月1日　　　　B.3月5日　　　　C.4月1日　　　　D.4月15日

【答案】 B

【解析】 劳动关系自用工之日起建立。

2.周某于2011年4月11日进入公司就职，经周某要求，公司于2012年4月11日才与其签订书面劳动合同。已知周某每月正常工资2 000元，已足额领取，甲公司应向周某支付工资补偿的金额是（ ）元。

A.0　　　　B.2 000　　　　C.22 000　　　　D.24 000

【答案】 C

【解析】 用人单位自用工之日起满一个月的次日至满一年的前一日应当向劳动者每月支付2倍的工资，共11个月。

3.甲公司现有职工100人，因经营转向须进行积极性裁员，若甲公司不执行法定程序，可裁减员工的员工数量的上限为（ ）。

A.11人　　　　B.8人　　　　C.9人　　　　D.10人

【答案】 C

【解析】 人数不得超过20人，比例不超过员工总数的10%。

4.张某失业前已累计缴纳了4年的失业保险费，张某领取失业保险金的期限最长为（ ）。

　　A.6个月　　　　　　　B.12个月　　　　　　C.18个月　　　　　　D.24个月

【答案】 B

【解析】 满1年不足5年，领取最长期限为12个月。

5.1998年6月，张某大学毕业到甲公司工作；2001年8月，张某从甲公司辞职到乙公司工作；2006年3月，张某从乙公司辞职自行去美国深造；2009年3月，张某回国到丙公司工作；2012年7月，张某在丙公司因患病需要进行医疗时，可以享受的医疗期是（ ）。

　　A.3个月　　　　　　　B.6个月　　　　　　　C.9个月　　　　　　　D.18个月

【答案】 B

【解析】 本题考核医疗期。根据规定，实际工作年限10年以上的，在本单位工作年限5年以下的为6个月。张某实际工作年限11年，在丙公司工作年限3年，医疗期为6个月。

二、多选题

1.根据劳动合同法律制度规定，除劳动者提出订立固定期限劳动合同以外，下列应当订立无固定期限劳动合同的有（ ）。

　　A.自1997年1月1日起，张某在甲公司已经工作14年，张某提出与甲公司订立劳动合同

　　B.乙国有企业改制重新订立劳动合同，孙某已经在该企业连续工作11年，孙某距法定退休年龄还有8年

　　C.自2008年1月1日起，王某与丙公司已经连续订立两次固定期限劳动合同，王某因工伤，在医疗期后不能从事原工作，也不能从事其他安排的工作，王某提出与丙公司续订劳动合同

　　D.自2008年1月1日起，赵某与丙公司已经连续订立两次固定期限劳动合同，但赵某不能胜任工作，经过丁公司培训后，仍不能胜任工作，赵某提出与丙公司续订劳动合同

【答案】 AB

2.根据劳动合同法律制度的规定，下列情形中，用人单位需向劳动者支付经济补偿的是（ ）。

　　A.用人单位未及时足额支付劳动报酬的

　　B.劳动者不能担任工作，经过培训或调整工作岗位，仍不能胜任工作的

　　C.劳动者同时与其他用人单位建立劳动关系，拒不改正的

　　D.用人单位未按照劳动合同约定提供劳动保护或者劳动条件的

【答案】 ABD

【解析】 选项C用人单位可随时解除劳动合同，无须支付经济补偿。

3.下列情形中，当事人可以向人民法院提起劳动诉讼的有（ ）。

    A.劳动争议仲裁委员会不予受理

    B.对劳动争议的终局裁决不服

    C.当事人一方坚决要求

    D.终局仲裁裁决被人民法院裁定撤销

【答案】 ABD

【解析】 本题考核劳动诉讼申请范围,选项 C 不属于申请范围。

4.关于目前国家实行的法定企业职工退休年龄,下列表述中正确的有( )。

    A.从事井下、高温、高空、特别繁重体力劳动的,女年满 50 周岁

    B.从事井下、高温、高空、特别繁重体力劳动的,男年满 55 周岁

    C.因病或非因工致残,由医院证明并经劳动鉴定委员会确认完全丧失劳动能力的,女年满 45 周岁

    D.因病或非因工致残,由医院证明并经劳动鉴定委员会确认完全丧失劳动能力的,男年满 55 周岁

【答案】 BC

【解析】 本题考核职工基本养老保险享受条件。目前国家实行的法定的企业职工退休年龄是,男年满 60 周岁,女工人年满 50 周岁,女干部年满 55 周岁;从事井下、高温、高空、特别繁重体力劳动或其他有害身体健康工作的,退休年龄男年满 55 周岁,女年满 45 周岁;因病或非因工致残,由医院证明并经劳动鉴定委员会确认完全丧失劳动能力的,退休年龄为男年满 50 周岁,女年满 45 周岁。

5.下列情况中,视同工伤的有( )。

    A.上班时发病死亡

    B.上班时突发疾病抢救 71 小时后死亡

    C.因抢救国家财产而受伤

    D.上班时出去报私仇受伤

【答案】 AC

【解析】 根据视同工伤的情形第一条:在工作时间和工作场所内,突发疾病死亡或者在 48 小时内抢救无效死亡的。所以 A 可以定为工伤;B 因抢救超过 48 小时后死亡,不能认定为工伤。根据视同工伤第二条:因抢救国家财产而受伤可认定为工伤。所以 C 可认定为工伤。根据不认定工伤情形第一条:故意犯罪。所以 D 不能认定为工伤。

三、简答题

某企业女职工郑某月工资 5 000 元,已知该企业适用的基本养老保险费率为职工工资总额的 20%,基本医疗保险费率为 6%,工伤保险费率为 0.8%,失业保险费率为 2%,生育保险费率为 0.5%。

(1)郑某个人应缴社会保险费是多少?

(2)单位应为其缴纳的社会保险费是多少?

【解析】 (1)养老保险费 = 5 000 元×8% = 400 元

医疗保险费＝5 000 元×2%＝100 元

失业保险费＝5 000 元×1%＝50 元

合计＝400 元+100 元+50 元＝550 元

（2）养老保险费＝5 000 元×20%＝1 000 元

医疗保险费＝5 000 元×6%＝300 元

失业保险费＝5 000 元×2%＝100 元

工伤保险费＝5 000 元×0.8%＝40 元

失业保险费＝5 000 元×0.5%＝25 元

合计＝1 000 元+300 元+100 元+40 元+25 元＝1 465 元

第五章
合同法律制度

第一节　合同法律制度概述

【思考与案例】

《中华人民共和国合同法》(以下简称《合同法》)于 1999 年 3 月 15 日第九届全国人民代表大会第二次会议通过,自 1999 年 10 月 1 日起施行。2020 年 5 月 28 日第十三届全国人民代表大会第三次会议通过《中华人民共和国民法典》(以下简称《民法典》),以《合同法》立法成果为基础融合了司法解释和法学研究成果,编纂了《民法典》合同编,自 2021 年 1 月 1 日起施行。《民法典》实行后《合同法》废止,新的合同编将会对我们生活产生什么影响?

一、合同的概念

合同是民事主体之间设立、变更、终止民事法律关系的协议。根据《民法典》总则,民事主体包括自然人、法人和非法人组织。

第一,合同是平等主体之间的民事法律关系。《民法典》总则中规定:民事主体在民事活动中的法律地位一律平等。因此,合同的当事人之间法律地位平等,没有从属关系。第二,合同是一种民事法律行为。合同以意思表示为成立要件,并依据意思表示的内容发生法律效果。第三,合同是一种合意,合同成立需要当事人意思表示一致。第四,合同以设立、变更或终止民事权利义务关系为目的。

二、合同的分类

(一)双务合同和单务合同

根据当事人是否存在对待给付义务,可以把合同分为双务合同和单务合同。双务合同是双方互负对待给付义务的合同,例如买卖合同、租赁合同等。单务合同是仅有一方承担义务的合同,另一方只享有权利而不需要承担任何义务,例如借用合同。

(二)有偿合同和无偿合同

根据当事人取得权利有无对价,可以把合同分为有偿合同和无偿合同。有偿合同是指当事人必须支付对价,才能取得权利的合同,例如买卖合同、租赁合同等都是有偿合同。无偿合同是指当事人无须支付对价,就能取得权利的合同,例如赠予合同等。

(三)有名合同和无名合同

根据法律是否规定了特定的名称并作出专门规定,可以把合同分为有名合同与无名合同。有名合同是指法律上已经规定了特定的名称和规则的合同。例如《民法典》合同编第二分编规定了买卖合同、借款合同、保理合同、中介合同等 19 类有名合同。无名合同是指法律没有规定特定名称和规则的合同。无名合同适用《民法典》合同编通则的规定,并可以参照与之类似的有名合同的规定。

(四)诺成合同和实践合同

根据合同成立是否以交付标的物为条件,可以把合同分为诺成合同和实践合同。当事人意思表示一致,合同就成立的是诺成合同。实践中的大多数合同都是诺成合同。除当事人意思表示一致以外,还需要交付标的物,合同才能成立的是实践合同,例如保管合同。

(五)要式合同和不要式合同

根据法律是否要求合同具备一定形式,可以把合同分为要式合同和不要式合同。要式合同是指必须具备法律规定的形式才能成立的合同。不要式合同是指法律没有要求具备特定形式就能成立的合同。实践中的大多数合同都是不要式合同。

(六)主合同和从合同

根据合同相互间的主从关系,可以把合同分为主合同和从合同。主合同是指无须依赖于其他合同,能独立存在的合同。从合同是指以其他合同的存在为前提,不能独立存在的合同。例如,为担保借款订立的抵押合同相对于借款合同而言就是从合同,借款合同是主合同。

三、《民法典》合同编的适用范围

《民法典》合同编,分为通则、典型合同、准合同三部分,共29章526条,是民事法律制度的重要组成部分。合同编调整的是因合同产生的民事关系。《民法典》合同编对合同的订立、效力、履行、变更和转让、权利义务终止、违约责任等作出了规定,反映了市场经济中平等主体之间的交易关系。婚姻、收养、监护等有关身份关系的协议,适用有关身份关系的法律规定;没有规定的,可以根据其性质参照适用合同编规定。

四、《民法典》的基本原则

《民法典》的基本原则贯穿《民法典》的始终,合同编作为其中的一个重要组成部分,同样适用。《民法典》的基本原则包括:

(1)平等原则。无论是个人、非营利法人、社会团体或者政府机关作为民事主体在法律面前一律平等,即合同当事人的法律地位平等,一方不得将自己的意志强加给另一方。

(2)自愿原则。民事主体从事民事活动,应当遵循自愿原则,按照自己的意思设立、变更、终止民事法律关系,即当事人依法享有自愿订立合同的权利,任何单位和个人不得非法干预。

(3)公平原则,即当事人应当遵循公平原则确定各方的权利和义务。

(4)诚实信用原则,即当事人行使权利、履行义务应当遵循诚实信用原则。

(5)守法与公序良俗原则。民事主体从事民事活动,不得违反法律,不得违背公序良俗,即当事人订立、履行合同,应当遵守法律、行政法规,尊重社会公德,不得扰乱社会经济秩序,损害社会公共利益。

(6)绿色原则,即民事主体从事民事活动,应当有利于节约资源、保护生态环境。

五、契约严守原则和合同关系的相对性

(1)契约严守原则:依法成立的合同,受法律保护。合同当事人对是否订立合同、和谁订立合同以及合同的具体内容,可以自由决定。但合同成立生效后,受法律保护,合同对当事人有约束力,合同当事人要严守合同,根据合同履行各自的义务。

(2)合同关系的相对性:依法成立的合同,仅对当事人具有法律约束力,但是法律另有规定的除外。因合同产生的民事法律关系是典型的债权债务关系,因此要遵守债的相对性原则,然而,合同的相对性在特殊情况下可以突破。如《保险合同法》中规定可以将第三人指定为保险合同的受益人。

【思考与案例回顾】

《民法典》的颁布对中国具有划时代的意义,中国从此进入法典时代。合同制度是市场经济的基本法律制度,合同法律制度的修订和完善将会影响我们每一个人的社会生活。《民法典》合同编完善了合同法律制度,一是规定了非合同之债的法律适用规则,多数人之债的

履行规则等一般性合同订立规则;二是完善了电子合同订立规则,增加了预约合同的具体规定、完善了格式条款等合同订立制度,规范电子交易行为,网上"买买买"从此放心了;三是结合新冠肺炎疫情防控工作完善了国家订货合同制度,规定国家根据抢险救灾疫情防控或者其他需要下达国家订货任务、指令性计划的有关民事主体之间,应该依照有关法律、行政法规规定的权利和义务订立合同;四是针对一方当事人不履行报批义务导致合同不能生效的,明确了当事人的报批义务;五是完善合同履行制度,当事人在履行合同的过程中应当避免浪费资源、污染环境和破坏生态,增加情事变更制度;六是完善代位权、撤销权等合同保全制度,进一步强化对债权人的保护,细化债权转让;七是增加了担保合同、保理合同、物业服务合同、合伙合同四种典型合同。此外,《民法典》合同编对高利放贷、承租人的优先承租权,旅客霸座等行为进行了规范。

第二节　合同的订立

【思考与案例】

甲公司是一家化肥生产公司,甲公司于3月1日向长期业务合作伙伴乙公司发出邮件,问其是否要采购一批新品种化肥,并要求乙公司在20天内作出答复。邮件于当日到达乙公司,当月因市场行情变化,该种化肥生产的原材料价格大幅上涨,甲公司想撤销这一份要约,请问可以撤销吗?

一、合同的内容与形式

(一)合同的内容

合同的内容是指当事人享有的权利和承担的义务,表现为合同的各项条款。合同的内容由当事人约定,一般包括以下条款:当事人的姓名或者名称和住所、标的、数量、质量、价款或者报酬、履行期限、地点和方式、违约责任、解决争议的方法。当事人可以参照各类合同的示范文本订立合同。

合同的必备条款包括当事人、标的和数量三项。当事人对合同是否成立存在争议,人民法院能够确定当事人名称或者姓名、标的和数量的,一般应当认定合同成立,但法律另有规定或者当事人另有约定的除外。

(二)合同的形式

合同的形式是当事人合意的外在表现方式。当事人订立合同,有书面形式、口头形式和其他形式。

1.书面形式

书面形式是指合同书、信件和数据电文（包括电报、电传、传真、电子数据交换和电子邮件）等可以有形地表现所载内容，并可以随时调取查用的数据电文，视为书面形式。法律、行政法规规定采用书面形式的，应当采用书面形式。当事人约定采用书面形式的，应当采用书面形式。书面形式有利于通过书面文字准确确定当事人的权利、义务和责任。

2.口头形式

口头形式是当事人通过语言对话方式表达合意。口头形式的主要优点是简便、迅速，方便交易，缺点是当事人发生纠纷时举证难度大。

3.其他形式

其他形式也称合同的默认形式或推定形式。当事人未以书面形式或者口头形式订立合同，但从双方从事的民事行为能够推定双方有订立合同意愿的，人民法院可以认定是以其他形式订立的合同，但法律另有规定的除外。

二、合同的订立方式

当事人订立合同，可以采取要约、承诺方式或者其他方式。一般合同通过一方当事人向另一方当事人发出要约，另一方当事人通过承诺接受对方要约，双方通过合意订立合同。合同订立的其他方式包括"强制缔约""交错要约"和"同时表示"等。比如《民法典》中对强制缔约的规定：国家根据抢险救灾、疫情防控或者其他需要下达国家订货任务、指令性任务的，有关民事主体之间应当依照有关法律、行政法规规定的权利和义务订立合同。

三、要约

（一）要约的概念和构成要件

要约又称发盘或发价，是希望与他人订立合同的意思表示。发出要约的人称为要约人，接受要约的人称为受要约人。

对要约而言，意思表示应当符合下列规定：内容具体确定；表明经受要约人承诺，要约人即受该意思表示约束。具体而言，有效的要约包括以下构成要件：

（1）要约是由特定的要约人向希望与之缔结合同的受要约人发出的，以订立合同为目的的意思表示。首先，只有要约人是特定的主体，能为外界所确定，受要约人才能对其作出承诺。其次，由于要约的目的是唤起受要约人的承诺，因此在一般情况下，要约是向特定的相对人发出，在特殊的情况下要约也可以向不特定的相对人发出。最后，要约的目的在于订立合同，这是要约与要约邀请的主要区别。要约邀请又称要约引诱，是希望他人向自己发出要约的表示。拍卖公告、招标公告、招股说明书、债券募集办法、基金招募说明书、商业广告和宣传、寄送的价目表等为要约邀请。商业广告和宣传的内容符合要约条件的，构成要约。要约邀请不以订立合同为直接目的，只是为了让别人向自己发出要约，而要约则不同。

（2）要约的内容必须具体和确定。要约的内容必须具体是指要约的内容应当包含足以使合同成立的必要条款，这样承诺人作出承诺，合同才能成立；要约的内容必须确定是指要约的内容必须明确，使受要约人能理解其真实含义。要约内容是否具体和明确的判断标准即是否包含了当事人、标的、数量三个要素。

（3）要约应表明经受要约人承诺，要约人即受该意思表示约束。要约以订立合同为直接目的，受要约人一旦作出承诺，合同就成立，要约人应接受承诺的约束。

（二）要约的法律效力

1.要约的生效时间

要约到达受要约人时生效，即要约的生效采取"到达主义"，到达是指要约送达受要约人能够控制的地方，不论是否获悉要约内容，均生效。根据要约的形式不同，要约生效的时间也有所不同。

（1）以对话方式作出的意思表示，相对人知道其内容时生效。

（2）以非对话方式作出的意思表示，到达相对人时生效。以非对话方式作出的采用数据电文形式的意思表示，相对人指定特定系统接收数据电文的，该数据电文进入该特定系统时生效；未指定特定系统的，相对人知道或者应当知道该数据电文进入其系统时生效。当事人对采用数据电文形式的意思表示的生效时间另有约定的，按照其约定。

【案例5-1】 9月30日，甲公司采用邮件形式向乙公司发出采购一批原材料的要约，乙公司当日回邮件同意要约，但由于黑客入侵邮件系统，甲公司到10月3日才收到邮件，并由于国庆放假在10月8日才读到邮件，后于10月9日回复乙公司"邮件收到"。根据合同法律制度的规定，甲乙之间买卖合同的成立时间是什么时候？

【解析】 根据《民法典》的规定，书面要约自要约到达受要约人时发生法律效力，邮件于10月3日到达甲公司，因此，买卖合同的成立时间为10月3日。

2.要约法律效力的内容

（1）要约对要约人的法律效力。为了保护受要约人的利益，维护交易的安全和秩序，要约一经生效，就对要约人产生了约束力，要约人不得随意撤销或变更。

（2）要约对受要约人的法律效力。要约一经生效，受要约人就取得了承诺权，其是否承诺决定了合同能否成立。

（三）要约的撤回和撤销

1.要约的撤回

要约的撤回是指要约人阻止要约生效的意思表示。要约可以撤回，行为人可以撤回意思表示。撤回意思表示的通知应当在意思表示到达相对人前或者与意思表示同时到达相对人。要约撤回的对象是尚未生效的要约。

2.要约的撤销

要约的撤销是指要约人使要约丧失法律效力的意思表示。要约可以撤销。撤销要约的意思表示以对话方式作出的,该意思表示的内容应当在受要约人作出承诺之前为受要约人所知道;撤销要约的意思表示以非对话方式作出的,应当在受要约人作出承诺之前到达受要约人。为了保护受要约人的信赖利益,法律规定有下列情形之一的,要约不得撤销:

(1)要约人以确定承诺期限或者其他形式明示要约不可撤销。

(2)受要约人有理由认为要约是不可撤销的,并已经为履行合同做了合理准备工作。

【案例5-2】 甲公司因办公需要,准备购入一批办公桌,5月1日甲公司向乙公司发出一份书面要约,并在要约中注明请乙公司于5月20日前答复,否则要约就会失效。该书面要约于5月4日到达乙公司,但甲公司在5月5日拟撤销该要约,根据《民法典》,甲公司能撤销该要约吗?

【解析】 不能。根据我国《民法典》规定:要约人确定了承诺期限或者以其他形式明示要约不可撤销。该案例中要约人(甲公司)约定了承诺期限,所以要约不得撤销。

(四)要约的失效

要约的失效是指要约不再对要约人和受要约人具有法律效力,要约人不再受要约的约束,受要约人丧失了承诺权。要约失效的情形包括:①要约被拒绝;②要约被依法撤销;③承诺期限届满,受要约人未作出承诺;④受要约人对要约的内容作出实质性变更。

四、承诺

(一)承诺的概念和构成要件

承诺是受要约人同意要约的意思表示。也就是受要约人接受了要约的全部条款,同意与要约人缔结合同的意思表示。有效的承诺包括以下构成要件:

1.承诺应当由受要约人向要约人作出

(1)承诺由受要约人作出,只有受要约人才享有承诺权,非受要约人作出接受的意思表示不是承诺。

(2)承诺必须向要约人作出,要约人才有订立合同的目的,受要约人向非要约人作出接受的意思表示不是承诺。

2.承诺是受要约人同意要约的意思表示

承诺与要约一样具有订立合同的目的,承诺必须针对要约进行,内容必须清楚明确。

3.承诺的内容应当与要约的内容一致

受要约人对要约的内容作出实质性变更的,为新要约。有关合同标的、数量、质量、价款或者报酬、履行期限、履行地点和方式、违约责任和解决争议方法等的变更,是对要约内容的实质性变更。承诺对要约的内容作出非实质性变更的,除要约人及时表示反对或者要约表明承诺不得对要约的内容作出任何变更外,该承诺有效,合同的内容以承诺的内容为准。

(二)承诺的方式

承诺应当以通知的方式作出。一般情况下,承诺应以口头、书面等明示的方式作出。但根据交易习惯或者要约表明可以通过行为作出承诺的也可以通过特定行为作出。

(三)承诺的期限

(1)如果要约中明确了承诺的期限,承诺应当在要约确定的期限内到达要约人。要约以信件或者电报作出的,承诺期限自信件载明的日期或者电报交发之日开始计算。信件未载明日期的,自投寄该信件的邮戳日期开始计算。要约以电话、传真、电子邮件等快速通讯方式作出的,承诺期限自要约到达受要约人时开始计算。

(2)要约没有确定承诺期限的,承诺应当依照下列规定到达:①要约以对话方式作出的,应当即时作出承诺;②要约以非对话方式作出的,承诺应当在合理期限内到达。

(四)承诺的生效

承诺的生效是指承诺对要约人和受要约人产生法律约束力,合同据此成立。承诺生效时合同成立,但是法律另有规定或者当事人另有约定的除外。

(1)以通知方式作出的承诺,生效的时间。以对话方式作出的意思表示,相对人知道其内容时生效。

①以非对话方式作出的意思表示,到达相对人时生效。

②以非对话方式作出的采用数据电文形式的意思表示,相对人指定特定系统接收数据电文的,该数据电文进入该特定系统时生效;未指定特定系统的,相对人知道或者应当知道该数据电文进入其系统时生效。当事人对采用数据电文形式的意思表示的生效时间另有约定的,按照其约定。

(2)承诺不需要通知的,根据交易习惯或者要约的要求作出承诺的行为时生效。

(五)承诺的撤回

承诺可以撤回,承诺的撤回是受要约人阻止承诺发生法律效力的意思表示。承诺撤回的对象是已发出但尚未生效的承诺。撤回承诺的通知应当在承诺通知到达要约人之前或者与承诺通知同时到达要约人。已经生效的承诺不能撤销,因为承诺一经生效,合同就成立了。

(六)承诺迟到

受要约人超过承诺期限发出承诺的,除要约人及时通知受要约人该承诺有效的以外,为新要约。但是,要约人及时通知受要约人该承诺有效的除外。

（七）承诺迟延

受要约人在承诺期限内发出承诺，按照通常情形能够及时到达要约人，但是因其他原因承诺到达要约人时超过承诺期限的，除要约人及时通知受要约人因承诺超过期限不接受该承诺的以外，该承诺有效。

【案例5-3】 1月19日，甲向乙发出函件称："本人欲以每克320元的价格出售纯金10千克，如欲购买，请于2月5日前让本人知悉。"乙于1月21日收到甲的函件，并于1月23日回函表示愿意购买，但由于邮政部门投递错误，乙的回函于2月8日才到达甲处，甲收到乙回函后没有通知乙，而是将黄金售与他人。随后乙要求甲履行黄金买卖合同，根据合同法律制度的规定，甲乙之间的合同是否生效？

【解析】 根据《民法典》规定，受要约人在承诺期限内发出承诺，按照通常情况下能及时到达要约人，但因其他原因承诺到达要约人时超过承诺期限的，除要约人及时通知受要约人因承诺超过期限不接受该承诺的以外，该承诺有效。本案例中，由于甲未及时通知乙"承诺已经迟到且不接受"，因此，甲乙之间的合同已经生效，乙有权要求甲履行合同。

五、合同成立的时间和地点

（一）合同成立的时间

原则上，承诺生效时合同成立，合同成立的时间就是承诺生效的时间，但合同订立方式不同，合同成立时间也不同，具体如下：

（1）当事人采用合同书形式订立合同的，自当事人均签名、盖章或者按指印时合同成立。在签名、盖章或者按指印之前，当事人一方已经履行主要义务，对方接受时，该合同成立。

法律、行政法规规定或者当事人约定合同应当采用书面形式订立，当事人未采用书面形式但是一方已经履行主要义务，对方接受时，该合同成立。

（2）当事人采用信件、数据电文等形式订立合同要求签订确认书的，签订确认书时合同成立。

（3）当事人一方通过互联网等信息网络发布的商品或者服务信息符合要约条件的，对方选择该商品或者服务并提交订单成功时合同成立，但是当事人另有约定的除外。

（二）合同成立的地点

承诺生效的地点为合同成立的地点。①采用数据电文形式订立合同的，收件人的主营业地为合同成立的地点；没有主营业地的，其住所地为合同成立的地点。当事人另有约定的，按照其约定。②当事人采用合同书形式订立合同的，最后签字、盖章或者按指印的地点为合同成立的地点，但是当事人另有约定的除外。

六、预约合同

（1）预约合同的概念。

预约合同是指合同当事人之间约定将来订立本合同的合同，预约与本约相对，本约即将来要订立的合同。一般用于不动产买卖、土地使用权转让等，比如预约购房，当事人约定在将来一定期限内订立合同的认购书、订购书、预订书等，构成预约合同。

（2）违反预约合同的责任承担条件和方式：

第一，依据合同成立的要件判断预约合同是否成立。

第二，当事人一方不履行预约合同约定的订立合同义务的，对方可以请求其承担预约合同的违约责任。首先应考虑的是守约方为合同的订立和履行做了哪些准备，即由此做了多少履行。因对方违约而造成的实际损失，是可以主张对方赔偿的。如在预约合同中约定了定金，也存在定金责任的适用。其次，违约方可以继续履行的承担继续履行的责任，即签订本约的责任关于继续签订本约的责任，应结合具体情况来确定合同是否能继续履行。

【案例5-4】 甲（自然人）与乙（房地产公司）签订"房屋买卖合同意向书"，双方约定：房屋价款、违约金、甲需向乙支付5万元诚意金，乙取得房屋预售许可证后，双方签订购房合同。后房价大涨，乙不愿按照约定价格销售房产给甲，称可将5万元诚意金退还甲，双方仅仅签订意向书而不是房屋销售合同，因此无须遵守。请问乙的说法是否正确？

【解析】 乙的说法是错误的。根据《民法典》规定，当事人约定在将来一定期限内订立合同的认购书、订购书、预订书等，构成预约合同。当事人一方不履行预约合同约定的订立合同义务的，对方可以请求其承担预约合同的违约责任。也就是说甲乙之间签订的意向书是预约合同，预约合同也是合同，同样对双方当事人有约束力，如果违反预约合同的内容，同样要承担相应的责任。

七、格式条款

（一）格式条款的概念

格式条款是当事人为了重复使用而预先拟定，并在订立合同时未与对方协商的条款。格式条款主要运用于重复进行的交易，有助于降低交易成本。由于格式条款由一方预先拟定，相对人不能变更条款内容，只能作出完全同意或拒绝的意思表示，在合同订立过程中处于弱势地位，为了平衡双方当事人的利益，法律侧重于保护相对人的利益。

（二）格式条款提供方的义务

1.提示和说明义务

采用格式条款订立合同的，提供格式条款的一方应当遵循公平原则确定当事人之间的权利和义务,并采取合理的方式提请对方注意免除或者限制其责任的条款,按照对方的要求,对该条款予以说明。提供格式条款的一方对格式条款中免除或者限制其责任的内容,在合同订立时应采用足以引起对方注意的文字、符号、字体等特别标识,并按照对方的要求对该格式条款予以说明。

2.违反提示和说明义务的法律后果

提供格式条款的一方当事人未履行提示或者说明义务,致使对方没有注意或者理解与其有重大利益关系的条款的,对方当事人可以主张该条款不成为合同的内容。

(三)格式条款的无效

(1)具有下列情形之一的格式条款无效:①无民事行为能力人实施的民事法律行为;②行为人与相对人以虚假的意思表示实施的民事法律行为;③违反法律、行政法规的强制性规定;④违反公序良俗的民事法律行为;⑤行为人与相对人恶意串通,损害他人合法权益的民事法律行为。

(2)免除造成对方人身伤害应承担的责任,或者免除因故意或者重大过失造成对方财产损失应承担的责任,该格式条款无效。

(3)提供格式条款一方不合理地免除或者减轻其责任、加重对方责任、限制对方主要权利;排除对方主要权利,该格式条款无效。

(四)格式条款的解释

对格式条款的理解发生争议的,应当按照通常理解予以解释。对格式条款有两种以上解释的,应当作出不利于提供格式条款一方的解释。格式条款和非格式条款不一致的,应当采用非格式条款。

八、悬赏广告

1.悬赏广告的概念

悬赏广告是公开表示对实施特定行为支付报酬,完成该行为的人可以请求其支付报酬的公告。

2.悬赏广告的生效时间

以公告方式作出的意思表示,公告发布时生效。悬赏广告产生效力的时间是对外公开其允诺之时,也就是对外发布之时,并不是悬赏人作出悬赏允诺之时。对外发布公告方式可以通过报刊刊登、广告栏粘贴、广播电视传播以及互联网发布等公共媒介发布。

3.悬赏广告的撤回及其后果

(1)悬赏广告可以撤回。

（2）悬赏广告撤回后果：在特定行为实施前撤回由于特定行为没有发生并不会产生其他法律后果；但在特定行为正在进行或者已经完成之后才撤回的，依据悬赏广告而实施特定行为的人，因悬赏广告被撤回遭受损失可以请求悬赏广告人给予赔偿，赔偿额以悬赏广告约定的报酬额为限。

【案例5-5】　甲是一名建筑工程师，由于自己疏忽大意丢失装有重要文件的公文包，甲登报称"谁找到装有文件的公文包并送还，就支付5 000元报酬"，乙（年龄六岁）在路边拾到，送还公文包，并要求支付5 000元报酬，甲称乙是无民事行为能力人，不愿意支付报酬，请问甲是否应该支付报酬给乙？

【解析】　甲应该支付乙5 000元报酬。《民法典》规定：悬赏人以公开方式声明对完成特定行为的人支付报酬的，完成该行为的人可以请求其支付。悬赏广告属于单方允诺，也就是说除了物品的盗窃人、失物招领部门不能受益外，任何人完成了悬赏广告里的特定行为都有权接受报酬，乙虽然是无民事行为能力人，只要乙完成特定行为就可以获得报酬。

九、缔约过失责任

缔约过失责任是指在合同的订立过程中，一方因故意或过失违反基于诚信原则产生的先合同义务，致使对方的信赖利益遭受损失，依法应当承担损害赔偿责任。缔约过失责任的类型主要包括：

（1）假借订立合同，恶意进行磋商。

（2）故意隐瞒与订立合同有关的重要事实或者提供虚假情况。

（3）有其他违背诚实信用原则的行为。

【思考与案例回顾】

甲公司不可以撤销，该邮件是一份要约，且规定了承诺期限，故不能够撤销。

第三节　合同的效力

【思考与案例】

甲（自然人）大学毕业后到乙公司（餐饮连锁企业）找工作，工作一个月后，丙（乙公司人力资源部门主管）对甲说，"你只要同意和公司签订放弃各种保险和公积金的协议，就给你每月多发300元工资，并可以转正，如果不同意立刻开除"，甲苦于找工作不易，与乙公司签订了协议，请问甲和乙签订的合同有效吗？

一、合同的生效

合同的生效是指依法成立的合同在当事人之间产生法律约束力。合同的生效以合同成立为前提,合同成立是事实判断问题,着眼于当事人之间就权利义务达成一致意见;合同生效是法律评价问题,着眼于合同能否发生法律约束力。一般情况下,依法成立的合同,自成立时生效。

(一)合同的有效要件

已经成立的合同必须具备有效要件,才能产生法律约束力,违反或欠缺有效要件,可能构成无效合同、可撤销合同。合同的有效要件包括:行为人具有相应的民事行为能力;意思表示真实;不违反法律、行政法规的强制性规定,不违背公序良俗。

(二)附条件和附期限合同

附条件或附期限的合同反映了对当事人的意愿的充分尊重。当事人对合同的效力可以约定附条件。条件是将来可能发生或可能不发生的不确定的事实。附生效条件的合同,自条件成就时生效。附解除条件的合同,自条件成就时失效。当事人为自己的利益不正当地阻止条件成就的,视为条件已成就;不正当地促成条件成就的,视为条件不成就。

当事人对合同的效力可以约定附期限,但是根据其性质不得附期限的除外。期限是将来确定发生的事实。附生效期限的合同,自期限届至时生效。附终止期限的合同,自期限届满时失效。

(三)批准生效

法律、行政法规规定应当办理批准、登记等手续生效的,依照其规定。合同依法应当经过批准的,则批准属于合同生效的特别程序。在批准之前,合同没有生效,当事人之间存在合同的约束力,合同经职能部门批准后才能生效。

二、无效合同

无效合同是指虽然合同已经成立,但因违反法律、行政法规的强制性规定或违背公序良俗而无法律效力的合同。无效合同自始不发生法律效力。

无效合同的五种情形:

(1)无民事行为能力人签订的合同。

(2)行为人与相对人以虚假的意思表示签订的合同。

(3)违反法律、行政法规的强制性规定的合同。

(4)违反公序良俗的合同。

(5)行为人与相对人恶意串通,损害他人合法权益的合同。

三、可撤销的合同

（一）可撤销合同的概念

可撤销的合同是指虽然合同已经成立，但因当事人意思表示不真实，撤销权人有权请求人民法院或者仲裁机构撤销其效力的合同。

（二）导致合同撤销的事由

（1）基于重大误解订立的合同，行为人有权请求人民法院或者仲裁机构予以撤销。

（2）一方以欺诈手段，使对方在违背真实意思的情况下订立的合同，受欺诈方有权请求人民法院或者仲裁机构予以撤销；第三人实施欺诈行为，使一方在违背真实意思的情况下订立的合同，对方知道或者应当知道该欺诈行为的，受欺诈方有权请求人民法院或者仲裁机构予以撤销。

（3）一方或者第三人以胁迫手段，使对方在违背真实意思的情况下订立的合同，受胁迫方有权请求人民法院或者仲裁机构予以撤销。

（4）一方利用对方处于危困状态、缺乏判断能力等情形，致使合同成立时显失公平的，受损害方有权请求人民法院或者仲裁机构予以撤销。

（三）撤销权消灭

（1）当事人自知道或者应当知道撤销事由之日起一年内、重大误解的当事人自知道或者应当知道撤销事由之日起九十日内没有行使撤销权。

（2）当事人受胁迫，自胁迫行为终止之日起一年内没有行使撤销权。

（3）当事人知道撤销事由后明确表示或者以自己的行为表明放弃撤销权。

当事人自民事法律行为发生之日起五年内没有行使撤销权的，撤销权消灭。

【思考与案例回顾】

甲与乙公司签订的合同无效，因为劳动法规定，用人单位在员工入职一个月内，必须依法缴纳社会保险，缴纳社保是用人单位必须执行的责任与义务。甲与乙公司签订的合同违反法律、行政法规的强制性规定，因此合同无效。

第四节　合同的履行

【思考与案例】

甲公司和乙公司为长期业务合作伙伴,乙公司欠甲公司 100 万元工程款,约定于次年 12 月清偿支付。乙公司和丙公司为业务合作伙伴,在乙、丙公司的合同中,丙公司欠乙公司 200 万元材料款,约定于次年 11 月清偿。在次年 11 月时,丙公司没有主动偿还乙公司的欠款,且乙公司没有采取诉讼或者仲裁的方式行使其对丙公司的债权,导致乙公司不能及时清偿对甲公司的欠款 100 万元,此时甲公司能不能申请向丙公司索要这 100 万元?

合同的履行是指债务人依据合同约定和法律规定,全面、适当地完成所负义务的行为。合同的履行是合同制度的核心环节。当事人应当按照约定全面履行自己的义务。当事人应当遵循诚实信用原则,根据合同的性质、目的和交易习惯履行通知、协助、保密等义务。

一、合同的补缺

合同的补缺也称合同漏洞的填补。当事人约定的合同条款是合同履行的依据,当合同条款不明确、不完备时,为了保证实现合同目的,应适用合同补缺规则使合同内容趋于完整。

合同生效后,当事人就质量、价款或者报酬、履行地点等内容没有约定或者约定不明确的,可以协议补充;不能达成补充协议的,按照合同有关条款或者交易习惯确定。当事人就有关合同内容约定不明确,依照上述规定仍不能确定的,适用下列规定:

(1)质量要求不明确的,按照强制性国家标准履行;没有强制性国家标准的,按照推荐性国家标准履行;没有推荐性国家标准的,按照行业标准履行;没有国家标准、行业标准的,按照通常标准或者符合合同目的的特定标准履行。

(2)价款或者报酬不明确的,按照订立合同时履行地的市场价格履行;依法应当执行政府定价或者政府指导价的,按照规定履行。

(3)履行地点不明确,给付货币的,在接受货币一方所在地履行;交付不动产的,在不动产所在地履行;其他标的,在履行义务一方所在地履行。

(4)履行期限不明确的,债务人可以随时履行,债权人也可以随时要求履行,但应当给对方必要的准备时间。

(5)履行方式不明确的,按照有利于实现合同目的的方式履行。

(6)履行费用的负担不明确的,由履行义务一方负担,因债权人原因增加的履行费用,由债权人负担。

【案例5-6】　甲、乙两公司分别位于北京市和重庆市,甲公司向乙公司购买一批绵羊油,约定三个月后交货,但合同对履行地点以及价款均无明确约定,双方也未能就有关内容达成补充协议,依照合同其他条款及交易习惯也无法确定。根据合同法律制度的规定,这个合同应该怎样履行呢?

【解析】 履行地点不明确,给付货币的,在接受货币一方所在地履行(乙公司为接受货币一方,履行地点在重庆);价款不确定的,按照订立合同时的履行地(重庆)的市场价格履行。

二、双务合同履行中的抗辩权

双务合同履行中的抗辩权是指在双务合同中,一方依法对抗相对人的履行请求权,中止履行其义务的权利。抗辩权是一种用以对抗请求权的防御性权利,旨在保护交易安全。在法定抗辩事由发生时,抗辩权人有权在一定期限内暂时停止履行合同;当法定抗辩事由消失后,仍应履行合同。

(一)同时履行抗辩权

1.同时履行抗辩权的概念

同时履行抗辩权是指在同一个未约定先后履行顺序的双务合同中,一方在对方未履行前,有拒绝对方履行要求的权利。《民法典》第五百二十五条规定:当事人互负债务,没有先后履行顺序的,应当同时履行。一方在对方履行之前有权拒绝其履行要求。一方在对方履行债务不符合约定时,有权拒绝其相应的履行要求。可见,同时履行抗辩权是当事人双方都可以行使的权利。

2.同时履行抗辩权的适用条件

(1)基于同一个双务合同,当事人双方互负债务。在单务合同中,由于只有当事人一方承担义务,一般不存在履行抗辩问题。

(2)当事人互负的债务没有先后履行顺序。当事人双方应当同时履行,保证双方享有的债权同时实现。

(3)当事人双方的债务均已届清偿期。在清偿期届满后,债权人才能请求债务人履行债务,债务人可依法行使抗辩权。

(4)请求履行债务的一方当事人未履行或未适当履行所付义务。

(5)须对方的对待履行是可能履行的。如果因标的物毁损灭失等原因致对方的对待给付已经不可能实现,就构成了不能履行,同时履行抗辩权也就没有行使必要了。

3.同时履行抗辩权的效力

同时履行抗辩权不是永久的抗辩权。同时履行抗辩权的效力是暂时拒绝对方的履行请求,不具有消灭对方请求权的效力。当对方履行或提出履行时,相对人应当恢复履行。

（二）先履行抗辩权

1.先履行抗辩权的概念

先履行抗辩权是指在同一个约定了先后履行顺序的双务合同中,后履行义务人在先履行义务人不履行合同或履行合同不符合约定时,有权拒绝先履行义务人的履约要求的权利。根据《民法典》第五百二十六条的规定,当事人互负债务,有先后履行顺序,应当先履行一方未履行的,后履行一方有权拒绝其履行要求。先履行一方履行债务不符合约定的,后履行一方有权拒绝其相应的履行要求。可见,先履行抗辩权只能由后履行一方行使。

2.先履行抗辩权的适用条件

（1）与同时履行抗辩权一样,先履行抗辩权适用的前提也是基于同一双务合同,当事人双方互负债务。

（2）当事人互负的债务有先后履行顺序,这是先履行抗辩权与同时履行抗辩权的最大区别。同时履行或者先后履行是由当事人双方约定或按交易习惯确定的。

（3）先履行义务人未履行或未适当履行所负义务。

3.先履行抗辩权的效力

当先履行义务人未履行义务或未适当履行义务时,后履行义务人有权拒绝履行己方的相应义务。先履行抗辩权不是永久的抗辩权,当先履行义务人履行义务后,后履行义务人应履行己方义务。

（三）不安抗辩权

1.不安抗辩权的概念

不安抗辩权是指在同一个约定了先后履行顺序的双务合同中,先履行义务人有确切证据证明后履行义务人有不能为对待给付的现实危险,在后履行义务人没有履行或提供担保之前,有权中止履行债务的权利。不安抗辩权只能由先履行一方行使。

2.不安抗辩权的适用条件

（1）基于同一双务合同,当事人双方互负债务。

（2）当事人互负的债务有先后履行顺序。

（3）先履行义务人有确切证据证明后履行义务人有不能为对待给付的现实危险:①经营状况严重恶化;②转移财产、抽逃资金,以逃避债务;③丧失商业信誉;④有丧失或者可能丧失履行债务能力的其他情形。当事人没有确切证据中止履行的,应当承担违约责任。

3.不安抗辩权的效力

抗辩权人行使不安抗辩权的直接法律效力是中止合同履行,即暂时停止履行合同,合同并未终止或解除。抗辩权人应当及时通知对方。对方提供适当担保时,应当恢复履行。中止履行后,对方在合理期限内未恢复履行能力并且未提供适当担保的,中止履行的一方可以解除合同并可以请求对方承担违约责任。

【案例5-7】 甲、乙签订购买合同，合同约定：甲向乙购买一批服装，甲于5月10日向乙付款，乙于收到款项后10天内发货。但甲在4月9日发现乙的贸易许可证被吊销，且之前客户反映其服装质量不合格，甲担心付款后乙不能履行合同会遭受损失，那甲应该怎么办呢？

【解析】 甲可以行使不安抗辩权，暂不付款。因为根据《民法典》的规定：应当先履行债务的当事人，有确切证据表明对方有"丧失或可能丧失"履行债务能力时，可以行使不安抗辩权，中止履行合同。

第五节　合同的保全

合同的保全是法律为了防止债务人的财产不当减少给债权人的债权造成损害，允许债权人通过行使代位权或撤销权，保障债权实现的法律制度。债权人行使代位权和撤销权都会对债务人之外的第三人产生法律效力。

一、代位权

（一）代位权的概念

代位权是指债务人怠于行使其对次债务人（即债务人的债务人）享有的到期债权或者与该债权有关的从权利，给债权人造成损害，债权人为了保障债权实现，向人民法院请求以自己的名义行使债务人对次债务人的债权的权利。

（二）代位权的成立要件

（1）债权人对债务人的债权合法，并已届清偿期。这是债权人行使代位权的前提和基础。

（2）债务人怠于行使其到期债权，对债权人造成损害。债务人不履行其对债权人的到期债务，又不以诉讼方式或者仲裁方式向其债务人主张其享有的具有金钱给付内容的到期债权，致使债权人的到期债权未能实现。

（3）债务人的债权或者与该债权有关的从权利已到期。债务人在清偿期届满时仍未履行债务。

（4）债务人的债权不是专属于债务人自身的债权。专属于债务人自身的债权，是指基于扶养关系、抚养关系、赡养关系、继承关系产生的给付请求权和劳动报酬、退休金、养老金、抚恤金、安置费、人寿保险、人身伤害赔偿请求权等权利。以上权利不能代为行使。

（三）代位权行使的范围

代位权的行使范围以债权人的债权为限。债权人行使代位权的必要费用,由债务人负担。在代位权诉讼中,债权人行使代位权的请求数额超过债务人所负债务额或者超过次债务人对债务人所负债务额的,对超出部分人民法院不予支持。

二、撤销权

（一）撤销权的概念

撤销权是指债务人实施了减少其财产的行为,对债权人造成损害,债权人为了保障债权实现,以自己的名义向人民法院请求撤销的权利。

（二）撤销权的成立要件

《民法典》第五百三十八条规定,债务人以放弃其债权、放弃债权担保、无偿转让财产等方式无偿处分财产权益,或者恶意延长其到期债权的履行期限,影响债权人的债权实现的,债权人可以请求人民法院撤销债务人的行为。据此可知,撤销权的成立要件有以下几项:

(1)债权人对债务人有合法债权。

(2)债务人具有损害债权人债权的恶意。

(3)债务人实施的减少其财产的行为,危害了债权人的债权。主要包括:放弃到期或未到期的债权;无偿转让财产;放弃债权担保;恶意延长到期债权的履行期;以明显不合理的低价转让财产或以明显不合理的高价收购他人财产。

（三）撤销权的行使期间

撤销权自债权人知道或者应当知道撤销事由之日起一年内行使。自债务人的行为发生之日起五年内没有行使撤销权的,该撤销权消灭。

（四）撤销权行使的范围和费用负担

撤销权的行使范围以债权人的债权为限。债权人行使撤销权的必要费用,由债务人负担。债权人行使撤销权所支付的律师代理费、差旅费等必要费用,由债务人负担;第三人有过错的,应当适当分担。

（五）撤销权的效力

债权人行使撤销权致使债务人的行为被依法撤销的,该行为自始没有法律约束力。

【思考与案例回顾】

甲可以通过行使代位权,向人民法院请求以自己的名义代为行使乙对丙的债权,请求的数额应该以甲所保全的债权 100 万元为限,即甲只能请求丙清偿 100 万元。

第六节　合同的变更和转让

【思考与案例】

甲公司以房产为抵押向乙公司借款 100 万元,乙公司在未通知甲公司的情况下,与丙公司于 10 月 20 日签订合同,将 100 万元借款全部转让给丙公司,丙公司遂向甲公司索要借款100 万元,甲公司应该直接支付给丙公司吗?

一、合同变更

(一)合同变更的概念

合同变更有广义和狭义之分。广义的合同变更包括合同主体的变更和合同内容的变更。狭义的合同变更指合同内容的变更。本节的合同变更是狭义理解,即在合同成立后,尚未履行或尚未完全履行前,在合同主体不变的条件下,当事人就合同的内容进行修改和补充。合同主体的变更实质是合同的转让。

(二)合同变更的条件

1.当事人之间存在合同关系

合同变更是对原合同内容的修改和补充,以合同关系为基础。如果当事人之间没有合同关系,就不可能发生合同变更。

2.合同变更须经当事人协商一致或根据法律规定进行

在不违反法律和公序良俗的前提下,依据合同自由原则,当事人协商一致,可以变更合同。除了合意变更以外,当事人可以根据法律规定变更合同。例如《民法典》第八百二十九条规定,在承运人将货物交付收货人之前,托运人可以要求承运人中止运输、返还货物、变更到达地或者将货物交给其他收货人,但应当赔偿承运人因此受到的损失。

3.合同变更内容必须明确

当事人对合同变更的内容约定不明确的,推定为未变更。

4.必须遵循法定程序和方式

法律、行政法规规定变更合同应当办理批准、登记等手续的,依照其规定。

(三)合同变更的效力

合同变更后,原合同的内容发生了改变,当事人应当按照变更后的合同履行,如果违反了变更后的合同内容,就构成违约,合同未变更的部分继续有效。合同变更原则上不具有溯及力,当事人在合同变更前已经履行的仍然有效。

二、合同转让

(一)合同转让的概念

合同转让即合同权利义务的转让,是指在不改变合同内容的前提下,合同主体发生了变化。法律、行政法规规定转让权利或者转移义务应当办理批准、登记等手续的,依照其规定。合同的转让可以分为债权让与、债务承担和债权债务的概括承受。

(二)债权让与

1.债权让与的概念

债权让与是指合同债权人将其合同权利全部或部分转让给第三人。债权人称为让与人,第三人称为受让人。

2.债权让与的限制

债权人可以将合同的权利全部或者部分转让给第三人,但有下列情形之一的除外:①根据债权性质不得转让;②按照当事人约定不得转让;③依照法律规定不得转让。

3.债权让与的效力

(1)债权让与的内部效力。当让与人将其债权全部转让给受让人时,让与人退出合同关系,受让人取代了让与人地位,成为新的债权人;因债权转让增加的履行费用,由让与人负担;当让与人将其债权部分转让给受让人时,让与人没有退出合同关系,受让人加入合同关系中,与让与人共同享有债权。让与人转让权利的,受让人取得与债权有关的从权利,但该从权利专属于让与人自身的除外。

(2)债权让与的外部效力。债权人转让权利的,应当通知债务人。未经通知,该转让对债务人不发生效力。债权人转让权利的通知不得撤销,但经受让人同意的除外。债务人接到债权转让通知后,债务人对让与人的抗辩,可以向受让人主张。债务人接到债权转让通知时,债务人对让与人享有债权,并且债务人的债权先于转让的债权到期或者同时到期的;且债务人的债权与转让的债权是基于同一合同产生,债务人可以向受让人主张抵销。

（三）债务承担

1.债务承担的概念

债务承担是指合同债务人将其合同义务全部或部分转移给第三人。债务人称为转让人,第三人称为承担人。

2.债务承担的条件

债务人将合同的义务全部或者部分转移给第三人的,应当经债权人同意;债务人或者第三人可以催告债权人在合理期限内予以同意,债权人未作表示的,视为不同意。

3.抗辩权和从债务的转移

债务人转移义务的,新债务人可以主张原债务人对债权人的抗辩;原债务人对债权人享有债权的,新债务人不得向债权人主张抵销。债务人转移债务的,新债务人应当承担与主债务有关的从债务,但该从债务专属于原债务人自身的除外。

4.债务人与第三人的责任承担方式

第三人与债务人约定加入债务并通知债权人,或者第三人向债权人表示愿意加入债务,债权人未在合理期限内明确拒绝的,债权人可以请求第三人在其愿意承担的债务范围内和债务人承担连带债务。

（四）债权债务的概括承受

1.债权债务概括承受的概念

债权债务概括承受是指合同一方当事人将其合同权利和义务一并转让给第三人,适用债权转让、债务转移的有关规定。合同权利义务的概括转移主要发生在企业合并、企业分立、企业改制、企业整体转让等情形中。

2.债权债务概括承受的条件

当事人一方将自己在合同中的权利和义务一并转让给第三人,应当取得对方当事人同意。根据债权性质、当事人约定、法律规定不得转让的权利不能因合同权利义务概括转移而转让。

3.从权利和从债务的转移

新的合同当事人取得与债权有关的从权利,但专属于原债权人自身的除外。新的合同当事人应承担与主债务有关的从债务,但专属于原债务人自身的除外。

【思考与案例回顾】

根据《民法典》规定,债权人转让权利不需要经过债务人同意,但应当通知债务人,未经通知该转让对债务人不发生效力,因此甲公司有权拒绝丙公司的支付要求。

第七节 合同的权利义务终止

【思考与案例】

甲向乙购买一块精美的瑞士名表,因为需要邮寄回原厂刻字,甲付款后,双方约定一个月后来取手表,甲却一直没有来取表,乙也无法联系上甲,只有依法将合同标的物精美名表提存,在提存期间,名表发生意外毁损,标的物损失的责任应该由谁来承担?

一、合同权利义务终止的概念

合同权利义务的终止也称合同的消灭,是指一定的法律事实发生,使合同当事人权利义务消灭的法律现象。

二、合同权利义务终止的法律效力

(1)合同法律关系消灭。合同终止的事由发生后,合同关系的权利义务终止,依附于合同的从权利和从义务也随之消灭,当事人不再受合同的约束。

(2)合同的权利义务终止不影响合同中结算、清理条款和有关争议解决条款的效力。

(3)合同的权利义务终止不影响违约方对受损方应承担的损害赔偿责任。

(4)当事人负有后合同义务。合同的权利义务终止后,当事人应当遵循诚实信用原则,根据交易习惯履行通知、协助、保密等义务。

三、合同权利义务终止的原因

《民法典》第五百五十七条规定,有下列情形之一的,债权债务终止:

(1)债务已经履行。

(2)债务相互抵销。

(3)债务人依法将标的物提存。

(4)债权人免除债务。

(5)债权债务同归于一人。

(6)法律规定或者当事人约定终止的其他情形。

合同解除的,该合同的权利义务终止。合同的权利义务关系终止,不影响合同中结算和清理条款的效力。

债的履行、抵销、提存、免除等的法律效果不同,履行是典型债务消灭的原因,消灭的是被履行的债务。提存、抵销、免除是个别债务消灭的原因。引起整个债权债务关系终止的是合同的解除。

（一）清偿

1.清偿的概念

清偿是导致合同权利义务终止最主要的原因。清偿是指债务按照合同约定或法律规定全面、适当地履行义务的行为。具体而言,债务人履行债务,实现债权人利益;第三人对债权人为给付,实现债权人债权;通过强制执行或者实现担保物权实现债权;代物清偿等都能发生清偿的法律效果。

2.债务清偿顺序

（1）指定清偿及其例外规则:债务人对同一债权人负担的数项债务种类相同,债务人的给付不足以清偿全部债务的,除当事人另有约定外,由债务人在清偿时指定其履行的债务。

债务人未作指定的,应当优先履行已经到期的债务;数项债务均到期的,优先履行对债权人缺乏担保或者担保最少的债务;均无担保或者担保相等的,优先履行债务人负担较重的债务;负担相同的,按照债务到期的先后顺序履行;到期时间相同的,按照债务比例履行。

（2）约定清偿及其例外规则:债务人在履行主债务外还应当支付利息和实现债权的有关费用,其给付不足以清偿全部债务的,除当事人另有约定外,应当按照下列顺序履行:①实现债权的有关费用;②利息;③主债务。

（二）解除

1.解除的概念

解除是指在合同有效成立后、履行完毕前,通过当事人双方合意或一方意思表示,终止合同权利义务关系,使合同效力消灭的行为。

2.解除的种类

（1）约定解除。依据合同自由原则,当事人在不违背法律和社会公序良俗的前提下,可以通过约定或行使约定解除权解除合同。约定解除包括协议解除和行使约定的解除权解除。

①协议解除。协议解除又称合意解除或双方解除,是指合同有效成立后、履行完毕前,当事人通过协商一致解除合同的行为。协议解除是实践中最常见和有效的合同解除方式,有利于当事人相互协调配合、减少损失,妥善解决合同问题。协议解除是双方解除。

②行使约定的解除权解除。当事人双方可以在订立合同时预先约定一方解除合同的条件,当解除合同条件成就时,解除权人有权解除合同。行使约定的解除权解除是单方解除。

（2）法定解除。法定解除是指合同有效成立后、履行完毕前,当发生法定事由时,当事人一方将解除合同的意思表示通知对方,即产生解除合同法律效果。法定解除是单方解除。

法定解除合同的事由包括:①因不可抗力致使不能实现合同目的;②在履行期限届满前,当事人一方明确表示或者以自己的行为表明不履行主要债务;③当事人一方迟延履行主要债务,经催告后在合理期限内仍未履行;④当事人一方迟延履行债务或者有其他违约行为致使不能实现合同目的;⑤法律规定的其他情形。以持续履行的债务为内容的不定期合同,当事人可以随时解除合同,但是应当在合理期限之前通知对方。

【案例 5-8】　服装厂为了完成一批 7 月 15 日交货的加急订单,向布料厂订购了一批布料,约定在 7 月 1 日前交货。6 月 27 日,服装厂向布料厂催货,却被告知由于机器设备故障布料厂 7 月 15 日才能交货,布料厂能不能单方面解除合同?

【解析】　布料厂可以单方面解除合同,根据《民法典》规定,当事人一方迟延履行债务或有其他违约行为致使不能实现合同目的的,另一方可以单方面解除合同。

3.解除权除斥期间的规定

解除权是形成权,不是请求权,因此不适用诉讼时效期间。但是解除权人迟迟不决定是否解除合同,会使合同状态不确定,这对债务人不利,也会徒增违约方的经济负担。法律规定了除斥期间,可以分为约定除斥期间和法定除斥期间。法定除斥期间,由法律特别规定如《保险法》第十六条第三款,保险人自知道解除事由起 30 日内不解除合同的,解除权消灭;自保险合同成立之日起,超过两年的,保险人不得解除合同。

法律规定或者当事人约定解除权行使期限,期限届满当事人不行使的,该权利消灭。

法律没有规定或者当事人没有约定解除权行使期限,自解除权人知道或者应当知道解除事由之日起一年内不行使,或者经对方催告后在合理期限内不行使的,该权利消灭。

4.解除权的行使及其法律后果

(1)合同解除权的行使:解除权是形成权,成立后不会自动产生解除的效果。当事人一方依法主张解除合同的,应当通知对方。合同自通知到达对方时解除;通知载明债务人在一定期限内不履行债务则合同自动解除,债务人在该期限内未履行债务的,合同自通知载明的期限届满时解除。对方对解除合同有异议的,任何一方当事人均可以请求人民法院或者仲裁机构确认解除行为的效力。

当事人一方未通知对方,直接以提起诉讼或者申请仲裁的方式依法主张解除合同,人民法院或者仲裁机构确认该主张的,合同自起诉状副本或者仲裁申请书副本送达对方时解除。

(2)合同解除的法律后果:合同解除后,尚未履行的,终止履行;已经履行的,根据履行情况和合同性质,当事人可以请求恢复原状或者采取其他补救措施,并有权请求赔偿损失。

合同因违约解除的,解除权人可以请求违约方承担违约责任,但是当事人另有约定的除外。

主合同解除后,担保人对债务人应当承担的民事责任仍应当承担担保责任,但是担保合同另有约定的除外。

(三)抵销

抵销是指当事人双方互负债务,通过双方协商或一方的意思表示使双方债务在等额内相互消灭的行为。根据抵销产生的依据不同,抵销可以分为合意抵销和法定抵销。

在合意抵销中,当事人互负债务,标的物种类、品质不相同的,经双方协商一致,可以抵销。

在法定抵销中,当事人互负到期债务,该债务的标的物种类、品质相同的,任何一方可以将自己的债务与对方的债务抵销,但是,根据债务性质、按照当事人约定或者依照法律规定不得抵销的除外。当事人主张抵销的,应当通知对方。通知自到达对方时生效。抵销不得附条件或者附期限。

(四)提存

1.提存的概念

提存是指由于债权人的原因致使债务人无法履行到期债务,债务人将合同标的物交付给提存机关,以使债务消灭,终止债务关系的行为。

2.提存的原因

(1)债权人无正当理由拒绝受领。

(2)债权人下落不明。

(3)债权人死亡未确定继承人、遗产管理人,或者丧失民事行为能力未确定监护人。

(4)法律规定的其他情形。

3.提存的标的物

提存的标的物应当是适合于提存的货币、货物、有价证券、权利证书等。标的物不适于提存或者提存费用过高的,债务人依法可以拍卖或者变卖标的物,提存所得的价款。

【案例 5-9】 甲向乙定制了一套昂贵的首饰,并预先支付了货款,但首饰做好以后,甲一直不来取,乙无法联系到甲向其交货,于是八个月后,乙将首饰变卖,将所得价款扣除报酬和保管费用后,以甲的名义存入银行。乙的行为属于什么性质?是否合法?

【解析】 乙的行为属于依法将标的物提存,是合法的。《民法典》规定:债权人下落不明,难以履行债务的,债务人可以将标的物提存。

4.债务人提存后的通知义务

标的物提存后,债务人应当及时通知债权人或者债权人的继承人、遗产管理人、监护人、财产代管人。

5.提存的效力

债务人依法将标的物提存,自提存之日起,合同债权债务终止。标的物提存后,毁损、灭失的风险由债权人承担。提存期间,标的物的孳息归债权人所有,提存费用由债权人负担。

6.债权人领取提存物的请求权

债权人可以随时领取提存物。但是,债权人对债务人负有到期债务的,在债权人未履行债务或者提供担保之前,提存部门根据债务人的要求应当拒绝其领取提存物。

债权人领取提存物的权利,自提存之日起五年内不行使而消灭,提存物扣除提存费用后归国家所有。但是,债权人未履行对债务人的到期债务,或者债权人向提存部门书面表示放弃领取提存物权利的,债务人负担提存费用后有权取回提存物。

(五)免除

免除是指债权人基于单方意思表示,免除债务人部分或者全部债务,使合同的债权债务关系部分或者全部消灭的行为,但是债务人在合理期限内拒绝的除外。债权人免除债务人全部债务的,合同的债权债务全部终止;债权人免除债务人部分债务的,合同的债权债务部分终止。主债务消灭,从债务随之消灭。

(六)混同

混同是指债权和债务同归于一人,使合同的权利义务关系消灭的行为。当债权和债务同归于一人,涉及第三人利益时,应保护第三人的合法利益,合同不得因混同而消灭。

【思考与案例回顾】

债务人依法将标的物提存,自提存之日起,合同债权债务关系终止。标的物提存后,毁损、灭失的风险由债权人承担。

第八节　违约责任

【思考与案例】

甲、乙两公司订立买卖合同,双方约定:乙向甲交付一批钢材,货款为50万元;甲向乙支付定金5万元(已经交付);如果任何一方不履行合同,应支付违约金7万元。因乙将钢材高价转手卖给丙而无法向甲交货,给甲造成了15万元的损失。现在甲可以怎样来维护自己的权益?

一、违约责任的概述

(一)违约责任的概念

责任是违反义务的法律后果。违约责任是指合同当事人因不履行合同义务或者履行合同义务不符合约定,应当承担的责任。违约责任是一种财产责任。

(1)不履行:包括拒绝履行和迟延履行。拒绝履行是债务人不想履行的违约行为,通常情况是,债务到期后,债务人明确表示不进行给付。迟延履行是不按约定时限履行,没有约定履行时间的一般认为立即到期,需经过债权人的"催告",债务人在催告合理期间内仍不履行的,才是迟延履行。

(2)履行不符合约定:债务人进行给付,但是给付与债务人所负义务不一致,可以是主合同义务不符合约定也可以是合同的从属义务不符合约定;"约定"一般是当事人合同约定内容,若没有约定按照法律规定,既无约定,也无法律规定时,根据具体合同类型的一般交易习惯确定履行质量。通常表现为质量瑕疵、部分履行、其他瑕疵。

(二)违约责任与侵权责任竞合

因同一种行为导致两种或两种以上法律责任产生称为责任竞合。因当事人一方的违约行为,侵害对方人身、财产权益的,受损害方有权选择要求其承担违约责任或要求其承担侵权责任。

二、违约责任的形式

(一)继续履行

继续履行是指在当事人一方不履行合同义务或者履行合同义务不符合约定时,另一方有权要求其依据合同约定继续履行。

(1)金钱之债的继续履行原则。当事人一方未支付价款、报酬、租金、利息,或者不履行其他金钱债务的,对方可以请求其支付。

(2)非金钱之债的继续履行原则。当事人一方不履行非金钱债务或者履行非金钱债务不符合约定的,对方可以要求履行,但有下列情形之一的除外:①法律上或者事实上不能履行;②债务的标的不适于强制履行或者履行费用过高;③债权人在合理期限内未要求履行。

有前款规定的除外情形之一,致使不能实现合同目的的,人民法院或者仲裁机构可以根据当事人的请求终止合同权利义务关系,但是不影响违约责任的承担。

(3)第三人代为履行。当事人一方不履行债务或者履行债务不符合约定,根据债务的性质不得强制履行的,对方可以请求其负担由第三人替代履行的费用。

(二)采取补救措施

采取补救措施是指修理、更换、重作、退货、减少价款或者报酬。质量不符合约定的,应当按照当事人的约定承担违约责任。对违约责任没有约定或者约定不明确,依照合同编相关规定仍不能确定的,受损害方根据标的的性质以及损失的大小,可以合理选择要求对方承担修理、重作、更换、退货、减少价款或者报酬等违约责任。

(三)赔偿损失

当事人一方不履行合同义务或者履行合同义务不符合约定的,在履行义务或者采取补救措施后,对方还有其他损失的,应当赔偿损失。

1.可预见性规则

当事人一方不履行合同义务或者履行合同义务不符合约定,造成对方损失的,损失赔偿额应当相当于因违约所造成的损失,包括合同履行后可以获得的利益;但是,不得超过违约一方订立合同时预见到或者应当预见到的因违约可能造成的损失。

2.减损规则

当事人一方违约后,对方应当采取适当措施防止损失的扩大;没有采取适当措施致使损失扩大的,不得就扩大的损失要求赔偿。当事人因防止损失扩大而支出的合理费用,由违约方负担。

3.损失赔偿范围

当事人一方不履行合同义务或者履行合同义务不符合约定,造成对方损失的,损失赔偿额应当相当于因违约所造成的损失,包括合同履行后可以获得的利益;但是,不得超过违约一方订立合同时预见到或者应当预见到的因违约可能造成的损失。

(四)违约金及其违约定金

当事人既约定违约金,又约定定金的,一方违约时,对方可以选择适用违约金或者定金条款。定金不足以弥补一方违约造成的损失的,对方可以请求赔偿超过定金数额的损失。

1.违约金

当事人可以约定一方违约时应当根据违约情况向对方支付一定数额的违约金,也可以约定因违约产生的损失赔偿额的计算方法。约定的违约金低于造成的损失的,当事人可以请求人民法院或者仲裁机构予以增加;约定的违约金过分高于造成的损失的,当事人可以请求人民法院或者仲裁机构予以适当减少。当事人就迟延履行约定违约金的,违约方支付违约金后,还应当履行债务。当事人主张约定的违约金过高请求予以适当减少的,人民法院应当以实际损失为基础,兼顾合同的履行情况,当事人的过错程度以及预期利益等综合因素,根据公平原则和诚实信用原则予以衡量,并作出裁决。

2.违约定金及其使用规则

当事人可以约定一方向对方给付定金作为债权的担保。定金合同自实际交付定金时成立。定金的数额由当事人约定;但是,不得超过主合同标的额的百分之二十,超过部分不产生定金的效力。实际交付的定金数额多于或者少于约定数额的,视为变更约定的定金数额。

债务人履行债务的,定金应当抵作价款或者收回。给付定金的一方不履行债务或者履行债务不符合约定,致使不能实现合同目的的,无权请求返还定金;收受定金的一方不履行债务或者履行债务不符合约定,致使不能实现合同目的的,应当双倍返还定金。

【案例5-10】 甲向乙购买一个小区车位,双方签订车位转让合同,合同中约定车位价款为6.8万元,并约定第二天到相关部门办理车位转让手续,为保证协议顺利履行,甲向乙支付1万元定金,后遇到车位涨价,乙不愿意出售车位给甲,请问甲如何维护自己的权益?

【解析】　甲可以要求双倍返还定金。《民法典》规定:当事人可以约定一方向对方给付定金作为债权的担保。定金合同自实际交付定金时成立。因此甲可以要求乙返还2万元给自己。

三、违约责任的免责事由

违约责任的免责是指在合同履行过程中,因出现法律规定或合同约定的特定事由导致合同不履行时,违约方将免于承担部分或全部违约责任。免责事由包括法定免责事由,如不可抗力;也包括表现为合同免责条款的约定免责事由。

不可抗力是指不能预见、不能避免并不能克服的客观情况,包括自然现象(如洪水、地震等自然灾害)和社会现象(如罢工等)。因不可抗力不能履行合同的,根据不可抗力的影响,部分或者全部免除责任,但法律另有规定的除外。当事人迟延履行后发生不可抗力的,不能免除责任。当事人一方因不可抗力不能履行合同的,应当及时通知对方,以减轻可能给对方造成的损失,并应当在合理期限内提供证明。

【思考与案例回顾】

(1)5万元定金本来就是甲的,乙违约,应当双倍返还5万元定金,即返还给甲10万元。

(2)定金、违约金不能并用,只能选择一个,如果甲选择违约金惩罚原则,由于违约金7万元低于损失15万元,甲可以向人民法院申请适当增加。

(3)如果选择定金惩罚原则,由于定金不足以补偿损失,可以向人民法院申请损失赔偿,但定金和损失赔偿总和不应超过损失金额。

第九节　具体合同

【思考与案例】

A需要一笔资金入股Z企业,于2018年10月12日与B签订书面合同向B借款10万元,双方约定:借款期限为4年,借款年利率为6.5%,4年的应付利息由B预先在借款本金中一次性扣除;A分期每年等额偿还本金。C为A的保证人,与B签订保证合同,约定C承担一般保证责任,保证期间为自借款期满之日起两年,但未就保证担保范围做出约定。B按照约定向A交付了借款,A遂入股了Z企业。借款期满后,B请求A偿还借款,并要求C承担保证责任,A以资金不足为由拒绝还款,C也拒绝承担保证责任。A、B、C均为自然人,根据上述内容,分别回答以下问题:

(1)A和B签订的合同中,有哪些不符合法律规定?

(2)C承担的保证责任范围应该是什么?

(3)C拒绝承担保证责任是否符合法律规定?

一、买卖合同

（一）买卖合同的概念

买卖合同是适用范围最广的一类合同，是最典型的有偿合同、双务合同，也是有名合同、诺成合同、不要式合同。买卖合同是指出卖人转移标的物的所有权于买受人，买受人支付价款的合同。转移标的物的一方为出卖人或卖方，支付价款的一方为买受人或买方。买卖合同的标的物限定在有体物范围内，债权、股权、知识产权等无体财产称为转让或者让与，如债权让与、股权转让、著作权转让等适用特别法的规定。

（二）买卖合同当事人的主要权利和义务

1.卖方的主要权利和义务

出卖人的主要权利是获取价款，主要义务包括以下几项：

（1）交付标的物，并转移标的物的所有权。出卖人应当履行向买受人交付标的物或者交付提取标的物的单证，并转移标的物所有权的义务。交付标的物和转移标的所有权是完成给付的两个要素，缺一不可。交付是指出卖人将标的物转移给买受人占有，交付的方式包括现实交付、简易交付、指示交付和占有改定。标的物的所有权自标的物交付时起转移，但法律另有规定或者当事人另有约定的除外。

①出卖人应当按照约定的时间交付标的物。约定交付期限的，出卖人可以在该交付期限内的任何时间交付。当事人没有约定标的物的交付期限或者约定不明确的，可以协议补充，不能达成协议的按照合同相关条款或者交易习惯确定，仍不能确定的，出卖人可以随时履行，买受人也可以随时请求履行，但是要给对方必要的准备时间。

②出卖人应当按照约定的地点交付标的物。当事人没有约定交付地点或者约定不明确，可以协议补充，不能达成协议的按照合同相关条款或者交易习惯确定，仍不能确定的，适用下列规定：标的物需要运输的，出卖人应当将标的物交付给第一承运人以运交给买受人；标的物不需要运输，出卖人和买受人订立合同时知道标的物在某一地点的，出卖人应当在该地点交付标的物；不知道标的物在某一地点的，应当在出卖人订立合同时的营业地交付标的物。

（2）交付辅助单证。出卖人应当按照约定或者交易习惯向买受人交付提取标的物单证以外的有关单证和资料。提取标的物单证以外的有关单证和资料主要应当包括保险单、保修单、普通发票、增值税专用发票、产品合格证、质量保证书、质量鉴定书、品质检验证书、产品进出口检疫书、原产地证明书、使用说明书、装箱单等。出卖人不交付这些单证和资料的，买受人可以请求其交付，并可以行使履行抗辩权。

（3）权利瑕疵担保义务。出卖人就交付的标的物，负有保证第三人对该标的物不享有任何权利的义务，但是法律另有规定的除外。买受人订立合同时知道或者应当知道第三人对买卖的标的物享有权利的，出卖人不承担权利瑕疵担保义务。买受人有确切证据证明第三人可能就标的物主张权利的,可以行使不安抗辩权,中止支付相应的价款,但出卖人提供适当担保的除外。

(4)物的瑕疵担保义务。出卖人应当按照约定的质量要求交付标的物。出卖人提供有关标的物质量说明的,交付的标的物应当符合该说明的质量要求。当事人对标的物的质量要求没有约定或者约定不明确,可以协议补充,不能达成协议的按照合同相关条款或者交易习惯确定,仍不能确定的,按照强制性国家标准履行;没有强制性国家标准的,按照推荐性国家标准履行;没有推荐性国家标准的,按照行业标准履行;没有国家标准、行业标准的,按照通常标准或者符合合同目的的特定标准履行。

出卖人交付的标的物不符合质量要求的,买受人可以依照合同法律制度相关规定要求承担违约责任。当事人约定减轻或者免除出卖人对标的物瑕疵承担的责任,因出卖人故意或者重大过失不告知买受人标的物瑕疵的,出卖人无权主张减轻或者免除责任。

2.买方的主要权利和义务

买受人的主要权利是受领标的物,取得所有权。主要义务包括以下几项:

(1)支付价款。买受人应当按照约定的数额和支付方式支付价款。对价款的数额和支付方式没有约定或者约定不明确的可以由当事人双方协商一致补充;不能达成补充协议的,按照合同有关条款或交易习惯确定;按照合同有关条款或交易习惯仍不能确定的,价款数额按照订立合同时履行地的市场价格履行,依法应当执行政府定价或者政府指导价的,按照规定履行,支付方式按照有利于实现合同目的的方式履行。

买受人应当按照约定的地点支付价款。对支付地点没有约定或者约定不明确,可以由当事人双方协商一致补充;不能达成补充协议的,按照合同有关条款或交易习惯确定;按照合同有关条款或交易习惯仍不能确定的,买受人应当在出卖人的营业地支付,但是,约定支付价款以交付标的物或者交付提取标的物单证为条件的,在交付标的物或者交付提取标的物单证的所在地支付。

买受人应当按照约定的时间支付价款。对支付时间没有约定或者约定不明确,可以由当事人双方协商一致补充;不能达成补充协议的,按照合同有关条款或交易习惯确定;按照合同有关条款或交易习惯仍不能确定的,买受人应当在收到标的物或者提取标的物单证的同时支付。

出卖人多交标的物的,买受人可以接收或者拒绝接收多交的部分。买受人接收多交部分的,按照约定的价格支付价款;买受人拒绝接收多交部分的,应当及时通知出卖人。

(2)受领标的物。受领标的物既是买受人的权利也是买受人的义务,如果买受人不按合同约定受领,应承担相应责任。

(3)检验和通知义务。买受人收到标的物时应当在约定的检验期间内检验。没有约定检验期间的,应当及时检验。当事人对标的物的检验期间未作约定,买受人签收的送货单、确认单等载明标的物数量、型号、规格的,人民法院应当根据上述规定认定买受人已对数量和外观瑕疵进行了检验,但有相反证据足以推翻的除外。

（三）买卖合同中标的物的所有权转移、风险承担和孳息归属

1.买卖合同中标的物的所有权转移与所有权保留

标的物的所有权自标的物交付时起转移，但法律另有规定或者当事人另有约定的除外。就动产而言，所有权在交付时转移；不动产的所有权转移以办理产权转移登记手续为准。所有权保留买卖只适用于动产，是动产所有权转移的特殊情形。当事人可以在买卖合同中约定买受人未履行支付价款或者其他义务的，标的物的所有权属于出卖人。

2.买卖合同中标的物的风险承担

（1）一般规定：当事人对买卖合同中标的物的风险承担如果有约定，则从其约定；如果当事人无约定，标的物毁损、灭失的风险，在标的物交付之前由出卖人承担，交付之后由买受人承担，但法律另有规定或者当事人另有约定的除外。

（2）迟延交付。因买受人的原因造成迟延交付，买受人应当自违反约定时起承担标的物毁损、灭失的风险。

（3）出售在途货物。出卖人出卖交由承运人运输的在途标的物，除当事人另有约定外，标的物毁损、灭失的风险自合同成立时起由买受人承担。

（4）标的物需要运输的。有指定地点的，标的物送至指定地点交付承运人，标的物毁损、灭失风险由买受人承担；若没有约定交付地点，标的物交付给第一承运人后，标的物毁损、灭失的风险由买受人承担。

（5）受领迟延。出卖人按照约定或者依据法律相关规定将标的物置于交付地点，买受人违反约定没有收取的，标的物毁损、灭失的风险自违反约定时起由买受人承担。

（6）标的物不符合质量要求，构成根本违约。因标的物不符合质量要求，致使不能实现合同目的的，买受人可以拒绝接受标的物或者解除合同。买受人拒绝接受标的物或者解除合同的，标的物毁损、灭失的风险由出卖人承担。

【案例5-11】　甲到乙珠宝店购买翡翠，经过挑选决定购买单价为10 000元的项链一条，由于翡翠还需稍微加工，当天不能取货，当时甲付款6 000元，约定所欠4 000元在第二天取货时付清。甲担心项链被盗，要求乙珠宝店将项链单独存放，乙珠宝店将该项链放在商店的储藏室里并于当晚不幸被盗。第二天，乙珠宝店要求甲交清欠款，并不承担项链被盗的责任，甲不服并诉讼至法院，法院该如何审理和判决此案？标的物的毁损、灭失责任应该由谁承担？

【解析】　《民法典》规定，当事人对买卖合同中标的物的风险承担如果有约定，则从其约定；如果当事人无约定，标的物毁损、灭失的风险，在标的物交付之前由出卖人承担，交付之后由买受人承担，但法律另有规定或者当事人另有约定的除外。本案中，项链是在交付前丢失的，其毁损、灭失风险应该由乙珠宝店承担，法院应当判决乙珠宝店返还甲的预付款6 000元。

3.买卖合同中的孳息归属

标的物在交付之前产生的孳息,归出卖人所有,交付之后产生的孳息,归买受人所有。但是,当事人另有约定的除外。

(四)买卖合同的解除

1.主物和从物的解除

因标的物的主物不符合约定而解除合同的,解除合同的效力及于从物。因标的物的从物不符合约定被解除的,解除的效力不及于主物。

2.数物解除

标的物为数物,其中一物不符合约定的,买受人可以就该物解除,但是,该物与他物分离使标的物的价值显受损害的,买受人可以就数物解除合同。

3.分批交付时的解除

出卖人分批交付标的物的,出卖人对其中一批标的物不交付或者交付不符合约定,致使该批标的物不能实现合同目的的,买受人可以就该批标的物解除。

出卖人不交付其中一批标的物或者交付不符合约定,致使之后其他各批标的物的交付不能实现合同目的的,买受人可以就该批以及之后其他各批标的物解除。

买受人如果就其中一批标的物解除,该批标的物与其他各批标的物相互依存的,可以就已经交付和未交付的各批标的物解除。

【案例5-12】 甲、乙双方签订书面买卖合同,甲向乙购买健身器械5台及附带的维修工具,器械编号分别为1、2、3、4、5号。乙如期向甲交付5台器械及附带的维修工具,经验收,2号器械存在重大质量问题导致无法正常使用,3号器械附带的维修工具质量亦不合格。

(1)甲可以解除所有器械及附带的维修工具的买卖合同吗?

(2)甲可以就买卖合同中3号器械的部分进行解除吗?

【解析】

(1)不可以。因为2号器械存在质量问题不会影响其他器械的正常使用,甲只能就2号器械的部分进行解除。

(2)不可以。标的物的从物(3号器械的维修工具)的解除效力不及于主物,甲可以就3号器械的维修工具的部分进行解除。

二、借款合同

(一)借款合同的概念

借款合同是借款人向贷款人借款,到期返还借款并支付利息的合同。提供借款的一方称为贷款人或出借人;接受借款、到期返还借款并支付利息的一方称为借款人。

（二）借款合同当事人的主要权利和义务

1.贷款人的主要权利和义务

（1）按约定金额、期限提供贷款的义务。贷款人未按照约定的日期、数额提供借款,造成借款人损失的,应当赔偿损失。

（2）不得预先扣除借款利息的义务。借款的利息不得预先在本金中扣除。利息预先在本金中扣除的,应当按照实际借款数额返还借款并计算利息。

（3）保密的义务。贷款人按照约定可以检查、监督借款的使用情况。借款人应当按照约定向贷款人定期提供有关财务会计报表等资料。贷款人对其所掌握的借款人的各项商业秘密负有保密义务。

2.借款人的主要权利和义务

（1）告知义务。订立借款合同,借款人应当按照贷款人的要求提供与借款有关的业务活动和财务状况的真实情况。

（2）按约定收取借款。借款人未按照约定的日期、数额收取借款的,应当按照约定的日期、数额支付利息。

（3）按约定用途使用借款。借款人未按照约定的借款用途使用借款的,贷款人可以停止发放借款、提前收回借款或者解除合同。

（4）按期返还借款。借款人应当按照约定的期限返还借款。对借款期限没有约定或者约定不明确,双方协议补充,不能达成补充协议的,按照合同相关条款或者交易习惯确定;仍不能确定的,借款人可以随时返还;贷款人可以催告借款人在合理期限内返还。借款人未按照约定的期限返还借款的,应当按照约定或者国家有关规定支付逾期利息。借款人提前偿还借款的,除当事人另有约定的以外,应当按照实际借款的期间计算利息。

（5）按期支付利息。借款人应当按照约定的期限支付利息。对支付利息的期限没有约定或者约定不明确,依照合同法律制度相关规定仍不能确定,借款期间不满一年的,应当在返还借款时一并支付;借款期间一年以上的,应当在每届满一年时支付,剩余期间不满一年的,应当在返还借款时一并支付。

【案例5-13】　2021年1月1日,甲与乙公司签订借款合同,约定乙公司向甲借款1 100万元,其中400万元的借款期限为3个月,700万元的借款期限为8个月。预先扣除借款期限内的全部利息85万元。甲按照合同约定扣除利息后付给乙公司1 015万元,乙公司开具了收据。从2021年4月1日起到2021年10月1日,乙公司共还给甲本金470万元及利息30万元,2021年11月,甲向法院提起诉讼,要求乙公司归还600万元借款,甲的诉讼请求是否成立?

【解析】　根据《民法典》的规定,借款的利息不得预先在本金中扣除,利息预先在本金中扣除的,应当按照实际借款数额返还借款并计算利息。扣除已经归还的500万元,乙公司还需归还甲515万元,并按照实际借款1 015万元,计算利息。

三、保证合同

（一）保证合同的概念

保证合同是为保障债权的实现，保证人和债权人约定，当债务人不履行到期债务或者发生当事人约定的情形时，保证人履行债务或者承担责任的合同。

（二）保证合同的从属性原则

保证合同是主债权债务合同的从合同。主债权债务合同无效的，保证合同无效，但是法律另有规定的除外。从属性原则是保证合同的典型特征，保证合同效力上从属于主合同，主合同无效、被撤销，则保证合同也无效。

保证合同被确认无效后，债务人、保证人、债权人有过错的，应当根据其过错各自承担相应的民事责任。因主合同无效导致保证合同无效的，对主合同无效保证人无过错的不承担责任；保证人对主合同无效有过错的，按照过错承担相应责任。主合同有效保证合同无效，债权人无过错，保证人与债务人对债权人承担连带赔偿责任；保证人、债权人都有过错的，按照过错各自承担相应责任。

（三）保证合同的内容和成立方式

1.保证合同的内容

保证合同一般包括被保证的主债权的种类、数额，债务人履行债务的期限，保证的方式、范围和期间等条款。

其中，保证的方式包括一般保证和连带责任保证。当事人在保证合同中对保证方式没有约定或者约定不明确的，按照一般保证承担保证责任。当事人在保证合同中约定，债务人不能履行债务时，由保证人承担保证责任的，为一般保证。

当事人在保证合同中约定保证人和债务人对债务承担连带责任的，为连带责任保证。

连带责任保证的债务人不履行到期债务或者发生当事人约定的情形时，债权人可以请求债务人履行债务，也可以请求保证人在其保证范围内承担保证责任。

【案例 5-14】 甲（自然人）向乙（自然人）借款 10 万元，双方约定一个月后归还借款，丙作为保证人在甲乙双方签订的借款合同落款处写"保证人丙"，一个月借款期限到了，甲拒不归还借钱，乙找到丙要求其归还 10 万元，请问此时保证人丙是否归还乙 10 万元？

【解析】 此时丙不需要归还乙 10 万元。《民法典》第六百八十六条规定：保证的方式包括一般保证和连带责任保证。当事人在保证合同中对保证方式没有约定或者约定不明确的，按照一般保证承担保证责任。甲乙双方签订的借款合同中，没有约定保证方式，丙在保证人处签字，认定为一般保证，甲乙之间的借款合同纠纷未经审判或者仲裁，丙不承担保证责任。

当事人在保证合同中对保证方式没有约定或者约定不明确的,按照一般保证承担保证责任。

2.保证合同订立方式

保证合同可以是单独订立的书面合同,也可以是主债权债务合同中的保证条款。第三人单方以书面形式向债权人作出保证,债权人接受且未提出异议的,保证合同成立。

主合同外单独订立保证合同债权人和保证人在合同书上签名、盖章或者按指印后,保证合同成立;主合同中订立保证条款直接由保证人在主合同上签名、盖章或者按指印,保证合同成立;第三人单方以书面形式向债权人作出保证,如单方出具担保承诺、保函等,这些函件具有要约性质,债权人接受且未提出异议,即债权人通过默示方式承诺,保证合同成立。

(四)保证人的资格

机关法人不得为保证人,但是经国务院批准为使用外国政府或者国际经济组织贷款进行转贷的除外。以公益为目的的非营利法人、非法人组织不得为保证人。法人或者非法人组织担任保证人,受其目的事业范围限制,需符合该规定,违反该强制性规定,保证合同无效。

【案例 5-15】　甲公司是一家知名的白酒生产企业,在商务局组织的一次订货会上甲公司拿到 2 000 万元的大订单,为完成订单需要购买大量的原材料,甲公司资金不足,需要向银行贷款,鉴于企业与县商务局有大量的业务往来,甲公司请商务局作为保证人与银行签订贷款合同,请问商务局是否可以做甲公司贷款合同的保证人?

【解析】　商务局属于机关法人,不能做保证人。《民法典》规定:机关法人不得为保证人,但是经国务院批准为使用外国政府或者国际经济组织贷款进行转贷的除外。甲公司向当地银行贷款不属于经过国务院批准外国政府或者国际经济组织贷款。

(五)保证的范围

保证的范围包括主债权及其利息、违约金、损害赔偿金和实现债权的费用。当事人另有约定的,按照其约定。

(六)保证期间、保证期限届满的法律效果

1.保证期间

保证期间是确定保证人承担保证责任的期间,不发生中止、中断和延长。

债权人与保证人可以约定保证期间,但是约定的保证期间早于主债务履行期限或者与主债务履行期限同时届满的,视为没有约定;没有约定或者约定不明确的,保证期间为主债务履行期限届满之日起六个月。

债权人与债务人对主债务履行期限没有约定或者约定不明确的,保证期间自债权人请求债务人履行债务的宽限期届满之日起计算。

2.保证期限届满法律效果

一般保证的债权人未在保证期间对债务人提起诉讼或者申请仲裁的,保证人不再承担保证责任。连带责任保证的债权人未在保证期间请求保证人承担保证责任的,保证人不再承担保证责任。债权人向保证人主张权利的方式不同,一般保证需要诉讼或者仲裁;连带责任保证对保证人只需要发出请求即可。

四、租赁合同

(一)租赁合同的概念

租赁合同是出租人将租赁物交付承租人使用、收益,承租人支付租金的合同。交付租赁物供对方使用,收取租金的一方称为出租人;使用租赁物并支付租金的一方称为承租人。租赁合同是双务合同、诺成合同、有偿合同。

(二)租赁合同的期限

租赁期限不得超过二十年。超过二十年的,超过部分无效。租赁期限届满,当事人可以续订租赁合同;但是,约定的租赁期限自续订之日起不得超过二十年。当事人对租赁期限没有约定或者约定不明确,依据《民法典》第五百一十条的规定仍不能确定的,视为不定期租赁;当事人可以随时解除合同,但是应当在合理期限之前通知对方。

(三)租赁合同当事人的主要权利和义务

1.出租人的主要权利和义务

出租人的主要权利是收取租金和请求返还原物,主要义务有以下几项。

(1)租赁物的交付并保持租赁物适租。出租人应当按照约定将租赁物交付承租人,并在租赁期间保持租赁物符合约定的用途。

(2)维修租赁物。出租人应当履行租赁物的维修义务,但是当事人另有约定的除外。承租人在租赁物需要维修时可以请求出租人在合理期限内维修。出租人未履行维修义务的,承租人可以自行维修,维修费用由出租人负担。因维修租赁物影响承租人使用的,应当相应减少租金或者延长租期。因承租人的过错致使租赁物需要维修的,出租人不承担前款规定的维修义务。

(3)权利瑕疵担保。因第三人主张权利,致使承租人不能对租赁物使用、收益的,承租人可以要求减少租金或者不支付租金。

2.承租人的主要权利和义务

(1)支付租金。承租人应当按照约定的期限支付租金。对支付租金的期限没有约定或者约定不明确,依据《民法典》第五百一十条的规定仍不能确定,租赁期限不满一年的,应当在租赁期限届满时支付;租赁期限在一年以上的,应当在每届满一年时支付,剩余期限不满一年的,应当在租赁期限届满时支付。承租人无正当理由未支付或者迟延支付租金的,出租人可以要求承租人在合理期限内支付。承租人逾期不支付的,出租人可以解除合同。

(2)按约定使用租赁物。承租人应当按照约定的方法使用租赁物。对租赁物的使用方法没有约定或者约定不明确,依照合同法律制度相关规定仍不能确定的,应当按照租赁物的性质使用。

(3)妥善保管租赁物。承租人应当妥善保管租赁物,因保管不善造成租赁物毁损、灭失的,应当承担损害赔偿责任。

(4)不得任意改变、增设。承租人经出租人同意,可以对租赁物进行改善或者增设他物。承租人未经出租人同意,对租赁物进行改善或者增设他物的,出租人可以要求承租人恢复原状或者赔偿损失。

(5)返还租赁物。租赁期间届满,承租人应当返还租赁物。返还的租赁物应当符合按照约定或者租赁物的性质使用后的状态。

(6)不得随意转租。承租人经出租人同意,可以将租赁物转租给第三人。承租人转租的,承租人与出租人之间的租赁合同继续有效,第三人对租赁物造成损失的,承租人应当赔偿损失。承租人未经出租人同意转租的,出租人可以解除合同。

承租人经出租人同意将租赁物转租给第三人,转租期限超过承租人剩余租赁期限的,超过部分的约定对出租人不具有法律约束力,但是出租人与承租人另有约定的除外。出租人知道或者应当知道承租人转租,但是在六个月内未提出异议的,视为出租人同意转租。

(7)收益权。在租赁期间因占有、使用租赁物获得的收益,归承租人所有,但当事人另有约定的除外。

(四)租赁合同的特殊效力

(1)所有权变动不破租赁。租赁物在承租人按照租赁合同占有期限内发生所有权变动的,不影响租赁合同的效力。

(2)房屋共同居住人的继续承租权。承租人在房屋租赁期限内死亡的,与其生前共同居住的人或者共同经营人可以按照原租赁合同租赁该房屋。

(3)优先承租权。租赁期限届满,房屋承租人享有以同等条件优先承租的权利。

(4)房屋承租人的优先购买权。

出租人出卖租赁房屋的,应当在出卖之前的合理期限内通知承租人,承租人享有以同等条件优先购买的权利;但是,房屋按份共有人行使优先购买权或者出租人将房屋出卖给近亲属的除外。出租人履行通知义务后,承租人在十五日内未明确表示购买的,视为承租人放弃优先购买权。

出租人委托拍卖人拍卖租赁房屋的,应当在拍卖五日前通知承租人。承租人未参加拍卖的,视为放弃优先购买权。

出租人未通知承租人或者有其他妨害承租人行使优先购买权情形的,承租人可以请求出租人承担赔偿责任。但是,出租人与第三人订立的房屋买卖合同的效力不受影响。

【案例 5-16】 甲租用乙的房屋,双方签订了租赁合同,约定租赁期限为 3 年,一年后,乙有意将房屋出售并及时通知了甲,并询问甲是否有意以 10 万元购买该房屋,甲觉得 10 万元太贵无力承受而不买,此时有丙愿意以 11 万元购买该房屋,乙、丙遂签订了房屋买卖合同,乙以 11 万元的价格将该房屋卖给了丙。

(1)乙、丙的房屋买卖合同是否影响甲对该房的租用?

(2)甲是否对该房屋享有优先购买权?

【解析】 (1)《民法典》规定,租赁物在租赁期间发生所有权变动的,不影响租赁合同的效力,故乙、丙的买卖合同不影响甲的租用。

(2)《民法典》规定,出租人出卖租赁房屋的,应当在出卖之前的合理期限内通知承租人,承租人享有以同等条件优先购买的权利,本案例中乙以 11 万元的价格将房屋出售,高于告知甲的 10 万元,且甲已表示不买,放弃了优先购买权。

五、融资租赁合同

(一)融资租赁合同的概念

融资租赁合同是出租人根据承租人对出卖人、租赁物的选择,向出卖人购买租赁物,提供给承租人使用,承租人支付租金的合同。融资租赁合同是要式合同、诺成合同、有偿合同。

(二)融资租赁合同当事人的主要权利和义务

1.买卖当事人的主要权利和义务

出卖人交付标的物义务。出租人根据承租人对出卖人、租赁物的选择订立的买卖合同,出卖人应当按照约定向承租人交付标的物,承租人享有与受领标的物有关的买受人的权利。出租人、出卖人、承租人可以约定,出卖人不履行买卖合同义务的,由承租人行使索赔的权利。承租人行使索赔权利的,出租人应当协助。

2.出租人的主要权利和义务

(1)取回权。出租人享有租赁物的所有权。承租人破产的,租赁物不属于破产财产。

(2)一定条件下的瑕疵担保免责权。租赁物不符合约定或者不符合使用目的的,出租人不承担责任,但承租人依赖出租人的技能确定租赁物或者出租人干预选择租赁物的除外。

(3)权利瑕疵担保义务。出租人应当保证承租人对租赁物的占有和使用。出租人有下列情形之一的,承租人有权请求其赔偿损失:无正当理由收回租赁物;无正当理由妨碍、干扰承租人对租赁物的占有和使用;因出租人的原因致使第三人对租赁物主张权利;不当影响承租人对租赁物占有和使用的其他情形。

(4)租赁物造成第三人损害的免责权。承租人占有租赁物期间,租赁物造成第三人的人身伤害或者财产损害的,出租人不承担责任。

(5)合同解除的权利。出租人可以解除融资租赁合同的情形:承租人未经出租人同意,将租赁物转让、抵押、质押、投资入股或者以其他方式处分的;出租人与出卖人订立的买卖合同解除、被确认无效或者被撤销,且未能重新订立买卖合同;租赁物因不可归责于当事人的原因毁损、灭失,且不能修复或者确定替代物;因出卖人的原因致使融资租赁合同的目的不能实现。

(6)损害赔偿请求权。融资租赁合同因买卖合同解除、被确认无效或者被撤销而解除,出卖人、租赁物系由承租人选择的,出租人有权请求承租人赔偿相应损失;但是,因出租人原因致使买卖合同解除、被确认无效或者被撤销的除外。出租人的损失已经在买卖合同解除、被确认无效或者被撤销时获得赔偿的,承租人不再承担相应的赔偿责任。

(7)请求租赁物补偿的权利。融资租赁合同因租赁物交付承租人后意外毁损、灭失等不可归责于当事人的原因解除的,出租人可以请求承租人按照租赁物折旧情况给予补偿。

3.承租人的主要权利和义务

(1)承租人拒绝受领标的物的权利。出卖人违反向承租人交付标的物的义务,有下列情形之一的,承租人可以拒绝受领出卖人向其交付的标的物:①标的物严重不符合约定;②未按照约定交付标的物,经承租人或者出租人催告后在合理期限内仍未交付;③承租人拒绝受领标的物的,应当及时通知出租人。

(2)合同解除权。承租人可以解除融资租赁合同的情形:出租人与出卖人订立的买卖合同解除、被确认无效或者被撤销,且未能重新订立买卖合同;租赁物因不可归责于当事人的原因毁损、灭失,且不能修复或者确定替代物;因出卖人的原因致使融资租赁合同的目的不能实现。

(3)保管和维修租赁物义务。承租人应当妥善保管、使用租赁物。承租人应当履行占有租赁物期间的维修义务。

(4)支付租金义务。承租人应当按照约定支付租金。承租人经催告后在合理期限内仍不支付租金的,出租人可以要求支付全部租金;也可以解除合同,收回租赁物。承租人对出卖人行使索赔权利,不影响其履行支付租金的义务。但是,承租人依赖出租人的技能确定租赁物或者出租人干预选择租赁物的,承租人可以请求减免相应租金。

(5)返还租赁物义务。出租人和承租人可以约定租赁期间届满租赁物的归属。对租赁物的归属没有约定或者约定不明确,依照合同法律制度相关规定仍不能确定的,租赁物的所有权归出租人。

【案例 5-17】　甲公司根据乙公司的选择,向丙公司购买了一辆小汽车出租给乙使用,甲乙为此签订了融资租赁合同,合同未就车辆的维修事项作特别约定,该车辆在使用过程中发生毁损,需要维修,哪家公司应当承担修理义务?

【解析】　根据《民法典》规定:在融资租赁中,承租人应当承担维修义务。该案例中乙公司作为承租人应当承担修理义务。

【思考与案例回顾】

(1)借款合同中约定应付利息预先自本金中扣除不符合规定,借款利息不得在本金中一次性扣除。

（2）保证人 C 保证担保的范围包括：主债权及利息、违约金、损害赔偿金和实现债权费用。

（3）C 拒绝履行保证合同符合规定，一般保证人享有先诉抗辩权，即一般保证的保证人在主合同纠纷未经审判或者仲裁，并就债务人财产依法强制执行仍不能履行债务前，对债权人可以拒绝承担保证责任。

【练习与测试】

一、单选题

1.13 岁的小敏参加全国小提琴演奏，她自己编曲的"南半球的冬"获得了金奖，在场的唱片公司负责人张先生非常欣赏小敏，并当场支付她 10 万元买下了这首歌的版权，请问下列描述中符合合同法律制度规定的是（　　）。

A.合同可撤销，因小敏是限定民事行为能力人

B.合同无效，因小敏是限定民事行为能力人

C.合同有效，因合同对小敏是纯获利的

D.该合同效力待定，需要由小敏的法定代理人决定是否追认

【答案】　C

2.甲对乙享有 100 000 元债权，已到清偿期限，但乙宣称无力偿还。经过甲的调查发现，乙对 A 享有半年后到期的 22 000 元债权，B 赌博欠乙 10 000 元，乙在三个月前发生车祸，因事故中的人身伤害对 C 享有 30 000 元债权，因事故中的财产损失对 C 享有 25 000 元债权，乙无其他可供执行财产，并且对其享有的债权都怠于行使。根据合同法律制度的规定，甲可以代位行使的债权有（　　）。

A.乙对 A 的 22 000 元债权

B.乙对 B 的 10 000 元债权

C.乙对 C 的 30 000 元债权

D.乙对 C 的 25 000 元债权

【答案】　D

【解析】　选项 A 债务人对第三人的债权未到期，债权人不得行使代位权；选项 B 债务人对第三人享有"合法权益"时，债权人才能行使代位权；选项 C 专属于债务人自身的债权（如人身伤害请求），债权人不得行使代位权。

3.甲、乙签订一份买卖合同，约定违约方应向对方支付 50 万元的违约金，后甲违约，给乙造成实际损失 48 万元，根据合同法律制度，下列表述正确的是（　　）。

A.甲应向乙支付违约金 50 万元，不再支付其他费用或者赔偿损失

B.甲应向乙赔偿 48 万元损失，不再支付其他费用或赔偿损失

C.甲应向乙赔偿损失 48 万元并支付违约金 50 万元，共计 98 万元

D.甲应向乙赔偿 48 万元及利息

【答案】　A

【解析】　违约金高于实际损失的金额并不多,应当按照约定来履行,甲应向乙支付违约金50万元,不再支付其他费用或者赔偿损失。

4.小王向小李借款10万元,双方未约定利息,1年后,小李获悉小王利用借款经营生意获利不少,遂要求小王支付1.5万元利息,根据《民法典》规定,下列说法正确的是(　　)。

A.小王应该按照银行利率支付小李利息

B.小王应该按照当地民间惯例支付利息

C.小王无须支付利息

D.小王应该支付1.5万元利息

【答案】　C

5.甲是房地产公司,为了对新开发楼盘进行宣传,邮寄楼盘宣传广告到附近的小区,广告上写明具体的开盘时间、房价和优惠条件等内容,下列说法正确的是(　　)。

A.该楼盘宣传广告属于要约邀请

B.该楼盘宣传广告属于要约

C.该楼盘宣传广告既不是要约也不是要约邀请

D.楼盘宣传广告是要约还是要约邀请需要看售楼处的具体解释

【答案】　B

二、多选题

1.根据合同法律制度的规定,下列免责条款无效的有(　　)。

A.内容理解发生争议的条款

B.排除对方主要权利的格式条款

C.排除因故意造成对方人身伤害的责任

D.排除因重大过失造成对方财产损失的责任

【答案】　BCD

【解析】　选项A对格式条款的理解发生争议的,应当按照通常理解予以解释,但该格式条款有效。

2.甲公司欠乙公司100万元,现在无力偿还,甲公司只有一套价值80万元的房产可以执行,但甲公司明确表示把房产无偿赠予自然人丙,根据《民法典》的规定,对于甲公司的行为,乙公司可以采取哪些措施(　　)。

A.行使代位权,要求自然人丙把房产抵押给乙公司

B.请求人民法院撤销甲公司的赠与行为

C.乙公司行使权利的必要费用可以向甲公司追讨

D.乙公司应该在知道或者应当知道甲公司赠与行为的2年内行使权利

【答案】　BC

【解析】　选项A债务人无偿转让财产对债权人造成损害的,债权人可以请求行使撤销权;选项D行使撤销权的期限应当在1年内。

3.甲公司同银行签订贷款合同,贷款250万元,同时乙公司单方面向银行提供一份担保保函,愿意为甲公司的250万元借款承担担保责任,并加盖了乙公司公章。之后由于市场变化,甲公司和银行商定将贷款金额变为300万元,但没有通知乙公司。贷款到期后,甲公司无力清偿债务,银行遂要求乙公司代为清偿。根据《民法典》的规定,下列表述错误的有( )。

A.乙公司出具保函是单方面行为,因此保证不成立

B.乙公司应在250万元范围内承担保证责任

C.乙公司应承担连带保证责任

D.乙公司应承担保证责任,保证期间为6个月,自主债务履行期届满之日起算

【答案】 AC

【解析】 选项A第三方以书面形式向债权人出具担保书,债权人接受且未提出异议的,保证合同成立;选项B主合同的变更未经保证人书面同意,如果加重债务人债务的,保证人对加重的部分不承担保证责任;选项C银行和乙公司未对保证方式进行约定,乙公司承担一般保证责任;选项D当事人未约定保证期间的,保证期间为主债务履行期届满之日起6个月。

4.甲乙二人口头约定,甲将一处房产出租给乙,租期为3年,租金每月4 500元,合同履行1年后,乙向甲提出将房屋转租给丙,甲表示同意。乙遂与丙达成租期为1年租金为每月4 600元的口头协议,丙入住后,擅自加封了阳台,根据合同法律制度的规定,下列表述中正确的是( )。

A.甲与乙的租赁合同为不定期租赁合同

B.乙转租后,甲有权按每月向丙收取租金4 600元

C.甲有权要求丙将阳台恢复原状

D.甲有权要求乙承担违约责任

【答案】 AC

【解析】 选项A租赁期限6个月以上,当事人未采用书面租赁形式的,视为不定期租赁;选项B、C承租人未经出租人同意,对租赁物进行改善或者增设他物的,出租人可以要求承租人恢复原状或者赔偿损失;选项D甲与丙之间并没有直接的合同关系,甲无权要求丙承担违约责任。

5.甲公司欲购买乙公司生产的机器设备,由于缺乏资金,甲与乙签订融资租赁合同。由于设备存在质量问题,运行时砸伤了路人丙,根据《民法典》的规定,下列说法正确的是( )。

A.甲公司无权请求乙公司赔偿修理设备的修理费

B.甲公司不得以设备存在质量问题并发生事故为由,延付或拒付租金

C.乙公司应当对甲公司承担违约责任

D.丙可以请求乙公司赔偿损失

【答案】 AB

【解析】 选项 A 融资租赁期间,维修义务由承租人承担;选项 B、C 租赁物不符合租赁合同约定或者不符合使用目的的,出租人不承担责任;选项 D 承租人占有租赁期间,租赁物造成第三人的人身伤害或者财产损害的,出租人不承担责任。

三、判断题

根据合同法律制度的规定,下列各项中合同成立的请打钩。

A.甲向乙发出要约,乙做出承诺,该承诺除对价格提出异议之外,其余内容均与要约一致。 （   ）

B.当事人采用合同书形式订立合同的,在签名、盖章或者按指印之前,当事人一方已经履行主要义务,对方接受时,该合同成立。 （   ）

【答案】 A.错误 B.正确

【解析】 A 受要约人对要约内容(价格)进行了实质性改变的,应视为新要约,合同尚未成立;B 当事人采用合同书面形式订立合同的,自当事人均签名、盖章或者按指印时合同成立。在签名、盖章或者按指印之前,当事人一方已经履行主要义务,对方接受时,该合同成立。

第六章
公司法律制度

第一节 公司法律制度概述

【思考与案例】

《中华人民共和国公司法》《公司管理制度》《公司内部控制基本规范》《公司基础工作规范》以及《公司员工行为准则》都是公司法律吗？

一、公司的概念和种类

（一）公司的概念

我国《公司法》规定，公司是指依法设立的，以营利为目的的，由股东投资形成的企业法人。其特征为：

（1）依法设立，指公司必须依法定条件、法定程序设立。

（2）以营利为目的，指公司设立以经营并获取利润为目的，且股东出资设立公司的目的也是为了营利，即从公司经营中取得利润。

（3）以股东投资行为为基础设立。根据《公司法》的规定，公司设立必须具备的法定条件之一是达到法定的注册资本，而注册资本来源于股东的投资，即由股东按法定和章程约定的出资方式及约定比例出资形成，因此，没有股东的投资行为就不能设立公司。

（4）具有独立法人资格，指公司拥有独立的法人财产，有独立的组织机构并能独立承担民事责任。

（二）公司的种类

公司主要形式为有限责任公司（limited company）、个人无限责任公司、合伙无限责任公司（proprietary company）以及公开上市的股份有限公司等，其区别于非营利性的社会团体、事业机构等。常见的分类方法有以下几种：

1.以公司资本结构和股东对公司债务承担责任的方式为标准划分

（1）有限责任公司，是指股东以其认缴的出资额为限对公司承担责任，公司以其全部财产对公司的债务承担责任的公司。

（2）股份有限公司，是指将公司全部资本分为等额股份，股东以其认购的股份为限对公司承担责任，公司以其全部财产对公司的债务承担责任的公司。

（3）无限公司，是指由两个以上的股东组成，全体股东对公司的债务承担无限连带责任的公司。

（4）两合公司，是指由负无限责任的股东和负有限责任的股东组成，无限责任股东对公司债务负无限连带责任，有限责任股东仅就其认缴的出资额为限对公司债务承担责任。

我国《公司法》规定的公司形式仅为有限责任公司和股份有限公司。

2.以公司的信用基础为标准划分

（1）资合公司，是指以公司资本作为信用基础的公司，形式主要为股份有限公司。

（2）人合公司，是指以股东个人的财力、能力和信誉作为信用基础的公司，形式主要为无限公司。

（3）资合兼人合的公司，是指同时以公司资本和股东个人信用作为公司信用基础的公司，形式主要为两合公司。

3.以公司组织关系为标准划分

（1）母公司和子公司。在不同公司之间基于股权而存在控制与依附关系时，因持有其他公司股权而处于控制地位的是母公司，因其股权被持有而处于依附地位的则是子公司。我国《公司法》规定，公司可以设立子公司，子公司具有法人资格，依法独立承担民事责任。

（2）总公司与分公司。分公司是公司依法设立的以公司名义进行经营活动，其法律后果由本公司承担的分支机构。我国《公司法》规定，公司可以设立分公司，分公司不具有法人资格，其民事责任由公司承担。

二、公司法的概念与性质

（一）公司法的概念

公司法有广义和狭义之分，狭义的公司法是指《中华人民共和国公司法》。《公司法》1993年12月29日第八届全国人民代表大会常务委员会第五次会议通过；根据1999年12月25日第九届全国人民代表大会常务委员会第十三次会议《关于修改〈中华人民共和国公司法〉的决定》第一次修正;根据 2004 年 8 月 28 日第十届全国人民代表大会常务委员会第十一次会议《关于修改〈中华人民共和国公司法〉的决定》第二次修正。2005 年 10 月 27 日第十届全国人民代表大会常务委员会第十八次会议修订。2013 年 12 月 28 日第十二届全国人民代表大会常务委员会第六次会议、2018 年 10 月 26 日第十三届全国人大常委会第六次会议进行了第三次、第四次修订。广义的公司法是指规定公司的设立、组织、活动、解散及其他对内对外关系的法律规范的总称。它除包括《公司法》外,还包括其他法律、行政法规中有关公司的规定。

(二)公司法的性质

公司法是组织法与行为法的结合,在调整公司组织关系的同时,也对与公司组织活动有关的行为加以调整,如公司股份的发行和转让等。公司法规定公司的法律地位,调整公司股东之间、股东与公司之间的关系,规范公司的设立、变更与终止活动,规范公司内部组织机构的设置与运作、公司与其他企业间的控制关系等。《公司法》的立法宗旨是规范公司的组织和行为,保护公司、股东和债权人的合法权益,维护社会经济秩序,促进社会主义市场经济的发展。公司的合法权益受法律保护,不受侵犯。

三、公司的法律人格及对公司财产的保护

法律赋予公司法律人格地位,意味着公司可以独立拥有财产,可以自己的名义对外缔约,可以自己的名义参与诉讼。作为一个商业企业,最重要的是公司拥有独立财产,这构成了公司从事商业活动的基础。《公司法》第三条明确规定:"公司是企业法人,有独立的法人财产,享有法人财产权。公司以其全部财产对公司的债务承担责任。"

(一)股东抽逃出资

《公司法》规定:"公司成立后,股东不得抽逃出资。"同时还规定:"发行人、认股人缴纳股款或者交付抵作股款的出资后,除未按期募足股份,发起人未按期召开创立大会或者创立大会决议不设公司的情形外,不得抽回其股本。"

公司法的司法解释中规定,在公司成立后存在下列情形且损害公司权益的,可以被认定为该股东抽逃出资:

(1)制作虚假财务会计报表,虚增利润进行分配。

(2)通过虚构债权债务关系,将其出资转出。

(3)利用关联交易将出资转出。

(4)其他未经法定程序将出资抽回的行为。

(二)公司法人财产权

《公司法》规定,公司作为企业法人享有法人财产权。法人财产权是指公司拥有由股东投资形成的法人财产,并依法对该财产行使占有、使用、受益、处分的权利。因此,股东投资

于公司的财产需要通过对资本的注册与股东的其他财产明确分开,在公司成立后股东不得抽逃出资,或者占用、转移和支配公司的法人财产。《公司法》对公司行使法人财产权作出如下限制性规定:

(1)公司可以向其他企业投资,但是除法律另有规定外,不得成为对所投资企业的债务承担连带责任的出资人。公司向其他企业投资,按照公司章程的规定由董事会或者股东会、股东大会决议;公司章程对投资的总额及单项投资的数额有限额规定的,不得超过规定的限额。

(2)公司向其他企业投资或者为他人提供担保,依照公司章程的规定,由董事会或者股东会、股东大会决议;公司章程对投资或者担保的总额及单项投资或者担保的数额有限额规定的,不得超过规定的限额。

公司为公司股东或者实际控制人提供担保的,必须经股东会或者股东大会决议。接受担保的股东或者受实际控制人支配的股东,不得参加上述规定事项的表决。表决需由出席会议的其他股东所持表决权的过半数通过。

(3)一般情况下,除公司章程有特别规定,或者经过股东会、股东大会的批准同意,公司董事经理不得擅自将公司资金借贷给他人。《公司法》规定:股份有限公司不得直接或者通过子公司向董事、监事、高级管理人员提供借款。这是因为股份公司往往由董事、监事和高级管理人员直接负责经营,当他们控制下的公司向自己提供借款时,这往往构成关联交易,利益冲突明显,存在侵害公司利益的可能。

【案例6-1】　A公司是由甲出资20万元、乙出资50万元、丙出资30万元、丁出资80万元共同设立的有限责任公司,丁申请A公司为其银行贷款作担保,为此,A公司召开股东会,甲、乙、丙、丁均出席会议,乙明确表示不同意。根据《公司法》的规定,该会议决议能通过吗?

【解析】　《公司法》规定,公司为公司股东提供担保,必须经股东会或者股东大会决议,接受担保的股东不得参加该事项的表决,该项表决由出席会议的其他股东所持表决权的过半数通过。上述公司为丁作担保的决议必须经出席会议的甲、乙、丙三股东所持表决权的过半数通过,因乙不同意,而甲、丙所持表决权仅占50%,未达过半数表决权,因此决议不通过。

四、有限责任制度及其例外

(一)有限责任制度

公司的最大优点是法律为公司股东提供了全面的有限责任保护。《公司法》第三条第二款规定,有限责任公司的股东以其认缴的出资额为限对公司承担责任,股份有限公司股东以其认购的股份为限对公司承担责任,换句话说股东除了对公司负有出资义务之外,并不对公司的债务承担责任。

有限责任制度,使得股东可以将投资的风险与自身的其他财产相隔离,有利于股东控制投资风险,促进了公众投资意愿,同时在有限责任制度下,股东个人的财富状况与公司的风险没有直接关联,也促进了股票交易市场的蓬勃发展。

(二)有限责任制度的例外

有限责任制度也增加了公司债权人的风险,主要表现为股东可能通过迫使公司从事高风险业务以获取更多的收益。因此公司法通过设置董事会结构下的授权管理制度,在一定程度上避免了股东直接参与公司管理。

对于股东采取欺诈手段侵害公司债权人利益的行为,法律也规定了股东以及相关主体应当承担的责任,这构成了有限责任制度的例外。《公司法》第二十条规定:公司股东应当遵守法律、行政法规和公司章程,依法行使股东权利,不得滥用股东权利损害公司或者其他股东的利益;不得滥用公司法人独立地位和股东有限责任损害公司债权人的利益。

公司股东滥用股东权利给公司或者其他股东造成损失的,应当依法承担赔偿责任。

公司股东滥用公司法人独立地位和股东有限责任,逃避债务,严重损害公司债权人利益的,应当对公司债务承担连带责任。

【思考与案例回顾】

这些法律法规中只有《中华人民共和国公司法》属于公司法律。公司法律是指规定公司的设立、组织、活动、解散及其他对内对外关系的法律规范的总称。《公司管理制度》《公司内部控制基本规范》《公司基础工作规范》以及《公司员工行为准则》属于公司制度。

第二节　有限责任公司

【思考与案例】

某有限责任公司的董事会由11人组成,其中董事长一人,副董事长两人,该董事会某次会议因董事长不能出席会议,由副董事长王某主持该次会议,会议通过了增加公司注册资本的决议;通过了解聘公司现任经理,由副董事长王某兼任经理的决议。会议所有决议事项均载入会议记录后,由主持会议的副董事长王某和记录员签名存档。该次董事会议的组织和决议符合公司法律制度的规定吗?

一、有限责任公司概念

有限责任公司指依据公司法由全体股东共同出资设立的,每个股东以其出资额为限对公司承担责任,公司以其全部资产对公司债务承担责任的企业法人。

二、有限责任公司特征

有限责任公司具有如下特征：
（1）有限责任公司股东的人数有一定的限制，必须是 50 人以下。
（2）股东以各自的出资额为限对公司承担有限财产责任。
（3）有限责任公司不公开募集资本。
（4）公司的规模可大可小，适应性强。
（5）公司的设立程序简单，组织机构灵活。

三、有限责任公司设立条件

根据《公司法》规定，设立有限责任公司，应当具备以下条件：
（1）股东人数符合法定人数。
（2）有符合公司章程规定的全体股东认缴的出资额。
（3）股东共同制定公司章程。
（4）有公司名称，建立符合有限责任公司要求的组织机构。
（5）有公司住所。

四、有限责任公司出资方式

股东可以用货币出资，也可以用实物、知识产权、土地使用权等可以用货币估价并可以依法转让的非货币财产作价出资。但是，法律、行政法规规定不得作为出资的财产除外。对作为出资的非货币财产应当评估作价，核实财产，不得高估或者低估作价。

《公司登记管理条例》明确规定：股东不得以劳务、信用、自然人姓名、商誉、特许经营权或者设定担保的财产等作价出资。

【案例 6-2】　甲、乙、丙、丁四人拟成立一家有限责任公司。甲以现金 30 万元出资，乙以其设定了抵押担保的房屋作价 120 万元出资，丙以劳务出资，丁以其所有的小汽车作价 50 万元出资。四人的出资方式符合公司法律制度规定吗？

【解析】　甲和丁的出资方式符合《公司法》的规定。《公司法》规定，股东可以用货币出资，也可以用实物、知识产权、土地使用权等可以用货币估价并可以依法转让的非货币财产作价出资，但是不包括劳务，丙以劳务出资不符合规定；因为乙的房屋已经被抵押了，不能作为公司的出资，所以乙的出资也不符合规定。

五、有限责任公司设立程序

1.制定公司章程
股东设立有限责任公司，必须先制定公司章程，将公司的权利义务进行明确规定。

2.股东缴纳出资
股东应当按期足额缴纳公司章程中规定的出资额。股东以货币出资的，应当将货币出资额足额存入该有限责任公司的银行账户;以非货币财产出资的,应当依法办理其财产权的转移手续。

3.申请设立登记

股东认足公司章程规定的出资后,由全体股东指定的代表或者共同委托的代理人向公司登记机关报送公司登记申请书、公司章程等文件,申请设立登记。公司经核准后,领取《营业执照》《企业法人营业执照》,其签发日期为公司成立日期。

根据《公司法》的规定,有限责任公司成立后,应当向股东签发出资证明书。出资证明书应载明以下事项:①公司名称;②公司成立日期;③公司注册资本;④股东的姓名或者名称、缴纳的出资额和出资日期;⑤出资证明书的编号和核发日期,出资证明书要加盖公司公章。

有限责任公司应当为记载股东情况以及资本事项制定股东名册。股东可以依据股东名册主张的权利行使股东权利。例如,向公司登记机关登记的信息发生变更时应及时办理变更登记。未经登记或者变更登记的,不得对抗第三人。

4.公告

登记主管机关核准登记后,应当发布公司登记公告。公告内容一般包括:公司名称、住所、法人代表、公司类型、注册资本、经营范围和经营方式、注册号等。公告后,公司设立程序即为完成。

【案例6-3】 甲乙共同出资设立A有限责任公司,甲以房屋出资,甲于2015年4月1日将房屋交付给A公司使用,但一直未办理房屋产权的变更登记,甲认为其已经履行了出资义务,甲的想法符合《公司法》的规定吗?

【解析】 不符合。《公司法》规定,以非货币财产出资的,应当依法办理其财产权的转移手续。所以即使甲已经将房屋交付给A公司使用,也应当办理产权变更登记。

六、有限责任公司的组织机构

(一)股东会

1.股东会的职权

股东会是公司的权力机构,依法行使下列职权:①决定公司的经营方针和投资计划;②选举和更换非由职工代表担任的董事、监事,决定有关董事、监事的报酬事项;③审议批准董事会的报告;④审议批准监事会或者监事的报告;⑤审议批准公司的年度财务预算方案、决算方案;⑥审议批准公司的利润分配方案和弥补亏损方案;⑦对公司增加或者减少注册资本作出决议;⑧对发行公司债券作出决议;⑨对公司合并、分立、变更公司形式、解散和清算等事项作出决议;⑩修改公司章程;⑪公司章程规定的其他职权。

2.股东会的形式

股东会会议分为定期会议和临时会议。定期会议应当按照公司章程的规定按时召开。

代表1/10以上表决权的股东,1/3以上的董事、监事会或者不设监事会的公司的监事提议召开临时会议的,应当在两个月内召开临时会议。

3.股东会的召开

首次股东会会议由出资最多的股东召集和主持,依法行使职权。以后的股东会会议,公司设立董事会的,由董事会召集,董事长主持;董事长不能履行职务或者不履行职务的,由副董事长主持;副董事长不能履行职务或者不履行职务的,由半数以上董事共同推举一名董事主持。公司不设董事会的,股东会会议由执行董事召集和主持;董事会或者执行董事不能或者不履行召集股东会会议职责的,由监事会或者不设监事会的公司的监事召集和主持;监事会,或者监事不召集和主持的,代表1/10以上表决权的股东可以自行召集和主持。

4.股东会的决议

股东会会议由股东按照出资比例行使表决权,但是公司章程另有规定的除外。股东会的议事方式和表决程序,除《公司法》有规定的外,由公司章程规定。股东会会议作出修改公司章程、增加或者减少注册资本的决议,以及公司合并、分立、解散或者变更公司形式的决议,必须经代表2/3以上表决权的股东通过,这称为特别决议。股东会会议作出的其他决议,经出席会议代表1/2以上表决权的股东通过,这称为普通决议。

有限责任公司股东会的表决权计算是以公司全部股权为基数计算通过的表决权,而不是以出席股东会的股东所持表决权为基数。

【案例6-4】 辉煌有限责任公司由甲、乙、丙、丁四个股东共同出资设立,丙提议召开临时股东会,提议将公司变更为股份有限公司,在表决时,甲、丙两股东表示同意,丙出资比例为15%、甲出资比例为45%。《公司法》规定,丙股东能不能提议召开临时股东会?因甲、丙股东表示同意,而乙、丁股东表示不同意变更公司形式,该决议能通过吗?

【解析】 丙股东依法可以提议召开临时股东会。《公司法》规定,代表1/10以上表决权的股东,1/3以上的董事、监事会或者不设监事会的公司的监事提议召开临时会议的,应当召开临时会议。

由于甲、丙股东所代表的表决权未达到2/3以上,因此,变更公司形式的决议无效。《公司法》规定,有限责任公司股东会议作出修改公司章程、增加或者减少注册资本的决议,以及公司合并、分立、解散或者变更公司形式的决议,必须经代表2/3以上表决权的股东通过。

(二)董事会

董事会是公司股东会的执行机构,对股东会负责。

1.董事会的组成

有限责任公司设董事会(依法不设董事会的除外),其成员为3~13人。两个以上的国有企业或者其他两个以上的国有投资主体投资设立的有限责任公司,其董事会成员中应当有公司职工代表;其他有限责任公司董事会成员中也可以有公司职工代表。董事会中的职工代表由公司职工通过职工代表大会、职工大会或者其他形式民主选举产生。董事会设董事长1人，可以设副董事长。董事长、副董事长的产生办法由公司章程规定。

2.董事会的任期

董事任期由公司章程规定，但每届任期不得超过3年。董事任期届满，连选可以连任。董事任期届满未及时改选，或者董事在任期内辞职导致董事会成员低于法定人数的，在改选出的董事就任前，原董事仍应当依照法律、行政法规和公司章程的规定，履行董事职务。

3.董事会的职权

董事会对股东会行使下列职权：①召集股东会会议，并向股东会报告工作；②执行股东会的决议；③决定公司的经营计划和投资方案；④制订公司的年度财务预算方案、决算方案；⑤制订公司的利润分配方案和弥补亏损方案；⑥制订公司增加或者减少注册资本以及发行公司债券的方案；⑦制订公司合并、分立、变更公司形式、解散的方案；⑧决定公司内部管理机构的设置；⑨决定聘任或者解聘公司经理及其报酬事项，并根据经理的提名决定聘任或者解聘公司副经理、财务负责人及其报酬事项；⑩制订公司的基本管理制度；⑪公司章程规定的其他职权。

4.董事会的召开

董事会会议由董事长召集和主持；董事长不能履行职务或者不履行职务的，由副董事长召集和主持；副董事长不能履行职务或者不履行职务的，由半数以上董事共同推举一名董事召集和主持。

5.董事会的决议

董事会的议事方式和表决程序，除《公司法》有规定的外，由公司章程规定。董事会应当对所议事项的决定做成会议记录，出席会议的董事应当在会议记录上签名。

【案例6-5】 下列关于有限责任公司董事会的表述中，不符合《公司法》规定的有(　　　　)。

A.董事会成员中应当有公司职工代表

B.董事任期由公司章程规定，但每届任期不得超过3年

C.董事长和副董事长依法由公司董事会选举产生

D.董事长和副董事长不召集和主持董事会的，必须由全体董事共同推举一名董事召集和主持

【解析】 正确答案为ACD。我国《公司法》规定，两个以上的国有企业或者其他两个以上的国有投资主体投资设立的有限责任公司，其董事会成员中应当有公司职工代表，其他有限责任公司董事会成员中也可以有，不是应当有。董事长、副董事长的产生办法由公司章程规定而不是由公司董事会选举产生。董事长和副董事长不召集和主持董事会的，由半数以上董事共同推举一名董事召集和主持，而不是必须由全体董事共同推举。

6.经理

有限责任公司可以设经理，由董事会决定聘任或者解聘。经理对董事会负责，行使下列

职权：①主持公司的生产经营管理工作，组织实施董事会决议；②组织实施公司年度经营计划和投资方案；③拟订公司内部管理机构设置方案；④拟订公司的基本管理制度；⑤制订公司的具体规章；⑥提请聘任或者解聘公司副经理、财务负责人；⑦决定聘任或者解聘除应由董事会决定聘任或者解聘以外的负责管理人员；⑧董事会授予的其他职权。公司章程对经理职权另有规定的，从其规定。经理列席董事会会议。

（三）监事会

监事会是公司的监督机构。

1.监事会的组成

有限责任公司设立监事会，其成员不得少于3人。股东人数较少或者规模较小的有限责任公司可以设1至2名监事，不设立监事会。监事会应当包括股东代表和适当比例的公司职工代表，其中职工代表的比例不得低于1/3，具体比例由公司章程规定，监事会的职工代表由公司职工通过职工代表大会，职工大会或者其他形式民主选举产生，监事会设主席一人，由全体监事过半数选举产生，董事、高级管理人员不得兼任监事。

2.监事会的任期和职权

监事的任期每届为3年。监事任期届满，连选可以连任。

监事会行使下列职权：①检查公司财务；②对董事、高级管理人员执行公司职务的行为进行监督，对违反法律、行政法规、公司章程或者股东会决议的董事、高级管理人员提出罢免的建议；③当董事、高级管理人员的行为损害公司的利益时，要求董事、高级管理人员予以纠正；④提议召开临时股东会会议，在董事会不履行规定的召集和主持股东会会议职责时召集和主持股东会会议；⑤向股东会会议提出提案；⑥依照《公司法》的规定，对董事、高级管理人员提起诉讼；⑦公司章程规定的其他职权。监事可以列席董事会会议，并对董事会决议事项提出质询或者建议。

3.监事会的召开和决议

监事会的议事方式和表决程序，除《公司法》有规定的外，由公司章程规定。监事会每年度至少召开一次会议，监事可以提议召开临时监事会会议。监事会决议应经半数以上监事通过。

七、股权转让

（一）股权转让的概念和特征

股权转让是指有限责任公司的股东依照一定的程序将自己持有的股权让与受让人。受让人取得该股权而成为公司股东或增加持有公司的出资额。股权转让具有以下特征：

（1）股权转让是一种股权交易行为。

（2）股权转让不改变公司的法人资格。

（3）股权转让是一种要式行为。非经法定转让程序，不产生法律效力。

（二）股权转让的限制

由于有限责任公司股东人数不多，股权没有上市交易的可能性，股东之间往往维持一定程度的信任，在这种情况下，有限责任公司的股东往往希望能够对新股东的加入有一定的审查和限制。因此，《公司法》对于有限责任公司的股东对外转让股权施加了一定的限制条件。不过《公司法》明确规定："公司章程对股权转让另有规定的，从其规定。"只有在公司章程没有另外规定的情况下，才适用公司法规定的股权转让限制条件。

（1）有限责任公司的股东之间可以相互转让其全部或者部分股权，股东之间只要双方协商一致即可转让。

（2）股东向股东之外的人转让股权的限制。股东向股东以外的人转让股权，应当经其他股东过半数同意。股东应就其股权转让事项书面通知其他股东征求意见，其他股东自接到书面通知之日起满30日未作答复的，视为同意转让。其他股东半数以上不同意转让的，不同意的股东应当购买该转让的股权；不购买的视为同意转让。经股东同意转让的股权，在同等条件下其他股东有优先购买权。两个以上股东主张行使优先购买权的，协商确定各自的购买比例；协商不成的按照转让时各自的出资比例行使优先购买权。

（3）人民法院强制执行的股权转让，人民法院依照法律规定的强制执行程序转让股东股权的，应当通知公司及全体股东，其他股东在同等条件下有优先购买权。

（4）在公司章程没有另外规定的情况下，自然人股东死亡后，其合法继承人可以直接继承股东资格。

【案例6-6】　甲、乙、丙是某有限责任公司的股东，乙欲对外转让其所拥有的股权，甲和丙均表示反对，但是甲不愿意购买乙的股权。乙便与丁签订了一份股权转让协议，约定丁一次性将股权转让款支付给乙，此时丙表示愿意以同等价格购买，只是要求分期付款。《公司法》规定，乙可以将其股权转让给丁吗？丙还能行使优先购买权吗？

【解析】　根据《公司法》的规定：不同意的股东应当购买转让的股权，不购买的视为同意转让。因此，甲表示不愿意购买，应视为同意转让。《公司法》还规定：在同等条件下，其他股东有优先购买权。但是，丙和丁提出的付款条件不同，丙不享有优先购买权。综上所述，乙可以将股权转让给丁。

【思考与案例回顾】

该次董事会由副董事长王某主持会议和通过了解聘公司现任经理，由副董事长王某兼任经理的决议，是符合公司法律制度规定的。但是通过增加公司注册资本的决议，不符合公司法律制度的规定。《公司法》规定，通过增加公司注册资本的决议属于股东大会的职权。会议后，由主持会议的副董事长王某和记录员签名存档，也不符合公司法律制度的规定，《公司法》规定，董事会的会议记录应由出席会议的董事签名。

第三节 股份有限公司

【思考与案例】

某股份有限公司于 2017 年 6 月 28 日召开董事会会议,该次会议召开情况及讨论的有关问题如下:①公司董事会由 7 名董事组成。出席该次会议的董事有董事甲、乙、丙、丁;董事戊、己、庚因事不能出席会议,其中:董事戊电话委托董事甲代为出席会议并表决,董事庚委托董事会秘书杨某代为出席会议并表决。②根据总经理提名,出席本次会议的董事讨论并一致同意,聘任顾某为公司财务负责人,并决定给予顾某年薪 15 万元;董事会会议讨论通过了公司内部机构设置的方案,表决时,董事乙反对,其他董事表示同意。③该次董事会会议记录,由出席董事会会议的全体董事和列席会议的监事签名后存档。

请思考:出席该次董事会会议的董事人数是否符合规定? 董事戊、庚委托他人出席该次董事会会议是否有效? 为什么? 董事会通过的两项决议是否符合规定? 为什么? ③所述内容是否有不规范之处?

一、股份有限公司概念

股份有限公司,简称股份公司,是指全部资本分成等额股份,股东以其认购的股份为限对公司承担责任,公司以其全部资产对公司债务承担责任的公司。现代公司的典型形态就是所有权和经营权相分离的股份公司。

二、股份有限公司的特征

(一)公司组织的资合性

股份有限公司的资合性特征,第一,表现在公司对外信用的基础是公司资本,即公司所募集的股份总额。它既是公司成立的要件,也是公司能够得以自下而上发展的源泉,更是对公司债权人的总担保。第二,股份有限公司的资合性还表现在公司股份可自由转让。这也是股份有限公司区别于有限责任公司和无限公司的一大特征。

(二)资本募集的公开性

设立股份有限公司不仅可以采取发起设立方式,还可以采取募集设立方式。其中以募集方式设立股份有限公司的,除由发起人认购公司应发行股份的一部分外,其余股份向社会公开募集或向特定对象募集,社会公众均可通过购买股票而成为公司的股东。股份有限公司可以面向社会广泛集资。此外,资本募集的公开性和广泛性,还决定了股份有限公司的账目必须公开,以使广大社会公众对公司的经营状况有所了解,以有效保护投资人的合法权益。

(三)公司资本的股份性

股份为股份有限公司资本的最小计算单位。股份有限公司的全部资本分为数额相等的股份,每一股份的金额与股份总数的乘积即为公司的资本总额。每个股东所持的股份数可以不同,但每股的金额必须相等,只有每一股份所代表的金额相等,才便于股票的发行和资本的募集,才便于股东权的计算、行使或转让,也才能真正做到同股同权、同股同利,充分发挥资合公司的优势和特点。

(四)股份责任的有限性

股份有限公司的股东权以其认购的股份为限对公司负责,对公司债权人不负任何直接的法律责任。公司的债权人既不能向股东主张权利,也不能要求股东以其个人财产清偿公司的债务。

(五)充分的法人性

股份有限公司是一种最典型的法人企业。由于股东的广泛性使公司的所有权与控制权的分离表现得最为充分,公司具有完备的组织机构和独立的财产,这充分体现了法人组织的基本特征。

三、股份有限公司设立条件

《公司法》规定,设立股份有限公司,应当具备以下条件。

(一)发起人条件

(1)发起人是指依法筹办创立股份有限公司事务的人。为设立公司而签署公司章程、向公司认购出资或者股份并履行公司设立职责的人,应当认定为公司的发起人。

(2)发起人既可以是自然人,也可以是法人;既可以是中国公民,也可以是外国公民。

(3)设立股份有限公司,应当有2人以上200人以下为发起人,其中,须有半数以上的发起人在中国境内有住所。

发起人在中国境内有住所,是指中国公民以其户籍所在地为居住地或者其经常居住地在中国境内,外国公民其经常居住地在中国境内,法人其主要办事机构所在地在中国境内。

(4)股份有限公司发起人承担公司筹办事务。发起人应当签订发起人协议,明确各自在公司设立过程中的权利和义务。

(二)股本和资本条件

1.股本

股本指由符合公司章程规定的全体发起人认购的股本总额或者募集的实收股本总额。

2.注册资本

(1)股份有限公司采取发起设立方式设立的,注册资本为在公司登记机关登记的全体发起人认购的股本总额。在发起人认购的股份缴足前,不得向他人募集股份。

(2)股份有限公司采取募集方式设立的,注册资本为在公司登记机关登记的实收股本总额。股东必须在设立时缴纳全部出资。另外公司法还规定以募集设立方式设立股份有限公司的发起人认购的股份不得少于公司股份总额的35%,但法律、行政法规另有规定的从其规定。

(3)法律、行政法规以及国务院决定对股份有限公司注册资本实缴、注册资本最低限额另有规定的,从其规定。

(三)其他条件

(1)发起人为设立股份有限公司发行股份,以及在进行其他的筹办事项时,必须符合法律规定的条件和程序,不得违反。

(2)公司章程的制定。股份有限公司的章程是指记载有关公司组织和行动基本规则的文件。公司章程对公司、股东、董事、监事、高级管理人员具有约束力。设立公司必须依法制订章程。

①对于以发起设立方式设立的股份有限公司,由全体发起人共同制订公司章程。

②对于以募集设立方式设立的股份有限公司,发起人制订的公司章程,还应当召开有其他认股人参加的创立大会,并经出席会议的认股人所持表决权的过半数通过,方为有效。

(3)股份有限公司章程内容。股份有限公司章程应当载明以下事项:①公司名称和住所;②公司经营范围;③公司设立方式;④公司股份总数、每股金额和注册资本;⑤发起人的姓名或者名称、认购的股份数、出资方式和出资时间;⑥董事会的组成、职权、任期和议事规则;⑦公司法定代表人;⑧监事会的组成、职权、任期和议事规则;⑨公司利润分配办法;⑩公司的解散事由与清算办法;⑪公司的通知和公告办法;⑫股东大会会议认为需要规定的其他事项。

(4)有公司名称。

(5)建立符合股份有限公司要求的组织机构。

(6)有公司住所。

【案例6-7】　甲股份有限责任公司在成立时发生以下行为:注册资本拟为人民币300万元;采用募集方式设立,发起人认购的股份分期缴纳,拟在公司成立之日起两年内缴足;由一名发起人认购公司股份总额的35%,其余股份拟全部向特定对象募集;公司全部五名发起人均为外国人,其中两人长期定居北京。这些行为符合公司法律制度的规定吗?

【解析】　甲股份有限责任公司注册资本300万元,符合公司法律制度的规定,2013年《公司法》修改取消了对股份公司最低注册资本的要求。其他行为则不符合公司法律制度的规定。公司法律制度规定,股份有限公司的发起人为2~200人,所以甲股份有限公司发起人仅一人是不符合规定的;股份有限公司的发起人既可以是中国公民,也可以是外国公民,其中须有半数以上的发起人在中国境内有住所,但是甲股份有限公司的五名发起人中仅有两人定居在北京。募集设立的股份有限公司注册资本为实收股本,股东必须在设立时缴纳全部出资,不得分期出资。

四、股份有限公司出资方式

(一)一般出资方式

《公司法》规定,股东可以用货币出资,也可以用实物、知识产权、土地使用权等可以用货币估价并可以依法转让的非货币财产作价出资;但是,法律、行政法规规定不得作为出资的财产除外。《公司登记管理条例》明确规定:股东不得以劳务、信用、自然人姓名、商誉、特许经营权或者设定担保的财产等作价出资。

(二)股权出资

股东或者发起人可以以其持有的在中国境内设立的公司(以下简称"股权所在公司")股权出资。以股权出资的,该股权应当权属清楚、权能完整、依法可以转让。

具有下列情形的股权不得用作出资:

(1)已被设立质权。

(2)股权所在公司章程约定不得转让。

(3)法律、行政法规或者国务院决定规定,股权所在公司股东转让股权应当报经批准而未经批准。

(4)法律、行政法规或者国务院决定规定不得转让的其他情形。

(三)债权出资

债权人可以将其依法享有的,对在中国境内设立的公司的债权,转为公司股权。

【案例6-8】 2017年6月5日,田某、蔡某、王某、陈某投资设立A股份有限公司。其中田某、陈某分别以现金100万元出资,蔡某以自己的一套房屋作价200万元出资,王某以劳务出资。他们的出资方式符合公司法律制度的规定吗?

【解析】 田某、陈某、蔡某的出资方式符合法律规定,王某的出资方式不符合法律规定。根据我国《公司法》的规定,股份有限公司股东可以用货币出资,也可以用实物、知识产权、土地使用权等可以用货币估价并可以依法转让的非货币财产作价出资。《公司登记管理条例》明确规定:股东不得以劳务、信用、自然人姓名、商誉、特许经营权或者设定担保的财产等作价出资。

五、股份有限公司设立的程序

根据股份有限公司设立方式的不同,程序也略有不同,即公开募集设立还需要经过向社会公开招募股份等相关程序,其他程序与发起设立方式相同。但是,根据实际情况,公开募集设立方式较少使用。

1.签订发起人协议

该协议包括各个发起人的基本情况、认缴股份数额、认缴股份方式等发起设立股份有限公司过程中的相关权利义务。

2.报经有关部门批准

依据法律、行政法规规定设立公司必须报经批准的,应当在公司登记前依法办理批准手续。除了法律、行政法规有特别规定的外,设立股份公司不需要经过特别批准,可以直接向企业登记机关注册设立。

3.申请名称预先核准,制订公司章程

4.认购股份

以发起设立方式设立股份有限公司的,发起人应当书面认足公司章程规定其认购的股份。以非货币财产出资的,应多依法办理其财产权的转移手续。

5.选举董事会和监事会,由董事会依法向公司登记机关申请设立登记

（1）发起设立方式设立公司的,发起人首次缴纳出资后,应当选举董事会和监事会,由董事会依法向公司登记机关申请设立登记。

（2）募集设立方式设立公司的,发起人应当在足额缴纳股款、验资证明出具之日后30日内召开公司创立大会。

发起人应当在创立大会召开15日前将会议日期通知各认股人或者予以公告。创立大会应有代表股份总数过半数的发起人、认股人出席,方可举行。

董事会应于创立大会结束后30日内,依法向公司登记机关申请设立登记。

6.发行股票

（1）股份有限公司成立后,即向股东正式交付股票,公司成立前不得向股东交付股票。公司发行的股票,可以为记名股票也可以为无记名股票。

（2）公司向发起人、法人发行的股票,应当为记名股票。

7.公告

公告登记的内容应当与登记机关核准登记的内容一致。

六、股份有限公司的组织机构

公司组织机构是代表公司活动,行使相应职权的权力机关、决策机关、监督机关和执行机关所组成的公司机关。公司组织机构是公司法规定的,具有强制性,也是公司得以设立的必要条件。股份有限公司的组织机构包括股东大会、董事会、监事会及高级管理人员。根据《公司法》的规定,高级管理人员,是指公司的经理、副经理、财务负责人、上市公司董事会秘书和公司章程规定的其他人员。

（一）股东大会

1.股东大会的性质和组成

股份有限公司的股东大会是公司的权力机构，依法行使职权。股份有限公司的股东大会由全体股东组成，公司的所有股东，无论其所持股份有多少，都是股东大会的成员。

2.股东大会的职权

股份有限公司股东大会的职权与有限责任公司股东会的职权的规定基本相同。

3.股东大会的形式

股份有限公司的股东大会分为年会和临时股东大会两种。

（1）年会是指依照法律和公司章程的规定每年按时召开的股东大会。《公司法》规定，股东大会应当每年召开 1 次年会。

（2）临时股东大会是指股份有限公司在出现召开临时股东大会的法定事由时，应当在法定期限召开的股东大会。

《公司法》规定，有下列情形之一的，应当在 2 个月内召开临时股东大会：①董事人数不足《公司法》规定人数或者公司章程所定人数的 2/3 时；②公司未弥补的亏损达实收股本总额 1/3 时；③单独或者合计持有公司 10% 以上股份的股东请求时；④董事会认为必要时；⑤监事会提议召开时；⑥公司章程规定的其他情形。

【案例6-9】 甲股份有限公司董事人数不足公司章程所定人数的 1/2；乙股份有限公司未弥补亏损达到实收股本总额的 1/3；丙股份有限公司持有公司股份5%的股东请求召开；丁股份有限公司监事会提议召开。这四家公司哪些需要召开临时股东大会？

【解析】 《公司法》规定，应当在 2 个月内召开临时股东大会的情形包括：董事人数不足公司章程所定人数的 2/3 时，甲公司董事人数连章程规定的 1/2 都达不到了，所以应该召开；公司未弥补的亏损达实收股本总额的 1/3 时，所以乙公司应该召开；单独或者合计持有公司 10% 以上股份的股东请求时，丙公司仅有持有公司股份 5% 的股东请求召开，不满足该条规定可以不召开；监事会提议召开，所以丁公司应该召开。

4.股东大会的召开

（1）主持。股东大会会议由董事会召集，董事长主持；董事长不能履行职务或者不履行职务的，由副董事长主持；副董事长不能履行职务或者不履行职务的，由半数以上董事共同推举一名董事主持。董事会不能履行或者不履行召集股东大会会议职责的，监事会应当及时召集和主持；监事会不召集和主持的，连续 90 日以上单独或者合计持有公司 10% 以上股份的股东可以自行召集和主持。

（2）通知股东和提案。召开股东大会会议，应当将会议召开的时间、地点和审议的事项于会议召开 20 日前通知所有股东；临时股东大会应当于会议召开 15 日前通知所有股东；发行无记名股票的，应当于会议召开 30 日前公告会议召开的时间、地点和审议事项。

单独或者合计持有公司 3%以上股份的股东,可以在股东大会召开 10 日前提出临时提案并书面提交董事会;董事会应当在收到提案后 2 日内通知其他股东,并将该临时提案提交股东大会审议。临时提案的内容应当属于股东大会职权范围,并有明确议题和具体决议事项。股东大会不得对上述通知中未列明的事项作出决议。

5.股东大会的决议

股东出席股东大会会议,所持每一股份有一表决权。股东可以委托代理人出席股东大会会议,代理人应当向公司提交股东授权委托书,并在授权范围内行使表决权。公司持有的本公司股份没有表决权。股东大会作出决议,必须经出席会议的股东所持表决权过半数通过。股东大会作出修改公司章程、增加或者减少注册资本的决议,以及公司合并、分立、解散或者变更公司形式的决议,必须经出席会议的股东所持表决权的 2/3 以上通过。

股东大会选举董事、监事,可以依照公司章程的规定或者股东大会的决议,实行累积投票制。这里所称累积投票制,是指股东大会选举董事或者监事时,每一股份拥有与应选董事或者监事人数相同的表决权,股东拥有的表决权可以集中使用。

(二)董事会、经理

1.董事会的性质和组成

(1)性质。股份有限公司的董事会是股东大会的执行机构,对股东大会负责。

(2)成员。股份有限公司设董事会,其成员为 5 人至 19 人。董事会成员中可以有公司职工代表,董事会中的职工代表由公司职工通过职工代表大会、职工大会或者其他形式民主选举产生。

(3)任期。股份有限公司的董事任期由公司章程规定,但每届任期不得超过 3 年。董事任期届满,连选可以连任。董事任期届满未及时改选,或者董事在任期内辞职导致董事会成员低于法定人数的,在改选出的董事就任前,原董事仍应当依照法律行政法规和公司章程的规定,履行董事职务。

2.董事会的职权

股份有限公司董事会的职权与有限责任公司董事会的职权的规定基本相同。

3.董事会的召开

(1)人员设置。董事会设董事长 1 人,可以设副董事长。董事长和副董事长由董事会以全体董事的过半数选举产生。董事长召集和主持董事会会议,检查董事会决议的实施情况。副董事长协助董事长工作,董事长不能履行职务或者不履行职务的,由副董事长履行职务;副董事长不能履行职务或者不履行职务的,由半数以上董事共同推举 1 名董事履行职务。

(2)召开次数的规定。董事会每年度至少召开 2 次会议,每次会议应当于会议召开 10

日前通知全体董事和监事。代表 1/10 以上表决权的股东、1/3 以上董事或者监事会,可以提议召开董事会临时会议。董事长应当自接到提议后 10 日内,召集和主持董事会会议。

4.董事会的决议

董事会会议应有过半数的董事出席方可举行。董事会作出决议,必须经全体董事的过半数通过。董事会决议的表决,实行一人一票,即每个董事只能享有一票表决权。

董事会会议,应由董事本人出席;董事因故不能出席,可以书面委托其他董事代为出席,委托书中应载明授权范围。

董事会应当对会议所议事项的决定作成会议记录,出席会议的董事应当在会议记录上签名。董事应当对董事会的决议承担责任。董事会的决议违反法律、行政法规或者公司章程、股东大会决议,致使公司遭受严重损失的,参与决议的董事对公司负赔偿责任。但经证明在表决时曾表明异议并记载于会议记录的,该董事可以免除责任。

【案例 6-10】 公司法律制度的规定,某股份有限公司董事会由 11 名董事组成,召开了一次董事会,有 8 名董事出席会议,在表决 A 决议时 5 名董事同意;在表决 B 决议时,6 名董事同意。请分析该次董事会举行时出席人数合法吗?A,B 决议都能通过表决吗?

【解析】 (1)董事会会议必须有"过半数"(≥6)的董事出席方可举行;(2)董事会的决议必须经"全体董事"(而非出席会议)的"过半数"(≥6)通过。所以该次董事会举行时出席人数合法,但是只有 B 决议通过了表决。

5.经理

股份有限公司设经理,由董事会决定聘任或者解聘。股份有限公司经理的职权与有限责任公司经理的职权的规定基本相同。公司董事会可以决定由董事会成员兼任公司经理。

(三)监事会

1.监事会的组成

股份有限公司监事会成员不得少于 3 人,应当包括股东代表和适当比例的公司职工代表,其中,职工代表的比例不得低于 1/3,具体比例由公司章程规定。监事会中的职工代表由公司职工通过职工代表大会、职工大会或者其他形式民主选举产生。董事、高级管理人员不得兼任监事。

2.监事的任期

监事的任期每届为 3 年。监事任期届满,连选可以连任。监事任期届满未及时改选,或者监事在任期内辞职导致监事会成员低于法定人数的,在改选出的监事就任前,原监事仍应当依照法律、行政法规和公司章程的规定,履行监事职务。

3.监事会的职权

股份有限公司监事会的职权与有限责任公司监事会的职权的规定基本相同。监事可以列席董事会会议,并对董事会决议事项提出质询或者建议。

4.监事会召开

(1)人员设置。监事会设主席 1 人,可以设副主席。监事会主席和副主席由全体监事过半数选举产生。

(2)主持。监事会主席召集和主持监事会会议;监事会主席不能履行职务或者不履行职务的,由监事会副主席召集和主持监事会会议;监事会副主席不能履行职务或者不履行职务的,由半数以上监事共同推举 1 名监事召集和主持监事会会议。

(3)召开次数。监事会每 6 个月至少召开 1 次会议。监事会可以提议召开临时监事会会议。

【案例 6-11】 "恒昌商贸有限责任公司"于 2017 年 1 月 1 日成立。该公司成立了监事会,并在公司章程中规定了监事每届任期为 2 年,连选可连任;监事会成员中可以不包括职工代表;并由公司董事长李某任命公司的董事王某为监事会主席。上述内容符合《公司法》规定吗?

【解析】 根据《公司法》规定:监事的任期每届为 3 年,监事任期届满,连选可以连任;监事会应当包括股东代表和适当比例的公司职工代表;监事会设主席一人,由全体监事过半数选举产生。董事、高级管理人员不得兼任监事。任期年限符合规定,其他都不符合规定。

【思考与案例回顾】

①出席该次董事会会议的董事人数符合规定。《公司法》规定,董事会会议应有过半数的董事出席方可举行。董事戊电话委托董事甲代为出席会议并表决不符合规定。《公司法》规定,董事因故不能出席董事会会议时,可以书面委托其他董事代为出席。董事庚委托董事会秘书杨某代为出席会议并表决不符合规定。《公司法》规定,董事因故不能出席董事会会议时,只能委托其他董事出席,而不能委托董事之外的人代为出席。②首先,出席本次董事会会议的董事讨论并一致通过的聘任财务负责人并决定其报酬的决议符合规定。根据《公司法》的规定,该事项属于董事会职权范围。其次,批准公司内部设置方案不符合规定。《公司法》规定,董事会作出决议必须经全体董事的过半数通过。公司董事由 7 人组成,董事乙反对,己未出席,戊、庚委托不合法,实际只有 3 名董事同意,未达到全体董事的过半数。③该次会议记录无须列席会议的监事签名。《公司法》规定,董事会应当对会议所议事项的决定做成会议记录,出席会议的董事应当在会议记录上签名。

第四节　公司董事、监事、高级管理人员的资格和义务

【思考与案例】

何某所负债务数额较大且到期未清偿；王某因贪污罪被判处刑罚，执行期满 3 年；张某的年龄不满 18 周岁但学识渊博；刘某担任破产清算公司的董事并对公司破产负有个人责任，自公司破产清算完结之日已满 5 年。上述四人谁可以担任公司的董事、监事或者高级管理人员。

一、公司董事、监事、高级管理人员的资格

公司董事、监事、高级管理人员在公司中处于重要的地位并具有法定的职权，因此需要对其任职资格作一些限制性的规定，以保证其具有正确履行职责的能力和条件。《公司法》规定，有下列情形之一的，不得担任公司的董事、监事、高级管理人员：

（1）无民事行为能力或者限制民事行为能力。无民事行为能力的人是指 8 周岁以下的未成年人和不能辨认自己行为的精神病人。限制民事行为能力的人是指 8 周岁以上的未成年人和不能完全辨认自己行为的精神病人。

（2）因贪污、贿赂、侵占财产、挪用财产或者破坏社会主义市场经济秩序，被判处刑罚，执行期满未逾 5 年，或者因犯罪被剥夺政治权利，执行期满未逾 5 年。

（3）担任破产清算的公司、企业的董事或者厂长、经理，对该公司、企业的破产负有个人责任的，自该公司、企业破产清算完结之日起未逾 3 年。

（4）担任因违法被吊销营业执照、责令关闭的公司、企业的法定代表人，并负有个人责任的，自该公司、企业被吊销营业执照之日起未逾 3 年。

（5）个人所负数额较大的债务到期未清偿。

公司违反《公司法》的上述规定选举、委派董事、监事或者聘任高级管理人员的，该选举、委派或者聘任无效。公司董事、监事、高级管理人员在任职期间出现上述所列情形的，公司应当解除其职务。

二、公司董事、监事、高级管理人员的义务

公司董事、监事、高级管理人员应当遵守法律、行政法规和公司章程，对公司负有忠实义务和勤勉义务。公司董事、监事、高级管理人员不得利用职权收受贿赂或者其他非法收入，不得侵占公司的财产。

《公司法》规定，公司董事、高级管理人员不得有下列行为：①挪用公司资金；②将公司资金以其个人名义或者以其他个人名义开立账户存储；③违反公司章程的规定，未经股东会、

股东大会或者董事会同意,将公司资金借贷给他人或者以公司财产为他人提供担保;④违反公司章程的规定或未经股东会、股东大会同意,与本公司订立合同或者进行交易;⑤未经股东会或者股东大会同意,利用职务便利为自己或者他人谋取属于公司的商业机会,自营或者为他人经营与所任职公司同类的业务;⑥接受他人与公司交易的佣金归为己有;⑦擅自披露公司秘密;⑧违反对公司忠实义务的其他行为。

公司董事、监事、高级管理人员执行公司职务时违反法律、行政法规或者公司章程的规定,给公司造成损失的,应当承担赔偿责任。

【思考与案例回顾】

刘某可以。《公司法》规定,有下列情形之一的,不得担任公司的董事、监事、高级管理人员:①无民事行为能力或者限制民事行为能力。②因贪污、贿赂、侵占财产、挪用财产或者破坏社会主义市场经济秩序,被判处刑罚,执行期满未逾5年,或者因犯罪被剥夺政治权利,执行期满未逾5年。③担任破产清算的公司、企业的董事或者厂长、经理,对该公司、企业的破产负有个人责任的,自该公司、企业破产清算完结之日起未逾3年。④担任因违法被吊销营业执照、责令关闭的公司、企业的法定代表人,并负有个人责任的,自该公司、企业被吊销营业执照之日起未逾3年。⑤个人所负数额较大的债务到期未清偿。何某属于个人所负数额较大的债务到期未清偿,王某属于因贪污、贿赂、侵占财产、挪用财产或者破坏社会主义市场经济秩序,被判处刑罚,执行期满未逾5年,张某年龄不满18周岁,属于限制民事行为能力人,所以何某、王某和张某都不可以担任公司的董事、监事或者高级管理人员。刘某担任破产清算公司的董事并对公司破产负有个人责任,自公司破产清算完结之日已满5年,超过3年,所以刘某可以担任公司的董事、监事或者高级管理人员。

第五节　公司股票和公司债券

【思考与案例】

甲股份有限公司于2017年7月5日在上海证券交易所上市,公司章程对股份转让未作特别规定。该公司董事赵某于2017年8月离职,2017年12月将所持本公司股份全部转让,此处理方式是否符合公司法律制度,为什么?

一、公司的股票

(一)股票的概念

股票是指公司签发的证明股东所持股份的凭证,是股份的表现形式。股份是指将股份有限公司的注册资本按相同的金额或比例划分为相等的份额。股票具有如下性质。

(1)股票是有价证券。股票是一种具有财产价值的证券,股票记载着股票种类、票面金额及代表的股份数,反映着股票的持有人对公司的权利。

(2)股票是权益证券。股票表现的是股东的权利,任何人只要合法占有股票,其就可以依法向公司行使权利,而且公司股票发生转移时,公司股东的权益也随之转移。

(3)股票是要式证券。股票应当采取纸面形式或者国务院证券监督管理机构规定的其他形式,其记载的内容和事项应当符合法律的规定。

(4)股票是流通证券。股票可以在证券交易市场依法进行交易。

(二)股票的种类

1.按照股东权利、义务的不同进行分类

按照股东权利、义务的不同进行分类,股票可分为普通股和优先股。普通股是指享有普通权利、承担普通义务的股份,是股份的最基本形式。依照规定,普通股股东享有决策参与权、利润分配权、优先认股权和剩余资产分配权。优先股是指享有优先权的股份,公司对优先股的股利须按约定的股利率支付,有特别约定时,当年可供分配股利的利润不足以按约定的股利率支付优先股利的,还可由以后年度可供分配股利的利润补足。在公司进行清算时,优先股股东先于普通股股东取得公司剩余财产。但是,优先股股东不参与公司决策。

2.按照投资主体性质的不同进行分类

按照投资主体性质的不同进行分类,股票可分为国有股、发起人股和社会公众股。

3.按照票面是否记载股东姓名或名称进行分类

按照票面是否记载股东姓名或名称进行分类,股票可分为记名股票和无记名股票。记名股票是指在票面上记载股东姓名或名称的股票。我国《公司法》规定,公司向发起人、法人发行的股票,应当为记名股票,并应当记载该发起人、法人的名称或者姓名,不得另立户名或者以代表人姓名记名。无记名股票是指在票面上不记载股东姓名或名称的股票。我国《公司法》规定,发行无记名股票的,公司应当记载其股票数量,编号及发行日期。

(三)股票的发行

1.股票发行的原则

股票的发行是指股份有限公司为了筹集公司资本而出售和分配股份的法律行为。股份发行应当遵循以下原则:

(1)公平、公正的原则。

(2)同股同价原则。同股同价,是指同次发行的同种类股票,每股的发行条件和价格应当是相同的,任何单位或者个人所认购的股份,每股应当支付相同价格,对于同一种类的股票不允许针对不同的投资主体规定不同的发行条件和发行价格。

2.股票发行的价格

股票的发行价格是指股票发行时所使用的价格,也是投资者认购股票时所支付的价格。《公司法》规定,股票发行价格可以按票面金额,也可以超过票面金额,但不得低于票面金额。

3.公司发行新股

股份有限公司发行新股,股东大会应当对下列事项作出决议:①新股种类及数额;②新股发行价格;③新股发行的起止日期;④向原有股东发行新股的种类及数额。公司发行新股,可以根据公司经营情况和财务状况,确定其作价方案。公司发行新股募足股款后,必须向公司登记机关办理变更登记,并公告。

(四)股票转让

股份有限公司的股份以自由转让为原则,以法律限制为例外。股份转让的限制有以下几点。

(1)对发起人转让股份的限制。《公司法》规定,发起人持有的本公司股份,自公司成立之日起一年内不得转让。但是因司法强制执行、继承、遗赠、依法分割财产等导致股份变动的除外。

(2)对公司董事、监事、高级管理人员转让股份的限制。《公司法》和《上市公司董事、监事和高级管理人员所持本公司股份及其变动管理规则》规定,公司董事、监事、高级管理人员应当向公司申报所持有的本公司的股份及其变动情况,在任职期间每年转让的股份不得超过其所持有本公司股份总数的25%;所持本公司股份自公司股票上市交易之日起1年内不得转让。上述人员离职后半年内,不得转让其所持有的本公司股份,但是因司法强制执行、继承、遗赠、依法分割财产等导致股份变动的除外。

(3)非公开发行股份转让的限制。公司公开发行股份前已发行的股份,自公司股票在证券交易所上市交易之日起,一年内不得转让。但是因司法强制执行、继承、遗赠、依法分割财产等导致股份变动的除外。

(4)对公司收购自身股票的限制。《公司法》规定,公司不得收购本公司股份。但有下列情形之一的除外:①减少公司注册资本;②与持有本公司股份的其他公司合并;③将股份奖励给本公司职工;④股东因对股东大会作出的公司合并,分立决议持异议,要求公司收购其股份的。

(5)对公司股票质押的限制。《公司法》规定,公司不得接受本公司的股票作为质押权的标的。

(6)转让场所的限制。《公司法》规定,股东持有的股份可以依法转让,股东转让其股份应当在依法设立的证券交易场所进行,或者按照国务院规定的其他方式进行。

记名股票被盗、遗失或者灭失,股东可以依照《民事诉讼法》规定的公示催告程序,请求人民法院宣告该股票失效。公示催告的期间,由人民法院根据情况决定,但不得少于60日。

上市公司的股票,依照有关法律、行政法规及证券交易所交易规则上市交易。

【案例6-12】 甲股份有限公司于2017年7月21日成立。公司发起人张某打算于2018年5月转让其在公司成立时持有的本公司股份;股东大会通过两项决议,第一同意公司视股价情况收购本公司已发行股份,用于未来一年内奖励本公司职工;第二同意接受债务人何某以其持有的本公司股份作为担保其债务履行的质押权标的。甲公司和其股东张某的上述行为符合法律规定吗?

【解析】 股东大会同意收购本公司已发行股份,用于奖励本公司职工,符合公司法律制度的规定。张某打算于2018年5月转让其在公司成立时持有的本公司股份,不符合公司法律制度的规定。公司法律制度规定,发起人持有的本公司股份,自公司成立之日起1年内不得转让。股东大会同意接受债务人何某以其持有的本公司股份作为担保其债务履行的质押权标的,不符合公司法律制度的规定。公司法律制度规定,公司不得接受以本公司的股票作为质押权的标的。

二、公司的债券

(一)公司债券的概念

公司债券是指公司依照法定程序发行、约定在一定期限还本付息的有价证券。

(二)公司债券的特征

公司债券与股票相比,具有下列特征:

(1)公司债券的持有人是公司的债权人,对于公司享有民法上规定的债权人的所有权利,而股票的持有人是公司的股东,享有《公司法》所规定的股东权利。

(2)公司债券的持有人,无论公司是否有盈利,对公司享有按照约定给付利息的请求权,而股票持有人,则必须在公司有盈利时才能依法获得股利分配。

(3)公司债券到了约定期限,公司必须偿还债券本金,而股票持有人仅在公司解散时方可请求分配剩余财产。

(三)公司债券的种类

公司债券依照不同的标准,可作以下分类:

1.记名公司债券和无记名公司债券

记名公司债券是指在公司债券上记载债权人姓名或者名称的债券。无记名公司债券是指在公司债券上不记载债权人姓名或者名称的债券。

2.可转换公司债券和不可转换公司债券

可转换公司债券是指可以转换成公司股票的公司债券。这种债券在发行时规定了转换为公司股票的条件与办法。

（四）公司债券的发行

发行公司债券应当符合《证券法》和《公司债券发行与交易管理办法》规定的发行条件与程序。

（五）公司债券的转让

《公司法》规定，公司债券可以转让，转让价格由转让人与受让人约定。

公司债券在证券交易所上市交易的，按照证券交易所的交易规则转让。根据公司债券种类的不同，公司债券的转让有不同的方式。

（1）记名公司债券，由债券持有人以背书方式或者法律、行政法规规定的其他方式转让。转让后，由公司将受让人的姓名或者名称及住所记载于公司债券存根簿。

（2）无记名公司债券的转让，由债券持有人将该债券交付给受让人后即发生转让的效力。受让人一经持有该债券，即成为公司的债权人。

（3）发行可转换为股票的公司债券的公司，应当按照其转换办法向债券持有人换发股票，但债券持有人对转换股票或者不转换股票有选择权。

【思考与案例回顾】

公司法律制度规定，公司董事、监事和高级管理人员离职半年内不得转让其所持有的本公司股份。董事赵某离职不到半年，故不得转让其所持有的本公司股份。公司董事、监事和高级管理人员所持本公司股份自公司股票上市交易之日起 1 年内不得转让。公司公开发行股份前已发行的股份，自公司股票在证券交易所上市交易之日起 1 年内不得转让。

第六节　公司财务会计

【思考与案例】

我国公司法律制度规定，公司财务会计报告是否应当由董事会负责编制，并对其真实性、完整性和准确性负责？公司聘用、解聘承办公司审计业务的会计师事务所，是否应由董事会决定？公开发行股票的股份有限公司是否必须公告其财务会计报告？

一、公司财务会计概述

（一）公司财务会计的概念

公司财务会计是指在会计法规、会计原则或者会计制度的指导下，以货币为主要计量形式，对公司的整个财务活动和经营状况进行记账、算账、报账，为公司管理者和其他利害关系人定期提供公司财务信息的活动。

（二）公司财务会计制度的作用

公司财务会计涉及公司股东、债权人、潜在投资者、潜在交易方、公司管理者、政府相关部门等的利益，因此，公司的财务会计制度具有重要意义，主要表现为：

（1）有利于保护投资者和债权人的利益。

（2）有利于吸收社会投资和获得交易机会。

（3）有利于政府对企业的监督管理。

二、公司财务会计报告

（一）公司财务会计报告的内容

根据我国《公司法》的规定，公司应当依法编制财务会计报告。公司应当在每一会计年度终了时编制财务会计报告，并依法经会计师事务所审计。财务会计报告应当依照法律、行政法规和国务院财政部门的规定制作。公司财务会计报告主要包括以下内容：

（1）资产负债表。

（2）利润表。

（3）现金流量表。

（4）附注。

（二）财务会计报告的编制、验证和公示

根据《公司法》的有关规定，公司财务会计报告应当由董事会负责编制，并对其真实性、完整性和准确性负责。公司除法定的会计账簿外，不得另立会计账簿。对公司资产，不得以任何个人名义开立账户存储。

公司应当依法聘用会计师事务所对财务会计报告审查验证。依照公司章程的规定，公司聘用、解聘承办公司审计业务的会计师事务所，由股东会、股东大会或者董事会决定。

公司应当依法披露有关财务会计资料，有限责任公司应当按照公司章程规定的期限，将财务会计报告提交股东。股份有限公司的财务会计报告应当在召开股东大会年会的 20 日前，置备于公司，供股东查阅。公开发行股票的股份有限公司，必须公告其财务会计报告。

三、利润分配

(一)利润

股份有限公司和有限责任公司的利润是指公司在一定会计期间的经营成果,包括营业利润、投资净收益和营业外收支净额等。根据《公司法》《税法》以及有关规定,公司应当按照如下顺序进行利润分配:

(1)弥补以前年度的亏损,但不得超过税法规定的弥补期限。

(2)缴纳所得税。

(3)弥补在税前利润弥补亏损之后仍存在的亏损。

(4)提取法定公积金。

(5)提取任意公积金。

(6)向股东分配利润。

公司弥补亏损和提取公积金后所余税后利润,有限责任公司按照股东实缴的出资比例分配,但全体股东约定不按照出资比例分配的除外;股份有限公司按照股东持有的股份比例分配,但股份有限公司章程规定不按持股比例分配的除外。

公司股东会、股东大会或者董事会违反规定,在公司弥补亏损和提取法定公积金之前向股东分配利润的,股东必须将违反规定分配的利润退还公司。公司持有的本公司股份不得分配利润。

【案例6-13】 2016年甲、乙、丙三位投资者共同投资设立了一家有限责任公司,公司注册资本为人民币500万元,其中,甲投资了200万元,乙和丙的投资额各为150万元。由于同业竞争,2016年公司就亏损了20万元,2017年该公司及时调整经营策略,开发新产品,遂盈利70万元。该公司按10%提取法定公积金,按5%提取任意公积金(该公司适用25%的所得税税率)。请问该公司2017年可以向股东分配的利润是多少?

【解析】 《公司法》规定,该公司利润分配顺序是弥补以前年度的亏损、缴纳所得税、提取法定公积金和任意公积金、向股东分配利润,具体为

弥补以前年度的亏损后:70万元-20万元=50万元

缴纳所得税:50万元×25%=12.5万元

提取法定公积金:(50-12.5)万元×10%=3.75万元

提取任意公积金:(50-12.5)万元×5%=1.875万元

可以向股东分配利润:50万元-12.5万元-3.75万元-1.875万元=31.875万元

(二)公积金

公积金是公司在资本之外所保留的资金金额,又称附加资本或准备金。公司为增强自身财力,扩大经营范围和预防意外亏损,从利润中提取一定的资金,以用于扩大资本,或弥补亏损。

公积金主要有以下用途:①弥补公司亏损;②公司可以根据生产经营的需要,用公积金来扩大生产经营规模;③转增公司资本,用法定公积金转增资本时,转增后所留存的该项公积金不得少于"转增前"公司注册资本的25%。

【案例6-14】 通泰酒业股份有限公司注册资本为1 000万元,公司现有法定公积金400万元,任意公积金400万元,该公司拟以公积金400万元增资派股,有两个方案:A.将法定公积金400万元转为公司资本;B.将任意公积金400万元转为公司资本。哪个符合公司法律制度规定?

【解析】 B方案符合规定。用任意公积金转增资本的,法律没有限制;用法定公积金转增资本时,转增后所留存的该项公积金不得少于"转增前"公司注册资本的25%。

【思考与案例回顾】

公司财务会计报告应当由董事会负责编制,并对其真实性、完整性和准确性负责。公司聘用、解聘承办公司审计业务的会计师事务所,依照公司章程的规定,由股东会、股东大会或者董事会决定。公开发行股票的股份有限公司必须公告其财务会计报告。

第七节 公司合并、分立、增资、减资

【思考与案例】

甲有限责任公司决定分立为A,B两个公司,并约定由A公司承担甲公司的全部债务,由B公司继受甲公司的全部债权,该约定并没有通知债权人。在表决过程中,作为公司股东的张某表示不同意。债权人何某在收到通知后要求甲公司提前清偿债务或者提供担保。

该分立决议应当由哪个机构以什么样的方式做出?该债务分配的约定有怎样的效力?股东张某应当怎样保护自己的权益?甲公司必须接受何某的要求吗?

一、公司的合并

(一)公司合并的形式

公司合并是指两个以上的公司依照法定程序,不需要经过清算程序,直接合并为一个公司的行为。公司合并的形式有两种:一是吸收合并,即指一个公司吸收其他公司加入本公司,被吸收的公司解散。二是新设合并,即指两个以上公司合并设立一个新的公司,合并各方解散。公司合并不同于公司并购。公司并购是指一切涉及公司控制权转移和合并的行为,既包括公司合并,也包括资产收购、股权收购等方式。

（二）公司合并的程序

公司合并应遵循以下程序：

（1）签订合并协议。

（2）编制资产负债表及财产清单。

（3）参与合并的公司各自作出合并决议。合并决议由股东大会做出并采用特别多数表决方式。

（4）通知债权人。公司应当自作出合并决议之日起10日内通知债权人，并于30日内在报纸上公告。债权人自接到通知书之日起30日内，未接到通知书的自公告之日起45日内，可以要求公司清偿债务或者提供相应的担保。

（5）依法进行登记。公司合并后，应当依法向公司登记机关办理相应的变更登记、注销登记、设立登记。

（三）公司合并各方的债权、债务的承接

公司合并时，合并各方的债权、债务应当由合并后存续的公司或者新设的公司承继。

根据最高人民法院《关于审理与企业改制相关的民事纠纷案件若干问题的规定》，企业进行吸收合并时，公告通知了债权人，企业吸收合并后，债权人就被合并企业原资产管理人（出资人）隐瞒或者遗漏的企业债务起诉合并方的，如债权人在公告期内申报过该笔债权，则合并方应当承担责任，合并方在承担民事责任后，可再行向被合并企业原资产管理人（出资人）追偿；如债权人在公告期内未申报过该笔债权，则合并方不承担民事责任，债权人只能另行起诉被合并企业原资产管理人（出资人）。

企业吸收合并或新设合并后，被合并企业应当办理而未办理工商注销登记，债权人起诉被合并企业的，人民法院应当根据企业合并后的具体情况，告知债权人追加责任主体（即合并后的存续公司或者新设公司），并判令责任主体承担民事责任。

【案例6-15】 2017年，百佳公司吸收合并驰原物流公司。驰原物流公司自作出合并决议之日起在规定期限通知了债权人，并于30日内在报纸上进行了公告。企业吸收合并后，驰原物流公司债权人于某向人民法院起诉请求合并方清偿债权100万元。已知于某在公告期内申报过该笔债权，但是由于驰原物流公司工作人员疏忽未及时清偿该笔债权。这笔债权应该由谁承担？

【解析】 应该由百佳公司承担该笔债权，百佳公司承担该笔债权后，可以向驰原物流公司的原资产管理人进行追偿。

（四）公司合并中的股东权保护

《公司法》规定了合并和分立中的股东保护制度：

1.特别多数决制度

公司合并或者分立构成重大事项，必须经过股东（大）会的特别多数决，即有限公司必须

经代表 2/3 以上表决权的股东通过;股份公司必须经出席会议的股东所持表决权的 2/3 以上通过。

2.异议股东股份收买请求权

(1)有限责任公司。股东如果在股东会对合并或者分立决议时投反对票,可以请求公司按照合理的价格收购其股权,自股东会会议决议通过之日起 60 日内,股东与公司不能达成股权收购协议的,股东可以自股东会会议决议通过之日起 90 日内向人民法院提起诉讼。

(2)股份有限公司。股东对股东大会作出的公司合并或者分立决议持异议,可以要求公司收购其股份,公司在收购其股份后,应当在 6 个月内转让或者注销。

二、公司分立

(一)公司分立的形式

公司分立是指一个公司依法分为两个以上的公司。《公司法》未明确规定公司分立的形式,一般情况下,公司分立的形式有两种:一是派生分立,即公司以其部分财产另设一个或数个新的公司,原公司存续。二是新设分立,即公司以其全部财产分别归入两个以上的新设公司,原公司解散。

与公司合并相比,公司分立有所不同的是:①当公司派生分立导致原公司资本减少时,原公司减资不需要经过法定的减资程序。②无论公司分立是否导致原公司债务转移,都必须经过全体债权人的同意,未经债权人同意,分立不对其发生效力,债权人可以要求分立后的公司共同承担连带责任。

(二)公司分立的程序

按照《公司法》的规定,在公司分立的情况下,公司应当自作出分立决议之日起 10 日内通知债权人,并于 30 日内在报纸上公告,没有赋予债权人请求公司清偿债务或者提供相应担保的权利。公司分立程序与公司合并程序基本一样,签订分立协议,编制资产负债表及财产清单,作出分立决议,通知债权人,办理工商变更登记等。

(三)公司分立中债权人保护

《公司法》规定,公司分立前的债务由分立后的公司承担连带责任。但是,公司在分立前与债权人就债务清偿达成的书面协议另有约定的除外。

最高人民法院《关于审理与企业改制相关的民事纠纷案件若干问题的规定》中规定:债权人向分立后的企业主张债权企业分立时,对原企业的债务承担有约定,并经债权人认可的,按照当事人的约定处理;企业分立时,对原企业债务承担没有约定或者约定不明,或者虽然有约定但债权人不予认可的,分立后的企业应当承担连带责任。但是,分立的企业在承担连带责任后,各个分立的企业间对原企业债务承担有约定的,按照约定处理,没有约定或者约定不明的,根据企业分立时的财产比例分担。

公司分立中的股东权保护,与公司合并相同。

【案例6-16】　2017年,甲公司决定分立出乙公司单独经营。甲公司原有负债1 500万元,债权人主要包括A银行、供货商B公司和其他一些小债权人。在分立协议中,甲、乙公司约定,原甲公司债务中对B公司的债务由分立出的乙公司承担,其余债务由甲公司承担,该债务分担安排经过了B公司的认可,但未通知A银行和其他小债权人。甲、乙公司就债务分配的安排有约束力吗?A银行和其他小债权人可以主张什么样的权利呢?

【解析】　甲公司分立时可以与乙公司就原公司的债务进行约定,该约定对甲、乙两个公司都有约束力,同时该约定还得到了债权人B公司的认可,所以该约定也对B公司具有约束力;但该约定未通知A银行和其他小债权人,因此,该约定对他们没有约束力。A银行和其他小债权人可以主张甲公司和乙公司对原债务承担连带责任。

三、公司增资

公司为扩大经营规模、拓宽业务、提高公司的资信程度而依法增加注册资本金的行为。有限责任公司增加注册资本时,股东认缴新增资本的出资,依照《公司法》设立有限责任公司缴纳出资的有关规定执行。股份有限公司为增加注册资本发行新股时,股东认购新股,依照《公司法》设立股份有限公司缴纳股款的有关规定执行。公司增加注册资本,应当依法向公司登记机关办理变更登记。

四、公司减资

公司注册资本减少,简称减资,是指公司根据需要,依照法定条件和程序,减少公司的注册资本额。在一般情况下,公司的注册资本不得减少。如果公司出现净资产大大少于注册资本,或者在派生分立的情况下,原公司的资产减少等情况,公司就可以减少注册资本。

【思考与案例回顾】

(1)公司合并或者分立,构成重大事项,必须经过股东会的特别多数表决通过。所以甲有限责任公司的分立决议必须通过股东会经代表2/3以上表决权的股东通过。

(2)债权人向分立后的企业主张债权时,对原企业的债务承担有约定并经债权人认可的,按照当事人约定处理。企业分立时对原企业债务承担无约定或者约定不明,或者虽然有约定但债权人不予认可的分立后的企业应当承担连带责任。所以该债务分配协议,仅对A、B两家公司具有约束力,对甲公司的债权人,并非当然有效。

(3)在有限公司中,股东如果在股东会对合并或者分立决议时投反对票,可以请求股东按照合理的价格收购其股权。所以股东张某可以请求甲公司按照合理的价格收购其股权。

(4)不。公司分立程序中,虽然设置了债权人通知程序,但并未给债权人提供请求公司清偿债务或者是提供相应担保的权利。所以甲公司可以拒绝提前偿还何某的债务或者为其提供担保。

第八节 违反《公司法》的法律责任

【思考与案例】

2014 年 3 月,太平公司依法成立,注册资本为 3 600 万元,其中,甲以工业产权作价出资 800 万元,乙以现金出资 1 200 万元,丙、丁各以现金出资 800 万元,约定公司成立半年内交付各项资产。太平公司在编制 2016 年财务报告时没有披露一项金额为 400 万元的债务。2017 年 5 月,经太平公司多次催告后甲公司仍然拒绝交付作为出资的工业产权和办理产权转移手续;丙则利用关联交易将其出资的 200 万元转出。2017 年 7 月太平公司暂停营业至 2018 年 6 月,太平公司及其股东的上述行为违反了哪些法律法规? 可能接受怎样的处罚?

一、公司的法律责任

(1)在法定的会计账簿以外另立会计账簿的,由县级以上人民政府财政部门责令改正,处以 5 万元以上 50 万元以下的罚款。构成犯罪的,依法追究刑事责任。

(2)公司在依法向有关主管部门提供的财务会计报告等材料上做虚假记载或者隐瞒重要事实的,由有关主管部门对直接负责的主管人员和其他直接责任人员处以 3 万元以上 30 万元以下的罚款。

(3)公司不依照《公司法》规定提取法定公积金的,由县级以上人民政府财政部门责令如数补足应当提取的金额,可以对公司处以 20 万元以下的罚款。

(4)公司在合并、分立、减少注册资本或者进行清算时,不依照《公司法》规定通知或者公告债权人的,由公司登记机关责令改正,对公司处以 1 万元以上 10 万元以下的罚款。

(5)公司成立后无正当理由超过 6 个月未开业的,或者开业后自行停业连续 6 个月以上的,可以由公司登记机关吊销营业执照。

(6)公司登记事项发生变更时,未依照《公司法》规定办理有关变更登记的,由公司登记机关责令限期登记;逾期不登记的,处以 1 万元以上 10 万元以下的罚款。

(7)外国公司违反《公司法》规定,擅自在中国境内设立分支机构的,由公司登记机关责令改正或者关闭,可以并处 5 万元以上 20 万元以下的罚款。

(8)公司违反《公司法》规定,应当承担民事赔偿责任和缴纳罚款、罚金,其财产不足以支付时,先承担民事赔偿责任。

二、公司发起人、股东的法律责任

(1)虚报注册资本、提交虚假材料或者采取其他欺诈手段隐瞒重要事实取得公司登记的,由公司登记机关责令改正,对虚报注册资本的公司,处以虚报注册资本金额 5% 以上 15%

以下的罚款;对提交虚假材料或者采取其他欺诈手段隐瞒重要事实的公司,处以5万元以上50万元以下的罚款;情节严重的,撤销公司登记或者吊销营业执照。构成犯罪的,依《刑法》规定追究刑事责任,处3年以下有期徒刑或者拘役,并处或者单处虚报注册资本金1%以上5%以下的罚金。单位犯此罪的,对单位处以罚金,并对其直接负责的主管人员和其他直接责任人员,处3年以下有期徒刑或者拘役。

(2)公司的发起人、股东虚假出资,未交付或者未按期交付作为出资的货币或者非货币财产的,由公司登记机关责令改正,处以虚假出资金额5%以上15%以下的罚款。构成犯罪的,依《刑法》规定追究刑事责任,处5年以下有期徒刑或者拘役,并处或者单处虚假出资金额2%以上10%以下的罚金。单位犯此罪的,对单位处以罚金,并对其直接负责的主管人员和其他直接责任人员,处5年以下有期徒刑或者拘役。

(3)公司的发起人、股东在公司成立后,抽逃其出资的,由公司登记机关责令改正,处以所抽逃出资金额5%以上15%以下的罚款。构成犯罪的,依《刑法》规定追究刑事责任,处5年以下有期徒刑或者拘役,并处或者单处抽逃出资金额2%以上10%以下的罚金。单位犯此罪的,对单位处以罚金,并对其直接负责的主管人员和其他直接责任人员,处5年以下有期徒刑或者拘役。

【案例6-17】 甲公司为股份有限公司,甲公司的主要发起人乙企业以经营性资产投入甲公司,并认购了相应的发起人股份。在甲公司成立后,乙企业将已经作为出资应当交付给甲公司的部分机器设备(价值200万元)作为自己的资产使用了3年有余,经甲公司多次催要仍然拒绝交付给甲公司。根据《公司法》等法律的规定,乙企业的行为属于何种性质的违法行为?乙企业应当承担何种法律责任?

【解析】 乙企业的行为属于虚假出资行为。乙企业应承担的法律责任为,由公司登记机关责令改正,处以虚假出资金额5%以上15%以下的罚款。构成犯罪的,依法追究刑事责任。

三、承担资产评估、验资或者验证机构的法律责任

(1)承担资产评估、验资或者验证的机构提供虚假材料的,由公司登记机关没收违法所得,处以违法所得1倍以上5倍以下的罚款,并可以由有关主管部门依法责令该机构停业、吊销直接责任人员的资格证书,吊销营业执照。构成犯罪的,依《刑法》规定追究刑事责任,处5年以下有期徒刑或者拘役,并处罚金。如果犯此罪并有索取他人财物或者非法收受他人财物的,处5年以上10年以下有期徒刑,并处罚金。

(2)承担资产评估、验资或者验证的机构因过失提供有重大遗漏的报告的,由公司登记机关责令改正,情节较重的,处以所得收入1倍以上5倍以下的罚款,并可以由有关主管部门依法责令该机构停业、吊销直接责任人员的资格证书,吊销营业执照。严重不负责任,出具的证明文件重大失实,造成严重后果的,依《刑法》规定追究刑事责任,处3年以下有期徒刑或者拘役,并处或者单处罚金。

(3)承担资产评估、验资或者验证的机构因其出具的评估结果、验资或者验证证明不实,给公司债权人造成损失的,除能够证明自己没有过错的外,在其评估或者证明不实的金额范

围内承担赔偿责任。

【案例 6-18】 甲资产评估公司在乙股份有限公司的设立中,为该股份有限公司的发起人丙出具了虚假的证明文件,收取了 15 万元的评估费。根据《公司法》的规定,有关机构可以对甲资产评估公司采取什么样的处罚措施?

【解析】 根据《公司法》的规定,可以由公司登记机关没收违法所得,对该评估公司处以 15 万元到 75 万元的罚款,并可以由有关主管部门依法责令该评估公司停业、吊销该评估项目责任人的执业资格证书,吊销该评估公司的营业执照等。

四、其他主体的相关法律责任

未依法登记为有限责任公司或者股份有限公司,而冒用有限责任公司或者股份有限公司名义的,或者未依法登记为有限责任公司或者股份有限公司的分公司,而冒用有限责任公司或者股份有限公司的分公司名义的,由公司登记机关责令改正或者予以取缔,可以并处 10 万元以下的罚款。

【思考与案例回顾】

首先,太平公司在编制 2016 年财务报告时没有披露一项金额为 400 万元的债务。《公司法》规定,公司在依法向有关主管部门提供的财务会计报告等材料上做虚假记载或者隐瞒重要事实的,由有关主管部门对直接负责的主管人员和其他直接责任人员处以 3 万元以上 30 万元以下的罚款。

其次,经太平公司多次催告后甲公司仍然拒绝交付作为出资的工业产权和办理产权转移手续,甲公司的行为属于虚假出资。《公司法》规定,公司的发起人、股东虚假出资,未交付或者未按期交付作为出资的货币或者非货币财产的,由公司登记机关责令改正,处以虚假出资金额 5% 以上 15% 以下的罚款。构成犯罪的,依《刑法》规定追究刑事责任。

再次,太平公司的股东丙利用关联交易将其出资 200 万元转出,丙的行为属于抽逃出资。《公司法》规定,公司的发起人、股东在公司成立后,抽逃其出资的,由公司登记机关责令改正,处以所抽逃出资金额 5% 以上 15% 以下的罚款。构成犯罪的,依《刑法》规定追究刑事责任。

最后,太平公司自 2017 年 7 月开始暂停营业至 2018 年 6 月。《公司法》规定,公司成立后无正当理由超过 6 个月未开业的,或者开业后自行停业连续 6 个月以上的,可以由公司登记机关吊销营业执照。

【练习与测试】

一、多选题

1.公司的特征是( )。

A.依法设立　　　　　　　　　　　B.以营利为目的

C.以股东投资行为为基础来设立　　D.具有独立法人资格

【答案】 ABCD

【解析】 根据我国《公司法》的规定,公司是指依法设立的,以营利为目的的,由股东投资形成的企业法人。其特征是依法设立、以营利为目的、以股东投资行为为基础设立和具有独立法人资格。

2.根据公司法律制度的规定,有限责任公司下列人员中可以提议召开股东临时会议的人有(   )。

    A.总经理   B.董事长

    C.40%的董事   D.代表20%表决权的股东

【答案】 CD

【解析】 代表10%以上表决权的股东,1/3以上的董事监事会或者不设监事会的公司监事,可以提议召开临时股东会。

3.根据公司法律制度的规定,有限责任公司股东会会议对下列事项作出决议中必须代表2/3以上表决权的股东通过的有(   )。

    A.修改公司章程   B.减少注册资本

    C.更换公司董事   D.变更公司形式

【答案】 ABD

【解析】 根据公司法律制度规定,有限责任公司的股东会通过以下决议时,必须经代表2/3以上表决权的股东通过:①增加或减少注册资本;②合并分立解散;③变更公司形式;④修改公司章程。

4.根据公司法律制度的规定,下列选项中属于有限责任公司监事会职权的有(   )。

    A.向股东会会议提出提案   B.提议召开临时股东会

    C.选举和更换由股东代表出任的监事   D.决定公司内部管理机构的设置

【答案】 AB

【解析】 选项C属于股东会的职权;选项D属于董事会的职权。

5.下列关于创立大会的表述中,符合《公司法》规定的有(   )。

    A.发起人应当在股款缴足之日起60日内主持召开公司创立大会

    B.发起人未按期召开创立大会的,认股人可以按照所缴股款并加算银行同期存款利息,要求发起人返还

    C.创立大会应有代表股份总数过半数的发起人、认股人出席,方可举行

    D.创立大会对通过公司章程作出决议,必须经出席会议的认股人所持表决权2/3以上通过

【答案】 BC

【解析】 根据我国《公司法》的规定,选项A中,发起人应当在股款缴足之日起30日内主持召开公司创立大会,而不是60日。选项D中,创立大会对通过公司章程作出决议,必须经出席会议的认股人所持表决权过半数通过,而不是2/3以上。

6.根据公司法律制度的规定,下列选项中属于上市公司监事会职权的有( )。

  A.检查公司财务   B.提议召开临时股东大会会议

  C.向股东大会会议提出提案   D.对董事、高级管理人员提起诉讼

【答案】 ABCD

7.甲公司是一家以募集方式设立的股份有限公司,其注册资本为人民币6 000万元,董事会有8名成员,最大股东李某持有公司12%的股份。根据公司法律制度的规定,下列各项中属于甲公司应当在两个月内召开临时股东大会的情形有( )。

  A.董事人数减至五人

  B.监事会陈某提议召开

  C.最大股东李某请求召开

  D.公司未弥补亏损,达人民币1 600万元

【答案】 AC

【解析】 临时股东大会召开的条件:①董事会人数不足法定最低人数5人,或者不足公司章程规定人数的2/3时;②公司未弥补的亏损达实收股本总额的1/3;③单独或者合计持有公司有表决权股份总数10%以上的股东请求时;④董事会认为有必要时;⑤监事会提议召开时。

8.甲公司于2018年7月依法成立,现有数名推荐的董事人选,根据公司法律制度的规定,下列人员中不能担任公司董事的有( )。

  A.王某应担任企业负责人,犯重大责任事故罪,于2013年6月被判处三年有期徒刑,2016年刑满释放

  B.张某与他人共同投资设立一家有限责任公司,持股70%,该公司长期经营不善,负债累累,于2016年宣告破产

  C.徐某2013年向他人借款100万元,为期两年,但因资金被股市套住,至今未能偿还

  D.赵某曾担任某音像公司法定代表人,该公司因未经著作权人许可大量复制音像制品,于2016年5月被工商部门吊销营业执照,赵某负有个人责任

【答案】 CD。

【解析】 选项A,因贪污贿赂侵占财产,挪用财产,或者破坏社会主义市场经济秩序,被判处刑罚执行期满未逾五年,王某的重大责任事故罪不属于此列;选项B,担任破产清算的公司、企业的董事长或者厂长、经理对该公司、企业的破产负有个人责任的,自该公司、企业破产清算完结之日起未逾三年,张某只是股东,而非董事长或者厂长、经理。

9.股票的种类有( )。

  A.普通股   B.优先股   C.记名股   D.无记名股

【答案】 ABCD

10.根据《公司法》的规定,股份有限公司发生的下列事项中,可以收购本公司股份的有( )。

  A.减少公司注册资本

B.与持有本公司股份的其他公司合并

C.将股份奖励给本公司职工

D.股东因对股东大会作出的公司合并、分立决议持异议,要求公司收购其股份的

【答案】　ABCD

11.公司的财务会计制度具有重要意义主要有(　　　　)。

A.有利于保护投资者和债权人的利益

B.有利于吸收社会投资和获得交易机会

C.有利于政府对企业的监督管理

D.以上三项均不对

【答案】　ABC

12.根据公司法律制度的规定,下列关于公司分立的表述中,不正确的有(　　　　)。

A.公司分立前的债务由分立后的公司承担连带责任

B.公司应当自作出分立决议之日起 10 日内通知债权人,并于 30 日在报纸上公告

C.公司应当自作出分立决议之日起 10 日内通知债权人,并于 60 日在报纸上公告

D.债权人有权请求公司清偿债务或者提供担保

【答案】　CD

【解析】　按照《公司法》的规定,无论公司分立是否导致原公司债务转移,都必须经过全体债权人同意,未经债权人同意,分立不对其发生效力,债权人可以要求分立后的公司共同承担连带责任。在公司分立的情况下,公司应当自作出分立决议之日起 10 日内通知债权人,并于 30 日内在报纸上公告,没有赋予债权人请求公司清偿债务或者提供相应担保的权利。

二、判断题

1.公司分立是指一个公司依法分为两个以上的公司。一般情况下,公司分立的形式有两种:一是派生分立;二是新设分立。　　　　　　　　　　　　　　　　(　　)

【答案】　√

【解析】　公司分立是指一个公司依法分为两个以上的公司。《公司法》未明确规定公司分立的形式,一般情况下,公司分立的形式有两种:一是派生分立,即公司以其部分财产另设一个或数个新的公司,原公司存续。二是新设分立,即公司以其全部财产分别归入两个以上的新设公司,原公司解散。

2.按照《公司法》的规定,在公司分立的情况下,公司应当自作出分立决议之日起 15 日内通知债权人,并于 30 日内在报纸上公告,没有赋予债权人请求公司清偿债务或者提供相应担保的权利。　　　　　　　　　　　　　　　　　　　　　　(　　)

【答案】　×

【解析】　按照《公司法》的规定,在公司分立的情况下,公司应当自作出分立决议之日起 10 日内通知债权人,并不是 15 日内。

第七章 其他商事主体法律制度

第一节 个人独资企业法律制度

【思考与案例】

张某是某高等院校在读博士,经济上已完全独立于其家庭。2017 年 11 月在工商行政管理机关注册成立了一家主营财务信息咨询的个人独资企业,取名为"精诚财务信息咨询有限责任公司",注册资本为 1 元人民币。

请问:张某成立企业的做法是否符合法律规定?

一、个人独资企业法律制度概述

(一)个人独资企业的概念和特征

1.个人独资企业的概念

个人独资企业,是指依照《中华人民共和国个人独资企业法》(以下简称《个人独资企业法》)在中国境内设立,由一个自然人投资,财产为投资人个人所有,投资人以其个人财产对企业债务承担无限责任的经营实体。

2.个人独资企业的法律特征

(1)个人独资企业是由一个自然人投资设立的。根据《个人独资企业法》的规定,设立个人独资企业的只能是一个自然人,国家机关、国家授权投资的机构或者国家授权的部门、企业、事业单位等都不能作为个人独资企业的设立人。

（2）个人独资企业的投资人对企业的债务承担无限责任。

（3）个人独资企业的内部机构设置简单,经营管理方式灵活。

（4）个人独资企业是非法人企业。

【案例7-1】　投资人高某于2017年11月1日投资成立个人独资企业甲,12月1日甲企业与某商业银行签订了为期三个月的短期借款合同,合同金额为8万元。2018年3月1日银行借款合同到期,甲企业由于经营不善无法偿还该笔借款,那银行可以要求高某偿还吗?

【解析】　可以的,投资人高某应当以其个人财产对企业债务进行偿还。其原因在于个人独资企业是非法人企业,企业和个人是融为一体的,企业的责任即投资人个人的责任,投资人对企业的债务承担无限责任。

【案例7-2】　下列关于个人独资企业法律特征的表述中,正确的是(　　　)。

A.个人独资企业不能以自己的名义从事民事活动

B.国家授权的部门可以作为个人独资企业的设立人

C.个人独资企业由一个自然人出资,投资人对企业的债务承担无限责任

D.个人独资企业由一个自然人出资,投资人对企业的债务承担有限责任

【解析】　正确答案是C。

根据《个人独资企业法》的规定,个人独资企业虽然不具有法人资格,但却是独立的民事主体,可以以自己的名义从事民事活动。因此,选项A错误。

根据《个人独资企业法》的规定,设立个人独资企业的只能是一个自然人,国家机关、国家授权投资的机构或者国家授权的部门、企业、事业单位等都不能作为个人独资企业的设立人。因此,选项B错误。

个人独资企业,是指依照《个人独资企业法》在中国境内设立,由一个自然人投资,财产为投资人个人所有,投资人以其个人财产对企业债务承担无限责任的经营实体。因此选项C正确,选项D错误。

（二）个人独资企业法的概念

广义的个人独资企业法,是指国家关于个人独资企业的各种法律规范的总称。

狭义的个人独资企业法,是指由第九届全国人民代表大会常务委员会第十一次会议于1999年8月30日修订通过,自2000年1月1日起施行的,为了规范个人独资企业行为,保护个人独资企业投资人和债权人合法权益,维护社会经济秩序,促进社会主义市场经济发展,根据宪法制定的《中华人民共和国个人独资企业法》。

二、个人独资企业的设立

《个人独资企业法》第二章第八条之规定,设立个人独资企业应当具备下列条件:

（1）投资人为一个自然人,不包括法人;且只能是中国公民,不包括港、澳、台同胞(港、澳、台同胞设立的企业属于外资企业)。其中,国家公务员、党政机关领导干部、法官、检察官、警官、商业银行工作人员等,不得投资设立个人独资企业。

【案例7-3】《个人独资企业法》规定,某商业银行部门经理钱某,刑满释放的无业人员李某,某高校在校大学生张某,有不良信用记录的销售人员赵某,谁可以作为个人独资企业投资人。

【解析】 根据《个人独资企业法》的规定,个人独资企业的投资人为一个自然人,且只能是中国公民。其中,国家公务员、党政机关领导干部、法官、检察官、警官、商业银行工作人员等,不得投资设立个人独资企业。因此,商业银行部门经理钱某不能作为个人独资企业的投资人,李某、张某、赵某均符合设立条件。

(2)有合法的企业名称。个人独资企业的名称应当与其责任形式及从事的营业相符合,不得出现"有限""有限责任"或者"公司"字样在其企业名称中。

(3)有投资人申报的出资。

(4)有固定的生产经营场所和必要的生产经营条件。从事临时经营、季节性经营、流动经营和没有固定门店的摆摊经营,都不属于个人独资企业的登记范围。

(5)有必要的从业人员。

三、个人独资企业的投资人及事务管理

(一)个人独资企业的投资人

《个人独资企业法》第三章第十六至十八条规定,法律、行政法规禁止从事营利性活动的人,不得作为投资人申请设立个人独资企业。个人独资企业投资人对本企业的财产依法享有所有权,其有关权利可以依法进行转让或继承。个人独资企业投资人在申请企业设立登记时明确以其家庭共有财产作为个人出资的,应当依法以家庭共有财产对企业债务承担无限责任。

(二)个人独资企业的事务管理

1.内部限制

《个人独资企业法》第三章第十九条规定,个人独资企业投资人可以自行管理企业事务,也可以委托或者聘用其他具有民事行为能力的人负责企业的事务管理。投资人委托或者聘用他人管理个人独资企业事务,应当与受托人或者被聘用的人签订书面合同,明确委托的具体内容和授予的权利范围。受托人或者被聘用的人员应当履行诚信、勤勉义务,按照与投资人签订的合同负责个人独资企业的事务管理。投资人对受托人或者被聘用的人员职权的限制,不得对抗善意第三人。

所谓第三人,是指受托人或被聘用人员以外与企业发生经济业务关系的人。所谓善意第三人,是指在有关经济业务事项交往中,没有与受托人或被聘用人员串通,故意损害投资利益的第三人。

2.法定限制

《个人独资企业法》第三章第二十一条规定投资人委托或者聘用的管理个人独资企业事

务的人员不得有下列行为：

（1）利用职务上的便利，索取或者收受贿赂。

（2）利用职务或者工作上的便利侵占企业财产。

（3）挪用企业的资金归个人使用或者借贷给他人。

（4）擅自将企业资金以个人名义或者以他人名义开立账户储存。

（5）擅自以企业财产提供担保。

（6）未经投资人同意，从事与本企业相竞争的业务。

（7）未经投资人同意，同本企业订立合同或者进行交易。

（8）未经投资人同意，擅自将企业商标或者其他知识产权转让给他人使用。

（9）泄露本企业的商业秘密。

（10）法律、行政法规禁止的其他行为。

【案例7-4】　王某成立了一家个人独资企业，并聘用孙某进行管理，王某应当与孙某签订合同吗？

【解析】　应当签订合同。根据《个人独资企业法》的规定，投资人委托或者聘用他人管理个人独资企业事务，应当与受托人或者被聘用的人签订书面合同，明确委托的具体内容和授予的权利范围。

3.会计核算

个人独资企业应当依法设置会计账簿，进行会计核算。

4.用工规定

个人独资企业招用职工的，应当依法与职工签订劳动合同，保障职工的劳动安全，按时、足额发放职工工资。个人独资企业应当按照国家规定参加社会保险，为职工缴纳社会保险费。

四、个人独资企业的出资形式

个人独资企业的投资人可以个人财产出资，也可以家庭共有财产作为个人出资。

（1）如果投资人在申请企业设立登记时，明确以个人财产出资的，仅以个人财产对企业债务承担无限责任，与家庭共有财产没有关系；

（2）如果投资人在申请企业设立登记时，明确以家庭共有财产出资的，必须以家庭共有财产对企业债务承担无限责任；

（3）投资人可以家庭共有财产出资，但不能用家庭其他成员的财产作为个人出资；

（4）如果投资人在申请企业设立登记时，以家庭共有财产出资的，应当在申请书中注明，未注明的视为以个人财产出资。

【思考与案例回顾】

（1）根据我国《个人独资企业法》第二条、第十条的规定，自然人可以单独投资设立个人独资企业，设立时法律仅要求投资人申报出资额和出资方式，但并不要求须缴纳最低注册资本金。因此张某单独以1元人民币经法定工商登记程序投资设立个人独资企业的做法,符合法律规定。

(2)根据《个人独资企业法》第十一条的规定,"个人独资企业的名称应与其责任形式及从事的营业相符合",而个人独资企业为投资人个人负无限责任,因此张某将企业取名为"精诚财务信息咨询有限公司"的做法违反了法律规定,应予以纠正。

第二节 合伙企业法律制度

【思考与案例】

刘某、何某、周某拟设一个有限合伙企业。该企业协议约定:刘某为普通合伙人,以实物作价出资3.5万元;何某、周某为有限合伙人,各以7万元现金出资,周某自企业成立之日起2年内缴纳出资;刘某执行该企业事务,并由该企业每月支付报酬4 000元;该企业定期接受审计,由刘某和何某共同选定承办审计业务的会计师事务所;该企业的盈利在周某未缴纳7万元出资前全部分配给刘某和何某。根据上述内容思考:

(1)合伙协议可否约定每月支付刘某4 000元的报酬?

(2)合伙协议有关何某参与选择承办审计的会计师事务所的约定可否被视为何某在执行合伙企业事务?

(3)合伙协议可否约定该企业的利润全部分配给刘某和何某?

一、合伙企业法律制度概述

(一)合伙企业的概念、特点及类型

1.概念

合伙企业,是指依照《中华人民共和国合伙企业法》(以下简称《合伙企业法》)在中国境内设立的由各合伙人订立合伙协议,共同出资、合伙经营、共享收益、共担风险,并对合伙企业债务承担无限连带责任的营利性组织。

2.特点

(1)生命有限。合伙人签订了合伙协议,就宣告合伙企业的成立。新合伙人的加入,旧合伙人的退伙、死亡、自愿清算、破产清算等均可造成原合伙企业的解散以及新合伙企业的成立。

(2)责任无限。各合伙人对合伙企业债务承担无限连带责任。

(3)财产共有。合伙人投入的财产,由合伙人统一管理和使用,不经其他合伙人同意,任

何一位合伙人不得将合伙财产移为他用。只提供劳务,不提供资本的合伙人仅有权分享一部分利润,而无权分享合伙财产。

（4）利益共享。合伙企业在生产经营活动中所取得、积累的财产,归合伙人共有。如有亏损则亦由合伙人共同承担。损益分配的比例,应在合伙协议中明确规定,未经规定的可按合伙人出资比例分摊,或平均分摊。以劳务抵作资本的合伙人,除另有规定外,一般不分摊损失。

3.类型

合伙企业分为普通合伙企业（其中包括特殊的普通合伙企业）和有限合伙企业。

（1）普通合伙企业,是指由普通合伙人组成,合伙人对合伙企业债务依照《合伙企业法》规定承担无限连带责任的一种合伙企业。

（2）有限合伙企业,是指由普通合伙人和有限合伙人组成,普通合伙人对合伙企业债务承担无限连带责任,有限合伙人以其认缴的出资额为限对合伙企业债务承担责任的一种合伙企业。

（二）合伙企业法的概念

广义的合伙企业法,是指国家立法机关或其他有权机关依法制定的、调整合伙企业合伙关系的各种法律规范的总称。

狭义的合伙企业法,是指为了规范合伙企业行为,保护合伙企业及其合伙人合法权益,维护社会经济秩序,促进社会主义市场经济发展而制定的《中华人民共和国合伙企业法》。该法于1997年2月23日第八届全国人民代表大会常务委员会第二十四次会议通过,2006年8月27日第十届全国人民代表大会常务委员会进行了第二十三次会议修订,自2007年6月1日起施行。

二、普通合伙企业

（一）普通合伙企业的特点

（1）由普通合伙人组成。所谓普通合伙人,是指在合伙企业中对合伙企业的债务依法承担无限连带责任的自然人、法人和其他组织。

（2）合伙人对合伙企业债务依法承担无限连带责任,法律另有规定的除外。

无限连带责任,包括两个方面:一方面是连带责任。即任何合伙人无论在合伙协议中确定承担的比例多少,都对合伙企业的债务具有清偿责任,当某一合伙人偿还企业债务超过自己应承担数额时,有权利向其他合伙人进行追偿。另一方面是无限责任。即当合伙人以自己投入合伙企业的资金和合伙企业的资金对债权人承担清偿数额不够支付时,还要以合伙人自己的财产对债权人承担偿还责任。

(二)普通合伙企业的设立

1.设立条件

(1)合伙人。合伙人至少为2人以上,并且都是依法承担无限责任者。合伙人既可以是自然人,也可以是法人或其他组织。若合伙人是自然人,其应当为具有完全民事行为能力的人。法律、行政法规禁止从事营利性活动的人,不得成为合伙企业的普通合伙人。如国有独资公司、国有企业、上市公司及公益性事业单位、社会团体不得成为普通合伙人。

(2)书面合伙协议。

①合伙协议应当载明下列事项:合伙企业的名称和主要经营场所的地点;合伙目的和合伙企业的经营范围;合伙人的姓名及其住所;合伙人出资的方式、数额和缴付出资的期限;利润分配和亏损分担办法;合伙企业事务的执行;入伙与退伙;合伙企业的解散与清算;违约责任。

②合伙协议生效及更改:合伙协议经全体合伙人签名、盖章后生效。合伙人依照合伙协议享有权利,承担责任。经全体合伙人协商一致,可以修改或者补充合伙协议。

(3)各合伙人实际缴付出资。合伙人可以用其合法财产及财产权利,如货币、实物、土地使用权、知识产权或者其他财产权利出资。对货币以外的出资需要评估作价的,可以由全体合伙人协商确定,也可由全体合伙人委托法定评估机构进行评估。经全体合伙人协商一致,普通合伙人也可以用劳务出资(只有普通合伙人可以以劳务出资,有限合伙人不得以劳务出资),其评估办法由全体合伙人协商确定。合伙人应当按照合伙协议约定的出资方式、数额和缴付出资的期限(合伙人可以分期缴付出资),履行出资义务。各合伙人按照合伙协议实际缴付的出资,为对合伙企业的出资。

【案例7-5】 甲、乙计划成立一家合伙企业,在合伙协议中约定,甲以一项土地使用权出资,这项约定符合法律规定吗?

【解析】 符合。合伙人可以用其合法财产及财产权利,如货币、实物、土地使用权、知识产权或者其他财产权利出资。

(4)合伙企业的名称。

①普通合伙企业应当在名称中标明"普通合伙"字样。

②特殊的普通合伙企业应当在名称中标明"特殊普通合伙"字样。

③有限合伙企业名称中应当标明"有限合伙"字样。

(5)合伙企业经营场所。

经企业登记机关登记的合伙企业主要经营场所只能有一个,并且应当在其企业登记机关登记管辖区域内。

2.设立登记

(1)提交文件资料。申请合伙企业设立登记,应当向企业登记机关提交登记申请书、合伙协议书、合伙人身份证明等文件。法律、行政法规规定须报经有关部门审批的,应当在申请设立登记时提交批准文件。

（2）登记机关职责。企业登记机关应当自收到申请登记文件之日起30日内，作出是否登记的决定。对符合本法规定条件的，予以登记，发给营业执照；对不符合本法规定条件的，不予登记，并应当给予书面答复，说明理由。

3.企业成立

合伙企业的营业执照签发日期，为合伙企业成立日期。合伙企业领取营业执照前，合伙人不得以合伙企业名义从事经营活动。合伙企业设立分支机构，应当向分支机构所在地的企业登记机关申请登记，领取营业执照。

（三）普通合伙企业财产

1.财产构成

《合伙企业法》规定，合伙企业存续期间，合伙人的出资和所有以合伙企业名义取得的收益均为合伙企业的财产。

2.财产管理

合伙企业的财产由全体合伙人依照《合伙企业法》共同管理和使用。合伙企业进行清算前，合伙人不得请求分割合伙企业的财产，但法律另有规定的除外。合伙人在合伙企业清算前擅自转移或者处分合伙企业财产的，合伙企业不得以此对抗不知情的善意第三人。

【案例7-6】 甲、乙、丙各出资10万成立了一个普通合伙企业，甲作为合伙人之一，认为其对企业的财产具有充分的处分权，未经乙和丙同意，将企业一台闲置不用的打印机低价卖给了A，A并不知道甲变卖打印机的事情没有经过乙和丙同意。那A是否能够取得打印机的所有权呢？

【解析】 《合伙企业法》规定，合伙人在合伙企业清算前擅自转移或者处分合伙企业财产的，合伙企业不得以此对抗不知情的善意第三人。因此，A作为善意第三人，能够取得打印机的所有权。

3.财产份额转让

（1）对内转让。合伙人之间转让在合伙企业中的全部或者部分财产份额时，应当通知其他合伙人。

（2）对外转让。合伙企业存续期间，合伙人向合伙人以外的人转让其在合伙企业中的全部或者部分财产份额时，须经其他合伙人一致同意。在同等条件下，其他合伙人有优先受让的权利，但合伙企业协议另有规定的除外。

4.财产份额出质

合伙人以其合伙企业中的财产份额出质的，须经其他合伙人一致同意。未经其他合伙人一致同意，合伙人以其在合伙企业中的财产份额出质的，其行为无效，或者作为退伙处理；由此给其他合伙人造成损失的，依法承担赔偿责任。

（四）普通合伙企业合伙事务执行

1.合伙事务执行形式

根据《合伙企业法》规定，各合伙人对执行合伙企业事务享有同等的权利，可以由全体合伙人共同执行合伙企业事务，也可以由合伙协议约定或者全体合伙人决定，委托一名或者数名合伙人执行合伙企业事务。

2.合伙人在执行合伙事务中的权利

（1）对外代表权。委托一名或者数名合伙人执行合伙企业事务的，执行合伙企业事务的合伙人，对外代表合伙企业。其他合伙人不再执行合伙企业事务，不得对外代表合伙企业。

（2）监督权。对于不参加执行事务的合伙人有权监督执行事务的合伙人，有权检查其执行合伙企业事务的情况。

（3）被告知权。由一名或者数名合伙人执行合伙企业事务的，应当依照约定向其他不参加执行事务的合伙人报告事务执行情况以及合伙企业的经营状况和财务状况，其执行合伙企业事务所产生的收益归全体合伙人，所产生的亏损或者民事责任，由全体合伙人承担。

（4）查阅账簿权。合伙人为了解合伙企业的经营状况和财务状况，有权查阅账簿。

（5）撤销委托权。被委托执行合伙企业事务的合伙人不按照合伙协议或者全体合伙人的决定执行事务的，其他合伙人可以决定撤销该委托。

（6）异议权。合伙协议约定或者经全体合伙人决定，合伙人分别执行合伙企业事务时，合伙人可以对其他合伙人执行的事务提出异议。提出异议时，应暂停该项事务的执行。如果发生争议，可由全体合伙人共同决定。

3.合伙人在执行合伙事务中应承担的义务

（1）合伙人不得自营或者同他人合作经营与本合伙企业相竞争的业务。

（2）除合伙协议另有约定或者经全体合伙人同意外，合伙人不得同本合伙企业进行交易。

（3）合伙人不得从事损害本合伙企业利益的活动。

4.重大事项的决议办法

根据《合伙企业法》的规定，合伙人依法或者按照合伙协议对合伙企业有关事项作出决议时，除《合伙企业法》另有规定或者合伙协议另有约定外，经全体合伙人决定可以实行一人一票的表决办法。

但合伙企业的下列重大事务必须经全体合伙人同意：处分合伙企业的不动产；改变合伙企业名称；转让或者处分合伙企业的知识产权和其他财产权利；向企业登记机关申请办理变更登记手续；以合伙企业名义为他人提供担保；聘任合伙人以外的人担任合伙企业的经营管理人员；依照合伙协议约定的有关事项。

【案例7-7】 甲、乙、丙、丁成立了一个合伙企业,在合伙协议中约定:合伙企业所有事项的决议都必须经过全体合伙人同意,该条约定是否有效?

【解析】 有效。根据《合伙企业法》的规定,合伙人依法或者按照合伙协议对合伙企业有关事项作出决议时,除《合伙企业法》另有规定或者合伙协议另有约定外,经全体合伙人决定可以实行一人一票的表决办法。也就是说表决方法可以约定一人一票,也可以约定为须经所有人同意。

5.非合伙人参与经营管理

(1)除合伙协议另有约定外,经全体合伙人一致同意,可以聘任合伙人以外的人担任合伙企业的经营管理人。合伙人以外的经营管理人属于"非合伙人",无须对企业债务承担无限连带责任。

(2)被聘任的合伙企业的经营管理人员应当在合伙企业授权范围内履行职务。超越合伙企业授权范围从事经营活动,或者因故意或者重大过失,给合伙企业造成损失的,依法承担赔偿责任。

6.合伙企业的损益分配

合伙企业的利润和亏损,由合伙人依照合伙协议约定的比例分配和分担;合伙协议未约定利润分配和亏损分担比例的,由各合伙人平均分配和分担。合伙协议不得约定将全部利润分配给部分合伙人或者由部分合伙人承担全部亏损。

【案例7-8】 A,B,C,D四人拟设立一个普通合伙企业,出资比例为2:3:3:2,在合伙协议中约定:企业利润按四人的出资比例2:2:3:3分配,亏损由C和D承担,该协议是否符合法律规定?

【解析】 《合伙企业法》规定,合伙企业损益分配原则:约定→协商→出资比例→平均,合伙协议不得约定将全部利润分配给部分合伙人或者由部分合伙人承担全部亏损,所以该协议约定不合法。

(五)普通合伙企业与第三人的关系

1.对外代表权的效力

合伙企业对合伙人执行合伙企业事务以及对外代表合伙企业权利的限制,不得对抗不知情的善意第三人。

2.企业的债务清偿

(1)先企业后个人。合伙企业对其债务,应先以其全部财产进行清偿。合伙企业财产不足清偿到期债务的,各合伙人应当承担无限连带清偿责任。

(2)无限连带责任。合伙企业财产清偿合伙企业债务时,其不足的部分,由各合伙人按照法律规定的比例,用其在合伙企业出资以外的财产承担清偿责任。

(3)内部追偿。合伙人由于承担连带责任,所清偿数额超过其应当承担的数额时,有权向其他合伙人追偿。

3.合伙人的债务清偿

（1）合伙企业中某一合伙人的债权人，不得以该债权抵销其对合伙企业的债务。合伙人个人负有债务，其债权人不得代位行使该合伙人在合伙企业中的权利。

（2）合伙人个人财产不足清偿其个人所负债务的，该合伙人只能以其从合伙企业中分取的收益用于清偿；债权人也可以依法请求人民法院强制执行该合伙人在合伙企业中的财产份额用于清偿。

【案例7-9】 某合伙企业由甲、乙、丙合伙成立，甲于一年前向A借款，一年后甲无力偿还，于是A要求在该合伙企业中行使甲的权利。A的要求符合法律规定吗？如果不符合，A应当怎样做呢？

【解析】 不符合。《合伙企业法》规定，合伙人个人负有债务，其债权人不得代位行使该合伙人在合伙企业中的权利。但是A可以依法请求人民法院强制执行甲在合伙企业中的财产份额用于清偿。

（六）普通合伙企业的入伙与退伙

1.入伙

入伙是指在合伙企业存续期间，合伙人以外的第三人加入合伙，从而取得合伙人资格。

（1）入伙的条件：新合伙人入伙时，应当经全体合伙人同意，并依法订立书面入伙协议。

（2）新合伙人的权利与责任。

①入伙的新合伙人与原合伙人享有同等权利，承担同等责任。入伙协议另有约定的，从其约定。

②入伙的新合伙人对入伙前合伙企业的债务承担连带责任。

2.退伙

退伙是指合伙人退出合伙企业，从而丧失合伙人资格。

（1）退伙的形式：自愿退伙（协议退伙、通知退伙）和法定退伙（当然退伙、除名）。

①协议退伙：《合伙企业法》规定，合伙协议约定合伙企业的经营期限的，有下列情形之一时，合伙人可以退伙：合伙协议约定的退伙事由出现；经全体合伙人同意退伙；发生合伙人难于继续参加合伙企业的事由；其他合伙人严重违反合伙协议约定的义务。

②通知退伙：《合伙企业法》规定，合伙协议未约定合伙企业的经营期限的，合伙人在不给合伙企业事务执行造成不利影响的情况下，可以退伙，但应当提前30日通知其他合伙人。

③当然退伙：《合伙企业法》规定，合伙人有下列情形之一的，当然退伙：死亡或者被依法宣告死亡；个人丧失偿债能力；作为合伙人的法人或其他组织依法被吊销营业执照、责令关闭、撤销，或宣告破产；法律规定或合伙协议约定合伙人必须具有相关资格而丧失该资格的；

被人民法院强制执行在合伙企业中的全部财产份额。当然退伙以实际发生之日为退伙生效日。

④除名:《合伙企业法》规定,合伙人有下列情形之一的,经其他合伙人一致同意,可以决议将其除名:未履行出资义务;因故意或者重大过失给合伙企业造成损失;执行合伙企业事务时有不正当行为;合伙协议约定的其他事由。对合伙人的除名决议应当书面通知被除名人。被除名人自接到除名通知之日起,除名生效,被除名人退伙。被除名人对除名决议有异议的,可以在接到除名通知之日起30日内,向人民法院起诉。

(2)退伙的财产继承。合伙人死亡或者被依法宣告死亡的,对该合伙人在合伙企业中的财产份额享有合法继承权的继承人,依照合伙协议的约定或者经全体合伙人同意,从继承开始之日起,即取得该合伙企业的合伙人资格。

有下列情形之一的,合伙企业应当向合伙人的继承人退还被继承合伙人的财产份额。

①继承人不愿意成为合伙人。

②法律规定或者合伙协议约定,合伙人必须具有相关资格,而该继承人未取得该资格。

③合伙协议约定不能成为合伙人的其他情形。

合伙人的继承人为无民事行为能力人或者限制民事行为能力人的,经全体合伙人一致同意,可以依法成为有限合伙人,普通合伙企业依法转为有限合伙企业;合伙人未能一致同意的,合伙企业应当将被继承合伙人的财产份额退还该继承人。

【案例7-10】　甲是普通合伙企业的合伙人,因病去世,他有一个12岁的儿子,那他儿子能够继承甲的身份,成为合伙企业中的普通合伙人吗?

【解析】　不能。普通合伙人应具备承担无限连带责任的能力,因此继承人为无民事行为能力人或者限制民事行为能力人的,不能取得普通合伙人的资格。

(3)退伙的结算。合伙人退伙的,其他合伙人应当与该退伙人按照退伙时的合伙企业的财产状况进行结算,退还退伙人的财产份额。

退伙时有未了结的合伙企业事务的,待了结后进行结算。退伙人在合伙企业中财产份额的退还办法,由合伙协议约定或者由全体合伙人决定,可以退还货币,也可以退还实物。

退伙人对其退伙前已发生的合伙企业债务,与其他合伙人承担连带责任。

合伙人退伙时,合伙企业财产少于合伙企业债务的,退伙人应按照合伙协议约定的比例分担亏损;合伙协议未约定亏损分担比例的,由各合伙人平均分担。合伙协议不得约定将由部分合伙人承担全部亏损。

三、有限合伙企业

(一)有限合伙企业的概念

有限合伙企业,是指由普通合伙人和有限合伙人组成,普通合伙人对合伙企业债务承担无限连带责任,有限合伙人以其认缴的出资额为限对合伙企业债务承担责任的一种合伙组织形式。该种合伙企业不同于普通合伙企业,由普通合伙人与有限合伙人组成,前者负责合伙的经营管理,并对合伙债务承担无限连带责任,后者不执行合伙事务,仅以其出资额为限对合伙债务承担有限责任。

(二)有限合伙企业的设立

根据《合伙企业法》及相关法律法规,设立有限合伙企业,应当具备下列条件:

(1)有限合伙企业由2个以上50个以下合伙人设立,但是,法律另有规定的除外。

(2)有限合伙企业至少应当有一个普通合伙人,有限合伙企业仅剩有限合伙人的,应当解散,有限合伙企业仅剩普通合伙人的,应当转为普通合伙企业。

(3)有限合伙企业名称中应当标明"有限合伙"字样。

(4)有限合伙人可以用货币、实物、知识产权、土地使用权或者其他财产权利作价出资,但不得以劳务出资。

(5)有限合伙人应当按照合伙协议的约定按期足额缴纳出资,未按期足额缴纳的,应当承担补缴义务,并对其他合伙人承担违约责任。

(6)有限合伙企业登记事项中应当载明有限合伙人的姓名或者名称及认缴的出资数额。

(7)有限合伙企业由普通合伙人执行合伙事务,执行事务合伙人可以要求在合伙协议中确定执行事务的报酬及报酬提取方式。

(8)有限合伙人不执行合伙事务,不得对外代表有限合伙企业。

(三)有限合伙企业的事务执行

1.事务执行人

有限合伙企业由普通合伙人执行合伙事务。

2.禁止事务

有限合伙人不执行合伙事务,不得对外代表有限合伙企业。有限合伙人的下列行为,不视为执行合伙事务:

(1)参与决定普通合伙人入伙、退伙。

(2)对企业的经营管理提出建议。

(3)参与选择承办有限合伙企业审计业务的会计师事务所。

(4)获取经审计的有限合伙企业财务会计报告。

(5)对涉及自身利益的情况,查阅有限合伙企业财务会计账簿等财务资料。

(6)在有限合伙企业中的利益受到侵害时,向有责任的合伙人主张权利或提起诉讼。

(7)执行事务合伙人怠于行使权利时,督促其行使权利或为了本企业利益以自己的名义提起诉讼。

（8）依法为本企业提供担保。

3.利润分配

有限合伙企业不得将全部利润分配给部分合伙人,但是,合伙协议另有约定的除外。

4.交易

（1）有限合伙人可以同本有限合伙企业进行交易,但是合伙协议另有约定的除外。

（2）除合伙协议另有约定,或者经全体合伙人一致同意外,普通合伙人不得同本合伙企业进行交易。

【案例7-11】　甲、乙、丙、丁四人拟共同出资设立一个有限合伙企业,其中甲、乙为普通合伙人,丙、丁为有限合伙人,在其订立合伙协议时没有约定合伙人是否可以同本合伙企业进行交易。那么甲、乙、丙、丁四人中谁可以和合伙企业进行交易? 为什么?

【解析】　丙、丁可以。《合伙企业法》规定,普通合伙人,先看合伙协议约定,合伙协议没有约定,经全体合伙人一致同意才能同本合伙企业进行交易,否则,普通合伙人不得同本合伙企业进行交易;有限合伙人,先看合伙协议约定,合伙协议没有约定,有限合伙人可以同本合伙企业进行交易。

5.竞争

（1）有限合伙人可以自营或同他人合作经营与本有限合伙企业相竞争的业务,但是合伙协议另有约定的除外。

（2）普通合伙人不得自营或者同他人合作经营与本合伙企业相竞争的业务。

【案例7-12】　甲、乙、丙、丁四人拟共同出资设立一个有限合伙企业,其中甲、乙为普通合伙人,丙、丁为有限合伙人,在其订立合伙协议时约定:甲、乙可以自营与本合伙企业相竞争的业务。这个约定符合法律规定吗?

【解析】　不符合。《合伙企业法》规定,普通合伙人不能从事同本合伙企业相竞争的业务。这是法律的强制规定,合伙协议不能做出与此相矛盾的约定,所以协议不能约定甲、乙可以自营与本合伙企业相竞争的业务。

（四）有限合伙企业财产出质与转让

1.出质

（1）有限合伙人可以将其在有限合伙企业中的财产份额出质,但是,合伙协议另有约定的除外。

（2）普通合伙人以其在合伙企业中的财产、份额出质的,须经其他合伙人一致同意,未经其他合伙人一致同意,其行为无效,由此给善意第三人造成损失的,由行为人依法承担赔偿责任。

2.财产份额的对外转让

（1）有限合伙人可以按照合伙协议约定向合伙人以外的人转让其在有限合伙企业中的

财产份额,但应当提前 30 日通知其他合伙人。

(2)除合伙企业另有约定外,普通合伙人向合伙人以外的人转让其在合伙企业的全部或者部分财产份额时,须经其他合伙人一致同意。

(五)有限合伙企业债务的清偿

有限合伙人的自有财产不足清偿其与合伙企业无关的债务的,该合伙人可以以其从有限合伙企业中分取的收益用于清偿;债权人也可依法请求人民法院强制执行该合伙人在有限合伙企业中的财产份额用于清偿。

(六)有限合伙企业入伙与退伙

1.入伙

根据《合伙企业法》规定,新入伙的有限合伙人对入伙前有限合伙企业的债务,以其认缴的出资额为限承担责任。

2.退伙

(1)当然退伙。《合伙企业法》规定,有限合伙人出现下列之一情形时当然退伙:①作为合伙人的自然人死亡或者被依法宣告死亡;②作为合伙人的法人或者其他组织依法被吊销营业执照、责令关闭、撤销,或者被宣告破产;③法律规定或者合伙协议约定合伙人必须具有相关资格而丧失该资格;④合伙人在合伙企业中的全部财产份额被人民法院强制执行。

(2)有限合伙人丧失民事行为能力的处理。《合伙企业法》规定,作为有限合伙人的自然人在有限合伙企业存续期间丧失民事行为能力的,其他合伙人不得因此要求其退伙。这是因为有限合伙人对有限合伙企业只进行投资,而不负责事务执行。作为有限合伙人的自然人在有限合伙企业存续期间丧失民事行为能力,并不影响有限合伙企业的正常生产经营活动,其他合伙人不能要求该丧失民事行为能力的合伙人退伙。

(3)有限合伙人继承人的权利。《合伙企业法》规定,作为有限合伙人的自然人死亡、被依法宣告死亡或者作为有限合伙人的法人及其他组织终止时,其继承人或者权利承受人可以依法取得该有限合伙人在有限合伙企业中的资格。

(4)有限合伙人退伙后的责任承担。《合伙企业法》规定,有限合伙人退伙后,对基于其退伙前的原因发生的有限合伙企业债务,以其退伙时从有限合伙企业中取回的财产承担责任。

(七)合伙人性质转变的特殊规定

《合伙企业法》规定,除合伙协议另有约定外,普通合伙人转变为有限合伙人,或者有限合伙人转变为普通合伙人,应当经全体合伙人一致同意。有限合伙人转变为普通合伙人的,对其作为有限合伙人期间有限合伙企业发生的债务承担无限连带责任。普通合伙人转变为有限合伙人的,对其作为普通合伙人期间合伙企业发生的债务承担无限连带责任。

【思考与案例回顾】

（1）合伙协议可以约定每月支付刘某4 000元的报酬。根据规定，有限合伙企业由普通合伙人执行合伙事务，执行事务合伙人可以要求在合伙协议中确定执行事务的报酬及报酬提取方式。

（2）合伙协议有关何某参与选择承办审计的会计师事务所的约定不视为执行合伙企业事务。根据规定，有限合伙人参与选择承办有限合伙企业审计业务的会计师事务所，不视为执行合伙事务。

（3）合伙协议可以约定该合伙企业的利润全部分配给刘某和何某。根据规定，有限合伙企业不得将全部利润分配给部分合伙人，但是合伙协议另有约定的除外。

【练习与测试】

一、多选题

1.我国《个人独资企业法》规定，下列个人独资企业名称符合规定的有（　　　）。

　　A.时光数码工作室　　　　　　　　　　B.精诚测绘有限责任公司

　　C.倩影服装设计中心　　　　　　　　　　D.大地食品公司

【答案】　AC

【解析】　个人独资企业的名称应当与其责任形式及从事的营业相符合，不得出现"有限""有限责任"或者"公司"字样在其企业名称中。

2.下列关于普通合伙企业债务清偿相关事项规定，说法正确的有（　　　）。

　　A.合伙企业对其债务，应先以其全部财产进行清偿

　　B.合伙企业财产不足清偿到期债务的，各合伙人应当承担无限连带清偿责任

　　C.合伙企业财产清偿合伙企业债务时，其不足的部分，由各合伙人按照法律规定的比例，用其在合伙企业出资以外的财产承担清偿责任

　　D.合伙人由于承担连带责任，所清偿数额超过其应当承担的数额时，有权向其他合伙人追偿

【答案】　ABCD

3.根据我国《合伙企业法》关于普通合伙企业合伙人的规定，下列说法正确的有（　　　）。

　　A.合伙人至少为2人以上50人以下

　　B.合伙人既可以是自然人，也可以是法人或其他组织

　　C.国有独资公司、国有企业及社会团体可以成为普通合伙人

　　D.合伙人都是依法承担无限责任者

【答案】　BD

【解析】　合伙人至少为2人以上，对于合伙人数的最高限额，《合伙企业法》并未做出详细的规定。因此，选项A错误。

合伙人既可以是自然人,也可以是法人或其他组织。若合伙人是自然人,其应当为具有完全民事行为能力的人。因此,选项 B 正确。

法律、行政法规禁止从事营利性活动的人,不得成为合伙企业的普通合伙人。如:国有独资公司、国有企业、上市公司及公益性事业单位、社会团体不得成为普通合伙人。因此,选项 C 错误。

《合伙企业法》规定,普通合伙企业的合伙人都是依法承担无限责任者。因此,选项 D 正确。

二、判断题

1.个人独资企业的投资人在申请企业设立登记时,未明确以其家庭共有财产作为个人出资的,可不以家庭财产对企业承担无限责任。 （ ）

【答案】 √

【解析】 投资人在申请企业设立登记时,以家庭共有财产出资的,应当在申请书上予以注明,未注明的,视为以个人财产出资。以个人财产出资的,仅以个人财产对企业承担无限责任,与家庭共有财产无关。

2.除合伙协议另有约定外,经全体合伙人一致同意,可以聘任合伙人以外的人担任合伙企业的经营管理人。合伙人以外的经营管理人对企业债务承担无限连带责任。 （ ）

【答案】 ×

【解析】 除合伙协议另有约定外,经全体合伙人一致同意,可以聘任合伙人以外的人担任合伙企业的经营管理人。合伙人以外的经营管理人属于"非合伙人",无须对企业债务承担无限连带责任。

3.协议退伙和通知退伙的最大区别在于:合伙协议是否约定合伙企业的经营期限。 （ ）

【答案】 √

4.有限合伙人可以用货币、实物、知识产权、土地使用权或者其他财产权利作价出资,但不得以劳务出资。 （ ）

【答案】 √

5.有限合伙人和普通合伙人一样,不可以自营或同他人合作经营与本有限合伙企业相竞争的业务,但是,合伙协议另有约定的除外。 （ ）

【答案】 ×

【解析】 有限合伙人可以自营或同他人合作经营与本有限合伙企业相竞争的业务,但是,合伙协议另有约定的除外。

第八章 其他相关法律制度

第一节　反垄断和反不正当竞争法律制度

【思考与案例】

都说商场如战场,竞争者之间的较量向来都是一场没有硝烟的战争,比价格比质量,比广告比服务,竞争者们不愿放弃任何一个战场。但是,竞争中我们应该注意哪些问题,才能做到正当竞争呢?

20×7年11月,关于两家二手车网站打官司的新闻,被吵得沸沸扬扬。原来,双双二手车网站因不满熊猫二手车直卖网的广告宣传中使用了"遥遥领先""全国领先"等虚假宣传,因此以不正当竞争为由将熊猫网诉至法院,索赔1亿元。

纠纷还没落幕,熊猫二手车网又以双双二手车网使用"买车0首付,三天包卖"等造成公众误解的宣传语,构成不正当竞争中的虚假宣传为由将双双二手车网诉至法院,请求判令被告停止相关宣传并索赔经济损失1 000万元。

两败俱伤的结局令人惋惜,两个商家都因为自己的虚假宣传付出了惨痛的代价。究竟什么才是正当竞争,如何避免不正当竞争?

一、反垄断法

(一)反垄断法概述

反垄断法是调整国家规制垄断过程中发生的社会关系的法律规范的总称。现代意义上的反垄断法产生自19世纪末西方自由资本主义进入垄断资本时期,其典型代表是1890年美国颁布的《谢尔曼法》。我国的《反垄断法》于2007年8月30日颁布,自2008年8月1日

经济法

开始实施。

1.反垄断法的适用范围

根据《中华人民共和国反垄断法》（以下简称《反垄断法》）第二条规定，"中华人民共和国境内经济活动中的垄断行为，适用本法；中华人民共和国境外的垄断行为，对境内市场竞争产生排除、限制影响的，适用本法。"

可见，我国的《反垄断法》不仅对发生在境内的垄断行为有效力，同时还对发生在境外的对境内市场竞争产生排除、限制影响的垄断行为也具有法律效力。这与当今各国反垄断法所广泛采用的"属地原则+效果原则"相符。这里所指的"境内"，不包括我国港澳台地区。

2.垄断的行为类型

（1）达成垄断协议。这是指在两个以上的经营者之间达成的旨在排除、限制竞争的协议、决定或者其他协同行为。垄断协议又分为横向垄断协议和纵向垄断协议两种。

（2）滥用市场支配地位。滥用市场支配地位也称滥用市场竞争优势，是指具有市场支配地位的经营者，滥用其支配地位，从事排除、限制市场竞争的行为。

（3）具有或者可能具有排除、限制竞争效果的经营者集中。经营者集中，不仅指两个以上的经营者合并后形成一个更大的经营者，因而影响到市场的结构和竞争状态；而且指一个经营者通过特定的行为取得对另外的经营者部分或者全部控制权，同样影响市场的结构及竞争状态。

（4）滥用行政权力排除、限制竞争行为。《反垄断法》第八条规定："行政机关和法律、法规授权的具有管理公共事务职能的组织不得滥用行政权力，排除、限制竞争。"滥用行政权力排除、限制竞争行为，在理论上通常称为"行政垄断行为"，虽然不是传统意义上的垄断行为，但同样具有排除和限制竞争的效果，因此也是我国反垄断法的规制对象之一。

【案例8-1】　某省交通厅、物价局、财政厅三部门联合规定：凡本省客运企业可享过路过桥费半价优惠，其他省份跨省运输则不能享受。一家中日合资企业因不在该省，未能享受到上述优惠待遇，因而通过日本大使馆向"发改委"进行申诉。"发改委"会支持谁呢？

【解析】　"发改委"认为上述行为违反《反垄断法》第八条规定："行政机关和法律、法规授权的具有管理公共事务职能的组织不得滥用行政权力，排除、限制竞争。"故依法向该省人民政府发出执法建议函，建议立即责令上述三部门改正错误。

（二）垄断协议规制制度

1.垄断协议的概念及分类

垄断协议，也称限制竞争协议或联合限制竞争行为，是指两个或两个以上的经营者排除、限制竞争的协议、决定或者其他协同行为。根据参与联合的经营者所处的产业链环节是相同还是相续，可分为横向垄断协议行为和纵向垄断协议行为。

（1）横向垄断协议

横向垄断协议是指具有竞争关系的生产或销售同类商品的经营者达成的联合限制竞争

协议,也称为卡特尔。如生产彩电的经营者达成的固定产品价格的协议等。

【案例8-2】 A市物价局接到举报,称有近10家飞亚汽车经销商通过签订《经销商同盟价格表》、会议纪要等形式,达成并实施了整车销售的价格协议。该市物价局经过调查后认定该情况属实,因此,对其中7家汽车经销商分别处以不同程度的罚款。对违法行为轻微并及时纠正,没有造成危害后果的3家汽车经销商不予处罚。

【解析】 案例中的10家飞亚汽车经销商本是具有竞争关系的同品牌经营者,为达到控制市场的目的,却私下进行汽车价格协调的行为,破坏了该市汽车市场的良性竞争环境,也违反了《反垄断法》第十三条关于横向垄断协议制的规定,属于"固定或者变更商品价格"的违法行为。

(2)纵向垄断协议

纵向垄断协议是指同一产业中处于不同市场环节而具有买卖关系的企业通过共谋达成的联合限制竞争协议。如化妆品生产商与销售商之间关于限制转售价格的协议等。

【案例8-3】 接【案例8-2】,A市物价局进一步调查了解到,飞亚汽车有限责任公司组织本市内10家汽车经销商达成并实施整车销售和服务维修价格的垄断协议。其目的在于控制经销商对第三人转售的整车销售和售后维修价格。A市物价局认为上述行为同样违反了《反垄断法》,因此,对飞亚汽车有限责任公司处上一年度相关市场销售额6%的罚款。

【解析】 飞亚汽车有限责任公司和汽车经销商是汽车产业中的上游下游企业,具有买卖关系,因此其与经销商达成的价格垄断协议,属于反垄断法中的纵向垄断协议,是违法行为。

2.垄断协议的豁免

垄断作为自由市场发展的产物,也是一把双刃剑,有些情况下,经营者之间的联合能防止过度竞争,从而促进技术进步和效率提高。因此,反垄断法也对一些特殊情形采取豁免制度。根据《反垄断法》第十五条的规定,可被豁免的垄断协议类型包括:

(1)为改进技术、研究开发新产品的。

(2)为提高产品质量、降低成本、增进效率,统一产品规格、标准或者实行专业化分工的。

(3)为提高中小经营者经营效率,增强中小经营者竞争力的。

(4)为实现节约能源、保护环境、救灾救助等社会公共利益的。

(5)因经济不景气,为缓解销售量严重下降或者生产明显过剩的。

(6)为保障对外贸易和对外经济合作中的正当利益的。

(7)法律和国务院规定的其他情形。

【案例8-4】 某火锅餐饮店与采购单位达成了最低价格保护的合作协议。这样的做法是否违反我国的《反垄断法》?

【解析】 最低价格保护协议属于垄断行为,但该餐饮店的最低价格保护协议有利于提高该企业的经营效率,增强竞争力,且经营者能够证明所达成的协议不会严重限制相关市场的竞争,并且能够使消费者分享由此产生的利益,符合《反垄断法》第十五条中关于中小企业垄断协议的豁免情形,不属于违法行为。

（三）滥用市场支配地位

1.市场支配地位的概念

界定经营者的市场支配地位是认定经营者滥用市场支配地位的前提之一。根据我国《反垄断法》规定,市场支配地位,是指经营者在相关市场内具有能够控制商品价格、数量或者其他交易条件,或者能够阻碍、影响其他经营者进入相关市场能力的市场地位。

为了更全面地理解市场支配地位的概念,我们将从三个方面来解析:首先,具有市场支配地位的经营者不一定是"独占"者,关键看其是否具备足够强大的影响市场竞争的能力;其次,具有市场支配地位的经营者数量不受限制,可以是一个,也可以是很多个;最后,具有市场支配地位描述的是一种市场结构状态,即法律更多专注的是垄断行为本身,对市场支配地位这种结构状态并不涉及否定性评价。

【案例8-5】 高集公司是一家著名的美国无线电通信技术研发公司,主要收入来自智能手机芯片销售以及无线服务供应商向其支付的专利使用费。20×3年高集公司营业收入高达200多亿美元,其中近一半收入来自中国。20×3年11月,高集公司表示,相关国家机关正在对其进行反垄断相关调查。

【解析】 对于市场支配地位的认定,执法机构需要首先明确相关市场,然后对经营者在相应的相关市场中的支配地位进行判定。本案例中国家机关首先认定了高集公司的两个相关市场分别是"无线通信标准必要专利许可市场"和"基带芯片产品市场"。接下来,根据《反垄断法》中关于市场支配地位的解释进行判定:第一,高集在每一个标准必要专利许可市场都拥有100%的市场份额;第二,专利使用厂商投入了大量的资本在无线通信标准的基础设施上,高额的沉没成本迫使厂商们对其依赖程度加大;第三,高集对下游市场具有强大的控制能力,仅向获得其专利许可的手机厂商销售芯片;第四,高集的技术优势以及行业的高技术壁垒严重限制了竞争者的发展。最终,高集公司被认定了在"无线通信标准必要专利许可市场"和"基带芯片产品市场"中的支配地位。

2.《反垄断法》禁止的滥用市场支配地位行为

我国的《反垄断法》第十七条第一款明确禁止了滥用市场支配地位的七项行为,禁止具有市场支配地位的经营者从事下列行为:

（1）以不公平的高价销售商品或者以不公平的低价购买商品。

（2）没有正当理由,以低于成本的价格销售商品。

（3）没有正当理由,拒绝与交易相对人进行交易。

（4）没有正当理由,限定交易相对人只能与其进行交易或者只能与其指定的经营者进行交易。

（5）没有正当理由搭售商品,或者在交易时附加其他不合理的交易条件。

（6）没有正当理由,对条件相同的交易相对人在交易价格等交易条件上实行差别待遇。

（7）国务院反垄断执法机构认定的其他滥用市场支配地位的行为。

【案例8-6】 20×7年11月,北京天鹅科技公司(以下简称"天鹅")向广东省高级人民法院起诉,主张CC科技(深圳)有限公司(以下简称"CC公司")滥用在即时通信软件及服务相关市场的市场支配地位,构成垄断。天鹅诉称:20×7年10月,CC公司发布了《致广大CC用户告知书》,明示禁止其用户使用天鹅公司的软件,否则停止CC软件服务;拒绝向安装有天鹅软件的用户提供相关的软件服务,强制用户删除与天鹅有关的软件。同时,CC公司还将CC软件与即时通信软件相捆绑,以升级软件的名义安装CC医生管家,构成捆绑销售。CC公司的上述行为构成滥用市场支配地位。请求判令CC公司赔偿天鹅经济损失1.5亿元。20×8年3月,广东省高级人民法院作出一审判决,驳回天鹅公司全部诉讼请求。天鹅公司不服,向最高院提出上诉。20×8年6月,最高人民法院受理了该案。20×8年10月最高院公开宣判,认定CC的行为已经构成《反垄断法》所禁止的滥用市场支配地位行为,判决CC公司赔偿天鹅相关经济损失。

【解析】 该案例中,CC公司是互联网行业中具有市场支配地位的经营者,在即时通信软件领域拥有最广泛的用户群体,其通过用户告知书的形式明确限制其用户群体使用天鹅公司产品等一系列行为,严重阻碍了天鹅公司作为该行业新竞争者进入市场的能力,构成了我国《反垄断法》第十七条第一款第五项中关于滥用市场支配地位的行为,没有正当理由在交易时附加其他不合理的交易条件,故属于违法行为。

(四)经营者集中反垄断审查制度

经营者集中带来的影响是双重的。一方面,合理地经营者集中有利于发挥规模经济的杠杆作用,提高经营者的竞争能力;另一方面,过度集中又会产生或加强市场支配地位,限制竞争,从而损害市场效率。因此需要明确限制经营者集中的范围。

根据我国《反垄断法》第二十条规定,经营者集中包括以下三种情形:

(1)经营者合并。

(2)经营者通过取得股权或者资产的方式取得对其他经营者的控制权。

(3)经营者通过合同等方式取得对其他经营者的控制权或者能够对其他经营者施加决定性影响。

【案例8-7】 20×7年5月,蓝光集团与科迪签署收购协议,以总价10亿美元收购科迪全部股份。20×7年7月,蓝光集团完成上述收购。根据商务部公布的数据,该项交易达到了《国务院关于经营者集中申报标准的规定》第三条规定的申报标准。因此,该交易应该进行申报。但是蓝光集团并未向商务部提交申报,而且在没有获得商务部批准的情况下完成了交易。因此,商务部对蓝光集团处以25万元人民币罚款。

【解析】 蓝光集团的收购交易违反了《反垄断法》第二十一条"经营者集中达到国务院规定的申报标准的,经营者应当事先向国务院反垄断执法机构申报,未申报的不得实施集中"的规定,属于违法行为。

(五)《反垄断法》禁止的滥用行政权力排除、限制竞争行为

滥用行政权力排除、限制竞争,即所谓的"行政性垄断",是指行政机关和法律法规授权的具有管理公共事务职能的组织滥用行政权力,排除、限制竞争的行为。具体包括以下几项行为:

(1)强制交易行为。

(2)地区封锁行为,即"地方保护主义"。

(3)排斥或限制外地经营者参加本地招标投标行为。

(4)排斥或者限制外地经营者在本地投资或者设立分支机构或者妨碍外地经营者在本地的经营活动。

(5)强制经营者从事垄断行为。

(6)抽象行政性垄断行为。

【案例8-8】 A县卫生和计划生育局成立了A县药品集中采购配送改革领导小组,于20×7年1月以领导小组的名义分别与上药医药有限公司和国药控股A城有限公司签订了《战略合作框架协议书》,指定两家药品配送企业负责A县辖区内所有二级医疗机构和基层医疗卫生机构所用药品的配送工作,并对两家药品配送企业划分了配送区域,授权两家药品配送企业为所属医疗单位的指定采购供应商,并且集中配送。该行为是否违法?

【解析】 A县卫生和计划生育局与医药公司签订协议书,指定采购供应商的行为违反了《反垄断法》中关于滥用行政权力排除、限制竞争的行为,属于违法行为。

二、反不正当竞争法

(一)反不正当竞争法概述

广义上的反不正当竞争法,是指由国家制定并由国家强制力保证实施的,调整国家在反对不正当竞争行为过程中发生的社会关系的法律规范的总称。狭义上的反不正当竞争法,特指全国人大常委会通过的《中华人民共和国反不正当竞争法》(以下简称《反不正当竞争法》)。

为了促进社会主义市场经济健康发展,鼓励和保护公平竞争,制止不正当竞争行为,保护经营者和消费者的合法权益,《中华人民共和国反不正当竞争法》于1993年9月2日在第八届全国人民代表大会常务委员会第三次会议通过,并于2017年11月4日由中华人民共和国第十二届全国人民代表大会常务委员会第三十次会议修订通过,最新的《中华人民共和国反不正当竞争法》自2018年1月1日起施行。

1.不正当竞争的概念

不正当竞争行为,是指经营者在生产经营活动中,违背自愿、平等、公平、诚信的原则,未遵守法律和商业道德,扰乱市场竞争秩序,损害其他经营者或者消费者的合法权益的行为。

2.不正当竞争具有以下特征

（1）不正当竞争的主体是参与市场竞争的经营者，而所谓的经营者，是指从事商品生产、经营或者提供服务（以下所称"商品包括服务"）的自然人、法人和非法人组织。也就是说，一些地方政府及其所属部门滥用行政权力，限制正常市场竞争的行为，不属于本质意义上的不正当竞争行为。如一些地方政府及其所属部门从狭隘的地方利益出发，滥用行政权力，不适当地实行地方保护主义政策，限定外地商品进入本地市场或限定他人购买其指定的经营者商品等行为。

（2）不正当竞争违背了自愿、平等、公平、诚信的原则，未遵守法律和商业道德。其表现为违法者通过实施混淆、贿赂、欺诈行为等非法竞争手段，谋取非法利益。这既是不正当竞争的行为特征，也是不正当竞争最本质的特征。

（3）不正当竞争不仅侵犯了其他经营者的合法权益，还可能损害到消费者的权利，最终损害市场机制，破坏市场秩序，危害信用和社会公德，因此应当立法予以禁止。

【案例8-9】 某县城乡规划建设局被举报涉嫌滥用行政权力，实施不正当竞争行为，相关部门在调查中发现在其下发的《关于在县城新增自来水用户统一启用智能水表的通知》中要求"用户必须使用经政府采购确定品牌的水表。如开发建设单位不能遵守该规定，供水单位将不予供水管网接入，城建局不进行工程竣工验收"。该城乡规划建设局实施不正当竞争行为了吗？

【解析】 《反不正当竞争法》第一章第二条明确了不正当竞争的主体是参与市场竞争的经营者，是指从事商品生产、经营或者提供服务（以下所称商品包括服务）的自然人、法人和非法人组织。地方政府及其所属部门不属于不正当竞争的行为主体，故不属于本质意义上的不正当竞争行为。该城乡规划建设局实施的是滥用行政权力排除、限制竞争的行为。

（二）不正当竞争行为的种类

根据《反不正当竞争法》第六十二条规定，不正当竞争行为主要包括以下几种类型：

（1）经营者不得实施下列混淆行为，引人误认为是他人商品或者与他人存在特定联系：

①擅自使用与他人有一定影响的商品名称、包装、装潢等相同或者近似的标识。

②擅自使用他人有一定影响的企业名称（包括简称、字号等）、社会组织名称（包括简称等）、姓名（包括笔名、艺名、译名等）。

③擅自使用他人有一定影响的域名主体部分、网站名称、网页等。

④其他足以引人误认为是他人商品或者与他人存在特定联系的混淆行为。

【案例8-10】 白泉公司是某省著名的白酒生产企业，其在工商行政管理局注册并使用在白酒商品上的白泉商标为某省著名商标。其包装盒为长方体，四面主色调为上红下橙黄色，上装饰方框横线内印有如意图案，前、后视图和左、右视图分别相同，前视图中间方框内印有白泉字样，上部有白泉图文组合商标，下部橙黄色图案中隐有泉水实景图；左视图上部印有"白泉特酿"四个字，并以红黄两色区别，下部橙黄色图案中印有牛头图案。白泉公司的上述包装装潢自 1995 年起用于 34 度精品白泉特酿系列产品。

近日，白泉公司购得赵某生产的 34 度精品百泉特酿白酒一瓶。其所使用的包装装潢有如下特点：包装盒为长方体，四面主色调为上红下橙黄色，上装饰方框横线内印有如意图案，前、后视图和左、右视图分别相同，前视图中间菱形方框内印有"精品特酿"四个字，上部有百泉图文组合商标；左视图上部印有"精品特酿"四个字，并以红黄两色区别，下部橙黄色图案中印有牛头图案。

于是，白泉公司就赵某仿冒其知名商品特有名称、包装、装潢行为向当地人民法院提起诉讼。赵某的行为是不是不正当竞争行为？

【解析】 《反不正当竞争法》第六十二条的规定，经营者不得实施混淆行为，引人误认为是他人商品或者与他人存在特定联系，包括他人有一定影响的商品名称、包装、装潢等相同或者近似的标识等。

该案例中，白泉公司涉案权利的载体即白泉特酿为知名商品；白泉公司涉案权利的客体即白泉特酿的名称、包装是特有的；被控不正当竞争行为人赵某涉案商品精品百泉特酿的名称、包装与白泉特酿的名称、包装近似，该混淆行为已经造成消费者对两个商品的误认。最终，法院认定赵某的 34 度精品百泉特酿白酒所使用的包装装潢与白泉公司的上述产品包装装潢近似，构成不正当竞争，遂判令赵某停止上述不正当竞争行为并赔偿白泉公司经济损失。

（2）经营者不得采用财物或者其他手段贿赂下列单位或者个人，以谋取交易机会或者竞争优势：

①交易相对方的工作人员。

②受交易相对方委托办理相关事务的单位或者个人。

③利用职权或者影响力影响交易的单位或者个人。

经营者在交易活动中，可以以明示方式向交易相对方支付折扣，或者向中间人支付佣金。经营者向交易相对方支付折扣、向中间人支付佣金的，应当如实入账。接受折扣、佣金的经营者也应当如实入账。

经营者的工作人员进行贿赂的，应当认定为经营者的行为；但是，经营者有证据证明该工作人员的行为与为经营者谋取交易机会或者竞争优势无关的除外。

【案例 8-11】 超市向供应商收取的"入门费"、医院向医药企业收取的各类赞助（包括常见的赠送医疗器械以促销医疗耗材的营销模式）、轮胎行业给付销售奖励的营销模式等，是否构成《反不正当竞争法》中的贿赂行为？

【解析】 我国 1993 年《反不正当竞争法》中将商业贿赂受贿方统称为"对方单位或者个人"，而 2017 年《反不正当竞争法》中商业贿赂受贿主体被明确为交易相对方的工作人员、受交易相对方委托办理相关事务的单位或者个人以及利用职权或者影响力影响交易的单位或者个人。可以看出，新版《反不正当竞争法》中将"对方单位"即交易相对方单位排除在了商业贿赂受贿主体范围之外。因此，交易双方之间的利益给付行为，如"销售返利返点""收取进场费"等行为，在旧法的合规审查中需要严格审核其是否有商业贿赂嫌疑，而新法排除"对方单位"后，该行为将很难被认定为商业贿赂。

（3）经营者不得对其商品的性能、功能、质量、销售状况、用户评价、曾获荣誉等作虚假或者引人误解的商业宣传,欺骗、误导消费者。

经营者不得通过组织虚假交易等方式,帮助其他经营者进行虚假或者引人误解的商业宣传。

（4）经营者不得实施下列侵犯商业秘密的行为:

①以盗窃、贿赂、欺诈、胁迫或者其他不正当手段获取权利人的商业秘密。

②披露、使用或者允许他人使用以前项手段获取的权利人的商业秘密。

③违反约定或者违反权利人有关保守商业秘密的要求,披露、使用或者允许他人使用其所掌握的商业秘密。

第三人明知或者应知商业秘密权利人的员工、前员工或者其他单位、个人实施前款所列违法行为,仍获取、披露、使用或者允许他人使用该商业秘密的,视为侵犯商业秘密。

（5）经营者进行有奖销售不得存在下列情形:

①所设奖的种类、兑奖条件、奖金金额或者奖品等有奖销售信息不明确,影响兑奖。

②采用谎称有奖或者故意让内定人员中奖的欺骗方式进行有奖销售。

③抽奖式的有奖销售,最高奖的金额超过5万元。

【案例8-12】 自20×8年1月1日起,某商场举办了附奖促销活动,设三个等次的现金奖,其中,一等奖80 000元。1月20日,被区工商局发现,以其违反《反不正当竞争法》所设定的奖励的最高限额,责令停止违法行为,并处罚款。该处罚是否合理?

【解析】 合理。根据最新的《反不正当竞争法》第十条的规定,抽奖式的有奖销售,最高奖的奖金额从5 000元增加到5万元。该商场设置的有奖促销一等奖奖金已超过法律规定的最高限额。

（6）经营者不得编造、传播虚假信息或者误导性信息,损害竞争对手的商业信誉、商品声誉。

（7）对于利用网络从事生产经营活动的经营者,新修订的《反不正当竞争法》新增完善了相关规定如下:经营者不得利用技术手段,通过影响用户选择或者其他方式,实施下列妨碍、破坏其他经营者合法提供的网络产品或者服务正常运行的行为:

①未经其他经营者同意,在其合法提供的网络产品或者服务中,插入链接、强制进行目标跳转。

②误导、欺骗、强迫用户修改、关闭、卸载其他经营者合法提供的网络产品或者服务。

③恶意对其他经营者合法提供的网络产品或者服务实施不兼容。

④其他妨碍、破坏其他经营者合法提供的网络产品或者服务正常运行的行为。

【思考与案例回顾】

双双二手车网站和熊猫二手车直卖网的广告宣传策略都是利用了消费者的"从众心理",希望消费者认为只有自己的实力才是最强的,误导消费者。然而,不论是熊猫二手车直卖网的"遥遥领先""全国领先"等宣传用语,还是双双二手车使用"买车0首付,三天包卖"

的宣传语都违反了我国《反不正当竞争法》第八条规定,"经营者不得对其商品的性能、功能、质量、销售状况、用户评价、曾获荣誉等作虚假或者引人误解的商业宣传,欺骗、误导消费者"。它们均属于不正当竞争行为,因此都要受到法律的制裁。

事实证明,市场竞争应以诚信经营为本,杜绝不正当竞争,才是推动行业发展的硬道理。

第二节　知识产权法律制度

【思考与案例】

随着《爸爸去哪儿》《舌尖上的中国》等多档电视节目火爆荧屏,国内电视市场的综艺节目和纪录类节目开始如雨后春笋层出不穷。众多综艺节目的竞争一方面带来了中国电视市场的繁荣,另一方面白热化的竞争随之而来的还有各家电视台综艺节目名字之争和市场产品"傍名牌"现象。因此,电视节目人如何依法保护好其节目名称,既是摆在电视节目权利人面前保护其知识产权、实现其经济利益和社会效益最大化的一个重要课题,也是著作权人学会运用法律维护自己的合法权益、规范中国电视市场的关键一步。

一、专利法

(一)专利法概述

专利法是指调整因发明创造的开发、实施以及保护等发生的各种社会关系的法律规范的总称。

专利法有广义和狭义之分,广义的专利法除了现行《专利法》外,还包括其他关于专利的国家有关法律、行政法规和规章等。如《专利法实施细则》《专利管理机关查处冒充专利行为规定》《专利行政执法办法》《专利代理条例》等。此外,我国参加缔结的有关专利权国际保护方面的协定、条约,经批准公布具有国内法效力的,也属于广义专利法的范畴。

狭义的专利法仅指全国人大常委会通过的《中华人民共和国专利法》(以下简称《专利法》),于1984年3月12日第六届全国人民代表大会常务委员会第四次会议通过,根据1992年9月4日第七届全国人民代表大会常务委员会第二十七次会议《关于修改〈中华人民共和国专利法〉的决定》第一次修正,根据2000年8月25日第九届全国人民代表大会常务委员会第十七次会议《关于修改〈中华人民共和国专利法〉的决定》第二次修正,根据2008年12月27日第十一届全国人民代表大会常务委员会第六次会议《关于修改〈中华人民共和国专利法〉的决定》第三次修正。

此外,为保证专利法的顺利实施,中华人民共和国国务院令第306号公布了《国务院关于修改〈中华人民共和国专利法实施细则〉的决定》,自2010年2月1日起施行。

（二）专利的种类

《专利法》第二条明确规定,所谓发明创造,是指发明、实用新型和外观设计。

1.发明

发明是指对产品、方法或者其改进所提出的新的技术方案。方法发明包括:操作方法、制造方法、工艺流程等的技术方案。如某保温杯企业发明一种特殊工艺,可以使保温杯中的普通水增加对人体有益的矿物离子成分,该企业可以为该特殊工艺申请发明专利。

2.实用新型

实用新型是指对产品的形状、构造或者其结合所提出的适于实用的新的技术方案。如某公司发明一项调节式可储水型花盆装置,可以申请实用新型专利。

3.外观设计

外观设计是指对产品的形状、图案或者其结合以及色彩与形状、图案的结合所做出的富有美感并适于工业应用的新设计。如某科技公司将手机的形状设计成圆锥体,可以申请外观设计专利。

发明和实用新型专利权被授予后,除《专利法》另有规定的以外,任何单位或者个人未经专利权人许可,都不得实施其专利,即不得为生产经营目的制造、使用、许诺销售、销售、进口其专利产品,或者使用其专利方法以及使用、许诺销售、销售、进口依照该专利方法直接获得的产品。

外观设计专利权被授予后,任何单位或者个人未经专利权人许可,都不得实施其专利,即不得为生产经营目的制造、许诺销售、销售、进口其外观设计专利产品。

（三）专利权的主体

专利权的主体是指具体参加特定的专利权法律关系且享有专利权的人,根据《专利法》的规定,可分为以下几种类型:

1.发明人或者设计人

《专利法》规定,对于发明人或者设计人为专利权人的,应遵循"一发明一专利原则"和"先申请原则"。"一发明一专利原则"即同样的发明创造只能授予一项专利权。但是,同一申请人同日对同样的发明创造既申请实用新型专利又申请发明专利,先获得的实用新型专利权尚未终止,且申请人声明放弃该实用新型专利权的,可以授予发明专利权。"先申请原则"是指两个以上的申请人分别就同样的发明创造申请专利的,专利权授予最先申请的人。

2.职务发明创造的单位

《专利法》第六条第一款规定:"执行本单位的任务或者主要是利用本单位的物质技术条件所完成的发明创造为职务发明创造。职务发明创造申请专利的权利属于该单位;申请被批准后,该单位为专利权人。"

两个以上单位或者个人合作完成的发明创造、一个单位或者个人接受其他单位或者个人委托所完成的发明创造,除另有协议的以外,申请专利的权利属于完成或者共同完成的单位或者个人;申请被批准后,申请的单位或者个人为专利权人。

3.外国人和外国企业或者外国其他组织

在中国没有经常居所或者营业所的外国人、外国企业或者外国其他组织在中国申请专利的,依照其所属国同中国签订的协议或者共同参加的国际条约,或者依照互惠原则,委托依法设立的专利代理机构,根据《专利法》办理。

(四)授予专利权的条件

《专利法》第二十二条规定:"授予专利权的发明和实用新型,应当具备新颖性、创造性和实用性。"

1.新颖性

新颖性是指该发明或者实用新型不属于现有技术,也没有任何单位或者个人就同样的发明或者实用新型在申请日以前向国务院专利行政部门提出过申请,并记载在申请日以后公布的专利申请文件或者公告的专利文件中。

2.创造性

创造性是指同现在申请日以前已有的技术相比,该发明具有突出的实质性特点和显著的进步,该实用新型具有实质性特点和进步。

3.实用性

实用性是指该发明或者实用新型能够制造或者使用,并且能够产生积极效果。

【案例 8-13】 张某于 19×9 年自行设计了一种水果包装箱,一个包装箱可装入八个橙子,取名为"八宝箱",并将橙子装入该水果包装箱在市场上出售。20×0 年 1 月,张某感觉箱子容量小,满足不了顾客的需要,在原设计的水果包装箱基础上进行了改进、优化,加大包装箱的容量,继续用原名"八宝箱"。20×0 年 3 月 3 日,张某为了防止他人仿冒其设计的水果包装箱向国家知识产权局申请外观设计专利,20×0 年 8 月 26 日,国家知识产权局授予张某外观设计专利权,专利号为 bb003031007,使用外观设计的产品名称为"水果包装箱"。该专利目前有效。20×2 年 1 月张某发现袁某销售的"八锦橙"与自己的外观设计相似,认为袁某未经其同意,制造、销售上述水果包装,侵犯了其外观设计专利,请求法院予以判决,而袁某提出张某的外观设计内容在申请日前已公知、丧失新颖性。那么袁某的抗辩理由成立吗?

【解析】 我国《专利法》第二十三条规定,授予专利权的外观设计,应当同申请日以前在国内外出版物上公开发表过或者国内公开使用过的外观设计不相同或不相近似,并不得与他人在先取得合法权利相冲突。因此,新颖性是外观设计获得专利权的基本条件。对外观设计新颖性的判断,其时间标准以申请日为准,公开标准以书面公开、使用公开方式为标准。而使用公开指通过公开实施使公众能够了解和掌握该外观设计内容,包括以商品形式进行销售,也包括利用各种技术交流手段进行传播、应用以及通过电视、广播等方式为公众所知。公开既可以由本人公开,也可以由本人以外的人公开,无论采用何种方式,只要导致发明创造脱离了秘密状态,处于一般公众可能得知的状况,就丧失了新颖性。

张某的"八宝箱"在19×9年已设计出来并投入市场销售,该包装箱的图案及色彩等早在19×9年就已公之于众,改装后要申请的外观设计包装箱也因为张某自己投入市场公开销售了两个月,待张某申请专利时,其外观设计的内容即图案、色彩等已经在国内公开使用。这种公开使用,使得张某的外观设计内容脱离了秘密状态,进入了公众可得知的状态,公众知识产权可以自由使用。因此,袁某提出张某的外观设计内容在申请日前已公知、丧失新颖性的抗辩理由成立,不构成侵权行为。

(五)专利权的期限和终止

1.专利权的期限

《专利法》第四十二条规定:"发明专利权的期限为二十年,实用新型专利权和外观设计专利权的期限为十年,均自申请日起计算。"

同时,专利权人应当自被授予专利权的当年开始缴纳年费。

2.专利权的终止

专利权的终止,是指专利权因期限届满或其他原因在期限届满前失去法律效力。专利权终止后,被授予专利权的发明创造自动成为人类的共同财富,任何单位和个人均可以无偿使用。

根据《专利法》的规定,有下列情形之一的,专利权在期限届满前终止:

(1)没有按照规定缴纳年费的;

(2)专利权人以书面声明放弃其专利权的。

专利权在期限届满前终止的,由国务院专利行政部门登记和公告。

(六)专利实施的强制许可

强制许可是对专利权的限制措施之一。为防止技术闲置而增加了专利权人实施专利的义务,同时也对专利权人利用专利技术垄断市场的行为作出了限制。

专利实施的强制许可,是指国务院专利行政部门按照法定条件和程序颁布的实施专利的一种强制性许可方式。如申请人获得该项许可后,可不必经过专利权人的同意,直接实施专利。

根据《专利法》的规定,国务院专利行政部门根据具备实施条件的单位或者个人的申请,可以给予实施发明专利或者实用新型专利强制许可的情形有以下几种:

(1)专利权人自专利权被授予之日起满3年,且自提出专利申请之日起满4年,无正当理由未实施或者未充分实施其专利的。

（2）专利权人行使专利权的行为被依法认定为垄断行为，为消除或者减少该行为对竞争产生的不利影响的。

（3）在国家出现紧急状态或者非常情况时，或者为了公共利益的目的，国务院专利行政部门可以给予实施发明专利或者实用新型专利的强制许可。

（4）为了公共健康，对取得专利权的药品，国务院专利行政部门可以给予制造并将其出口到符合中华人民共和国参加的有关国际条约规定的国家或者地区的强制许可。

（5）一项取得专利权的发明或者实用新型比前已经取得专利权的发明或者实用新型具有显著经济意义的重大技术进步，其实施又有赖于前一发明或者实用新型的实施的，国务院专利行政部门根据后一专利权人的申请，可以给予实施前一发明或者实用新型的强制许可。

【案例8-14】 禽流感肆虐期间，某医药公司研制出了能够显著抑制该禽流感病毒的药物——那菲。由于担心禽流感在人群中暴发，世界各国正在加紧储备"那菲"等抗流感药物，"那菲"的供应已经出现短缺迹象。该医药公司则以生产工艺既复杂又耗时、药品质量要求高等理由，拒绝放弃专利权。此时可以实施专利的强制许可吗？

【解析】 可以。我国《专利法》第五十条规定，"为了公共健康目的，对取得专利权的药品，国务院专利行政部门可以给予制造并将其出口到符合中华人民共和国参加的有关国际条约规定的国家或者地区的强制许可"。在疫情严重的特殊时期，面对该医药公司因不放弃专利权而导致药品短缺的紧急情况，国家可对该药物专利实行强制许可。

二、商标法

（一）商标法概述

商标法有广义和狭义之分。广义的商标法是调整商标关系的所有法律规范的总和，除现行《商标法》外，还包括国家工商行政管理局发布的《中华人民共和国商标法实施条例》《集体商标、证明商标注册和管理办法》《商标印制管理办法》《商标评审规则》和《驰名商标认定和管理暂行规定》等法律法规，同时还包括宪法、民法、刑法等法律中有关商标的规定，国家立法机关作出的关于进一步明确法律规定的具体含义和需要明确适用法律依据的立法解释，国家最高行政机关及其主管部门制定的实施商标法的行政法规、部门规章，最高司法机关作出的适用商标法的司法解释等，此外，我国缔结或参加的有关商标的国际条约、协定，经批准公布且具有国内法效力的，也属于广义商标法的范畴。

狭义的商标法仅指全国人大常委会通过的《中华人民共和国商标法》（以下简称《商标法》），2013年8月30日第十二届全国人民代表大会常务委员会第四次会议《关于修改〈中华人民共和国商标法〉的决定》第三次修正）。

同时，为贯彻落实于2014年5月1日施行的第三次修改后的《商标法》，中华人民共和国国务院令第651号公布了修订后的《中华人民共和国商标法实施条例》（以下简称《条例》），自 2014 年 5 月 1 日起施行。《条例》是根据《中华人民共和国商标法》制定。新修改的《条例》在便利当事人方面做出了多项规定，细化了新《商标法》一些相关条款，使其更便于操作，更有利于社会公众简便快捷地办理各类商标申请事宜。

（二）商标注册的申请、审查和核准

1.商标注册的申请

商标注册的申请应遵循两个原则：

一是分类原则，根据《商标法》第二十二条和二十三条规定："商标注册申请人应当按规定的商品分类表填报使用商标的商品类别和商品名称，提出注册申请。商标注册申请人可以通过一份申请就多个类别的商品申请注册同一商标。注册商标需要在核定使用范围之外的商品上取得商标专用权的，应当另行提出注册申请。"

二是优先权原则，在《商标法》中具体体现为以下两方面：

（1）商标注册申请人自其商标在外国第一次提出商标注册申请之日起 6 个月内，又在中国就相同商品以同一商标提出商标注册申请的，依照该外国同中国签订的协议或者共同参加的国际条约，或者按照相互承认优先权的原则，可以享有优先权。申请人按照上述情形要求优先权的，应当在提出商标注册申请的时候提出书面声明，并且在 3 个月内提交第一次提出的商标注册申请文件的副本；未提出书面声明或者逾期未提交商标注册申请文件副本的，视为未要求优先权。

（2）商标在中国政府主办的或者承认的国际展览会展出的商品上首次使用的，自该商品展出之日起 6 个月内，该商标的注册申请人可以享有优先权。申请人依照上述情形要求优先权的，应当在提出商标注册申请的时候提出书面声明，并且在 3 个月内提交展出其商品的展览会名称、在展出商品上使用该商标的证据、展出日期等证明文件；未提出书面声明或者逾期未提交证明文件的，视为未要求优先权。

2.商标注册的审查核准

根据《商标法》规定："对申请注册的商标，商标局应当自收到商标注册申请文件之日起九个月内审查完毕。"

【案例 8-15】 王氏姐妹合伙经营"王氏辣子鸡"餐饮店，随着经营规模的扩大，王氏姐妹在经营理念上出现了分歧，决定分家各自经营。姐妹二人都想要继续使用"王氏辣子鸡"的名称来经营，姐姐是"王氏辣子鸡"最早的创始人，经营一年后邀请妹妹参与开分店共同经营，所以姐姐觉得自己应该拥有"王氏辣子鸡"的使用权，妹妹应该另起名字，妹妹不服。于是两人相约同一天到商标局进行注册商标。请问谁应该拥有"王氏辣子鸡"的商标权？

【解析】《商标法》第三十一条规定，"两个或者两个以上的商标注册申请人，在同一种商品或者类似商品上，以相同或者近似的商标申请注册的，初步审定并公告申请在先的商标；同一天申请的，初步审定并公告使用在先的商标，驳回其他人的申请，不予公告"。因此，按照使用在先的商标归属原则，姐姐可以申请注册"王氏辣子鸡"商标。

（三）注册商标的续展、变更、转让和使用许可

1.注册商标的续展

注册商标的续展，是指注册商标所有人在商标注册有效期届满前后的一定时间内，依法办理一定手续以延长其注册商标有效期的制度。

根据《商标法》规定："注册商标的有效期为十年，自核准注册之日起计算。注册商标有效期满，需要继续使用的，商标注册人应当在期满前十二个月内按照规定办理续展手续；在此期间未能办理的，可以给予六个月的宽展期。每次续展注册的有效期为十年，自该商标上一届有效期满次日起计算。期满未办理续展手续的，注销其注册商标。商标局应当对续展注册的商标予以公告。"

2.注册商标的变更

注册商标的变更，是指变更注册商标的注册人，注册地址或者其他事项。申请人变更其名义、地址、代理人，或者删减指定的商品的，可以向商标局办理变更手续。如果要改变注册商标的文字、图形，则应当重新提出商标注册申请，按新申请商标对待，不能称为商标变更。

3.注册商标的转让

注册商标的转让，是指注册商标所有人依法将因注册商标产生的商标权转让给他人的行为。根据《商标法》第四十二条规定："转让注册商标的，转让人和受让人应当签订转让协议，并共同向商标局提出申请。受让人应当保证使用该注册商标的商品质量。转让注册商标的，商标注册人对其在同一种商品上注册的近似的商标，或者在类似商品上注册的相同或者近似的商标，应当一并转让。对容易导致混淆或者有其他不良影响的转让，商标局不予核准，书面通知申请人并说明理由。转让注册商标经核准后，予以公告。受让人自公告之日起享有商标专用权。"

4.注册商标的使用许可

注册商标的使用许可，是指注册商标所有人通过签订商标使用许可合同，通过收取一定的许可使用费，许可他人使用其注册商标的行为。

【案例8-16】 飞鹰广告有限公司的注册商标十年有效期将满，去商标局办理注册商标续展时被告知不能正常续展。原来，随着公司的发展，公司名称和经营地址都发生了变化。该情况下飞鹰广告有限公司应该怎么做呢？

【解析】 《商标法》第四十一条规定，"注册商标需要变更注册人的名义、地址或者其他注册事项的，应当提出变更申请"。否则，当注册人名称发生了变化而未办理相应的变更手续，注册人在行使权力时，就不能有效地证明该注册商标为自己所有，其商标专用权也就不能及时得到法律的保护。因此，飞鹰广告有限公司应该先办理注册商标的变更手续，再进行注册商标的续展办理。

（四）注册商标的无效宣告

已经注册的商标,有下列行为之一的,由商标局宣告该注册商标无效;其他单位或者个人可以请求商标评审委员会宣告该注册商标无效。

（1）商标同中华人民共和国的国家名称、国旗、国徽、国歌、军旗、军徽、军歌、勋章等相同或者近似的,以及同中央国家机关的名称、标志、所在地特定地点的名称或者标志性建筑物的名称、图形相同的。

（2）商标同外国的国家名称、国旗、国徽、军旗等相同或者近似的,但经该国政府同意的除外。

（3）商标同政府间国际组织的名称、旗帜、徽记等相同或者近似的,但经该组织同意或者不易误导公众的除外。

（4）商标与表明实施控制、予以保证的官方标志、检验印记相同或者近似的,但经授权的除外。

（5）商标同"红十字""红新月"的名称、标志相同或者近似的。

（6）商标带有民族歧视性的。

（7）商标带有欺骗性,容易使公众对商品的质量等特点或者产地产生误认的。

（8）商标有害于社会主义道德风尚或者有其他不良影响的。如县级以上行政区划的地名或者公众知晓的外国地名,不得作为商标。但是,地名具有其他含义或者作为集体商标、证明商标组成部分的除外;已经注册的使用地名的商标继续有效。

（9）仅有本商品的通用名称、图形、型号的标志。

（10）仅直接表示商品的质量、主要原料、功能、用途、重量、数量及其他特点的标志。

（11）其他缺乏显著特征的标志。但经过使用取得显著特征,并便于识别的,可以作为商标注册。

（12）以三维标志申请注册商标的,仅由商品自身的性质产生的形状、为获得技术效果而需有的商品形状或者使商品具有实质性价值的形状,不得注册。

（13）以欺骗手段或者其他不正当手段取得注册的。

【案例8-17】 第131415号"天安门及图"商标由某餐饮管理有限公司于20×1年9月提出注册申请,于20×2年1月获准注册,商标专用权期限十年。20×3年5月,该商标被北京市天安门景点公园管理处提出无效宣告请求。请问该请求可以得到支持吗?

【解析】 可以。《商标法》第四十四条规定,"商标同中华人民共和国的国家名称、国旗、国徽、国歌、军旗、军徽、军歌、勋章等相同或者近似的,以及同中央国家机关的名称、标志、所在地特定地点的名称或者标志性建筑物的名称、图形相同的,由商标局宣告该注册商标无效,其他单位或者个人可以请求商标评审委员会宣告该注册商标无效"。该餐饮公司申请的"天安门及图"商标与国家标志性建筑物的名称、图形相同,属于可以宣告商标无效的情形。

（五）商标使用的管理

商标的使用，是指将商标用于商品、商品包装或者容器以及商品交易文书上，或者将商标用于广告宣传、展览以及其他商业活动中，用于识别商品来源的行为。

1.对使用注册商标的管理

商标注册人在使用注册商标的过程中，自行改变注册商标、注册人名义、地址或者其他注册事项的，由地方工商行政管理部门责令限期改正；期满不改正的，由商标局撤销其注册商标。

2.对被撤销或者注销的商标的管理

注册商标成为其核定使用的商品的通用名称或者没有正当理由连续三年不使用的，任何单位或者个人可以向商标局申请撤销该注册商标。

注册商标被撤销、被宣告无效或者期满不再续展的，自撤销、宣告无效或者注销之日起一年内，商标局对与该商标相同或者近似的商标注册申请，不予核准。

3.对必须使用注册商标的商品的管理

对法律、行政法规规定必须使用注册商标的商品，未经核准注册的就在市场销售，由地方工商行政管理部门责令限期申请注册，违法经营额五万元以上的，可以处违法经营额百分之二十以下的罚款，没有违法经营额或者违法经营额不足五万元的，可以处一万元以下的罚款。

4.对未注册商标使用的管理

将未注册商标冒充注册商标使用的，或者使用未注册商标，违反《商标法》中禁止作为商标使用标志的，由地方工商行政管理部门予以制止，限期改正，并可以予以通报，违法经营额五万元以上的，可以处违法经营额百分之二十以下的罚款，没有违法经营额或者违法经营额不足五万元的，可以处一万元以下的罚款。

5.对滥用"驰名商标"的管理

生产、经营者将"驰名商标"字样用于商品、商品包装或者容器上，或者用于广告宣传、展览以及其他商业活动中的，由地方工商行政管理部门责令改正，处十万元罚款。

【案例8-18】　2017年3月，某县食品药品工商质量监管局执法人员追查公安机关提供的线索发现，居民李某家中存有大量加工包装完成的"四季优美·随便果"及包装盒、添加剂和加工机器，成品上标注的商标为"诱惑果"。经查，该商标尚未申请注册，当事人系非法生产、销售减肥保健食品，总金额达150万元。此案已由该县人民检察院向法院提起公诉。

【解析】　《商标法》第五十二条规定："将未注册商标冒充注册商标使用的，或者使用未注册商标，违反《商标法》中禁止作为商标使用标志的，由地方工商行政管理部门予以制止，限期改正，并可以予以通报，违法经营额五万元以上的，可以处违法经营额百分之二十以下的罚款。"

（六）注册商标专用权的保护

《商标法》规定："注册商标的专用权，以核准注册的商标和核定使用的商品为限。"

1.侵犯注册商标专用权的行为界定

经营者有下列行为之一的，均属侵犯注册商标专用权：

（1）未经商标注册人的许可，在同一种商品上使用与其注册商标相同的商标的。

（2）未经商标注册人的许可，在同一种商品上使用与其注册商标近似的商标，或者在类似商品上使用与其注册商标相同或者近似的商标，容易导致混淆的。

（3）销售侵犯注册商标专用权的商品的。

（4）伪造、擅自制造他人注册商标标识或者销售伪造、擅自制造的注册商标标识的。

（5）未经商标注册人同意，更换其注册商标并将该更换商标的商品又投入市场的。

（6）故意为侵犯他人商标专用权行为提供便利条件，帮助他人实施侵犯商标专用权行为的。

（7）给他人的注册商标专用权造成其他损害的。

【案例8-19】 2016年10月21日，根据某海关部门提供的线索，发现美恒贸易有限公司库存大量无中文标识的多个国际知名品牌化妆品，经相关品牌权利人辨认，大多为假冒注册商标商品，案值高达300余万元。

【解析】 美恒贸易有限公司通过假冒注册商标私藏大量国际知名品牌化妆品的行为，对他人的注册商标专用权造成了损害。《商标法》第五十七条规定，属于侵犯注册商标专用权的行为。

2.注册商标专用权的适用除外

未注册商标的使用人虽然不享有该商标的专用权，也无权依照《商标法》的规定禁止他人使用，但却享有有限不受他人不正当干扰的使用权。

（1）将他人注册商标、未注册的驰名商标作为企业名称中的字号使用，误导公众，构成不正当竞争行为的，依照《中华人民共和国反不正当竞争法》处理。

（2）注册商标中含有的本商品的通用名称、图形、型号，或者直接表示商品的质量、主要原料、功能、用途、重量、数量及其他特点，或者含有的地名，注册商标专用权人无权禁止他人正当使用。

（3）三维标志注册商标中含有的商品自身的性质产生的形状、为获得技术效果而需有的商品形状或者使商品具有实质性价值的形状，注册商标专用权人无权禁止他人正当使用。

（4）商标注册人申请商标注册前，他人已经在同一种商品或者类似商品上先于商标注册人使用与注册商标相同或者近似并有一定影响的商标的，注册商标专用权人无权禁止该使用人在原使用范围内继续使用该商标，但可以要求其附加适当区别标识。

【案例8-20】 思凯运动鞋从20×2年2月开始以大写字母"SK"作为运动鞋图形标志，20×3年4月，思凯运动鞋有限公司申请注册以两个大写字母"SK"为图形的商标，无意中发现市场中有销售印有"Sk"图形的运动鞋,以一个大写S和小写k组成的图形。遂以侵犯注册商标专用权为由起诉该运动鞋企业。经相关部门核实,另一家运动鞋企业自20×1年10月起开始生产销售印有"Sk"图形的运动鞋,在思凯运动鞋注册商标申请之前。请问思凯运动鞋申请的侵犯注册商标专用权是否成立?

【解析】 不成立。另一家运动鞋企业虽然没有注册商标,且使用的商标图形与自己注册过的"SK"非常接近,但根据《商标法》第五十九条中关于注册商标专用权的适用除外的规定,"商标注册人申请商标注册前,他人已经在同一种商品或者类似商品上先于商标注册人使用与注册商标相同或者近似并有一定影响的商标的,注册商标专用权人无权禁止该使用人在原使用范围内继续使用该商标,但可以要求其附加适当区别标识"。思凯运动鞋无权禁止印有"Sk"图形的运动鞋继续使用。

【思考与案例回顾】

驰名商标,顾名思义是指具有高度知名度,为公众所熟知的商标。我国《驰名商标认定和保护规定》第二条规定:"本规定中的驰名商标是指在中国为相关公众广为知晓并享有较高声誉的商标。"对于驰名商标国内外立法都给予了比普通商标更为有力的保护。《商标法》第十三条第一款规定:"就相同或者类似商品申请注册的商标是复制、模仿或者翻译他人未在中国注册的驰名商标,容易导致混淆的,不予注册并禁止使用。"

《商标法》第十三条第二款规定:"就不相同或者不相类似商品申请注册的商标是复制、模仿或者翻译他人已经在中国注册的驰名商标,误导公众,致使该驰名商标注册人的利益可能受到损害的,不予注册并禁止使用。"由此可见,我国商标法对未注册的驰名商标采取同类保护的原则,对已注册的驰名商标采取跨类保护的原则,其保护力度远远大于普通商标。

电视节目作为受众范围广、传播速度快的一种媒体内容,其节目名称在全国范围内具有较高的知名度,为公众所熟知,具有巨大的商业价值,因而也极易称为被侵犯的客体。因此,保护电视节目名称的重要途径之一就是积极寻求驰名商标的认定,一旦电视节目名称在商标局注册登记并且被认定为注册商标,则电视节目名称就可以寻求跨类保护。

20×2年某电视台的美食纪录类节目《舌尖上的中国》风靡全国,一道道精致的中华美食让人垂涎欲滴,节目收视率也是节节攀升。于是,《舌尖上的食堂》《舌尖上的诱惑》等节目随之而来,如果中央电视台以《舌尖上的中国》电视节目名称申请商标注册并取得商标专用权,那么对上述相似的美食纪录节目,电视台便可以禁止其使用相同或者相似名称以保护其专有权利。

但是其他搭便车的产品,如食品类的产品品牌:舌尖上的水饺、舌尖上的腊八粥,企业商号:舌尖上的面馆,对于这些不同类和不相似的商品、服务、企业商号等借《舌尖上的中国》之东风的行为,普通的注册商标保护则略显无力。对于此种现象,《舌尖上的中国》节目权利人应当积极寻求将其电视节目名称认定为中国驰名商标,如此一来,便可将其权利范围从同类电视节目延伸至不同类产品。

【练习与测试】

一、单选题

下列不是垄断协议的是( )。

　　A.家乐福和沃尔玛约定：前者占北京市场，后者占天津市场

　　B.因为价格问题，甲乙两家汽车厂口头约定都不购买丙钢铁公司的钢材

　　C.甲药厂和乙医药连锁超市约定：后者出售前者的某种专利药品只能按某价格出售

　　D.甲药厂和乙医药连锁超市约定：后者出售前者的某种专利药品最高按某价格出售

【答案】 D

【解析】 选项A属于联合限制竞争行为，选项B属于滥用市场支配地位行为，选项C药厂和药店达成的以固定价格销售的协议属于横向垄断协议。

二、多选题

1.根据《反垄断法》的规定，下列各项中，不适用《反垄断法》的行为有( )。

　　A.知识产权的正当行使

　　B.经营者达成垄断协议

　　C.可能具有排除、限制竞争效果的经营者集中

　　D.农业生产中的联合或者协同行为

【答案】 AD

【解析】 选项A属于正当行使法律赋予的权利，不属于垄断行为；选项D是提高中小经营者经营效率，增强中小经营者竞争力的协议，属于垄断协议豁免的情形。

2.根据《商标法》的规定，商标局应依法驳回的商标注册申请有( )。

　　A."红十字"牌矿泉水　　　　　　　　B."益寿延年"牌香烟

　　C."北京"牌台灯　　　　　　　　　　D."幸福"牌果冻

【答案】 ABC

【解析】 根据《商标法》关于注册商标无效的规定：商标同"红十字"名称相同或近似的商标无效；县级以上行政区地名，不得作为商标；商标带有欺骗性，商标无效。所以A，B，C属于无效商标。

3.下列选项所列行为中，构成侵犯注册商标专用权的有( )。

　　A.擅自造他人注册商标标识

　　B.在同类商品上，将与他人注册商标相近似的文字作为商品名称

　　C.以模仿方式将他人已为公众熟知的商标进行注册

　　D.明知他人托运的货物是假冒注册商标的商品仍予以运送

【答案】 ABCD

【解析】 根据《商标法》关于侵犯注册商标专用权的规定，A，B，C，D均属于违法行为。

4.下列不属于可授予专利权的主体有( )。

　　A.一种可有效识别抑郁症的心理测验方法

B.一种可有效驯服野马的方法

C.一种可有效提高婴儿体质的食谱

D.一种可有效开发计算机软件的计算机编程语言

【答案】 ABCD

【解析】 根据《专利法》的规定,专利权主体有:发明人或设计人;职务发明创造的单位;外国人和外国企业或外国其他组织。因此,A、B、C、D均不是专利权主体。

三、分析题

海洋旅行社打算订购一批员工工作服,在介绍人小李的引荐下,海洋旅行社最终决定与美丽服装厂签署订购协议,双方在合同中订明,海洋旅行社向美丽旅行社订购工作服 600 套,美丽服装厂给海洋旅行社 10% 的折扣优惠。海洋旅行社依照合同通过银行转账支付了 540 套的货款。美丽服装厂在提款后一个月如期交货给了海洋旅行社。同时服装厂为了酬谢介绍人小李,从服装厂企业账户中支付介绍劳务费 800 元。

试分析:

(1)美丽服装厂与海洋旅行社的交易行为中有无不合法的行为? 依据是什么?

(2)介绍人小李收取服装厂的 800 元是否合法?

【解析】

(1)服装厂与旅行社之间的交易行为是合法的。我国《反不正当竞争法》规定的商业贿赂的表现形式主要是回扣。回扣是指在商业购销中,卖方除明确标价应支付价款外,暗中向买方退还钱财及其他报偿以争取交易机会和交易条件的行为。回扣的特征之一是从企业账户外秘密给付。由此看服装厂与旅行社之间没有秘密给付。同时旅行社和服装厂所签合同中已说明 10% 的优惠是折扣,折扣是经营者在市场交易中,以明示的方式减扣或送让给对方一部分款额,以促成交易的一种促销手段,不属于商业贿赂,是一种合法行为。

(2)介绍人小李所收取的是介绍人劳务报酬,也称佣金。佣金也是经营者以明示的方式通过企业账户给付,并明示入账的。故介绍人小李收取 800 元佣金是合法的。

参考文献

［1］ 中华人民共和国宪法(2004 年 3 月 14 日第十届全国人民代表大会第二次会议第四次修正).

［2］ 中华人民共和国立法法(2015 年 3 月 15 日第十二届全国人民代表大会第三次会议修正).

［3］ 中华人民共和国民法典(2020 年 5 月 28 日第十三届全国人民代表大会第三次会议通过).

［4］ 中华人民共和国民事诉讼法(2017 年 6 月 27 日第十二届全国人民代表大会常务委员会第二十八次会议第三次修正).

［5］ 中华人民共和国仲裁法(2017 年 9 月 1 日第十二届全国人民代表大会常务委员会第二十九次会议第二次修正).

［6］ 中华人民共和国行政复议法(2017 年 9 月 1 日第十二届全国人民代表大会常务委员会第二十九次会议第二次修正).

［7］ 中华人民共和国行政诉讼法(2017 年 6 月 27 日第十二届全国人民代表大会常务委员会第二十八次会议第二次修正).

［8］ 中华人民共和国刑法(2017 年 11 月 4 日第十二届全国人民代表大会常务委员会第三十次会议第四次修正).

［9］ 中华人民共和国会计法(2017 年 11 月 4 日第十二届全国人民代表大会常务委员会第三十次会议修正).

［10］ 企业财务会计报告条例(2000 年 6 月 21 日国务院令第 287 号).

［11］ 财政部门实施会计监督办法(2001 年 2 月 20 日财政部令第 10 号).

［12］ 代理记账管理办法(2016 年 2 月 16 日财政部令第 80 号).

［13］ 会计档案管理办法(2015 年 12 月 11 日财政部国家档案局令第 79 号)

［14］ 财政部关于印发《企业内部控制基本规范》的通知(2008 年 5 月 22 日财会〔2008〕7 号).

［15］ 财政部关于印发《小企业内部控制规范(试行)》的通知(2017 年 6 月 29 日财会〔2017〕21 号).

［16］ 财政部关于印发《行政事业单位内部控制规范(试行)》的通知(2012 年 11 月 29 日财会〔2012〕21 号).

［17］财政部关于印发《会计基础工作规范》的通知（1996 年 6 月 17 日财会〔1996〕19 号）.

［18］中国注册会计师审计准则第 1501 号.

［19］中国注册会计师审计准则第 1502 号.

［20］中华人民共和国票据法（2004 年 8 月 28 日第十届全国人民代表大会常务委员会第十
一次会议修正）.

［21］票据管理实施办法（2001 年 1 月 8 日国务院令第 588 号修正）.

［22］支付结算办法（1997 年 9 月 19 日中国人民银行发布）.

［23］中国人民银行关于调整票据结算凭证种类和格式的通知（2004 年 10 月 13 日中国人民
银行发布）.

［24］人民币银行结算账户管理办法（2003 年 4 月 10 日中国人民银行发布）.

［25］人民币结算账户管理办法实施细则（2005 年 1 月 19 日中国人民银行发布）.

［26］企业银行结算账户管理办法（银发〔2019〕42 号）.

［27］中国人民银行关于改进个人银行账户分类管理有关事项的通知（银发〔2018〕16 号）.

［28］中国人民银行公告（修订《非金融机构支付服务管理办法实施细则》等 5 件规范性文
件）（公告〔2020〕3 号）.

［29］银行卡业务结算管理办法（1999 年 1 月 5 日中国人民银行发布）.

［30］国内信用证结算办法（中国人民银行中国银行业监督管理委员会公告〔2016〕第 10 号）.

［31］电子商业汇票业务管理办法（中国人民银行令〔2009〕第 2 号）.

［32］国家发展和改革委员会.中国人民银行关于完善银行卡刷卡手续费定价机制的通知
（发改价格〔2016〕557 号）.

［33］国家发展改革委、中国银监会关于取消和暂停商业银行部分基础金融服务收费的通知
（发改价格规〔2017〕1250 号）.

［34］中华人民共和国劳动法（2009 年 8 月 27 日第十一届全国人民代表大会常务委员会第
十次会议修正）.

［35］中华人民共和国劳动合同法（2012 年 12 月 28 日第十一届全国人民代表大会常务委员
会第三十次会议修正）.

［36］中华人民共和国劳动合同实施条例（2008 年 9 月 18 日国务院令第 535 号）.

［37］工资支付暂行规定（1994 年 12 月 6 日劳动部发〔1994〕489 号）.

［38］集体合同规定（2004 年 1 月 14 日劳动和社会保障部令第 22 号）.

［39］劳务派遣暂行规定（2014 年 1 月 24 日人力资源和社会保障部第 22 号令）.

［40］中华人民共和国劳动争议调解仲裁法（2007 年 12 月 29 日中华人民共和国第十届全国
人民代表大会常务委员会第三十一次会议通过）.

［41］中华人民共和国社会保险法（2010 年 10 月 28 日第十一届全国人民代表大会常务委员
会第十七次会议通过）.

［42］人力资源和社会保障部、财政部关于阶段性降低社会保险费率的通知（人社部发
〔2016〕36 号）.

［43］失业保险条例(1999 年 1 月 22 日国务院令第 258 号).

［44］工伤保险条例(2010 年 12 月 20 日国务院令第 586 号修订).

［45］中华人民共和国公司法(2013 年 12 月 28 日第十二届全国人民代表大会常务委员会第六次会议修订).

［46］中华人民共和国公司登记管理条例(2014 年 2 月 19 日《国务院关于废止和修改部分行政法规的决定》修订).

［47］《中华人民共和国个人独资企业法》(1999 年 8 月 30 日,第九届全国人民代表大会常务委员会第十一次会议通过,1999 年 8 月 30 日中华人民共和国主席令第二十号公布,自 2000 年 1 月 1 日起施行).

［48］《中华人民共和国合伙企业法》(2006 年 8 月 27 日修订通过,自 2007 年 6 月 1 日起施行).

［49］《中华人民共和国个人独资企业登记管理办法》(2000 年 1 月 13 日以国家工商行政管理局令第 94 号公布,2014 年 2 月 20 日修订).

［50］《中华人民共和国合伙企业登记管理办法》(2014 年 2 月 19 日第二次修订).